한국의 과학과 문명 004

세종시대의 과학기술

"이 저서는 2010년도 대한민국 교육부와 한국학중앙연구원(한국학진흥사업단)을 통해 한국학 특정분야 기획연구 (한국과학문명사) 사업의 지원을 받아 수행된 연구임."(AKS-2010-AMZ-2101)

세종시대의 과학기술

ⓒ 전북대학교 한국과학문명학연구소 2016

초판 1쇄 발행일 2016년 9월 30일

지 은 이 구만옥

출판책임 박성규
편   집 유예림 · 현미나 · 구소연
디 자 인 김지연 · 이수빈
마 케 팅 나다연 · 이광호
경영지원 김은주 · 박소희
제   작 송세언
관   리 구법모 · 엄철용

펴 낸 곳 도서출판 들녘
펴 낸 이 이정원
등록일자 1987년 12월 12일
등록번호 10-156
주   소 경기도 파주시 회동길 198
전   화 마케팅 031-955-7374 편집 031-955-7381
팩시밀리 031-955-7393
홈페이지 www.ddd21.co.kr

I S B N 979-11-5925-195-5 (94910)
          979-11-5925-113-9 (세트)

「이 도서의 국립중앙도서관 출판예정도서목록(CIP)은 서지정보유통지원시스템 홈페이지(http://seoji.nl.go.kr)와 국가 자료공동목록시스템(http://www.nl.go.kr/kolisnet)에서 이용하실 수 있습니다.(CIP제어번호: CIP2016022752)」

한국의 과학과 문명 004

세종시대의 과학기술

구만옥 지음

지은이 **구만옥**

연세대학교 천문기상학과와 사학과를 졸업하고 같은 대학 사학과 대학원에서 조선후기 과학사상사 연구로 박사학위를 받았다. 2004년부터 경희대학교 문과대학 사학과 교수로 재직 중이다. 조선후기 자연관, 자연인식, 자연학 관련 담론을 탐구하여 조선후기 사상사의 변동 과정을 해명하는 작업에 학문적 관심을 두고 있다. 저서로『조선후기 과학사상사 연구 I―주자학적 우주론의 변동―』,『영조 대 과학의 발전』이 있고, 공저로『한국실학사상연구 4(과학기술편)』,『다시, 실학이란 무엇인가』,『하늘, 시간, 땅에 대한 전통적 사색』,『한국유학사상대계 XII(과학기술사상편)』,『성호 이익 연구』,『세종의 서재』 등이 있으며,「조선후기 '선기옥형'에 대한 인식의 변화」,「조선후기 천문역산학의 주요 쟁점―정조의 천문책과 그에 대한 대책을 중심으로―」,「'천상열차분야지도' 연구의 쟁점에 대한 검토와 제언」,「마테오 리치 이후 서양 수학에 대한 조선 지식인의 반응」을 비롯한 다수의 논문이 있다.

〈한국의 과학과 문명〉 총서

기획편집위원회
연구책임자_ 신동원
전근대팀장_ 전용훈
근현대팀장_ 김근배
전 임 교 수_ 문만용
　　　　　　김태호
전임연구원_ 전종욱
　　　　　　신향숙

일러두기

- 옛 서명과 인명은 각 장마다 처음에 등장할 때 한자를 병기하고, 이후에는 가독성을 위해 가급적 한자 병기를 생략했다.

- 중국인명은 한자음대로 표기하고, 일본인명은 일본어 표기법에 따라 표기했다.

- 본문에 나오는 지명은 필요에 따라 한자를 병기하되, 한자가 병기되지 않은 지명에 대해서는 "찾아보기"에서 이를 표기해두었다.

- 세종대 과학기술 관련 주요 인물 외에도 시대 파악에 필요한 인물의 생몰연도를 표기했으며, 생몰연도가 미상인 인물에 대해서는 이를 따로 밝히지 않았다.

- 주석은 미주로 하고, 각 장별로 번호를 다시 매겨 정리했다.

- 인용 그림은 최대한 소장처와 출처를 밝히고 저작권자의 허락을 얻었으나 일부 저작권자를 찾지 못하여 게재 허가를 받지 못한 사진은 확인되는 대로 통상 기준에 따른 허가 절차를 받기로 한다.

〈한국의 과학과 문명〉 총서를 펴내며

우리나라는 현재 세계 최고 수준의 메모리 반도체, 스마트폰, 디스플레이, 철강, 선박, 자동차 생산국으로서 과학기술 분야의 경이적인 발전으로 세계의 주목을 받고 있다. 그것을 가능케 한 요인의 하나가 한국이 오랜 기간 견지해온 우수한 과학기술 문화와 역사 속에 있다고 우리는 생각한다.

문명이 시작된 이래 한국은 항상 높은 수준을 굳건히 지켜온 동아시아 문명권의 일원으로서 그 위치를 잃은 적이 없었다. 우리는 한국이 이룩한 과학기술 문화와 역사의 총체를 '한국의 과학문명'이라 부르려 한다. 금속활자·고려청자 등으로 대표되는 한국 과학문명의 창조성은 천문학·기상학·수학·지리학·의학·양생술·농학·박물학 등 과학 분야를 비롯하여 금속제련·방직·염색·도자·활자·인쇄·종이·기계·화약·선박·건축 등 기술 분야에서도 다양하게 분명히 드러난다.

우리는 이런 내용을 종합하는 〈한국의 과학과 문명〉 총서를 발간하고자 한다. 이 총서의 제목은 중국의 과학문명에 대한 새로운 인식의 지평을 연 조지프 니덤(Joseph Needham)의 『중국의 과학과 문명』을 염두에 두고 만들었다. 그러나 니덤이 전근대에 국한한 반면 우리는 전근대와 근현대를 망라하여 한국 과학문명의 총체적 가치와 의미를 온전히 담은 총서의 발간을 목표로 한다. 나아가 한국의 과학과 문명이 지닌 보편적 가치를 세계에 발신하고자 한다. 지금까지 한국은 세계 과학문명의 일원으로 정당한 가치를 인정받지 못한 채, 중국의 아류로 인식되어왔다. 이 총서에서는 한국 과학문명이 지닌 보편성과 독자성을 함께 추적하여 그것이 독자적인 과학문명이자 세계 과학문명의 당당한 일원임을 입증하고자 한다. 우리는 이 총서에서 근현대 한국 과학기술 발전의 역사와 구조를 밝힐 것이며, 이로써 인류의 과학기술 발전사를 새로이 해명하는 데에 기여할 것이다.

이 총서에서는 한국의 과학문명이 역사적으로 독자적인 가치와 의미를 상실하지 않았던 생명력에 주목한다. 이를 위해 전근대 시기에는 중국 중심의 세계 질서 아래서도 한국의 과학문명이 독자성을 유지하면서 발전을 지속한 동력을 탐구한다. 근현대 시기에는 강대국 중심 세계체제의 강력한 흡인력 아래서도 한국의 과학기술이 놀라운 발전과 성장을 이룩한 요인을 탐구한다.

우리는 이 총서에서 국수적인 민족주의나 근대 지상주의를 동시에 경계하며, 과거와 현재가 대화하고 내부와 외부가 부단히 교류하는 가운데 형성되고 발전되어온 열린 과학문명사를 기술하고자 한다. 이 총서를 계기로 한국 과학문명에 대한 관심과 이해가 더욱 깊어지기를 기대한다.

마지막으로 〈한국의 과학과 문명〉 총서의 발간은 교육부와 한국학중앙연구원 한국학진흥사업단의 지원에 크게 힘입었음을 밝히며 이에 감사를 표한다.

〈한국의 과학과 문명〉 총서 기획편집위원회

이 책의 목적은 '한국과학문명사'라는 거시적 틀 속에서 세종대 과학기술의 역사적 실상에 접근하는 것이다. 세종대의 과학기술을 온전히 평가하기 위해서는 그것을 가능하게 했던 여러 요소들에 대한 종합적 고찰이 필요하다. 세종대 과학기술 분야의 성취를 '세종대왕의 빛나는 업적'이라는 식으로 재단해서는 곤란하기 때문이다. 물론 세종의 지도적 역량은 간과할 수 없는 중요한 요소이지만, 이를 포함해서 과학기술의 발전을 가능하게 했던 당대의 사회적, 문화적 맥락과 함께 그 과정에 참여했던 모든 계층의 노력이 아울러 고려되어야만 할 것이다.

이 책에서 세종대의 과학기술 문제를 다루면서 조선왕조의 국가 경영과 과학기술의 상호 관련성에 주목하는 이유가 여기에 있다. 유교·주자학을 국정교학으로 삼았던 조선왕조의 국가 경영과 과학기술은 정치사상의 측면에서 어떤 연관성을 지니고 있는지, 농업이 기간산업인 조선왕조의 사회경제 운영과 과학기술은 어떠한 맥락에서 서로 조응하는 것인지 두루 검토해야 한다. 아울러 세종대 과학기술의 성취를 가능하게 했던 문화적 요소들에 대한 안배도 필요하다. 고려후기 이래 전통과학의 계승과 발전이 여러 분야에서 어떻게 진행되었고, 사대교린을 대외 관계의 기본 원칙으로 고수했던 조선왕조에서 과학기술을 포함한 선진 문물의 도입과 수용, 전파와 보급은 어떻게 이루어졌는지도 분석할 필요가 있다. 이와 같은 여러 요소들의 종합과 재구성을 통해 이룩된 세종대 과학기술의 질적 수준에 대한 평가도 시간적, 공간적 비교를 통해 가늠해 보아야 한다. 요컨대 세종대 과학기술 관련 사업을 추동했던 다양한 요소들—

시대적 상황, 정치사상적 배경, 사회경제적 조건, 학문적 토대—에 대한 주밀한 검토가 필요하고, 이 같은 종합적 작업을 통해서만 우리는 세종대 과학기술의 역사적 실상에 접근할 수 있을 것이다.

세종대 과학기술의 범위는 전근대 과학기술의 전 분야를 포괄하고 있다고 할 수 있을 정도로 광범위하다. 따라서 세종대 과학기술을 종합적으로 다루기 위해서는 고려후기에서 조선 초기에 이르는 시기에 대한 역사적 안목, 과학기술의 여러 분야를 포괄할 수 있는 전문적 식견, 복잡다단한 내용을 요령 있게 정리할 수 있는 연구자의 일관된 관점이 요구된다. 그런데 세종대 과학기술이 지니고 있는 포괄성과 심도는 필자 개인의 역량으로 감당할 수 있는 범위를 넘어서는 것이다. 이 책의 내용이 세종대 과학기술의 현상을 묘사하는 데 그쳤을 뿐 그것을 충분히 해석해서 역사적 의미를 도출하는 데 이르지 못한 근본적 이유가 여기에 있다.

필자는 연구 과정에서 가급적 세종대 과학기술에 대한 기존의 연구 성과를 섭렵하고자 노력했다. 여러 논저를 검토하는 과정에서 해방 이후 이 분야의 연구를 선도했던 선학(先學)들의 중후한 연구 성과에 여러 번 감탄하곤 했다. 어려운 연구 여건 속에서도 치밀한 사료 정리를 통해 세종대 과학기술사의 구도를 훌륭하게 잡아주신 그분들의 연구에 고개 숙여 감사드린다. 아울러 이 책은 1990년대 이후 한국과학기술사의 각 분야에서 세밀하고 탄탄한 연구를 진행하고 있는 동학과 후배들의 성과에도 많은 빚을 지고 있다. 그들의 신선한 문제 제기와 심도 있는 연구가 앞으로 세종대를 포함한 조선시대 과학사의 폭과 깊이를 더할 것임을 믿어 의심치 않는다. 이 책은 이와 같은 선행 연구 성과에 도움을 받은 바 크다.

여러모로 부족한 이 책이 완성되기까지 여러분의 도움을 받았다. 연구비를 지원해준 한국학중앙연구원 한국학진흥사업단과 전북대학교 한국과학문명학연구소에 감사드린다. 책의 초고는 전후 두 차례의 검토 과정을 거쳤다. 한국과학문명학연구소의 신동원 소장님과 문만용, 신향숙 전임연구원께서 1차 검토를 해주셨고, 서울대의 임종태 교수님과 한국과학문명학연구소의 전종욱 전임 연구원께서 2차 검토를 해주셨다. 검토 과정에서 여러 가지 귀중한 지적을 받았지만 필자의 능력과 시간 부족으로 최종 결과물에 반영하지 못한 것들이 많다. 검토해주신 여러 선생님들께 송구스러울 뿐이다. 앞으로 수정·증보의 기회를 가질 수 있기를 기대한다.

끝으로 책의 편집 과정에서 수고를 아끼지 않으신 박성규 주간을 비롯한 도서출판 들녘의 여러 선생님께 깊은 감사의 말씀을 드린다.

2016년 9월 9일 구만옥

차례

제3장 세종시대 과학기술의 중추인물

제4장 세종시대 과학기술의 성취

절대다수의 한국인들에게 세종과 그의 시대는 긍정적 이미지로 포착된다. 세종은 조선왕조를 대표하는 '성군(聖君)'으로, 세종대는 조선왕조 문화의 황금기로 인식되고 있는 것이다. 조선시대 연구자들에게도 세종대는 조선 후기의 영·정조대와 함께 오랫동안 지대한 관심의 대상이었다. 대체로 세종대는 조선왕조의 기틀이 마련된 시기로, 영·정조대는 양란(兩亂) 이후의 국가적 위기를 수습하고 조선왕조가 재도약한 시기로 간주되었기 때문에 학자들도 학문적 관심을 집중하였던 것이다. 그것은 과학기술사의 측면에서도 마찬가지였다. 따라서 세종대 과학기술 분야의 성취에 대해서는 일찍부터 많은 학자들이 다양한 측면에서 분석을 시도하였고, 그 결과 세부적 내용이 대부분 밝혀졌다고 볼 수 있다.[1]

그럼에도 불구하고 여전히 논란거리는 남아 있다. 최근 학계에서 불거졌던 세종대 과학기술의 '자주성'을 둘러싼 논란이나[2] 조선시대 과학사 연구의 진화론적, 근대 지향적 시각에 대한 비판, 더 나아가 한국 사학계가 구축한 조선시대 역사상에 대한 비판은 그 단적인 예이다.[3] 이와 같은 비판적 연구의 공통점은 근대주의적 관점에서 전통 사회의 과학기술을 진화론적으로 해석하고자 했던 기존의 연구 경향을 비평한다는 것이다. 따라서 기존의 세종대 과학기술에 대한 연구 역시 이러한 비판으로부터 자유로울 수 없다. 논란의 핵심에는 세종대 과학기술의 역사적 성격과 의미에 대한 평가의 문제가 자리하고 있다. 예컨대 세종대 과학기술 정책의 추진 배경과 목표는 무엇이었고, 그 역사적 의미는 어떻게 평가되어야 하는가 라는 문제가 대표적이다. 그것은 유교 국가를 표방한 조선왕조의 정체성을 바라보는 오늘날의 시각과 관련된 문제이기도 하다.

이와 같은 논란의 원인은 다양한 각도에서 정리할 수 있다. 시대의 흐름에 따른 한국사 연구 환경의 변화, 연구자들의 현실 인식과 문제의식의 전환, 사료의 확충에 따른 역사 서술의 변화, 사관의 변화 등이 그 원인으로 거론될 수 있다. 그런데 조선시대 과학사의 연구 관점이라는 차원에서 보면 논란의 배후에는 크게 두 가지 문제가 자리하고 있는 것으로 보인다. 하나는 근대주의적 관점의 문제이고, 다른 하나는 중화주의적 관점의 문제이다.

근대주의적 관점의 문제란 기존의 연구 경향에 대한 비판에서 자주 거론되었던 것으로, 근대 과학의 관점에 따라 전통 과학의 분야를 분류하고 그 가운데서 근대 과학의 요소만을 추출해서 재배열하는 방식이 지닌 문제점을 가리키는 것이다. 이와 같은 방식으로 전통 과학을 연구할 경우 그것이 출현하고 작동했던 사회적, 지적 맥락이 사상되어버릴 위험성이 있고, 전통 과학의 역사적 위상에 대한 평가도 자의적 해석이 되어 형평성을 잃기 쉽다는 것이다.

이에 대한 반발로 등장한 것이 당대의 시대적 맥락에서 전통 과학을 이해하려는 시도였다. 그런데 이러한 관점의 연구에서는 동아시아 세계 질서 속에서 중국이라는 거대한 중심부와 조선이라는 주변부의 상호 관계 문제가 중요한 화두로 등장하게 된다. 유교·주자학을 국정교학(國定敎學)으로 삼고 사대교린(事大交隣)이라는 외교 정책을 고수했던 조선왕조의 경우 중국 문화의 수용을 통한 유교 국가의 수립, 중화 문명의 건설은 중요한 과제였다. 이러한 과제를 수행하기 위한 주변부 조선의 일체의 문화 사업은 중국 문화를 수용·흡수하여 제후국 조선의 (소)중화 문명을 건설하기 위한 것으로 이해되기 쉽다. 따라서 종래 연구에서 강조되었던 한국 전통 과학의 '독자성' 역시 중국 과학기술의 틀 내에서 해소함으로써 중화 문명의 아류로 해석하는 편향성도 나타나게 된다.

요컨대 근대주의적 관점의 연구가 전통 과학의 시대적 맥락을 사상하여 그에 대한 종합적 이해를 어렵게 한다면, 중화주의적 관점의 연구는 중국을 중심으로 한 동아시아 세계 질서 속에서 장기간 국가적 정체성을 유지하면서 그 나름의 문화를 영위해왔던 조선왕조 국가 경영의 역사적 실상을 소홀히 다루는 경향이 있다. 따라서 앞으로의 연구에서는 동아시아 세계 질서라는 커다란 틀 안에서 중심부와 주변부의 문제, 중화 문명과 조선 문명의 상호 관계 등을 염두에 두면서 당대의 사회적, 지적, 정치사상적 맥락에서 전통 과학의 실체를 입체적으로 분석하고 그것이 지닌 역사적 의미를 해석하는 작업이 주밀하게 이루어져야 할 것으로 보인다.

이 책에서는 이상과 같은 최근의 비판적 문제 제기에 주목하면서 조선왕조 지배체제의 확립기라 할 수 있는 15세기 전반의 역사적 상황을 배경으로 집권체제(集權體制)의 재편을 추구했던 조선왕조 정부의 과학기술 정책의 기조와 그 성과를 세종대를 중심으로 정리하고자 한다. 그것은 크게 두 가지 방향으로 요약할 수 있는데, 하나는 유교·주자학의 정치사상적 필요에 따라 추진된 과학 정책의 성격과 내용을 검토하는 것이고, 다른 하나는 집권체제의 사회경제적 요청에 따라 시행된 각종 과학기술 정책의 성과와 의미를 분석하는 것이다. 이를 통해 새로운 왕조 수립의 이념적 정당성을 대내외에 표방하는 한편, 왕조 교체에 따른 사회적 혼란을 수습하고 새로운 국가체제의 안정에 기여할 수 있는 여러 가지 과학기술을 진흥하기 위한 노력을 다각도로 경주했던 세종대 과학기술의 역사적 실상에 접근하고자 한다.

먼저 제1장에서는 세종대 과학기술의 역사적 성격을 이해하기 위한 전제로 세종대의 역사적 좌표를 되짚어보고자 한다. 이를 통해 세종대의 시대적 맥락과 세종을 비롯한 당시의 위정자들이 당면했던 현실적 과제 속에서 과학기술 분야의 필요성을 살펴보고, 이를 국가사업의 추진 방향과 연관해서 이해하고자 한다.

세종대는 조선왕조 개창 이후의 시대적 과제라 할 수 있는 집권체제의 안정과 유교적 문물제도의 정비를 완수해야 하는 시기였다. 과학기술의 측면에서 보자면 집권체제의 안정에 기여할 수 있는 과학기술, 유교적 문물제도를 구비하는 데 필수적인 과학기술 분야의 진흥이 필요했던 때이다. 그런데 그 과정에서 유교 문화의 보편성과 제후국을 자처하는 조선의 정체성 사이에서 끊임없이 마찰이 발생했다. 양자 사이의 불협화음을 해소하고 유교적 문물제도를 완비하는 문제는 당대의 중요한 정책 과제 가운데 하나였다. 이 문제를 해결하기 위해 조선의 위정자들이 제기했던 방안을 이른바 '풍토부동론(風土不同論)'을 중심으로 분석하고자 한다.

제2장에서는 세종대 과학기술 정책의 구체적 내용을 조직과 인력의 측면에서 검토하고자 한다. 국가적 차원에서 과학기술 분야를 진흥하고 일정한 성과를 거두기 위해서는 여러 가지 조건들이 갖추어져야 한다. 과학기술 분야의 인재 양성을 위한 과학기술 교육의 확충, 과학기술 인력의 확보, 선진 과학기술의 도입과 개량, 과학기술 담당 기관의 정비 등이 필요한 것이다. 여기에서는 조직과 인력의 문제에 초점을 맞춰 세종대 과학기술 정책의 내용을 개관하고자 한다.

먼저 정부 조직 내에서 과학기술 분야와 관련된 주요 부서를 분야별로 추출하여 조직의 정비 과정을 정리하고, 국가에서 과학기술 인력을 육성하고 관리하기 위해 어떠한 제도를 운용했는지 살펴보고자 한다. 조직의 측면에서는 과학기술 담당 관서인 서운관(書雲觀), 삼의사(三醫司), 교서관

(校書館) 등의 변천 과정에 주목하고, 인력의 측면에서는 조선 초기 이래 시행되었던 육학(六學)·칠학(七學)·십학(十學) 등의 제도와 과학기술 분야에 정통한 양반 관료를 육성하기 위한 습독관(習讀官)·겸교수(兼教授) 제도, 그리고 기술자 집단이라 할 수 있는 공장(工匠) 계층의 관리와 운용에 대해 살펴볼 것이다.

제3장에서는 세종대 과학기술의 중추인물을 정리하고자 한다. 조선왕조의 집권체제하에서 과학기술 분야의 정책을 효율적으로 수행하기 위해서는 그것을 뒷받침할 수 있는 전문 인력이 필요했다. 오늘날의 기준에 따라 전통 사회의 과학기술자를 분류하기는 쉽지 않은 일이다. 여기에서는 편의적으로 세종대 과학기술 인력을 세 부류로 구분하고자 한다. 첫째, 학문적 소양을 바탕으로 역대의 과학·기술 이론을 종합·정리하는 일에 종사했던 학술 관료들, 둘째, 학술 관료들이 정리한 이론을 토대로 과학기술 분야의 실무적 측면에서 중요한 역할을 담당했던 기술 관료들, 셋째, 기술자 집단인 장인(匠人) 계층이 그들이다. 조선왕조의 정책적 측면에서는 첫 번째와 두 번째 부류의 인재들을 교육·육성하는 방안과 세 번째 부류의 노동 인력을 효율적으로 관리·운용하는 문제가 초미의 관심사였을 것이다.

세종대에는 이상과 같은 과학기술자 집단을 효율적으로 운용하면서 과학기술의 여러 분야에서 눈부신 성취를 이룩했다. 세종은 과학기술 정책을 통해 확보한 조직과 인력을 바탕으로 과학기술을 진흥하는 사업에서 강력한 지도력을 발휘했으며, 그의 휘하에는 태종대 이래 국가적 차원에서 정책적으로 육성한 수많은 인재들이 포진해 있었다. 여기서는 먼저 세종대 과학기술 정책의 핵심에 있었던 세종의 역할을 살펴보고, 그 연장선에서 세종의 지시에 따라 각종 과학기술 분야의 연구와 실무에 참여해 중추적 역할을 담당했던 학술 관료와 기술 관료들의 면면을 분석하고자 한다.

제4장에서는 세종대 과학기술의 성취를 천문역산학, 지도·지리학, 의학,

농업기상학, 금속활자 인쇄술, 군사기술, 도량형 등의 영역을 중심으로 살펴보고자 한다. 구체적으로 천문역산학의 정비와 본국력(本國曆)인 『칠정산(七政算)』의 편찬, 지도의 제작과 지리지의 편찬, 의료 환경의 개선을 위한 노력과 의학의 정비, 농업기상학의 발전을 위한 시도, 금속활자 인쇄술의 개선, 군사기술의 개량, 도량형의 정비 등이 주요 주제가 될 것이다.

세종대 국정 운영의 목표는 '집권체제의 재편'과 '유교적 예악문물의 정비'였고, 이를 효과적으로 달성하기 위해서는 그와 관련된 과학기술 분야의 진흥이 필요했다. 여기에서는 세종대 과학기술의 개별 분야에서 이루어진 다양한 성과들이 '집권체제의 재편'과 '유교적 예악문물의 정비'라는 국정 운영의 목표와 어떤 연관성을 지니고 있었는지에 초점을 맞추어 서술하고자 한다. 아울러 세종을 비롯한 당시의 위정자들이 과학기술 사업을 추진하면서 유교적 보편성과 조선의 풍토성(風土性)을 어떻게 융합하려고 했는지에 주목하면서, 각 성과들을 과학기술의 표준화/정식화라는 관점에서 조망해보고자 한다.

제5장에서는 세종대 과학기술 분야에서 산출된 주요 서적을 중심으로 '과학 지식의 재구성'이 이루어지는 일련의 과정을 분석하고자 한다. 세종대 과학기술의 발전은 두 계통의 지식을 통합하는 과정을 통해 이루어졌다. 하나는 고려후기 이래로 축적되어온 과학기술 지식이었고, 다른 하나는 중국을 통해 유입된 과학기술 지식이었다. 두 계통의 과학기술을 효율적으로 통합하기 위해서는 지식과 정보의 체계적 집석이 필요했는데, 그것은 지식과 정보를 담고 있는 관련 서적의 수집과 탐구를 통해 이루어질 수 있었다. 국내외 서적의 수집과 수입, 그리고 그에 대한 지속적 탐구를 통한 과학 지식의 체계화 과정이 필수적으로 요구되었던 것이다.

여기에서는 먼저 세종대 국책 사업의 추진 과정에서 국내외 서적들의 수집과 수입이 어떻게 이루어졌는지 살펴보고, 수집된 서적을 토대로 이루어진 집현전의 고제(古制) 연구에서 각종 유서(類書)들이 어떻게 활용되었는지 분석할 것이다. 과학기술 분야의 고제 연구에서는 그동안 축적된 해당 분야의 관련 지식을 계통적으로 정리하는 한편 중국의 선진 과학기술 지식을 섭렵해서 기존의 문제점을 보완하고 발전 방향을 모색하는 일련의 과정을 거치게 되었다. 그와 같은 과정을 통해 새롭게 정리된 과학기술 분야의 지식은 서적의 편찬으로 체계화되었다. 따라서 세종대 과학기술 분야에서 산출된 주요 서적을 중심으로 과학 지식의 재구성을 통해 해당 분야의 새로운 교범(敎範)을 만들어가는 과정을 정리하고자 한다.

이상과 같은 과정을 통해 정리할 수 있는 세종대 과학기술의 역사적 의미는 무엇일까? 세종대는 조선왕조 과학기술의 범형(範型)이 만들어진 시기이다. 조선왕조는 건국 초부터 유교·주자학을 국정교학으로 표방하였고, 이념적 측면에서뿐만 아니라 현실적 차원에서도 그 원리를 관철하기 위해 부단히 노력하였다. 유교적 보편성에 기초한 명실상부한 유교 국가의 건설, 즉 조선왕조 집권체제의 완성은 그 궁극적 목표였다. 유교·주자학의 통치 이념을 구현할 수 있는 법적·제도적 장치를 마련하고, 그를 통해 유교 윤리를 말단의 기층 사회에까지 전파·확산함으로써 유교 문화를 생활화하고자 했던 것이다. 세종대 과학기술 분야의 성취는 조선왕조 집권체제의 완성을 향해 가는 도정(道程)에서 매우 중요한 역할을 담당하였다. 그것은 한편으로 유교 문화의 이상을 구현하고자 하는 노력임과 동시에 조선왕조 고유의 풍토성을 유교 문화의 보편성에 절충하려는 시도이기도 했다. 세종대 과학기술 분야의 각종 성과물은 이후 조선왕조 전 기간에 걸쳐 국가적 표준으로 간주되었다. 세종대 과학기술의 역사적 의미와 중요성은 이러한 측면에서 논의될 수 있을 것이다.

1장

세종시대 과학기술의 토대

세종대 과학기술의 역사적 성격을 이해하기 위해서는 무엇보다 먼저 세종대의 역사적 좌표에 대한 분석이 필요하다. 세종대의 시대적 환경은 어떠했고, 그 안에서 파생된 정치사회적 과제가 무엇이었으며, 그것을 해결하기 위한 국정 운영의 목표는 무엇이었고, 그 목표를 달성하기 위해 수행해야 하는 정책적 과제는 어떤 것이었으며, 그것과 과학기술의 상호 연관성은 무엇이었는지 하나하나 따져볼 필요가 있다. 요컨대 세종대의 시대적 맥락과 세종을 비롯한 당시의 위정자들이 당면했던 현실적 과제 속에서 과학기술 분야의 필요성을 살펴보고, 이를 국가사업의 추진 방향과 연관해서 이해하자는 것이다.

세종대의 역사적 좌표는 '수성(守成)의 시대'라는 시간성[時代性]과 '해외지국(海外之國)으로서의 조선'이라는 공간성[地域性]을 두 개의 축으로 삼아 논의하고자 한다. 세종대는 조선왕조 개창 이후의 어수선한 사회질서를 바로잡아 집권체제의 안정을 도모해야 하는 시기였고, 조선왕조가 유교·주자학을 국정교학(國定敎學)으로 표방했다는 점에서 유교 문화의 토착화를 지향해야 하는 때였다. 과학기술의 측면에서 보자면 집권체제의 안정화에 기여할 수 있는 과학기술, 유교적 문물제도를 구비하는 데 필수적인 과학기술 분야의 발전이 필요했다. 그런데 후자의 문제와 관련해서 보면 유교 문화의 보편성과 조선의 정체성은 상호 간에 충돌 요소가 있었다. 이것을 어떻게 해결할 것인가 하는 문제는 유교적 문물제도의 정비 과정에서 중요한 과제 가운데 하나였다. 이른바 '풍토부동론(風土不同論)'은 이 문제를 해결하기 위해 조선의 관인·유자들이 제시한 하나의 방법론이었다.

세종대의 역사적 좌표

1. '수성(守成)'의 시대

조선왕조의 개창은 중국 문명의 수용이라는 한국사의 문명 전환 과정에서 중요한 단계였다. 중국 문명의 수용이 완료되고 문명 전환의 논리가 완성되는 시기였기 때문이다.[1] 조선왕조의 개창 이후 유교·주자학을 국정교학으로 표방하면서 통치체제로부터 일상생활의 습속에 이르기까지 전면적인 유교화가 진행되었다. 그것은 명실상부한 유교 국가의 완성을 향한 도정(道程)이었고 그 과정에서 세종대 예악문물(禮樂文物)의 정비는 중요한 성과물이었다.

세종은 1418년 부왕인 태종으로부터 양위를 받아 조선의 제4대 국왕으로 즉위했다. 태조가 새로운 왕조를 개창한 지 27년 후였다. 당시 세종은 신생 왕국 조선의 군주로서 자신에게 부여된 역사적 과업이 무엇이라고 생각했을까? 조선왕조는 유교·주자학을 이념으로 내세웠지만 건국 과정과 이후의 정치적 파란은 유교·주자학의 명분론과 일정한 괴리가 있었고,

〈그림 1〉 세종대왕 어진 (출처: 세종대왕박물관 일대기실, 세종대왕기념사업회)

유교적 문물제도의 정비 역시 미흡한 상태였다. 따라서 세종은 유교·주자학을 국시로 표방한 조선의 군주로서 명실상부한 보편적 유교 국가의 건설을 희망했을 것이다.

세종은 자신의 시대를 조상들이 이룩한 사업을 잘 지켜나가야 하는 '수성(守成)'의 시기로 보았다. 태조가 '개국(開國)의 군주'라면 태종은 '수성의 군주'였다.[2] 태조에게 무무(武舞)를 연주하고, 태종에게 문무(文舞)를 연주하라고 한 것도 이러한 맥락에서 이해할 수 있다. 태조는 천운(天運)에 응하여 나라를 개창했고, 태종은 선인(先人)의 뜻을 계승하고 선대의 사업을 발전시켜 예악문물을 갖추었기 때문이었다. 세종은 자신의 임무를 조종의 왕업을 계승하여 이미 이룩된 융성함을 유지하여 지키고[持守盈成] 부족한 부분을 보충하는 것일 뿐이라고 하였다.[3]

이처럼 세종은 태종의 뒤를 이은 '수성의 군주'를 자처했다. 그가 보기에 역대로 수성의 군주들은 사냥이나 성색(聲色)을 좋아하지 않으면 큰 공을 세우기를 좋아했으니, 이것은 '왕위를 계승한 군주[繼體之主]'가 마땅히 경계해야 할 바라고 했다. 세종은 자신이 조상들[祖宗]의 왕업을 계승하고 융성한 시운[盈成之運]을 만나서 이를 항상 생각하고 있다고도 하였다.[4] 그렇다면 수성의 군주가 해야 할 일은 무엇일까? 세종은 '창업(創業)의 군주'는 법을 세우고 제도를 정하는 데[立法定制] 일시적인 편의[權宜]에 따르는 경우가 있어서 법제에 미비한 점도 있고 만세에 통용될 수 없는 것도 있으니, 후세의 군주들은 이를 빼거나 더해서 '일대지치(一代之治: 한 시대의 다스림)'를 완성해야 한다고 보았다.[5]

이는 조선왕조 개창 이후 집권체제의 재편이라는 목표를 달성하기 위해 각종 법과 제도를 완비해야 하는 수성 군주로서 세종의 책무였다. 세종은 법과 제도를 정비할 때 그 요체는 '유구(悠久)'함에 있어야 한다고 생각했다. 그래야만 '만세지법(萬世之法)'이 될 수 있기 때문이었다.[6] 따라서 한번 확정된 법과 제도는 반드시 '고수(固守)'해야만 했다. 법이 이미 정해졌다면 마땅히 그 편의 여부[便否]를 따져볼 것이지, 한 사람의 말로 세우거나 한 사람의 말로 폐지할 수는 없다는 태도였다.[7]

태조와 태종을 계승한 '수성 군주'로서의 자의식은 세종의 치세 내내 이어진 것으로 보인다. 세종 26년(1444) 윤7월에 내린 권농교서(勸農敎書)에도 그런 생각이 잘 드러나 있다. 여기서 세종은 먼저 "나라는 백성을 근본으로 삼고, 백성은 먹는 것을 하늘로 삼으니, 농사는 의식(衣食)의 근원이고 왕정(王政)의 급선무이다"라고 선언했다.[8] 유교적 민본주의를 내세우는 한편 농업이 왕정에서 차지하는 중요성을 천명한 것이다. 이어서 세종은 위에 있는 사람이 농사를 권장하는 이유가 백성들의 '생생지락(生生之樂: 끊임없는 즐거움, 생활의 즐거움, 살아가는 즐거움)'을 완수하기 위함이라고 하면서[9] 중국의 역대 사적을 들어 자신의 논리를 입증한 다음 조선의 사례를 다음과 같이 언급했다.

> 우리 태조께서 천운에 응하여 나라의 터전을 여시고, 가장 먼저 전제(田制)를 바로잡아 백성을 도탄에서 구해 농사의 이익을 누리게 하였으니, 그 권장하신 조목이 정령(政令)에 갖추어져 있다. 태종께서 왕업을 계승하시어 씨 뿌리고 수확하는 일에 더욱 힘쓰셨다. 특히 어리석은 백성들이 심고 가꾸는 방법에 어두운 것을 염려하시어 유신(儒臣)에게 명해 우리나라 말로 농서를 번역하게 하여 중앙과 지방에 널리 반포하여 후세에 전하게 했다. 과덕(寡德)한 내가 대통을 이은 후로는 밤낮으로 조심하고 두려워하여, 우러러 전대(前代)를 따르고 조종(祖宗)을 본받으려 하였다.[10]

세종은 자신의 농업정책이 창업 군주인 태조와 수성 군주인 태종의 농정(農政)을 계승하는 것임을 강조하였다. "전대를 따르고 조종을 본받으려

한다"는 언급이 그것을 잘 나타내주고 있다. 태조대의 과전법 시행, 태종대의 농서 번역을 계승해서 자신은 농사를 감독하는 책임을 맡은 목민관을 선발할 때 신중하게 하였고 농사를 권장할 것을 친히 권유하였으며, 각 지역에서 이미 입증된 농법을 모아 『농사직설(農事直說)』을 편찬하여 농민들로 하여금 쉽게 알 수 있게 하였다는 것이다. "농사에 이익이 될 수 있는 것에 대해서는 마음을 다하여 연구하고 거행하여, 사람들은 그 힘을 다하고 땅에는 버려둔 이익이 없기를 기대하였다"는 세종의 바람은 이러한 바탕 위에서 제기된 것이었다.[11]

이처럼 세종은 태조와 태종을 이어 조선왕조를 반석 위에 올려놓아야 한다는 책무 의식을 지니고 있었다. 세종 14년(1432) 여름에 궁문에 걸기 위해 주조한 종에 새겨진 명문은 그러한 시대적 인식의 단면을 보여준다. 명문의 작성자인 예문관 대제학 정초(鄭招, ?~1434)는 태조가 천명(天命)을 받아 조선왕조를 개창했고, 태종이 밝은 정치와 원활한 사대(事大) 관계로 나라를 창성(昌盛)하게 했다면, 세종은 선왕이 남긴 업적을 더욱 돈독히 하여, 정신을 가다듬어 정치에 힘쓰니 모든 것이 마땅하여 결함이 없게 되었다[益篤前烈, 勵精圖治, 咸中罔缺]고 하였다. 정초는 세종의 구체적 업적으로 "멀리 전적(典籍)을 고증하여 예(禮)를 일으키고 악(樂)을 정비하여 문물이 찬란히 빛나게 되었다[遐稽典籍, 興禮修樂, 文物渙然]"는 점을 거론했다.[12] 예악으로 대표되는 유교적 문물제도의 정비가 세종대의 시대적 과제였음을 보여주는 예이다.

세종이 집권체제의 재편과 유교적 예악문물의 정비라는 시대적 과제를 달성하기 위해서는 무엇보다 국내 정치의 안정이 절실히 요구되었다. 국왕이 국정의 중심에 서서 정치를 이끌어갈 수 있어야만 했던 것이다. 일찍이 태종은 '군약신강(君弱臣强)'을 경계하였다. 그는 작록(爵祿: 官爵과 俸祿)은 군주의 대권(大權)으로 신하들이 감히 멋대로 할 수 있는 바가 아니라고 생각하였다. 따라서 군주의 용인(用人)이 부당하다면 신하들은 세 번 간할 뿐이고 만약 들어주지 않으면 떠날 뿐이라고 했다.[13] 이는 태종이 국정 운영의 중심으로 국왕을 상정하고 있었음을 상징적으로 보여주는 것이다. 그는 세종의 왕위를 공고히 하기 위해 노력했다. 그가 측근 신료들에게 세종을 가리켜 "참으로 문왕(文王)과 같은 군주",[14] "얻기 어려운 군주"[15]라고 한 것도 세종을 군도(君道)를 갖춘 왕으로 자리매김하기 위한 정치적 포석의 일환이었고, 즉위 초 세종의 왕권을 강화하기 위한 정치적 수사였던 것으로 판단된다.

세종은 집권체제를 안정화하는 것을 정치의 최우선 목표로 삼았다. 그것은 애민(愛民)·위민(爲民)·편민(便民)·양민(養民)·휼민(恤民) 등의 정치적 표어를 통해 거듭 강조되었다. 세종은 정치의 목표를 양민에 두고 있다고 선언했다. 백성의 생활[民生]을 풍족하게 하여 나라의 근본을 튼튼히 하는 것이 나라를 다스리는 급선무라고 생각했기 때문이다.[16] 물론 이는 '백성은 나라의 근본이니, 근본이 견고하여야 나라가 평안하다[民惟邦本, 本固邦寧]'[17]는 유교적 관념의 계승이었다. 백성의 생활 향상을 위해 해야 할 일은 많았지만 그 가운데 가장 중요한 것은 농업의 진흥이었다. 농업은 '천하국가(天下國家)의 근본'[18]이자 '의식(衣食)의 근원으로 왕정(王政)에서 급선무로 삼아야 하는 것'[19]이었다.

세종은 수재나 한재를 당해 구언교(求言敎)를 내릴 때에는 편민(便民)의 문제에 대해 절실하고 요긴한 말을 해주기를 바랐다.[20] 세종은 재이에 대한 대책을 편민을 위한 정책 수립에서 찾았다.[21] 세종의 위민 의식을 극명하게 보여주는 것이 공법(貢法)이다. 그는 공법의 시행이 백성들을 편하게 하기 위한 것이라고 천명했다.[22] 훈민정음(訓民正音)의 창제에도 세종의 편민 의식이 반영되어 있다. 최만리(崔萬理, ?~1445) 등은 세종의 언문(諺文) 창제에 대해 여러 가지 의문을 제기했는데, 첫 번째가 조선은 역대로 한결같이 중화의 제도를 준수했는데 언문은 '음을 쓰고 글자를 합하는 것[用音合字]'이 모두 옛날과 어긋나 근거한 바가 없다는 지적이었다.[23] 이에 대해 세종은 다음과 같이 질책했다.

> 너희들이 이르기를, "음을 사용하고 글자를 합한 것이 모두 옛날과 다르다"고 하였는데, 설총(薛聰)의 이두(吏讀)도 역시 음이 다르지 않은가. 또 이두를 제작한 본뜻은 백성을 편하게 하기 위한 것이 아닌가. 만일 그것이 백성을 편하게 하기 위한 것이라면 오늘의 언문도 백성을 편하게 하려는 것이 아닌가. 너희들이 설총은 옳다고 여기면서 군상(君上)의 일은 그르다고 하는 것은 어째서인가.[24]

세종은 군주의 직책은 백성을 사랑하는 것[愛民]이라고 누차 강조했다.[25] 그런데 애민이 정치적 언술에 그치지 않고 실효를 내기 위해서는 실질적 정책의 추진이 필요했다. 그것은 백성들의 재생산 기반을 보장하고 일상생활의 고통을 덜어주는 것이어야 했다. 의식주를 돌보고 질병을 치료하는 것은 가장 기본적 조처였다. 농업생산력의 발전을 위한 노력, 조세 부담(전세, 공물, 요역)의 견감(蠲減), 진상(進上)의 감생(減省), 각종 진휼(賑恤) 정책의 시행[빈민구제], '흠휼지전(欽恤之典)'의 여행(勵行), 의료 정책의 추진 등이 그 대표적 사례로 거론된다.[26]

조선왕조의 집권체제를 정비하는 과정에서 대내외적 군사 위협에 대한 방위체제를 튼튼히 할 필요가 있었다. 특히 북쪽의 오랑캐와 남쪽의 왜구[北虜南倭]에 대한 방비를 철저히 해야 했다. 그를 위해 세종대에는 대마도(對馬島) 정벌을 단행했고 '사군육진(四郡六鎭)'으로 대표되는 북방 개척을 추진하였다. 이러한 정벌 사업을 통해 변경의 안정을 도모하는 한편 강역을 확장할 수 있었다. 그렇다면 북방 개척과 사민(徙民) 정책의 바탕에 깔린 사상적 배경은 무엇이었을까? 그것은 '문무병용(文武並用)'으로 요약할 수 있다. 세종을 비롯한 위정자들은 "문(文)과 무(武)를 함께 쓰는 것이 국가를 오래토록 안정화하는[長治久安] 방도"라고 인식하였다.[27] 수성의 시대에 국가를 장구히 유지하기 위해서는 문치(文治)를 위주로 하면서도 무비(武備)에 소홀하지 말아야 한다는 조선 초 위정자들의 생각을 엿볼 수 있는 대목이다.

2. '해외지국海外之國'으로서 조선의 정체성

조선 초기 국정 운영의 목표는 보편적 유교 국가의 건설이었지만 그것이 순조롭게 진행되었던 것은 아니다. 거기에는 근본적 장애물이 있었다. 보편적 '중화'로서의 중국과는 다른 역사적 전통, 지리와 기후 조건의 상이함, 언어와 습속의 차이 등이 그것이었다. 국가의 통치체제와 문화를 유교화하는 방법과 노선을 둘러싸고 관인(官人)·유자(儒者) 사이의 의견 대립도 있었다. 예컨대 '선왕지제(先王之制)'와 '시왕지제(時王之制)'를 둘러싼 논쟁,[28] 제천례(祭天禮)의 설행 여부를 둘러싼 논란 등이 그것이다. 이는 유교적 보편성을 원리 원칙대로 추구할 것인가, 아니면 조선의 역사·문화·언어·지리·풍습 등을 고려하면서 유교 문명의 보편성을 확보할 것인가, 다시 말해 유교적 보편성과 조선적 개별성의 조화를 어떻게 모색할 것인가의 문제이기도 했다.

실제로 조선은 해외의 먼 곳에 위치한 나라로 중국의 제후국과는 같지 않다는 인식을 가진 사람들이 있었다. 변계량(卞季良, 1369~1430)이나 양성지(梁誠之, 1415~1482)는 그 대표적 인물이었다. 변계량은 태종대에 '하늘에 제사하는 예[祭天之禮]'를 행하기를 청하면서 "우리나라는 멀리 해외에 있어 중국의 제후와 같지 않다"는 논리를 제시했다. 그는 자기주장의 정당성을 명 태조의 발언에서 끌어왔다. 명 태조는 일찍이 조서에서 "(조선은) 하늘이 만들고 땅이 베풀었으니[天造地設] 스스로 성교(聲教)[29]하라"고 지시한 바 있다.[30] 이와 같은 명 태조의 조서에서 도출된 논리가 '의종본속 (儀從本俗)', '법수구장(法守舊章)', '자위성교(自爲聲教)'였으며, 이는 후대에 자주 원용되었다.

양성지 역시 세조 즉위 직후 올린 상소에서 '의례는 본국의 풍속을 따라야 한다[儀從本俗]'고 주장하면서, 우리나라 사람들은 대대로 요수(遼水) 동쪽에 살았고, 만리지국(萬里之國)이라 불렸으며, 삼면이 바다로 막혀 있고, 일면은 산을 등지고 있어 그 구역이 자연적으로 나누어져 있고, 풍토와 기후도 역시 달라서 단군(檀君) 이래 관아(官衙)와 주군(州郡)을 설치하고 독자적인 성교를 펼쳐왔다고 주장했다.[31] 그도 변계량과 마찬가지로 자기주장의 근거를 원 세조가 '의종본속'을 허락했고, 명 태조가 우리들에게 '자위성교'하라고 했다는 역사적 선례에서 찾았다.[32] 조선과 같은 번국은 중국 본토의 제후국과는 비교할 수 없다는 인식이 바탕에 깔려 있었다.[33] '언어'가 통하지 않을 뿐만 아니라 '습속'이 중국과 같지 않다는 점이 그 원인으로 지목되었다.[34]

태종은 자신의 전위(傳位) 문제를 중국에 주청할 것인지를 논의하는 자리에서 조선이 '중국 영토 안에 있는 나라[海內之國]'가 아니라고 단언하기도 했다.[35] 그는 '해외지국'의 군주로서의 자의식을 지니고 있었던 것이다. 세종 역시 이러한 사실을 분명하게 인지하고 있었으며, 자신을 '외국의 번왕(藩王)'으로 규정했다.[36] 그는 『대명률(大明律)』의 적용 문제와 관련하여 의정부에 내린 글에서 "고황제(高皇帝)가 본국에 조서(詔書)하기를, '수천 리의 땅에 웅거(雄據)하여 스스로 성교하라' 하였고, 건문(建文) 연간에 본국에서 『대명률』을 청했는데 조지(詔旨=詔書)에 허락하지 않고 말하기를, '의례(儀禮)는 본속(本俗)을 따르고 법은 구장(舊章)을 지키라'고 하였으니, 명의 법률을 본국에서 반드시 준수할 것이 아니다. 그러므로 본국에서 비록 『대명률』을 쓰고 있으나, 시속(時俗)과 사세(事勢)에 인하여 혹은 가볍게 하고, 혹은 무겁게 하고, 혹은 별도로 새로운 조목을 세운 것이 많다"고 하였다.[37] 조선에서 중국의 법과 제도를 수입해서 쓰기는 하지만 조선의 현실에 따라 조정한 것이 많다는 사실을 말한 것이다.

요컨대 조선의 국왕과 관료들 가운데는 조선과 같은 해외의 나라는 중국 내부의 제후국과는 사체(事體)가 같지 않고, 조선이 비록 지성으로 사대하고 있지만 방역(邦域)이 구별되어 있고, 우리 나름의 성교를 베풀고 있기 때문에 모든 것을 중국과 똑같이 할 수 없다고 생각한 이들이 있었다.[38] 그리고 그 바탕에는 '해외번국'으로서 스스로 '성교'를 베풀고 있는 조선은 중국에 소속된 지방과는 다르다는 인식이 깔려 있었다.[39] 이는 '해외번국'의 수장인 조선 국왕의 정체성과도 관련된 문제였다.

우리는 그것을 세종대 단군에 대한 인식에서 찾아볼 수 있다. 조선왕조 개국 초부터 단군과 기자(箕子)에게 제사 지내야 한다는 의견이 제시되었다. 태조 원년(1392) 예조전서(禮曹典書) 조박(趙璞, 1356~1408) 등은 상소를 올려 원구제(圜丘祭)의 폐지를 주장하는 한편 단군은 '동방에서 처음으로 천명을 받은 임금[東方始受命之主]'이고, 기자는 '처음으로 교화를 일으킨 임금[始興敎化之君]'이니, 평양부(平壤府)로 하여금 때에 따라 제사를 드리게 해야 한다고 건의하였다.[40] 이처럼 조선 초부터 단군을 '동방시수명지주(東方始受命之主)'로 인식하는 견해가 출현하고 있었다. 단군을 동방의 역사를 창시한 동국의 시조로서 인식했던 것이다. 이는 동방의 역사에 대한 독자적 천명 의식의 발현으로 주목된다. 동방의 시조인 단군의 수명(受命)이라는 역사적 사실을 강조한 것은, 새로운 천명을 받아 새 왕조를 개창했다고 확신

하는 조선왕조 지배 세력의 역사의식·국가의식의 투영으로 평가된다.[41]

이는 조선 초기 지배층의 역사 계승 의식을 보여주는 것이다. 그들은 분명히 단군을 국조(國祖)로 설정하였고 자신들이 단군조선 이래의 역사적 정통을 계승했다는 의식을 갖고 있었다. 이는 고려후기 이래 축적된 역사 인식과 문화의식의 산물이라는 점에서 주목된다. 보편적 유교 문명을 수용하면서도 조선의 고유성·정체성을 염두에 두었던 조선 초기 지배층들의 자세는 단군과 기자를 '수명지주(受命之主)'와 '교화지군(敎化之君)'으로 함께 추앙하고 있었던 점에서도 확인할 수 있다. 이러한 의식의 연장선에서 태종 11년(1411)에는 예조참의(禮曹參議) 허조(許稠, 1369~1439)의 건의에 따라 기자에 대한 치제(致祭)가 이루어졌고,[42] 이듬해 기자묘에 단군을 종향(從享)하는 방식으로 단군에 대한 치제가 행해졌다.[43] 태종 13년(1413)에는 기자와 단군에 대한 제사를 중사(中祀)로 승격하는 한편 축판식(祝板式)의 호칭도 종전의 '국왕'에서 '조선국왕'으로 바꾸기로 하였다.[44]

세종대 단군에 대한 본격적 논의는 예제의 정비 과정에서 이루어졌다. 세종 7년(1425) 9월 사온서(司醞署) 주부(注簿) 정척(鄭陟, 1390~1475)이 평양의 기자 사당에 단군이 배향된 것을 보고, 그 문제점을 지적하면서 논의가 시작되었다. 당시 기자 사당에는 기자의 신위가 남향(南向)하고 있었던 반면에 단군의 신위는 서향(西向)하고 있는 상태였다. 정척은 단군이 요(堯)와 같은 시대에 나라를 세웠으니 기자에 비해 천 년 이상 앞선다고 보았으며, 나라를 세워 후세에 전한 선후 관계로 따지자면 기자의 신위를 북쪽에 모시고 단군의 신위를 동쪽에 둔 것은 어긋나는 조치라고 생각하였다. 물론 정척도 유자 일반과 마찬가지로 기자가 조선에 와서 '팔조(八條)'를 만들어서 정교(政敎)가 성행하고 풍속이 순미(淳美)해져 조선이라는 이름을 천하 후세에 드러나게 한 공로에 대해서 인정하였다. 다만 나라를 세운 선후에서 단군이 앞서니 기자와 함께 같은 사당에서 배향하는 것은 옳지 않다고 여겼으며, 이는 「향단군진설도(享檀君陳設圖)」의 내용과도 합치되지 않았다고 한다. 이에 정척은 별도로 단군의 사당을 세우고 단군의 신위를 남향하게 하여 제사 지내게 하자고 건의했던 것이다.[45] 당시 세종은 예조에 명해 정척의 건의대로 제사 의식을 거행하게 하였다.

그로부터 2년 후인 세종 9년(1427) 8월에 세종은 예조에 명해 단군과 기자의 묘제(廟制)를 다시 의논하게 하고, 신라·고구려·백제의 시조에게 묘를 세워 치제하는 일을 모두 고제(古制)에 상고하여 상정(詳定)해서 보고하게 했다.[46] 9월에는 사직단의 신위에 단군과 삼국의 시조를 같은 단에 모시는 것이 어떠한지에 대한 논란이 있었다. 변계량은 무방하다고 본 반면 세종은 불가하다고 여겼다. 그 이유는 단군과 삼국의 계승 관계에 대한 인식 차이였던 것으로 보인다. 세종은 삼국의 시조를 단군과 함께 제사하는 [合祭] 것을 '본국을 떠나 다른 나라로 가는 것[去本國, 適他邦]'이라고 보았다. 단군이 삼국을 통합했다는 이야기를 들어본 적이 없다는 것이 주요 논거였다.[47]

단군사(檀君祠)가 처음 세워진 것은 세종 11년(1429)이었다. 평양의 기자사(箕子祠) 남쪽에 세웠는데 고구려의 시조인 동명왕과 합사(合祠)하여 단군은 서쪽에 위치하고 동명왕은 동쪽에 위치하여 모두 남쪽을 바라보았으며, 매년 봄과 가을에 향축(香祝)을 내려 제사 지냈다.[48] 세종 12년(1430) 8월에는 각도산천단묘순심별감(各道山川壇廟巡審別監)의 보고가 있었는데 여기에는 평양의 기자묘와 단군사에 대한 내용도 포함되어 있다. 그에 따르면 현재 단군의 신위판(神位版)에 '조선후단군지위(朝鮮侯檀君之位)'라고 씌어 있고, 고구려 시조의 신위판에는 '고구려시조지위(高句麗始祖之位)'라고 씌어 있는데, 이를 본조(本朝)의 제사(諸祀) 의식(儀式)에 따라 '조선단군'이라 고쳐 쓰고, '후(侯)'자와 '지위(之位)' 두 글자를 삭제하자고 건의하였다.[49] 세종 13년(1431)에는 사전(祀典)에 기재되어 있는 각 도(道)의 산천

성황신사(山川城隍神祠)의 위전(位田) 결수를 재조정하면서 평양의 단군과 기자의 중사(中祀) 위전을 각각 3결로 결정하였다.[50] 이듬해인 세종 14년 (1432)에는 평안도 감사의 보고에 따라 단군·기자·고구려 삼전(三殿)의 제기를 법도에 맞게 개량하는 조치가 취해졌다.[51]

이러한 일련의 과정을 거쳐 세종 19년(1437)에는 예조에서 제도순심별감 (諸道巡審別監)의 계본(啓本)에 의거해 악해독산천(嶽海瀆山川)의 단묘(壇廟)와 신패(神牌)의 제도를 상정(詳定)하였다. 이에 따라 평안도 평양의 기자묘와 단군묘는 중사(中祀)로 결정되었고, 전위판(殿位版)에는 '조선시조기자(朝鮮始祖箕子)', '조선단군(朝鮮檀君)'이라고 기재하게 되었다.[52] 이는 『세종실록(世宗實錄)』「오례(五禮)」에 그대로 반영되었다.[53]

그렇다면 이상과 같은 해외지국으로서 조선의 정체성은 유교적 보편성과 양립 불가능한 것일까? 아니면 양자는 조화될 수 있는 것일까? 조화될 수 있다면 그 구체적 방안은 무엇일까? 조선 초부터 예악문물, 전장문물(典章文物), 전장제도(典章制度)로 표현되는 일체의 의례와 제도, 문화 일반을 중국(中國)·화제(華制)·중화(中華)로 표현되는 중국의 그것을 모방하고자 하였다.[54] 그것은 바로 유교적 보편성의 추구였다. 그러나 중국과는 다른 역사적 전통, 지리적 환경, 언어와 습속, 제후국으로서 조선의 위상 등은 보편성의 일방적 추구에 제약 요소로 작용했다. 따라서 세종대 각종 문물제도의 정비와 그 일환인 과학기술의 성과도 유교적 보편성과 조선적 개별성의 조화라는 관점에서 바라볼 필요가 있으며, 양자의 조화를 달성하기 위한 논리의 구축과 정책의 추진 과정에 유의할 필요가 있다.

집권체제의 재편과
과학기술의 필요성

고려에서 조선으로의 왕조 교체는 한국 중세사회의 재편 과정으로 볼 수 있다. 그 과정에서 중요한 것이 고려후기의 사회 모순을 여하히 극복하고 집권체제를 안정화할 것인가 하는 문제였다. 고려후기 이래의 사회 모순은 집권체제의 동요라고 정리할 수 있다. 원(元)의 간섭 이후 정치체제의 모순이 심화되었고, 이는 왕위 계승의 문란으로 표면화되었다. 경제적으로는 정치권력을 매개로 한 민전(民田)의 탈점과 수조지(收租地) 겸병에 의한 농장(農場)의 확대가 심각한 문제로 등장하였다. 그것은 한편으로 국가의 재정 기반을 위축시켰고, 다른 한편으로 농민의 토지 소유를 제약함으로써 사회경제적 모순이 심화되었다. 수조권(收租權)을 둘러싼 국가와 수조권자, 수조권자와 수조권자, 나아가 수조권자[田主]와 소유권자[佃客]의 모순이 격화되었으며, 이는 지배층과 피지배층, 아울러 지배층 내부의 정치적 갈등과 대립으로 표출되었다. 이와 함께 정치적·경제적·제도적 변화에 편승한 신분제의 동요, 불교계의 누적된 모순으로 인한 불교의 국가 지도이념으로서의 기능 상실, 홍건적(紅巾賊)과 왜구(倭寇)의 침입에 따른 대외 관계의 모순 또한 고려왕조 집권체제를 위협하는 주요 요인이었다.

여말선초의 정계·사상계에서는 이와 같은 문제를 해결하기 위한 노력이 다각도로 경주되었다. 고려 말의 사회 모순을 타개하기 위한 방안은 정치 세력 간의 현실 인식, 정치경제적 기반, 사상적 배경의 차이에 따라 상이한 방향으로 제기되었고,[55] 그것이 정치·군사적 충돌로 전개되면서 혁명 운동을 통해 조선왕조의 개창으로 귀결되었다. 그러나 조선왕조의 수립은 고려후기 이래의 사회 모순을 완전히 수습한 바탕 위에서 이루어진 것이 아니었으므로 제반 사회 모순의 해결은 건국 초기 조선왕조 집권 세력의 지속적 과제로 남게 되었다.

이러한 과제를 달성하기 위해서는 무엇보다 먼저 조선왕조 국가체제의 기틀을 정비하는 일이 선행되어야 했다. 국가체제의 기본 골격을 확립하고, 국정 운영의 기본 노선을 수립하는 일련의 작업은 태종·세종대를 거쳐 대부분 마무리되었고, 그것은 세조·성종대를 거치면서 경제(經濟)·경국(經國)의 이념으로서 『경국대전(經國大典)』으로 수렴되었다. 이른바 '경국대전체제'의 확립 과정이었다.[56] 조선 초기 국정 운영의 목표는 새롭게 재편된 집권체제의 안정화였고, 과학기술 정책은 그러한 목적을 달성할 수 있는 범위 내에서 구상되고 추진되었다.

조선왕조의 집권체제를 안정화하기 위해서는 왕조 개창의 정당성과 왕권의 정통성을 확보하고, 대내외적 위협으로부터 국가를 보위하며, 왕조 교체기에 흐트러진 민심을 수습하고 민생을 편안하게 할 필요가 있었다. 그 필요성은 '부국강병(富國强兵)'·'안민(安民)·보민(保民)' 등의 개념으로 정리될 수 있을 것이다. 태조 3년(1394)에 예문관(禮文館)·성균관(成均館)·교서관(校書館)에 명해 역대 경사(經史)에 기재된 부국강병의 방법과 임적응변(臨敵應變)의 계책을 조사하도록 한 것은 이와 같은 목적을 달성하기 위한 구체적 방안을 마련하기 위해서였다.[57] 부국강병을 국정 운영의 최우선 과제로 삼았던 조선 초기 당국자들의 의식은 다음과 같은 서운관(書雲觀)의 상언(上言)을 통해 유추해볼 수 있지 않을까 한다.

> 옛사람이 말하기를 "나라에 3년의 저축이 없으면 그 나라는 나라가 아니다"[58]라고 하였고, 또 말하기를 "군대를 오랫동안 원정하게 하면 국용(國用)이 부족하다"[59] 하였사옵니다. 이것은 옛 성현(聖賢)의 부국강병에 대한 경계이오니 염려하지 않을 수 있겠습니까?[60]

국가를 안정화하기 위한 필수 조건이 '부국강병'임을 인식하고, 그 실천적 방안을 국가재정의 확충과 군대의 정비로 파악하였던 것이다. 이들이 불교의 종지를 '청정과욕(淸淨寡欲)', '이세절속(離世絶俗)'으로 간주하여 개인의 심성 수양 문제로 국한하면서 국가 운영에 필요한 방도를 찾아볼 수 없다고 비판했던 것은 이와 같은 이들의 입장을 보여준다. 바로 이러한 관점에서 사사전(寺社田)을 혁파하여 군자(軍資)에 소속시킴으로써 부국강병의 방편으로 삼자는 논의가 제기되었던 것이다.[61]

부국강병의 문제 못지않게 시급한 과제는 여말선초의 사회변동 속에서 흐트러진 민심을 수습하는 일이었다. 민심의 안정 역시 "백성들을 부유하게 한 다음 가르쳐야 한다"[62]는 유교의 교리에 입각하여, 민(民)의 재생산 기반을 확보해주고 각종 교화 정책을 시행하는 쪽으로 방향을 잡아가게 되었다. "백성이 아니면 나라가 설 수 없고, 먹을 것이 아니면 백성이 살아갈 수 없다"[63]는 언명은 조선왕조 농업정책의 기본 방향을 보여주는 것이었다. 안정적인 농업생산력의 확보는 부국강병을 달성하는 기본 조건이기도 했다. "부국강병의 요체는 농사에 힘쓰는 것[務農]만한 일이 없다"[64]는 언급은 바로 그러한 인식의 기초 위에서 나온 것이었다.

과학기술 정책이라는 측면에서 조선 초의 국가 경영 문제에 주목할 때,

바로 이상과 같은 국정 목표를 달성하기 위해 시행된 제반 정책들이 어떤 과학기술 분야와 연계되며, 그 구체적 내용은 무엇이었는가, 그 과정을 통해 조선 초기 과학기술은 어떻게 변화·발전하였는가, 그리고 그 성과와 문제점은 무엇이었는가 하는 점들이 일단 관심거리가 된다. 이러한 관점에 입각할 때 우리는 다음과 같은 몇 가지 과학기술 분야에 주목하게 된다.

먼저 집권체제의 실제적 경영과 관련해서는 산학(算學)과 지리학 분야가 주목된다. 집권체제의 운영에서 근간이 되는 것은 토지와 노동력이었다. 토지와 노동력을 파악하기 위한 기본적인 수단은 양안(量案)과 호적(戶籍)이라고 할 수 있는데, 이것을 작성하기 위해서는 산학에 대한 지식이 필수적으로 요구되었다. 양전(量田) 사업과 양안의 작성, 호구(戶口) 파악과 호적의 작성, 양안과 호적을 기초로 한 각종 조세와 역(役)의 징발, 중앙과 지방 관청의 회계(會計) 업무, 병력 동원[起兵] 등에서 산학은 가장 기초적이고 필수적인 지식이었던 것이다.[65]

양안이나 호적의 작성은 지도의 제작, 지지(地志)의 편찬과도 밀접한 관련을 갖고 있었다.[66] 전통적으로 지리학은 지도의 제작, 도시의 계획과 건설, 토지의 측량 및 정비 등과 관련된 중요한 학문 분야였다. 각종 지도의 제작과 지리지(地理志)의 편찬을 통해 확인되는 고대사회 이래 지리학의 발달은 집권 국가의 국토를 효율적으로 이용하기 위한 노력의 소산으로 볼 수 있다. 편린으로 남아 있는 삼국·고려 시기의 지도와 지리서에서 그러한 흔적을 찾을 수 있을 뿐만 아니라, 상대적으로 풍부한 자료가 현존하는 조선 시기의 경우에는 그를 통해 국토의 자연지리와 인문지리에 대한 관심이 증대되었다는 사실과 함께 당대의 국토관·세계관의 변화까지도 읽어낼 수 있다.[67]

조선왕조의 위정자들에게 지리지의 편찬은 국가의 주요 사업으로 인식되었다. 그것은 역사적 선례와 경전적 근거를 지니고 있었다. "여지(輿地)에 대한 책은 옛날부터 있었다. 황제(黃帝)가 분야(分野)를 구획하였고, 당우(唐虞) 때 12주(州)를 나누었으며, 하나라에는 우공(禹貢)이 있었고, 주나라에는 직방(職方)이 있었으며, 진한(秦漢) 이후로 각각 지지[誌]와 지도[圖]가 있었다"[68]는 『동국여지승람(東國輿地勝覽)』편찬자들의 언급이 대표적이다. 역대의 제왕들이 흥기할 때는 모두 지리와 관련한 책[版籍]을 편찬하였으니[69] 조선왕조 역시 개창 이후에 판도(版圖)의 편찬을 미룰 수 없었던 것이다. 지리지는 국가가 구비해야 하는 필수적인 책[國家圖籍]으로 인식되었던 것이고,[70] 그 경전적 근거는 바로 『주례(周禮)』의 '체국경야(體國經野)'였다.[71] 『주례』의 천관(天官), 지관(地官), 춘관(春官), 하관(夏官), 추관(秋官)의 첫머리에는 "왕이 나라를 세울 때에는 사방의 방위를 분별하여 (궁실과 조정의 위치를) 바르게 하고, 국도(國都)를 구획하고 교외(의 토지)를 측량하며, 관서를 설치하고 직무를 나누어 백성들의 표준을 세운다"[72]라는 문장이 수록되어 있다. 요컨대 '체국경야'란 국도와 향읍(鄕邑)을 구획·정비하는 일을 일컫는 것이었고, 그 실상을 보여주는 서적이 바로 지리지였던 것이다. 지도와 지리지를 통해 국왕은 서울에 거처하면서도 8도의 지리적 현황을 손바닥 보듯

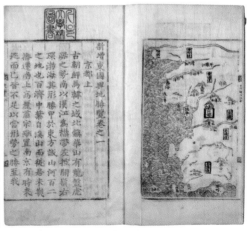

〈그림 2〉 『동국여지승람』 〈그림 3〉 『신증동국여지승람』 (출처: 규장각한국학연구원)

이 알 수 있었다.[73] 이렇듯 지도와 지리지의 편찬은 실용적 목적을 지닌 것이기도 했지만, 국가 운영의 가장 중요한 요소인 토지와 인민에 대한 왕권의 일원적(一元的) 지배를 상징적으로 보여주는 문화 사업이기도 했다.

조선왕조의 물적 토대는 토지와 노동력이었고, 주산업은 농업이었다. 따라서 농업인구를 확보하고 농업생산력을 증대하는 문제야말로 국가 운영을 담당하는 지배층의 가장 큰 관심사였다. 과학기술의 측면에서 본다면 농업기술의 개량·발전, 농서(農書)의 보급과 아울러 농업에 영향을 주는 기상 여건을 파악하는 문제가 중요했다. 흔히 '농업기상학(農業氣象學)'이라고 일컬어지는 분야였다. 태종 16년(1416)에 서운관에는 다음과 같은 임무가 부과되었다.

> 서운관에 명하여 1년의 기후(氣候)를 미리 기록하여 보고하도록 하였다. 이제부터 매년 정월 초하루부터 12월 그믐까지 매일의 기후를 조사하고 살펴서 낱낱이 기록하여 보고하고, 또 책에다 적어 후일의 빙험(憑驗: 증거)이 되게 하며, 금년 하지(夏至)부터 시작하여 햇무리[日暈]와 달무리[月暈] 같은 것은 그 빛깔을 상세하게 살피고, 무지개[虹蜺]는 색깔과 나타난 방향을 아울러 살펴서 아뢰게 하였다.[74]

서운관으로 하여금 1년 동안의 기후 변화를 매일매일 기록하여 참고 자료로 삼게 하였다는 사실에서 조선 초부터 기상 관측을 체계화하기 위한 노력이 경주되었음을 알 수 있다. 이와 같은 노력의 연장선에서 강우량의 측정을 위한 측우기(測雨器), 하천의 수위를 측정하기 위한 수표(水標), 그리고 풍향과 풍속 등 바람의 변화를 측정하기 위한 풍기(風旗) 등의 기구가 고안·발명되었다.

농업 노동력을 안정적으로 유지하기 위해서는 의학 분야의 개선이 필수적이었다. 양질의 노동력을 확보하기 위해서는 질병으로부터 생명을 보호할 수 있는 의료체계의 개선, 의약학의 개량이 급선무였다.[75] 고려후기의 향약 운동을 계승하여 『향약집성방(鄕藥集成方)』을 편찬하고, 중국의 의서와 국내 의서의 처방들을 망라하여 『의방유취(醫方類聚)』를 편찬한 것은 본초학과 이론의 종합을 통해 의학을 체계화하고자 한 조선왕조 집권층의 노력의 산물이었다. 그들은 이를 통해 위민정치(爲民政治)의 이상을 구현함과 동시에 노동력의 안정적 확보라는 현실적 목적을 달성하고자 하였다.[76]

국방 대책과 관련된 과학기술 분야로는 무기 제조 기술이 주목된다. 조선 초기는 국내의 왕조 교체와 함께 대륙의 원(元)·명(明) 교체에 따른 국제 정세의 불안, 고려 말 이후 지속되었던 여진족(女眞族)과 왜적(倭賊)의 침구(侵寇) 등으로 국방 문제가 초미의 관심사였다. 이에 대한 방책의 하나로 추진된 것이 화약무기의 개발이었다. "군문(軍門)의 기계로서 중요한 것이 화포보다 더한 것이 없다"거나 "화포는 병화(兵火)의 환란(患亂)에 대비하는 것", "화포는 외모(外侮)를 막는 급무(急務)", "화포는 적병을 막는 데에 가장 유리한 무기"라는 인식이 당시에 통용되었다. 그야말로 화포는 "군국(軍國)의 중한 일", "군국의 이기(利器)"로 간주되었던 것이다.[77]

이와 같은 인식에 기초해서 고려 말 최무선(崔茂宣, 1326?~1395)이 개발한 화약과 화기는 조선왕조의 중요한 무기 체계로 자리 잡게 되었는데, 태종대는 조선왕조 화기 발전의 토대가 마련된 시기였다.[78] 세종대에 들어서 북방 개척이 적극적으로 추진되면서 화기의 수요가 증대하였다. 화포의 주조 기술과 화약 제조 기술이 향상되면서 그 형태도 점차 독자적인 모습으로 탈바꿈되었다. 세종 27년(1445)에는 종래의 화포를 모두 폐기하고 새로운 형식의 화포를 전국적으로 배치하기에 이르렀다.[79] 세종 30년(1448)에는 이러한 화포의 주조법과 화약 사용법을 상세히 기록하고 그림으로 그려놓은 『총통등록(銃筒謄錄)』이 편찬·간행되었다.[80] 『총통등록』의 편찬은 화포의 제작과 사용에서 조선이 독자적 발전 단계에 들어섰음을 보여주는 것으로, 이후 조선시대 화포는 『총통등록』의 전통을 그대로 이어받아 발전하게 된다.[81]

국가의 문화 사업은 정치사상적 목적에서, 사회경제적 목적에서 시행되었고, 그 과정에서 인쇄·출판 기술의 발전이 요구되었다. 그것은 먼저 국가의 통치 이데올로기나 국가 운영의 기본 방향을 선전하기 위해 필요하였다. 국가의 지배 이념을 널리 보급하기 위한 각종 경전의 편찬, 국가 통치의 전범이 되는 각종 '대전(大典)'의 간행, 그리고 일반 인민들을 대상으로 한 각종 교화서의 보급이 바로 그것이었다. 다음으로 행정적인 목적의 통치 자료를 마련하기 위해서도 인쇄술은 필요하였다. 각종 제도의 연혁을 정리한 총서(叢書)·유서(類書)류의 출판, 법령집의 간행, 그리고 지방 통치의 보조 자료로 활용된 지지(地志)의 편찬 등이 그러한 목적에서 이루어졌다. 실용적 지식의 보급이나 각종 기록의 보존을 위해서도 인쇄술이 필요했다. 농업·의학·군사 분야와 관련한 각종 책자의 발간, 역사서의 출판·보급이 꾸준히 이어졌다.

조선왕조의 경우를 예로 들면 전 시기에 걸쳐 사서삼경을 기본 텍스트로 하는 유교 경전과 『성리대전』, 『주자대전』, 『주자어류』와 같은 성리학의 이론서들이 끊임없이 편찬되었고, 『소학』을 비롯하여 『삼강행실도』, 『이륜행실도』, 『오륜행실도』와 같은 교화서들이 출판되었으며,[82] 『농사직설』, 『향약집성방』, 『의방유취』, 『동의보감』, 『동국병감』 등과 같은 농업·의학·군사상의 실용적 목적을 지닌 책들이 간행되었다. 각종 지도와 『동국여지승람』으로 대표되는 지리지의 편찬 역시 그 가운데 하나였다. 아울러 조선왕조의 역사를 후세에 전하기 위한 실록을 비롯하여 여러 종류의 역사서들이 지속적으로 편찬되었다. 이렇듯 사상과 이념의 전파를 위해서든, 실무적 지식의 보급을 위해서든, 중요한 자료를 보관하기 위해서든 인쇄술은 국가 경영에서 빠질 수 없는 중요한 요소였다.

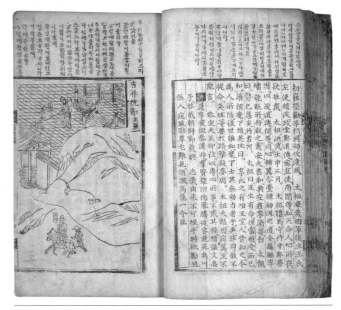

〈그림 4〉 『삼강행실도』 (출처: 국립중앙박물관)

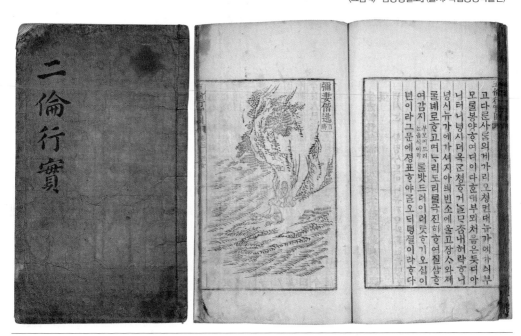

〈그림 5〉 『이륜행실도』 〈그림 6〉 『오륜행실도』 (출처: 국립중앙박물관)

유교·주자학과 과학기술의 연관성: 역상수시曆象授時와 경천근민敬天勤民

조선왕조가 유교·주자학을 국정교학으로 삼고 있었다는 점에서 통치 이데올로기와 과학기술의 상호 관련성을 생각해볼 필요가 있다. 유교 국가를 표방한 조선왕조는 천명사상에 입각해 개창의 정당성이 입증되어야 했으며, 국왕의 권력 또한 유교 이념에 따라 정통성이 부여되어야 했다. 따라서 건국 초기에 조선의 위정자들은 조선왕조의 개창이 하늘의 명에 따른 필연적인 일이었음을 안팎에 천명할 필요가 있었다. 과학기술의 측면에서 볼 때 천명의 수수 여부는 천문역법의 문제와 밀접하게 관련되어 있다. 제왕의 첫 번째 임무가 '역상수시(曆象授時: 천체의 운행을 관측하고 추산하여 시간을 알려주는 것)'라고 간주되었기 때문이다.

조선왕조 개창 직후인 태조 4년(1395) 고구려 천문도의 전통을 계승한 새로운 형태의 천문도가 제작되었다. 「천상열차분야지도(天象列次分野之圖)」의 각석(刻石)이었다. 거기에는 '역성혁명(易姓革命)'이 자신들의 사사로운 권력욕 때문이 아니라 천명에 의한 불가피한 일이었음을 대내외적으로 선전하고 싶었던 조선왕조 지배층의 정치적 염원이 담겨 있었다. 따라서 이 천문도의 제작 목적은 오늘날의 성도(星圖)와 비교해볼 때 커다란 차이점을 지니고 있다. 「천상열차분야지도」의 하단 부분에 새겨져 있는 권근(權近, 1352~1409)의 설명문에 따르면, 이 천문도를 만든 가장 중요한 목적은 고대 제왕의 '하늘을 받드는 정치[奉天之政]'를 본받기 위함이었다.[83] 그것은 구체적으로 위로 '천시(天時)'를 받들고, 아래로 '민사(民事)'를 삼가는 일이었다.[84] "일월성신(日月星辰)을 역상(曆象)하여 인시(人時)를 알려준다[曆象授時]", "하늘을 공경하고 백성들의 일을 부지런히 한다[敬天勤民]"는 명제가 의미하는 바가 바로 이것이었다. 역대의 왕조에서 천문학을 중시한 이유, 고대의 성인들이 하늘의 형상을 관찰하고 각종 의기(儀器)를 제작한 이유는 오직 하늘을 공경하기 위해서였다는 것이다. 요컨대 전통 사회에서 천문도를 작성한 목적은 오늘날의 그것과 같이 과학적 목적에서만 이루어진 것이 아니었고, 그 안에는 뿌리 깊은 유교 정치사상이 자리하고 있었다.

이처럼 조선왕조의 관인·유자들은 천문역산학을 제왕의 필수적 사업으로 중시하였다. 그 이념적 근거가 『서경(書經)』에 명시된 "호천(昊天)을 공경히 따라서 일월성신(日月星辰)을 역상(曆象: 천체의 운행을 관측하고 추산함)하여 인시(人時)를 공경히 준다"[85]는 구절에서 유래한 '역상수시(曆象授時)'였고, 그것은 국가의 중대한 임무로 여겨졌다.[86] 왜냐하면 그것은 요순(堯舜)으로 대표되는 옛 성인들이 치도(治道)의 가장 중요한 임무로 여겼기 때문이었다.[87] "제왕의 정치는 협시정일(協時正日: 계절을 조화롭게 하고 날짜를 바르게 한다)보다 중요한 것이 없다"[88]거나 "제왕의 정치는 역상수시보다 큰 것이 없다"[89]는 언급도 같은 맥락에서 이해할 수 있다. 국왕인 세종 역시 '역상일월(曆象日月)'이 고금의 제왕들이 중히 여긴 바라고 강조하였다.[90] 따라서 그것을 추구

〈그림 7〉 천상열차분야지도 각석
(국보 제228호, 출처: 국립고궁박물관)

하는 구체적 방법인 '역산지법(曆算之法)'이 매우 중요한 문제였고,[91] 서운관에서 '역상(曆象)'을 담당하는 천문관들의 임무도 중대한 것이었다.[92]

이와 같은 논리의 근간에는 '경천근민(敬天勤民: 하늘을 공경하고 삼가 백성들의 일에 힘쓴다)'의 이념이 녹아 있다. 요순의 '역상수시'는 '경천근민'의 일환으로서 소홀히 할 수 없는 것으로 파악되었다.[93] 세종은 천문역산학 정비 사업이 마무리 단계에 접어들자 동부승지(同副承旨) 이순지(李純之, ?~1465)에게 명해 천문·역법·의상(儀象: 천체 관측기구)·구루(晷漏: 해시계와 물시계)에 관련된 내용을 여러 책에서 추출하여 그 가운데 요긴한 것을 취해 『제가역상집(諸家曆象集)』을 편찬하게 하였다. 이순지는 이 책을 통해 세종의 '경천근민'하는 정치가 그 극진함을 다하지 않은 바가 없음을 알 수 있을 것이라고 하였다.[94]

'하늘을 공경하는 것'과 '삼가 백성들의 일에 힘쓰는 것'은 별개의 일이 아니었다. 하늘이 보고 듣는 것은 실로 백성들을 통해서였으니, 백성들이 불편해한다면 그것은 하늘을 공경하는 것이 아니었다.[95] '경천'의 실상을 달성하기 위해서는 백성을 위한 정치, 백성들의 불편을 해소해주는 정치, 백성들로 하여금 먹고살 수 있게 해주는 정치가 필요했다. 그것이 이른바 '왕도정치(王道政治)'='왕정(王政)'이고 '인정(仁政)'이었다. 세종을 비롯한 조선의 위정자들은 이러한 사실을 잘 이해하고 있었다. 세종은 군주는 하늘을 대신해서 만물을 다스리는 존재[代天理物]인데[96] 그의 책무 중에서 '애민(愛民)'이 중요하다고 강조했다.[97] 뿐만 아니라 세종 7년(1425)경 지방에 파견되는 2품 이하의 수령들까지 왕이 친견(親見)하는 관례를 세운 이후[98] 세종은 자신을 대신해서 백성들을 다스리는 임무를 맡은 수령들에게 끊임없이 애민을 강조하면서 선정을 당부했다. "수령의 직책은 애민이 중요하다",[99] "수령의 직책은 애민과 무농(務農)이 중요하다"[100]는 언급이 대표적이다.

그렇다면 조선의 위정자들은 왜 애민을 강조했을까? 국가의 존망이 민심의 거취에 달려 있다고 보았기 때문이다. 따라서 맹자(孟子)의 말대로 백성들에게 항산(恒産)을 보장해주어 항심(恒心)을 갖도록 하는 것이 왕정(王政)의 요체였다.[101] 그것은 백성들의 재생산 기반을 보장해주고, 교화를 통해서 그들을 유교적 윤리에 충실히 따르는 인간으로 육성하는 일이었다. 세종이 수령들에게 애민을 강조하면서 그 구체적 실현 방안으로 농업과 잠업을 권장할 것[務農·勸農·勸農桑·勸課農桑], 부역을 공평하게 부과할 것[均賦役], 요역과 부역을 가볍게 할 것[輕徭薄賦·薄賦斂·輕徭薄斂], 형벌을 삼갈 것[愼刑·愼刑罰·省刑罰] 등을 끊임없이 강조했던 연유가 여기에 있었다. 그것이야말로 조선왕조의 안녕을 보장할 수 있는 방도였기 때문이다.『용비어천가(龍飛御天歌)』의 마지막 장에서 "자자손손(子子孫孫) 성신(聖神)이 계승한다고 해도 경천근민해야 나라가 더욱 굳어질 것이다[영원토록 유지될 수 있을 것이다]"[102]라고 후세의 사왕(嗣王)들에게 당부해 마지않았던 것은 바로 이런 이유에서였다.

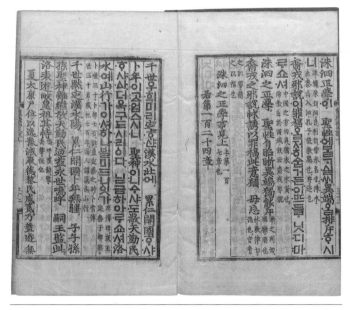

〈그림 8〉『용비어천가』 제125장 (출처: 규장각한국학연구원)

세종 9년(1427)에 문과의 책문(策問)으로 전제(田制)와 공부(貢賦)를 묻는 문제가 출제되었다. 여기에서 세종은 다음과 같이 말했다.

> 일찍이 듣건대 나라를 잘 다스려 평안하게 하는 요체[致治之要]는 백성을 사랑하는 것[愛民]보다 앞서는 것이 없다고 하니, 백성을 사랑하는 근본은 오직 백성들에게 거두어들이는 데 법도가 있어야[取民有制] 할 따름이다. 지금 백성들에게 거두어들이는 것은 전제와 공부만큼 중요한 것이 없다.[103]

세종은 애민의 관건으로 부세제도의 문제를 거론했다. 전세(田稅)를 비롯한 여타 부세(賦稅)를 균등하게 부과하는 것이 백성들의 삶을 개선하는 데 중요한 요소라고 판단했기 때문이다. 세종대 공법(貢法)의 제정은 이러한 관념에서 출발하는 것이었다.[104] '경천근민=경천애민'의 본질은 이와 같은 것이었다.

요컨대 국가를 소유하고 통치하는 핵심은 경천(敬天)과 근민(勤民)에 불과할 따름이었다. "하늘은 우리 백성이 보는 것을 통해 보고, 하늘은 우리 백성이 듣는 것을 통해 듣는다"[105]는 경전의 구절에 근거해볼 때 경천과 근민은 별개의 항목이 아니었다. 제왕이 나라를 다스리는 도리는 천심에 순응하고 백성들의 뜻에 따르는 것일 뿐이었다. 인심이 귀일하는 곳이 바로 천명의 소재였기 때문이다.[106] 이처럼 역상수시를 주된 목적으로 하는 천문역산학과 경천애민·경천근민의 이념은 상통하는 것이었고, 그것은 왕정·인정의 실천으로 연결되었다.

이와 함께 자주 언급되는 것이 "백성은 나라의 근본이고, 먹는 것은 백성의 하늘이다[民惟邦本, 食爲民天]"라는 논리였다. 세종대 국왕을 비롯한 위정자들이 농업이나 기민 구제, 조세 감면 등과 관련하여 가장 자주 언급하는 명제가 바로 "민유방본(民惟邦本), 식위민천(食爲民天)"이었다.[107] 백성들에게는 먹는 것이 하늘과 같다는 뜻이다. 사직에서 기우제를 지낼 때도 "백성은 나라의 근본이고, 먹을 것은 백성에게 하늘이니, 진실로 그 하늘을 잃게 된다면 나라가 무엇에 의뢰하겠습니까"라고 호소하였다.[108] 각 도의 감사에게 『농사직설』을 보내면서 이를 예하 수령에게 반포해서 백성들을 가르치라고 당부할 때 가장 먼저 거론한 것도 "먹는 것은 백성에게 으뜸이 되고 농사는 정치의 근본이니, 백성을 가까이하는 수령의 직책은 권농(勸農)보다 중한 것이 없다"는 언급이었다.[109] 이는 백성들의 재생산 기반을 보장해주는 것이 국가의 존망을 좌우하는 핵심적 문제라는 지적이었다. 백성들이 국가 운영의 경제적·군사적 기반이라는 엄연한 사실을 염두에 둘 때 민생 안정은 국가의 존망에 직결되는 문제였다. 군주가 민생 안정을 최고의 국정 목표로 삼고 정치를 운영하고 있음을 상징하는 언어가 '경천애민'이었고, 그것이 천문역산학 분야와 연결될 때 '역상수시'로 표현되었던 것이다.

따라서 관인·유자뿐만 아니라 국왕 자신도 이러한 논리를 적극적으로 활용하여 자신의 정치적 권위와 정통성을 확립하고자 하였다. 조선왕조의 역대 국왕들은 천문역산학을 자신들의 '가업(家業)'으로 자처했다. 세조는 일찍이 천문(天文)·지리(地理)·의약(醫藥)·복서(卜筮) 등 '이수(理數)'와 관련된 책의 지침서를 편찬하여 반행하고자 하는 의도를 지니고 있었다.[110] 세조 3년(1457) 이순지 등에게 명해 일월교식추보법(日月交食推步法)을 의논해서 정하게 한 것도[111] 그러한 의도에서 나온 것이었다. 세조는 이순지가 세종조에 천문역법과 관계된 일을 하였으므로 그 연장선에서 세종조에 편찬된 『교식추보법』에 대한 가령(假令)과 주해(注解)를 지어 올리라고 명했던 것이다. 그러면서 '역법(曆法)'이란 조선 왕실의 '가업'이니 자신이나 후대 왕위의 계승자인 세자도 반드시 배워야 하는 것이라고 강조했다.[112]

그런데 이러한 생각은 세조 개인의 것이 아니었다. 그것은 조선왕조 내내 국왕들이 공유했던 관념이었다. 그것을 여실히 보여주는 문헌이 영조 21년 (1745)에 편찬된 『어제상훈(御製常訓)』이다. 여기에서 영조는 후세 사왕(嗣 王)들에게 8가지 항목의 교훈을 제시하고 있는데, 경천(敬天)·법조(法祖)· 돈친(惇親)·애민(愛民)·거당(祛黨)·숭검(崇儉)·여정(勵精)·근학(勤學)이 바로 그것이었다.[113] 그 가운데 경천 항목에서 영조는 다음과 같이 숙종이 항상 하늘을 공경하였음을 증언하였다.

> 삼가 거함에 예전에 우리 성고(聖考)께서 하늘을 공경하시던 지극한 덕
> 을 고요히 생각하니 이는 『보감(寶鑑=國朝寶鑑)』에 자세히 실려 있으니 지
> 금 어찌 감히 많이 이르리오. 그러나 7년 동안 약 시중을 들면서[侍湯]
> 나 스스로 직접 가르침을 받았는데[親炙] 비록 몸과 마음을 안정하게
> 양생하는[靜攝] 가운데 거하여서도 이른 아침부터 밤늦게까지 삼가고
> 두려워하셨다.[114]

영조는 경천과 애민을 부왕 숙종에게서 배웠다고 회고했다. 영조는 숙종 의 약 시중을 7년 동안 들었는데, 이때 숙종이 병환 중에도 시어(侍御)에게 명하여 관상(觀象)하게 하고 묘당(廟堂)에 신칙해서 휼민(恤民)하게 했다는 것이다.[115] 영조 34년(1758) 『어제상훈』의 후속편으로 『어제속상훈(御製續常 訓)』을 지었는데, 이는 『어제상훈』의 여덟 조목 가운데 경천과 애민을 부연 한 것이었다.[116] 조선왕조 개창의 정당성과 자신의 왕위 계승의 정통성을 확보하기 위해서 조선의 역대 국왕들은 유교적 천명사상에 입각하여 천문 역산학을 자신의 가업으로 전유해야 했던 것이다.

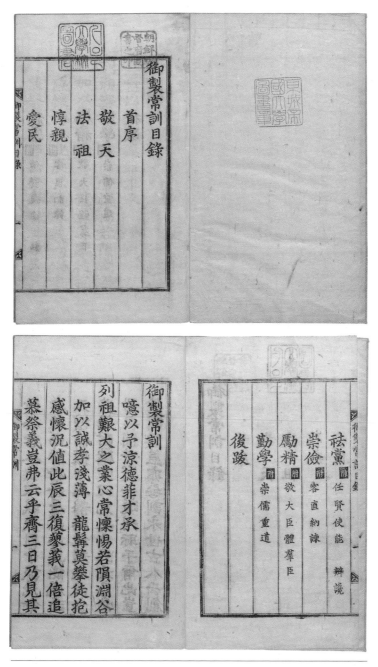

〈그림 9〉 『어제상훈』 (출처: 규장각한국학연구원, 장서각)

과학기술 정책의 추진 방향과
'풍토부동론風土不同論'

조선왕조는 대외적으로 사대주의(事大主義)를 표방하였다. '사대교린(事大交隣)'으로 대표되는 외교 정책의 강조점은 언제나 '사대'에 있었고, 그것은 바로 중국에 밀착된 사대주의의 전형을 보여주는 사례로 여겨졌다. 그럼에도 불구하고 과학기술 정책의 측면에서 보면 『농사직설』의 편찬, 향약(鄕藥)의 개발, 『칠정산(七政算)』의 편찬, 훈민정음의 창제 등을 통해 확인할 수 있는 바와 같이 조선왕조의 개별성이 도드라져 보이는 성과들이 도출되기도 했다. 과연 유교적 보편주의와 조선의 개별성 사이에서 조선왕조는 어떠한 정책 노선을 추구하였던 것일까?

조선 초기, 특히 세종대에는 보편적인 유교 문화를 존숭하는 가운데서도 토착적 요소에 많은 관심을 표명하였다. 그것은 자연관이나 사상의 차원에서 생각해볼 수 있는 문제이다. 이 땅에 사는 사람은 이 땅의 기운과 가장 잘 어울리며, 따라서 이 땅의 기(氣)로부터 산출된 성률(聲律), 약재, 언어, 농법 등을 사용하는 것이 가장 '자연적'이라는 생각이 밑바닥에 깔려 있었다.

농업 생산의 증진을 통한 국가재정의 확충은 조선 초 국가 운영자들의 초미의 관심사였다. "국가는 백성을 근본으로 삼고, 백성은 먹는 것으로 하늘을 삼는다. 농사는 먹는 것의 근원으로서 왕자의 정치에서 먼저 힘써야 하는 것"[117]이었다. 이를 위해서는 농업을 발전시킬 필요가 있었는데, 그를 위한 실천 방안으로 강구된 것이 농법·농업기술에 대한 정리를 통해 선진 지역의 농업기술을 후진 지역에 보급·확산하는 일이었다. 세종 11년 (1429) 완성된 『농사직설』은[118] 태종대 이래 농서 편찬의 경험을 바탕으로, 선진 지역[삼남(三南) 지방]의 농업기술을 조사·정리하여 후진 지역에 보급함으로써 농업 생산을 늘리고자 한 것이었다. 세종은 경상·충청·전라도의 감사들에게 그 지방의 농법·농업기술을 조사하도록 지시하였는데, 조사 방법은 각 군현 내의 노농(老農)을 방문하여 그들의 경험을 수집·정리하는 방식이었다. 이와 같은 현지 조사를 통해 수집된 내용을 바탕으로 정초와 변효문(卞孝文, 1396~?)이 기존의 농서와 대조하여 중복된 것을 삭제하고 긴요한 것만을 추려서 정리한 것이 바로 『농사직설』이었다.[119] 따라서 『농사직설』은 당시의 기술 수준을 보여주는 농서이면서 우리의 농업 전통을 이해할 수 있는 가장 오래된 체계적 농서라 할 수 있다.

『농사직설』에 깔려 있는 기본 사상은 '풍토부동(風土不同)'의 논리로 정리할 수 있다.[120] 우리나라의 풍토와 기후 조건은 중국과 다르기 때문에 중국의 농업 이론이나 지침서들이 참고서는 될 수 있을지언정 우리 현실에 그대로 적용될 수는 없다는 논리였다. 이러한 '풍토부동'의 논리는 태종대에 이미 제기되었다. 지방 수령들이 각 도(道)와 주현(州縣)의 '풍토부동' 문제를 고려하지 않고 '권과(勸課)'만을 임무로 삼기 때문에 농시를 놓칠 수 있다는 우려가 그것이었다.[121] 이러한 풍토부동의 문제를 해결하기 위한 방안으로 제시된 것이 '의토(宜土)'·'시의(時宜)'의 논리였다.[122] 각 지방의 농업 환경과 조건을 고려하여 시의적절하게 농작을 진행하고자 한 것이었다.

『농사직설』에서 확립된 조선의 농정 이념은 이후 면면히 계승되어 각종 권농교(勸農敎)와 농상교서(農桑敎書)에 반영되었다. 요컨대 조선왕조 농업 정책의 핵심은 조선 농업의 전통과 특성을 어떻게 계승·발전시켜나갈 것인가 하는 문제와 남북 간의 지역 차에서 나타나는 '풍토부동'의 문제를 어떻게 조절·극복해나갈 것인가에 달려 있었는데, 『농사직설』은 그러한 이념적 좌표를 제시해주는 기준이 될 수 있었다.[123]

세종 15년(1433)에 『향약집성방』이 완성되었다. 그것은 중국의 여러 의 서들을 수집·참조하는 한편, 세종 13년(1431)에 집현전(集賢殿) 직제학(直提學) 유효통(兪孝通), 전의감(典醫監) 정(正) 노중례(盧重禮, ?~1452), 부정(副正) 박윤덕(朴允德) 등으로 하여금 기존의 향약방(鄕藥方)을 빠짐없이 수습하여 종류를 나누고 증보하여 완성한 의서였다.[124] 권채(權採, 1399~1438)는 그 서문에서 향약 개발의 당위성을 '풍속부동(風俗不同)'에 따른 '의토(宜土)'의 논리에서 찾았다.[125] 그는 대개 지역에 따라 풍속의 차이가 있으며, 초목의 생장 역시 적당한 곳이 있고 사람의 기호도 습성에 따른다고 보았다. 따라서 사람의 질병을 치료하는 것도 각 지역의 토성(土性)에 맞게 해야 한다고 주장하였다.

아울러 권채는 『향약집성방』의 편찬이 '인정(仁政)'의 일환이라고 역설하였다.[126] 의학을 인정의 일환으로 간주하는 사고는 이미 고려 시기부터 확인되는데, 조선 초의 인정론(仁政論)은 이전의 그것에 비해 한층 강화된 형태를 보인다.[127] 의약으로 질병을 치료하는 것은 민생(民生)을 살리고 국맥(國脉)을 장수토록 하는 것으로 '인민(仁民)의 정치', '유국(裕國)의 방도'라는 것[128]이 인정론의 기본 골격이었다. 이러한 생각이 조선 초에 편찬된 『향약제생집성방(鄕藥濟生集成方)』, 『향약채취월령(鄕藥採取月令)』을 거쳐 『향약집성방』으로 이어졌던 것이다.[129]

조선 초기의 각종 정부 시책에서 표방된 일련의 '풍토부동론'은 훈민정음의 창제로 그 대미를 장식하게 된다. 정인지(鄭麟趾, 1396~1478)는 훈민정음 창제의 당위성을 풍토부동·성기부동(聲氣不同)의 논리에서 찾았다.[130] 중국과 우리는 풍토와 성기가 다르기 때문에 중국의 언어와 문자로는 우리의 뜻을 충분히 표현할 수 없다는 생각을 갖고 있었던 것이다. 이와 같은 논리에 입각할 때 중국 문화의 획일적 수용을 거부할 수 있는 자세와 태도, 즉 "각각 그 처해 있는 바를 따라 편안하게 할 것이요 억지로 똑같게 하려고 해서는 안 된다"[131]는 주장이 가능케 되는 것이다. 훈민정음의 창제가 지극히 자연스러운 것으로, 성인(聖人)의 개물성무(開物成務)에 비견될 수 있는 까닭이 바로 이것이었다.[132]

사대 관계하에서 조선은 중국의 제후국으로 규정되며, 그에 따라 각종 제도·법제·의례에서 일정한 제약을 받게 된다. 예컨대 하늘에 대한 제사는 원칙적으로 불가능하며, 각종 호칭과 건축물의 규모도 제한을 받는다. 천자(天子)의 고유 업무로 간주되는 '역상수시'와 역서(曆書)의 작성 역시 원칙적으로는 조선 국왕이 담당할 수 없는 일이었다. 조선왕조의 위정자들은 이러한 원칙을 너무나도 잘 알고 있었다. 그럼에도 불구하고 그들은 원칙과는 다른 제반 시책들을 추진하였다. 세종대 간의대(簡儀臺) 축조와 본국력[七政算]의 수립은 그 대표적 사례라 할 수 있다. 세종이 중국 사신들에게 간의대를 보여주어서는 안 된다고 말했던 것은[133] 간의대의 건설이 사대주의의 원칙에 위배됨을 잘 알고 있

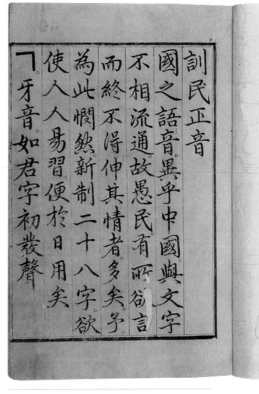

〈그림 10〉『훈민정음』(국보 제70호, 출처: 간송미술관)

었기 때문이었다. 중종대에 명의 사신이 와서 조선의 지리적 정보를 제공해 달라고 요청하였을 때, 그 보고서에 보루각(報漏閣)·흠경각(欽敬閣)·간의대 등을 은휘(隱諱: 꺼리어 숨기고 말하지 않음)할 것인가의 문제를 놓고 논란을 벌인 적이 있었다.[134] 당시 중종은 그것이 제후국의 제도가 아니니 담장을 높게 쌓아서 보이지 않게 하라고 지시하였다.[135] 천문·역법·병법 등과 관련된 서책은 중국에서 반출을 금하는 것이었으므로, 사신을 통해 구입할 경우에도 중국의 예부(禮部)에 보고하지 않고 따로 구입하게 하였다.[136]

요컨대 조선 초기 위정자들은 유교 문화를 적극적으로 수용하면서도 고유문화의 계승과 발전에 관심을 기울이고 있었다. 유교적 보편주의와 전통문화의 고유성(지역성)이 충돌할 때는 그 해결 방안을 둘러싸고 논쟁을 벌이기도 했지만,[137] 국가정책의 기조는 가급적 양자의 조화를 추구하는 방향으로 추진되었다. 그것이 이른바 '풍토부동'·'풍속부동'·'성기부동'의 논리로 제출되었고, '의토'·'시의'에 입각한 고유성의 표방으로 나타나게 되었다. 그 논리에 따르면 중국과 풍토가 다른 우리나라의 농업에 중국의 농법을 그대로 적용할 수는 없는 일이었고, 우리나라 사람에게 알맞은 약재는 한반도의 풍토 속에서 자생하는 향약이었으며, 중국과 언어가 다른 우리나라 사람들이 중국의 문자로 뜻을 표현하는 데는 한계가 있었다. 따라서 중국과 다른 조선의 개별성, 다시 말해 자연환경과 같은 지리적 조건, 풍속이나 언어와 같은 문화적 요소, 중국과는 다른 역사적 전통 등을 고려한 토대 위에서 중국의 선진 문물과 유교 문화의 수용이 이루어져야 했다. 보편적 유교 문화는 조선의 개별성이라는 프리즘을 통해 일정하게 변용되어 조선 사회에 뿌리를 내리게 되었던 것이다. 세종대 과학기술 분야의 성과물에서 발견되는 개별성의 추구는 이러한 사상적 토대 위에서 가능할 수 있었다.

2장

세종시대
과학기술
정책

오늘날에는 과학기술 정책이라고 하면 과학과 기술을 어떠한 전략으로 개발할 것인가에 관한 국가의 정책, 또는 과학기술의 관리·이용·발전에 관한 정책 등을 의미한다. 과학기술이 한 나라의 국력을 가늠하는 척도로 간주되는 근현대 사회에서는 과학기술의 개발이 국가의 최우선 정책 과제가 되었다. 그러나 전근대 사회에서는 꼭 그렇지 않았다. 오히려 유교·주자학을 국정교학으로 삼은 조선왕조의 경우 오늘날 우리가 생각하는 과학기술 분야는 국가 정책의 최우선 과제가 되기 어려웠다. 다만 앞에서 이야기한 바와 같이 국가 운영 과정에서 정치사상적 목적이나 사회경제적 필요성에 연계되어 과학기술 분야의 정책이 추진되기도 하였다.

그럼에도 불구하고 과학기술 분야에서 일정한 성과를 거두기 위해서는 필요조건들이 충족되어야만 했다. 과학기술 분야의 인재 양성을 위한 과학기술 교육의 확충, 과학기술 인력의 확보, 선진 과학기술의 도입과 개량, 과학기술 담당 기관의 확충 등이 필요했다. 여기에서는 조직과 인력의 측면에 주안점을 두고 세종대 과학기술 정책의 추진 과정을 살펴보고자 한다.

과학기술 정책의 집행 기구

세종대 과학기술 정책은 국왕인 세종의 지휘하에 대신과 집현전(集賢殿) 관리들의 집단적 연구를 통해 그 방향이 수립되었고, 실무의 집행은 해당 관서를 중심으로 진행되었다. 정책 방향의 수립을 위해서는 '예악문물(禮樂文物)'·'전장문물(典章文物)'로 표현되는 유교 국가의 제도와 문화에 대한 이론적 탐구, 다시 말해 '고제(古制)'에 대한 연구가 필요했는데, 이는 예조(禮曹)와 의례상정소(儀禮詳定所), 집현전 등의 기관에서 담당했다. 과학기술 관련 실무 집행 기구로는 천문역산학 분야의 서운관(書雲觀), 산학 분야의 산법교정소(算法校正所)·역산소(曆算所), 의학 분야의 전의감(典醫監)·혜민국(惠民局)·제생원(濟生院), 금속활자의 주조와 서적의 간행을 주관하는 교서관(校書館)·주자소(鑄字所), 제지 사업을 담당하는 조지소(造紙所), 화약을 비롯한 각종 화약무기의 제조를 담당했던 군기감(軍器監)·사포국(司礮局), 그리고 병선의 제작을 전담했던 사수색(司水色) 등을 대표적으로 거론할 수 있다.

1. 서운관의 정비

조선 초기 천문역산학의 정비 문제와 관련해서는 우선 서운관[觀象監]·간의대(簡儀臺)·보루각(報漏閣)·흠경각(欽敬閣) 등의 기구·기관에 주목할 필요가 있다. 천문역법과 관련한 기구의 정비는 조선 초부터 꾸준히 이루어져왔다. 조선왕조는 건국 직후 고려의 제도에 따라 서운관을 두고 천문(天文)·지리(地理)·역수(曆數)·점주(占籌)·측후(測候)·각루(刻漏) 등의 일을 담당하게 하였다.[1] 태조가 즉위 후(1392년) 곧바로 정한 문무백관의 관제에서는 서운관의 임무와 구성을 다음과 같이 규정하였다.

> 서운관은 천문의 재상(災祥)과 역일(曆日)을 추택(推擇)하는 등의 일을 관장하는데, 판사(判事) 2명 정3품이고, 정(正) 2명 종3품이고, 부정(副正) 2명 종4품이고, 승(丞) 2명, 겸승(兼丞) 2명 종5품이고, 주부(注簿) 2명, 겸주부(兼注簿) 2명 종6품이고, 장루(掌漏) 4명 종7품이고, 시일(視日) 4명 정8품이고, 사력(司曆) 4명 종8품이고, 감후(監候) 4명 정9품이고, 사신(司辰) 4명 종9품이다.[2]

태종 5년(1405)에 상정한 육조(六曹)의 직무 분담에 따르면 천문(天文)·누각(漏刻)의 업무는 예조에 소속된 계제사(稽制司)가 관장하였다.[3] 서운관은 예조의 부속 관서[屬衙門]였던 것이다. 태종 14년(1414)에는 각종 재이 현상에 대한 관측을 엄밀히 시행하고자 한 의도에서 서운관원 한 사람을 궐내에 입직(入直)하도록 명령하였다.[4] 이 조치는 태종 16년(1416)에 다시 서운관에 숙직하는 것으로 변경되었으나, 만약 천변이 있을 때 바로 보고하지 않으면 처벌하도록 조치하였다.[5]

태종 15년(1415)에는 서운관의 장루(掌漏)·사신(司辰)의 직무와 중복되는 금루방(禁漏房)을 혁파하여 서운관에 소속시켰다.[6] 기구 운영의 효율성을 높이기 위한 관서의 통폐합이었다. 그러나 이 조치는 10년 후인 세종 7년(1425)에 이르러 "천문의 비밀을 금루(禁漏)를 맡은 사람으로 하여금 아울러 익히게 할 수 없다"고 하여 다시 분리되었다가, 세종 15년(1433)에 중국 흠천감(欽天監)의 예에 따르자고 한 예조의 건의에 의해 다시 합속(合屬)되었다.[7] 관상감으로 그 명칭이 바뀐 뒤 성종 원년(1470)에 이르러 다시금 금루를 천문과 분리하여 설치하였다.[8] 천문과 금루의 여러 차례에 걸친 이합(離合)은 당시 천문학의 정치적 성격을 엿볼 수 있다는 점에서 주목된다. 국가 점성술로서의 천문학은 왕조의 흥망이나 통치자의 명운과 관련된 내밀한 내용을 다루기도 하는 분야이기 때문에 아무나 접근할 수 없었던 것이다.

세종대에 들어 서운관의 관원 수가 일부 재조정되었고, 천문습독관(天文習讀官)을 비롯한 습독관의 숫자를 확정하였으며, 그들에 대한 보수 규정도 정비해나갔다. 세종 2년(1420) 3월 이조(吏曹)에서는 서운관의 관원을 줄일 것을 건의하여 허락받았다. 중국의 흠천감은 정원이 11명에 불과한데 서운관의 정원은 27명이나 되니 쓸데없이 많다는 것이 그 이유였다. 이에 장루(掌漏) 4명을 2명으로, 시일(視日) 4명을 2명으로, 사력(司曆) 4명을 2명으로, 감후(監候) 4명을 2명으로, 사신(司辰) 4명을 2명으로 감원하여 모두 10명을 줄였다.[9]

세종 7년(1425) 8월에는 서운관에 소속된 천문습독(天文習讀)·금루(禁漏)·풍수습독(風水習讀)의 정원을 확정하는 조치가 내려졌다. 천문·금루·풍수학이 맡은 임무가 다르고 서로 관계가 없었기 때문에 인원수를 확정해서 각자 맡은 바 일에 전념하도록 하기 위함이었다. 이에 따라 천문습독은 참외녹관(參外祿官)[10]과 전함권지(前銜權知: 전직 관리와 임용 대기 중인 관리)를 아울러 20인, 금루는 40인, 풍수학습독(風水學習讀)은 10인으로 정해졌다.[11] 천문습독관의 예에서 알 수 있듯이 습독관 제도는 하급 관원들에게 천문·의학·이문(吏文) 등의 전문 지식을 교육하기 위한 목적에서 운영되었던 것이다.

같은 해 11월 서운관의 첩정(牒呈)에 근거해서 예조가 올린 보고에 따르면 당시 서운관에 소속된 금루생(禁漏生)은 원수(元數)가 40인이고, 천문생(天文生)은 원수가 20인이었음을 확인할 수 있다. 금루생들은 4번으로 나누어 입직하는데 그 임무가 낮에는 시간을 알려주고 밤에는 물시계를 관장하는 것이었다. 이에 비해 천문생으로서 매일 일월오성(日月五星) 등의 추보를 담당한 여러 '술자(述者)'는 매년 음양교회(陰陽交會)를 추보하고, 매일 다섯 명씩 입직하여 밤낮으로 천문을 관측하니 맡은 일은 정밀하고 그 임무가 힘들었다고 한다. 이에 서운관의 참외녹관 10인 가운데 금루를 담당한 자는 이전에 3인이었는데 9품 한 사람만 더 주고, 풍수학은 예전처럼 참외체아(參外遞兒)[12] 하나만 주고 나머지 녹관(祿官)은 천문생에게 지급하자고 건의하였다.[13] 이는 맡은 바 업무가 상대적으로 힘든 천문생들에게 실질적 혜택을 주기 위한 조치로 풀이된다. 『경국대전(經國大典)』에서는 일월식술자(日月食述者)에게 별도로 서반 체아 하나를 지급하도록 규정하였다.[14]

세종 13년(1431)에는 예조에서 서운관 관원들의 정밀한 천문 관측을 독려하기 위한 방책을 건의하면서 천문생의 원액(元額)을 20인에서 10인을 더 늘리자고 하였다.[15] 이로써 천문생의 원수는 30인으로 늘어나게 되었다. 세종 18년(1436)에는 서운관의 참외체아직(參外遞兒職)을 조정하는 조치가 취해졌다. 당시까지 서운관의 참외체아직은 천문·금

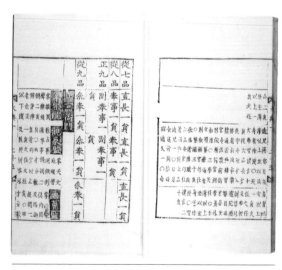

〈그림 11〉 『경국대전』 권1, 이전, 관상감 항목 (출처: 규장각한국학연구원)

<그림 12>「서운관지」
(출처: 규장각한국학연구원)

루·풍수학으로 나뉘어져 천문생 30인이 5체아(遞兒), 풍수학 10인이 1체아, 금루 40인이 4체아를 받고 있었다. 그런데 세종 16년(1434)에 자격루(自擊漏)가 완성된 이후 금루를 담당한 관리들의 업무가 이전에 비해 가벼워졌으므로 금루의 체아직 하나를 풍수학에 지급하는 조치를 취했던 것이다.[16]

그러나 이러한 일련의 조치에도 불구하고 세종 말년에 이르기까지 천문생들의 근무 여건은 크게 개선되지 않았다. 세종 31년(1449) 의정부의 보고에 따르면 천문학의 참외체아직은 여전히 30인이고 그들에게 5체아가 지급되고 있었다. 30인 가운데 매일 10인이 입직하였는데 임무는 어려운데 녹봉이 박하여 곤궁함이 심하고, 이로 인해 천문생에 소속하기를 원하는 사람이 드물어 매우 염려된다고 하였다. 이에 의정부에서는 참외체아직 5인을 그 취재(取才: 재주를 시험하여 선발하는 것) 분수(分數)에 따라 1년 두 차례의 도목정사(都目政事) 때 서용하자고 건의하였다.[17]

세종대에는 서운관 관원들의 승진과 임용 규정도 일부 조정하였다. 세종 3년(1421) 6월에 예조에서는 서운관에서 일월오성의 추보(推步)를 담당하는 술자(述者)[18]의 문제를 지적하였다. 그에 따르면 역상수시(曆象授時)는 국가의 중대한 임무인데 당시 서운관의 여러 술자를 한산관(閑散官)으로 차정(差定)하여 불편하다고 하면서 술자는 취재에 구애되지 말고 모두 관직을 주도록 하자고 하였다.[19] 같은 해 12월에는 서운관의 참상관(參上官) 승진 규정을 다시 정하였다.[20] 세종 14년(1432)에는 서운관을 비롯한 과학기술 관련 관서의 품관들이 근무 일수에 따라 승진하도록 하는 규정[循資遷轉]이 마련되었다.[21]

세종대에는 서운관 천문학 분야의 업무 활성화를 위한 조치가 취해졌다. 세종 3년(1421) 이양달(李陽達)의 상서에 따르면 당시 지리학을 공부한 무리들[地理習業之徒]이 출신(出身)한 뒤에 천문에 속하는 경우가 종종 있는데, 이로 인하여 전업자(全業者)가 나날이 적어져 불편하다고 하였다. 이 양달은 지리학 출신자들뿐만 아니라 의약(醫藥)·복서(卜筮) 등 제학(諸學)의 무리들도 이와 유사할 것이라고 추측하였다. 이에 이양달은 사맹월(四孟月: 1·4·7·10월)에 취재할 때에 먼저 출신(出身)의 본업(本業)을 시험해서 충분히 정통하다고 인정된 뒤에 다른 기예를 시험 보게 하자고 건의하였다.[22] 이양달은 '상지인(相地人)'으로서 지리학의 전업자가 적어지는 현실적 문제를 언급한 것이지만, 당시 지리학 전공자들이 천문학에 소속되는 경우가 있었다는 것은 서운관 천문학 분야의 현실적 문제로 볼 수도 있다.

천문학 분야의 전공자가 줄어들게 된 원인 가운데 하나는 '천문점산(天文占算)'의 방법을 비밀리에 서로 전수하는[秘密相傳] 문제였다. 세종 9년(1427) 예조의 보고에 따르면 이미 『원육전(元六典)』에 천문학 분야의 시험 방법이 기재되어 있었는데, 근래에 비밀리에 전수하기 때문에 공공연히 취재할 수 없다고 하여 식년(式年)의 시험과 제학(諸學: 잡과에 해당하는 학문)의 취재 때에 인재를 시험하지 않으니, 이로 인해 정성스럽게 천문학을 익히는 사람이 적어지게 되었다는 것이다. 이에 예조에서는 『원육전』에 의거하여 사맹월(四孟月)의 취재와 3년마다 시행되는 식년과거(式年科擧)에 시험을 치르자고 건의하였다.[23]

세종은 서운관에서 측후 업무를 안정적으로 수행하기 위해서는 천문학 전공자들에게 그 임무를 지속적으로 맡겨야 한다고 보았다. 그런데 천문학 전공자들이 승진과 이직 등으로 그 자리를 비울 때 비전문가를 임용하는 사례가 있었다. 이에 세종은 부득이하게 다른 관원을 임명할 때에는 그 이유를 문서로 작성하여 보고하게 하였다.[24] 세종 25년(1443)에는 서운관의 관리를 가급적 본업(本業) 출신자들로 임명하고, 만약 본업 출신자는 아니지만 그 분야에 능통한 자가 있으면 채용하도록 하는 조치가 내려졌다.[25] 이와 같은 일련의 조치는 서운관 천문학 분야의 업무 연속성을 보장하기 위한 것이었다.

"천문의 재상과 역일의 추택"이라는 초기의 설치 목적에서 알 수 있듯이 서운관에 대한 치자 계층의 인식은 천문과 역산(曆算)의 두 분야에 집중되어 있었다. 그런데 전자의 천문은 오늘날의 그것과는 성격이 다른, 이른바 "길흉(吉凶)을 점치는 것"[26]이었다. 이것은 서운관의 주요 업무인 천문(天文)·지리(地理)·성명(星命)·복과(卜課) 등이 넓은 의미의 음양학(陰陽學)에 포섭되어 있었다는 사실[27]에서도 확인할 수 있다. 왜냐하면 음양이 있음으로써 천지·일월·사시·주야가 생기고, 이로 말미암아 길흉이 형성되는 것이며, 이른바 '추길피흉(趨吉避凶: 좋은 일이 오기를 강구하고 재난을 피함)'이라는 것은 인사에서 큰 문제라는 인식[28]이 기저에 깔려 있었기 때문이다. 서운관에 각종 음양서를 비치하였던 것은[29] 이러한 측면에서 이해할수 있다. 요컨대 서운관에서 관장하는 천문학에는 '국가 점성술'로서의 정치사상적 의미가 강하게 내포되어 있었던 것이다.

2. 산학(算學) 교육 기관

조선왕조는 건국 초기부터 산학의 중요성을 인식하고 해당 분야의 인재를 육성하기 위해 노력하였다. 태조 6년(1397) 의흥부(義興府)에 사인소(舍人所)를 설치하고 대소 양반의 자제들을 소속하게 하여 그들로 하여금 경사(經史)·병서(兵書)·율문(律文)·산수(算數)·사어(射御) 등을 익히도록 한 조처도 장래에 그들 가운데 인재를 발굴해서 쓰기 위한 목적에서였다.[30]

당시 사인소에서 산학을 가르치던 곳의 명칭은 '상명지당(詳明之堂)'이었다.[31] 아마도 그 이름은 원(元)의 하평자(何平子)가 편찬한 산서(算書)인 『상명산법(詳明算法)』에서 따온 것으로 보인다. 양가(良家)의 자제들을 대상으로 한 '육학(六學)',[32] '십학(十學)'[33] 등에도 산학이 포함되어 있었다. 이는 산학 분야의 인재를 육성하기 위한 국가적 노력의 일환이었다.

조선 초기 산학 교육은 산학박사(算學博士)와 산학중감(算學重監)이 담당하였다. 산학박사의 명칭은 이미 태조 때부터 확인되는데, 이때 산학박사는 수창궁제거사(壽昌宮提擧司) 소속으로 정원은 2명이었고 종9품이었다.[34] 산학중감의 명칭은 늦어도 태종대의 기록에서는 확인할 수 있는데, 호조(戶曹) 소속으로서 그 임무가 매우 고되다고 하였다.[35] 산학박사와 산학중감은 호조 소속으로 산학 교육을 담당했던 주요 직책이었다. 그런데

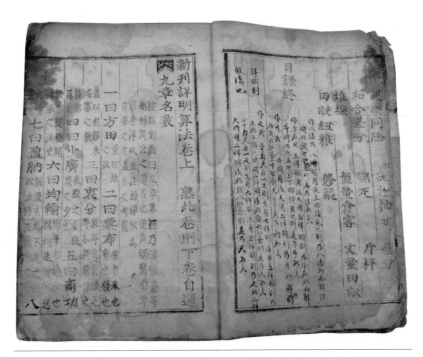

〈그림 13〉 『신간상명산법』 (보물 제1704호, 계명대학교 소장, 출처: 문화재청 홈페이지)

이들의 출신은 서로 달랐다. 세종 5년(1423) 이조의 보고에 따르면 산학박사는 산업(算業)에 정통하고 능숙한 양반의 자제[衣冠子弟] 가운데서, 산학중감은 그 직책을 자원하는 각사(各司)의 아전[吏典] 가운데서 취재를 통해 충당하도록 하였다.[36]

산학박사와 산학중감의 출신 차이는 습산국(習算局)의 혁파 과정에서 있었던 일련의 논의를 살펴보면 보다 분명하게 알 수 있다. 세조 9년(1463) 3월에 습산국을 혁파하면서 거기에 소속되어 있던 학도(學徒) 30명 가운데 18명을 산학중감에, 나머지 12명을 역산소의 학관(學官)에 배속하자는 논의가 있었다. 이에 대해 역산소에서는 반대 의견을 개진하였다. 당시 습산국의 학도들은 각사의 아전들 가운데 관직에서 물러난 사람들이었는데, 이들을 산학중감에 배속하는 것은 가하지만 역산소의 학관에 배속하는 것은 부당하다는 것이 주요 논지였다. 왜냐하면 본래 역산소의 학관은 양반의 자제 가운데 나이가 적고 총명한 자들을 선발하였기 때문이다.[37] 이는 역산소와 습산국에 종사하는 사람들의 출신 성분이 달랐음을 보여주는 것으로, 습산국의 학도들이나 호조의 산학중감은 모두 각사의 서리 가운데서 뽑힌 자들이었고, 산학박사나 역산소의 학관들은 의관 자제 가운데서 선발된 자들이었다.

세조대의 기록을 보면 산학중감은 전곡(錢穀)·회계(會計)의 업무를 전담하는 실무자였으며,[38] 이들은 대체로 아전 출신들로서 간혹 업무상의 태만과 뇌물 수수로 물의를 빚기도 하였다.[39] 각 도에서 올라오는 공물(貢物)의 수량을 확인하고 출납하는 실무도 산학중감이 맡은 주요한 일이었다.[40] 산학중감은 잡직(雜職)의 하나로 지목되었고, 비록 그 벼슬의 등급[職秩]이 높더라도 호조당상(戶曹堂上)이 마음대로 죄줄 수 있었다고 하니[41] 사회적 지위가 그다지 높지 않았음을 짐작할 수 있다.

산학박사와 산학중감에 의한 산학 교육은 순조롭게 이루어진 것 같지 않다. 위에서 보았듯이 세종 5년(1423) 4월에 산학박사는 양반의 자제들 가운데서, 산학중감은 각사의 아전들 가운데서 지원하는 사람으로 충당한다는 원칙이 세워졌지만, 그로부터 7개월이 지난 11월에 각 관서의 아전들이 돌아가면서 이 직책을 담당함으로써 본래의 뜻을 잃어버렸고, 중앙과 지방의 회계도 문란해졌다는 지적이 나왔기 때문이다. 이에 대한 해결책으로 재능 있는 양반 자제와 자원자를 산학박사와 산학중감에 등용하자는 방안이 재차 거론되었다.[42]

이러한 상황에서 세종은 산학을 진흥하기 위한 새로운 방도를 모색하였다. 세종 13년(1431) 3월에 세종은 우리나라 사람들 가운데 산수(算數)에 밝아 방원법(方圓法)을 상세하게 아는 사람이 드물다고 지적하면서, 중국어에 능통한 관원을 선발하여 중국에 파견해서 산학을 익히게 하자는 방안을 제시했다. 이에 사역원(司譯院)의 주부(注簿)인 김한(金汗), 김자안(金自安) 등이 천거되었고, 이들에게 산법을 익히라는 명령이 떨어졌다.[43] 연이어 세종은 문관들에게도 산법을 익히도록 지시하였다. 집현전 교리(校理)인 김빈(金鑌), 한성부(漢城府) 참군(參軍)인 우효강(禹孝剛) 등에게 산법을 익히라고 명했던 것이다.[44] 이러한 과정을 통해 문관으로서 산법에 능통한 사람이 나오게 되었다. 이순지(李純之)는 그 가운데 한 사람이었다.[45]

세종대에는 산법을 알아야만 역법을 터득할 수 있다는 전제하에 여러 종류의 역산 서적을 구해 서운관·습산국·산학중감 등으로 하여금 탐구하게 했던 것으로 보인다. 그러나 그 내용을 아는 자가 없었기 때문에 따로 산법교정소를 두어 문신 3~4인과 산학인들로 하여금 산법을 익히게 한 후 역법을 추보(推步)하게 했다. 그 후에 그 내용이 후세에 전해지지 못할까 염려하여 세종 19년(1437) 역산소를 설치하여[46] 훈도 3인과 학관 10인으로 하여금 산법과 역산 관계의 서적을 항상 익히게 하였다.[47] 이는 천문역산학의 발전을 위해 그 기초가 되는 산학 연구를 활성화·제도화하려는 노력의 일환이었다. 세종은 역산생도(曆算生徒)에 대한 교육을 강화하고자 세종 30년(1448) 이른바 '역산생도권징지법(曆算生徒勸懲之法)'을 제정하였다.[48] 그로부터 10여 년의 세월이 흐른 세조 6년(1460) 이조에서는 세종조에 제정한 '역산생도권징지법'에 미진한 점이 있다는 지적에 따라 그것을 보완하는 새로운 방안을 마련해서 올렸다.[49] 그런데 역산소가 설치되어 25년의 세월이 경과한 세조 9년(1463)이 되면 세종대에 정했던 '권과지법(勸課之法)'이 해이해져 훈도와 학관들이 다른 업무에 종사하는 경우가 많아지게 되었다.[50]

조선 초의 산학 교육 기관으로는 습산국도 있었다. 여기에는 30명의 학도가 배치되어 산학을 익혔던 것으로 보인다. 위에서 살펴보았듯이 세조 9년(1463)에 습산국의 폐지 문제가 논의될 때 학도 가운데 18명은 산학중감에, 12인은 역산소의 학관[曆算學官]에 배속하고자 했기 때문이다.[51] 습산국에서 교육한 내용은 '순수한' 산학의 범위를 넘어 술수의 영역을 포괄하는 것이었으리라 짐작된다. 태종 17년(1417)에 습산국에서 국가의 운명을 점치던 것을 폐지했다는[52] 기사가 보이기 때문이다. 그것은 이른바 '태을식(太乙式=太一數)', '태일산법(太一算法)'이라는 술수에 의해 치란흥망(治亂興亡) 등을 점치는 것이었다. 태일병학습산국(太一兵學習算局)이 바로 이 기관이었다고 여겨진다.[53]

〈그림 14〉『양휘산법』 (보물 제1755호, 개인 소장, 출처: 문화재청 홈페이지)

습산국에서는 이러한 술수 이외에도 산학을 학습하였다. 세종 15년(1433)에 『양휘산법(揚輝算法)』을 집현전·호조·서운관·습산국에 내려주었다는 기사가 이를 입증한다.[54] 집현전은 산학의 학문적 탐구를 위해,[55] 호조는 양전 사업과 국가의 회계 업무에 관련된 산학의 학습을 위해, 서운관은 천문역법의 계산을 위해 산서(算書)가 필요했던 것이다. 습산국에 산서의 일종인 『양휘산법』이 하사되었다는 것은 그 기관 내에서도 실용적 계산법이 교육되었기 때문이라고 여겨진다.

세조 3년(1457)에는 병조(兵曹)의 건의로 태일역산관(太一曆算官)과 태일습산국(太一習算局)이 병합되었다. 당시 병조의 보고에 따르면 태일역산관과 태일습산국은 해당 업무가 다르지 않은데 아문의 이름만 다르기 때문에 역산관을 혁파하여 습산국에 통합했다고 한다. 당시 습산국 별감(別監)의 정수[元額]는 6명이었다.[56]

이상에서 살펴본 조선 초기 산학 교육 기관의 연혁과 주요 업무를 정리하면 다음의 〈표〉와 같다.

기관명	연혁(설치와 폐지)	주요 인원	주요 업무	비고
戶曹		− 算學博士 − 算學重監 − 算學生徒 15	掌戶口 · 貢賦 · 田粮 · 食貨 之政	산학박사 →세조 12년(1466) 혁파
算法校正所	세종대에 설치	− 文臣 3~4인 − 算學人	先習算法然後, 推求曆法	
曆算所	세종 19(1437) 설치	− 訓導 3 − 學官 10(衣冠子弟年少聰敏者)	筭書曆經, 常時 習熟	
習算局	세조 9년(1463) 革罷	− 學徒 30(?)		太一習算局 太一兵學習算局

〈표 2-1〉 조선 초기의 산학 교육 기관

조선 초기의 산학 교육은 호조를 중심으로 산법교정소, 역산소, 습산국 등에서 이루어졌다. 법제적 차원에서 볼 때 이 가운데 중심 기관은 호조였다. 세조 12년(1466)의 관제 개정에서 산학의 내용도 일부 변경되었다. 산학을 호조에 귀속하고 박사는 없애고 산사(算士) 2인, 계사(計士) 2인, 훈도(訓導) 2인, 회사(會士) 3인을 두었다. 각각의 품계는 산사가 종7품, 계사가 종8품, 훈도가 정9품, 회사가 종9품이었다.[57] 성종대의 기록을 보면 산학별제(算學別提), 교수, 훈도 등의 직함이 눈에 띈다.[58]

이와 같은 과정을 거쳐 『경국대전』에 규정된 바와 같은 산학 제도가 정비되었다. 『경국대전』에 따르면 산학은 호조에 소속되어 있었다. 국가의 재정을 담당하는 호조의 성격상 산학이 필수적이었기 때문이다. 해당 관직으로는 산학교수(筭學敎授) 1명(종6품), 별제(別提) 2명(종6품), 산사(筭士) 1명(종7품), 계사(計士) 2명(종8품), 산학훈도(筭學訓導) 1명(정9품), 회사(會士) 2명(종9품)이 있었다.[59] 국가에서 교육하는 산학생도(筭學生徒)는 15명으로 중앙의 호조에 소속되었다.[60] 『산학선생안(筭學先生案)』을 참조해볼 때 산학생도들에 대한 실질적인 교육은 산학교수와 산학훈도가 담당했을 것으로 여겨진다.[61]

3. 의료 기관의 정비: 전의감·혜민국·제생원

세종대에는 의료 기관의 정비도 이루어졌다.[62] 전의감·혜민국·제생원은 '삼의사(三醫司)'로 불렸을 만큼 당시의 핵심적 의료 기관이었다. 태조 원년(1392) 문무백관의 관제를 정할 때 전의감은 진찰[診視]과 약의 조제[和劑] 등의 일을 담당하는 기구였다.[63] 『경국대전』에 따르면 전의감은 궁중에서 사용하는 의약(醫藥)의 공급과 사여(賜與)하는 의약에 관한 일을 관장하였다.[64] 전의감과 함께 태조 원년에 판관(判官) 4인으로 출발한[65] 혜민국은 일반 백성들의 질병 치료를 담당하는 기구였다. 혜민국에는 태조 4년(1395) 영(令) 2인[7품]과 승(丞) 2인[8품]이 추가되었고,[66] 세조 12년(1466) 관제 개정 때 혜민서(惠民署)로 명칭이 변경되었다.[67] 태조 6년(1397)에 설치된 제생원은 향약재의 관리를 담당하였고,[68] 『향약제생집성방(鄕藥濟生集成方)』과 같은 의서의 편찬을 주관하기도 했으며,[69] 의녀(醫女)를 비롯한 의료 인력의 교육을 담당하기도 했고, 동활인원(東活人院)의 운영을 맡아 서민들에 대한 구료 활동에도 참여했다. 조준(趙浚, 1346~1405)과 김사형(金士衡, 1332~1407)이 제생원의 설치를 건의했던 것으로 보인다.[70] 제생원은 세조 6년(1460) 혜민국에 합속(合屬)되었다.[71]

세종 7년(1425)에는 전의감·혜민국·제생원에 각각 의생방(醫生房)을 두어 약 짓는 일을 익히고 방서(方書)를 읽게 하여, 의술을 밝게 깨우친 다음에 시험에 나아가게 하였다.[72] 의과 출신자들은 사맹삭(四孟朔: 1·4·7·10월)에 취재(取才)를 하였다. 그런데 지방의 의과 출신자들이 벼슬을 받은 뒤에는 제멋대로 향리에 내려가서는 사맹삭 취재 때만 출근하는 폐단이 발생했다. 이에 세종 12년(1430) 전의감에서는 사맹삭 취재 시에 출근 일수를 따져서 지난 석 달 동안 50일 이상 출근한 자에게만 취재의 기회를 주자고 건의했다.[73] 전의감의 사무가 허술하게 되고 의과 출신자들의 의술이 향상되지 못하는 문제점을 시정하기 위함이었다. 같은 해 12월에는 의원의 사맹삭 취재와 의녀들의 매월 고강(考講)에 산서(産書)도 시험 과목에 포함하는 조치가 취해졌다.[74]

세종 14년(1432)에는 혜민국·전의감·제생원의 의원들을 서용하는 방법이 다시 정해졌다. 그에 따르면 서용의 순서는 취재한 성적의 점수를 우선하고, 성적이 같을 때는 병을 구제한 공적의 많고 적음을 따지고, 그것도 같을 때에는 근무 일수가 많고 적음을 헤아리도록 하였다.[75]

세종 16년(1434)에는 전의감·혜민국·제생원에 문사(文士)를 임명하여 사무를 맡기는[差定] 조치가 취해졌다. 의술을 담당하는 자는 음양오행(陰陽五行)의 생극소식(生克消息)의 이치를 알아야 한다는 것과 옛날의 양방(良方)들이 유의(儒醫)의 손에서 나왔다는 점에 착안한 조치였다. 이에 전의감의 겸정(兼正)·겸부정(兼副正)·겸판관(兼判官)·겸주부(兼主簿)를 각각 한 사람씩 더 설치하여 박학(博學)한 문사로 제수하게 하고, 혜민국과 제생원의 경우에는 제거(提擧)·별좌(別坐) 가운데 한 사람과 겸승(兼丞) 한 사람을 역시 문사로 차정하게 하였다.[76]

세종 22년(1440)에 다시 전의감·혜민국·제생원 의원의 제수 과정과 교육에 대한 개선책이 마련되었다. 먼저 의원들을 관리로 임명할[差任] 때 취재 시의 획수(畫數: 시험 점수)를 고려하도록 하였다. 10분(分) 이상을 1등, 6분 이상을 2등, 3분 이상을 3등으로 정해 1·2등으로 입격(入格)한 사람만 임용하고 3등은 서용하지 않도록 한 것이다. 아울러 당시 의원들이 방서를 스승에게 배우지 않고 사사로이 익히고 있는 현실을 고려해서 유신(儒臣) 가운데 한두 사람을 교수관으로 삼아 전의감·혜민국·제생원의 의생과 4품 이하의 선진 의원들을 교육하게 하였다. 또 3품 의원 가운데 약리(藥理)에 정통한 사람을 택해서 교관으로 임명해 진맥과 처방을 가르치도록 하였다.[77]

그러나 이러한 조치는 큰 효과를 거두지 못한 것 같다. 세종 28년(1446) 의정부의 보고에 따르면 삼의사의 겸관(兼官)을 문관으로 차정한 것은 의생(醫生)을 교육하기 위한 것이었지만 실제로 겸임한 사람들은 대개가 육조(六曹)의 낭관(郎官)들이었다고 한다. 이들은 자신이 맡은 사무를 처리하기에도 바빠서 겸직을 수행할 여가가 없었던 것이다. 이에 따라 의생들의 교육은 제생원과 혜민국의 경우 제거·별좌들에게, 전의감의 경우에는 문신교관(文臣教官)에게 관장하게 하고 겸관은 일체 혁파하게 되었다.[78]

세종 20년(1438)에는 침구전문생(鍼灸專門生)을 매년 세 사람씩 서용해서 삼의사에 한 명씩 배분하도록 하였다.[79] 이는 아마도 황자후(黃子厚, 1363~1440)의 건의에 따른 것으로 보인다. 그의 졸기(卒記)에 따르면 황자후는 세종 19년(1437) 여름에 '침구를 전문으로 하는 업(業)'을 설치할 것을 건의했다고 한다.[80] 그는 일찍부터 병을 빠르게 치료하는 데는 침구만 한 것이 없다고 생각했던 인물로, 의원이 침을 놓고 뜸을 뜨는 혈(穴)

만 제대로 알고 있으면 한 푼의 약을 쓰지 않고도 여러 질병을 치료할 수 있다고 주장했다.[81] 황자후의 건의도 있었지만 세종 15년(1433)에 편찬된 『향약집성방(鄕藥集成方)』에도 침구법 1,476조(條)가 부록되어 있었기 때문에[82] 침구전문생의 설치는 이와 같은 침구법을 활용하고자 했던 것으로 보인다. 세종 24년(1442)에 이르러 제생원의 침구전문생을 혁파하여 혜민국과 제생원에 분속(分屬)하고, 매년 취재 시에 삼의사의 의원들에게 『침구경(針灸經)』을 아울러 시험하도록 하였다.[83] 『침구경』은 세종 12년(1430) 상정소(詳定所)에서 보고한 「제학취재경서제예수목(諸學取才經書諸藝數目)」에 의학 분야의 취재 과목 가운데 하나로 들어 있는 책이었다.[84]

삼의사로 대표되는 의료 기관의 효율적 운영을 위해서는 약재의 안정적 공급이 필수적 요소였다. 약재는 크게 국내산 향약(鄕藥)과 중국산 당약(唐藥)으로 구별할 수 있다. 약재의 공급을 위한 정책적 조치는 향약의 공납(貢納)과 당약의 무역(貿易)이었다. 당약의 무역은 세종 5년(1423) 사은사(謝恩使)의 행차에 흑마포(黑麻布) 5필(匹)을 보내 당약재(唐藥材)를 무역하게 한 이후로 항식이 되었다.[85] 이는 중앙의 삼의사에만 해당되는 것이 아니었다. 이듬해인 세종 6년(1424)에는 개성유후사(開城留後司)에서도 병자의 구료에 당약을 구비하기 어렵다는 이유로 당약의 무역을 요청해서 허락받았다.[86] 세종 11년(1429)에는 생약포(生藥鋪)[87]에서도 전의감·혜민국·제생원의 예에 따라 사신 행차에 관원을 파견하여 당약재를 구입해 올 수 있도록 해달라고 요청하였다.[88]

세종 11년(1429)에는 예조의 건의에 따라 의정부와 마찬가지로 육조에도 의원 1명과 조교(助敎) 2명을 배치하였다.[89] 이른바 '육조약방(六曹藥房)'이 설치된 것이다. 이듬해에는 예조에서 약방을 설치했는데 당약을 구할 방도가 없으니 의정부의 예에 의거해서 사신 행차에 당약을 무역해 오게 해달라고 건의하였다.[90] 육조의 약방은 늙고 병든 신료들을 위해 설치한 것이었다. 정부에서는 해마다 베를 주어 약재를 구입하는 자본으로 삼게 하였고, 의원 몇 사람을 차정하여 의료 임무를 담당하게 하였다.[91]

세종은 무역을 금지하는 명(明)의 금령(禁令)이 있지만 서적과 약재는 예외 품목이라고 생각했다. 조선에서 생산되지 않는 약재는 무역하지 않을 수 없고, 그때마다 명의 예부에 자문을 보내 무역을 요청하는 것은 번거로운 일이라고 여겼다. 따라서 사행 때마다 약간의 포자(布子)을 가지고 가서 요동(遼東)에서 무역하는 것이 좋은 방도라고 생각했다.[92] 이에 세종은 승문원(承文院) 제조에게 명해 당약을 무역하는 방도를 마련하게 하였다. 향약은 이미 충분하지만 당약은 드물어 약을 제조하지 못하는 일이 있었기 때문에 적극적인 약재 무역을 통해 백성들의 질병을 구제하고자 함이었다. 사행 시의 무역은 중국 정부에서 엄히 금지하고 있었지만 약재만은 예외이고, 귀한 약재를 청구하는 것은 의리에 무방하다는 생각을 군신이 공유하고 있었던 것이다. 여기서 한 걸음 더 나아가 세종은 예조로 하여금 침향(沈香)과 같은 귀한 약재를 일본에서 들여오는 방안을 강구하게 하였다.[93]

세종 15년(1433)에는 조정에서 당약을 무역하기 위한 방도를 논의하였다. 논의의 핵심은 명의 예부에 자문을 보내 약재를 요청할 것인가, 아니면 베[布子]를 가지고 가서 약재가 나지 않는 이유를 설명하고 무역할 것인가 하는 문제였다. 황희(黃喜, 1363~1452)나 윤회(尹淮, 1380~1436)는 예부에 자문을 보내자고 했고, 허조(許稠, 1369~1439)나 신상(申商, 1372~1735)은 예부에 가서 우리의 사정을 말로 설명하고 약재를 사 오자고 했다. 세종은 허조와 신상의 논의에 따랐다.[94] 당시에 조정에서 당약을 무역하는 방도를 여러 차례 논의한 까닭은 삼의사에 필요한 약재가 거의 소진되었기 때문이다.[95]

공납(貢納)은 약재 수급의 중요한 통로였다. 세종 14년(1432)에는 제생원의 약재 공납과 관련된 논의가 있었다. 태조 6년(1397) 제생원이 설립된 이후 각 도에서 생산되는 약재를 상납하게 하였는데,[96] 세종 14년 무렵에 제생원의 약재 상납의 수량을 절반으로 삭감하자는 논의가 있었다. 제생원에서는 이에 반발하여 원래 공안(貢案)대로 할 것을 건의하였고, 예조에서는 상납 액수를 늘리자고[加定] 요청했으나 호조에서 반대했다. 각 도에서 제생원·전의감·혜민국에 바치는 약재가 이미 많으니 가정하는 것은 마땅치 않다는 이유에서였다. 호조에서는 각 도에서 바치는 약재는 공물(貢物)로 시행하지 말고 진상하고 남은 것과 각 고을의 의원(醫院)에 비축된 것을 매년 예식(例式)에 따라 상납하게 하자고 하였다.[97]

제생원을 설치하고 거기에 노비를 소속시킨 것은 병자의 치료를 돕기 위해서였다. 그런데 시간이 흐름에 따라 제생원의 노비를 약재 재배와 채취, 환자 치료 등의 일에 활용하지 않고 관리들의 '근수노(根隨奴=跟隨奴)'로 부리는 경우가 많아졌다. 이에 세종 21년(1439)부터는 제생원의 노비를 근수노로 부리지 말고 그들로 하여금 각종 향약을 재배하게 하는 한편, 산과 들에 자생하는 약재를 계절에 따라 채취하게 하고, 그 근무 실태를 사헌부(司憲府)로 하여금 감찰하게 하였다.[98]

4. 서적 인쇄 기관: 서적원·교서관·주자소

고려 말인 공양왕 4년(1392) 정월에 서적원(書籍院)을 설치하여 활자를 주조하고 서적을 인쇄하는 일을 맡게 하였다.[99] 이는 고려 문종대에 설치한 서적점(書籍店)을 계승하는 것이었다.[100] 서적점은 서적 인출 업무를 담당하는 기관으로서 경적(經籍)과 축소(祝疏: 축문(祝文)과 소문(疏文))를 관장했던 비서성(秘書省)과 연관성이 있다고 여겨진다.[101] 고종 9년(1212) 서경(西京)의 제학원(諸學院)에서 판각한 임춘(林椿)의 『서하집(西河集)』의 판목을 개경의 서적점에 보내 인쇄해서 널리 유포하였다는 기록으로 보아[102] 서적점은 고려후기까지 그 기능을 지속하고 있었던 것으로 보인다. 이것이 고려 말에 서적원으로 변경되었고, 곧바로 조선왕조의 서적원으로 계승되어 경적(經籍)을 인쇄하는 일을 담당하였다.[103] 태조 4년(1395)에 『대명률직해(大明律直解)』의 편찬 작업이 완료되자 서적원으로 하여금 백주지사(白州知事) 서찬(徐贊)이 만든 목활자[刻字]를 사용해서 100여 권을 인쇄하게 하였다.[104] 이는 조선 초에 서적원이 서적의 출판을 담당하는 기관으로서 기능하고 있었음을 보여주는 실례이다.

이와 관련해서 서적포(書籍鋪)가 주목된다. 정도전(鄭道傳, 1342~1398)은 서적포를 설치하고 활자를 주조하여 경사자서(經史子書)와 제가(諸家)의 시문(詩文)으로부터 의방(醫方)과 병(兵)·율(律)에 이르기까지 인쇄하고자 하였다.[105] 서적포는 고려 숙종 6년(1101)에 국자감(國子監)에 설치된 기구였다. 당시 비서성에 서적의 판본들을 쌓아두어서 훼손되고 있었기 때문에 이것을 서적포로 옮겨 보관하는 한편 널리 간행하기 위한 조치였다.[106] 정도전은 유학을 진흥하기 위한 하나의 방도로 서적포의 설치를 기획했던 것으로 보인다. 그가 "그대여 오랑캐들이 윤리를 해치는 것을 보게나, 그 책이 시렁과 동량에 가득 찼네"[107]라고 한 것은 유교의 윤리를 해치는 불교 서적이 유행하고 있던 당대의 학계 현실을 지적한 것이다. 서적포가 실제로 설치되었는지, 그리고 이것이 서적원과 어떤 관계를 갖고 있는지는 명확하지 않다.[108] 그러나 고려 말의 서적원이 조선왕조에 계승되었다는 점에서 정도전의 서적포 설치 기획과 정책적 의도가 일정 정도 영향을 끼쳤을 것으로 보인다.[109]

조선 초에 설치되었던 관서 가운데 서적 출판과 관련된 것으로는 교서감(校書監)이 있다. 그것은 고려 시기의 비서감(祕書監)을 계승한 것이었다.[110] 교서감은 문적(文籍)과 도서(圖書) 및 제초(祭醮)의 축문(祝文)·소문

(疏文) 등을 관장하는 기구였고, 판사(判事) 2(정3품), 감(監) 2(종3품), 소감(少監) 2(종4품), 승(丞) 1(종5품), 낭(郎) 2(정7품), 저작랑(著作郎) 2(정8품), 교감(校勘) 2(정9품), 정자(正字) 2(종9품) 등의 관직이 설치되어 있었다.[111] 그 조직과 규모를 보면 서적원보다 훨씬 방대했음을 알 수 있다. 교서감은 태종 원년(1401)에 교서관으로 그 명칭을 바꾸었고, 소감(少監) 이상의 관직을 혁파하고 교리(校理) 1(종5품), 부교리(副校理) 1(종6품)을 두었으며 참외관은 예전과 같았다. 이에 따라 표면적으로는 관서의 규모가 축소된 것처럼 보인다.[112] 『동국여지비고(東國輿地備攷)』에서는 "개국 초기에 교서감을 설치하여 경적을 인쇄·반포하고 향축(香祝)·인전(印篆: 인장(印章). 전문(篆文)으로 새긴 도장)의 소임을 관장하게 하였고, 또 서적감(書籍監)을 설치하였다가 태종 원년에 합하여 교서관으로 만들었다"[113]고 하여, 교서관이 서적감(=서적원)과 교서감을 병합한 것으로 보았다.

교서관의 관제에 변화가 생긴 것은 세종 22년(1440) 2월의 일이었다. 당시 이조에서 건의한 내용을 보면 교서관의 사무가 매우 많고 번거로운데 참상관이 1명밖에 없어 업무를 처리하기 어려우니 제거와 별좌 두 직책을 새로 설치하고, 3품 이하 6품 이상의 관원을 임명하여 교서관의 서무를 맡기자고 제안하였다.[114] 세종대에 접어들어 서적의 편찬, 간행, 반포 사업이 활발하게 이루어지면서 주무 부서인 교서관은 여러 서적의 판목과 활자를 관리하는 한편 서적을 인쇄하는 일도 병행해야 했다. 이로 인해 업무가 번잡해졌기 때문에 이 상황을 타개하기 위한 조치가 내려졌던 것이다. 세종대에도 교서관의 참외관 8명—낭 2, 저작랑 2, 교감 2, 정자 2—은 그대로 유지되었다.[115]

교서관의 규모를 파악하기 위해서는 위에서 언급된 관원 이외에 교서관의 실무를 담당하는 잡직(雜職)과 교서관에 소속된 장인(匠人)들을 눈여겨보아야 한다. 이들이 실제로 책의 인쇄·출판과 관련된 실무적 기능을 담당하기 때문이다. 『경국대전』에 따르면 교서관에 소속된 잡직으로는 사준(司准) 1원, 사감(司勘) 1원, 수장제원(守藏諸員) 44원, 장책제원(粧冊諸員) 22원이 있었고, 경아전(京衙前)으로는 서리(書吏)가 16원 소속되어 있었다. 교서관에 소속된 경공장(京工匠)은 야장(冶匠) 6, 균자장(均字匠) 40, 인출장(印出匠) 20, 각자장(刻字匠) 14, 주장(鑄匠) 8, 조각장(雕刻匠) 8, 목장(木匠) 2, 지장(紙匠) 4 등으로 100여 명에 달했다.[116] 서책의 장정(裝幀)과 각자(刻字)를 담당하는 사람 가운데는 승려도 포함되어 있었다.[117]

『신증동국여지승람(新增東國輿地勝覽)』에서는 교서관의 위치에 대해 경복궁의 사옹원(司饔院) 남쪽에 있는 것을 내관(內館), 남부(南部)의 훈도방(薰陶坊)에 있는 것을 외관(外館)이라고 한다고 서술하였다.[118] 그러나 한양에 처음 설치된 교서관은 남부 훈도방에 있었던 것으로 보인다.[119] 훈도방에는 주자동(鑄字洞)이 있었는데, 그 동의 명칭이 '주자(鑄字)'가 된 이유는 바로 교서관이 있었기 때문이었다.[120] 훈도방의 교서관에는 업무를 보는 대청(大廳) 이외에도 사서오경(四書五經)을 비롯한 각종 서적의 판각(板刻)을 보관하기 위한 판당(板堂) 등의 부속 건물도 비치되어 있었다.[121] 그렇다면 태종 3년(1403)에 설치된 주자소 역시 처음에는 훈도방에 위치했을 것으로 짐작된다. 주자소를 경복궁 안으로 옮긴 것은 세종 17년(1435)이었다.[122] 당시 세종이 언급한 바에 따르면 본래 주자소는 설립 초기부터 '궐내아문(闕內衙門)'으로 삼았고, 관원을 임명하여 역사를 독려하게 하였으며, 승정원으로 하여금 그것을 주관하게 하였다고 한다. 그런데 관사(官司)가 궐밖에 있어서 오가며 계품하게 되니 사무가 지체된 것이 많았다. 이에 세종은 주자소를 궐 안으로 옮기고 승지 2명으로 하여금 그것을 주관하게 하였던 것이다. 이와 함께 옛 주자소에는 목판(木板)만 남겨두고 교서관으로 하여금 그것을 관장하게 하였는데, 2품 이상 문신 1인과 승지 1인을 제조(提調)로 삼고, 교서관의 교리와 참외관(參外官) 2~3인에게 그것을 나누

〈그림 15〉 주자소도 (출처: 세종대왕박물관 일대기실, 세종대왕기념사업회)
〈그림 16〉 『훈도방주자동지』 (왼쪽 아래. 서울특별시 유형문화재 제300호, 문화재청).

어 맡게 하는 한편 다른 사무에서 제외하도록 조처하였다.[123] 아마도 이러한 조치가 취해진 이후부터 『신증동국여지승람』에 언급된 것처럼 교서관의 내관과 외관을 구별하게 되었던 것으로 보인다.

교서관의 구체적 기능에 대해서는 기존의 연구를 통해 상세히 밝혀진 바 있다.[124] 대체로 서적의 인출, 서적의 반사(頒賜)와 판매, 활자의 주조, 목판과 금속활자[鑄字]의 관리, 장서(藏書)의 관리, 향축(香祝)과 인전(印篆)의 관리 등이 교서관의 주요 업무로 거론되었다.

5. 조지소(造紙所=造紙署)

전근대 시기 제지업은 국가의 주요 수공업 분야 가운데 하나였다. 종이는 대외적으로 외교문서를 작성하는 데 필요했을 뿐만 아니라 조공품으로도 중요했고, 대내적으로는 관청의 사무 처리, 서적의 인쇄, 저화(楮貨)의 발행 등에 사용되었으며, 상장례(喪葬禮) 때에는 부의(賻儀)의 명목으로 상가(喪家)에 보내는 물품 가운데 하나였고, 신기전(神機箭)과 같은 화약무기의 제조에 군수용으로 사용되기도 하였다.

조선 초에는 인쇄술의 발달과 서적 출판의 확산에 따라 종이에 대한 수요가 늘어났다. 이에 정부에서는 종이의 안정적 공급을 위한 시책을 마련하였다. 조지소의 설치는 그와 같은 정부 정책의 일환이었다. 본래 조지소는 저화의 관리를 위해서 그 설치가 논의되었고,[125] 태종 15년(1415) 조지소가 설치된 것 역시 외방에서 저화지(楮貨紙)를 만드는 폐단을 줄이기 위한 조처였다.[126]

이처럼 조지소는 태종대에 설치되었지만 『세종실록(世宗實錄)』「지리지

(地理志)」에서는 조지소가 세종 2년(1420)에 설치되었다고 명시하고 있다. 그에 따르면 조지소는 창의문(彰義門) 밖의 장의사동(壯義寺洞)에 있었다. 예전에는 사대 외교의 표(表)·전(箋)·주(奏)·계(啓)·자문(咨文)에 사용되는 종이를 전주부(全州府)와 남원부(南原府)에서 세공(歲貢)으로 바쳤으나 쓸 수 없는 것이 많아서 세종 2년에 왕의 특명으로 조지소를 설치하고 종이를 만들게 하였는데 종이의 품질이 예전에 비해 훨씬 좋아졌다고 한다.[127] 이는 조지소의 활동이 세종대 들어 더욱 활발해졌음을 반영한 서술로 보이며, 태종대 저화 통용 정책이 실패로 돌아간 이후 조지소의 기능이 저화지 생산에서 사대교린에 사용되는 표전지(表箋紙)·자문지(咨文紙) 생산으로 전환하였음을 보여준다.

세종대에는 조지소의 관원을 충원하는 조치를 내리기도 하였다. 세종 13년(1431)에는 조지소 관리들의 사무가 번잡하고 그 임무가 중요하다고 하면서 제거와 제조 각 1원을 증원하였고,[128] 이어 조지소를 호조에 예속시켰다.[129] 이 당시까지만 해도 조지소의 관리는 관원 2명, 서원(書員) 2명에 불과했던 것으로 보인다. 이에 이조에서는 조지소의 업무가 번다한데 관리가 부족하다고 하면서 별좌 1원을 증원하고, 서원은 주자소의 서원이 실차(實差: 각 품계의 정원 안에 들어가는 정식 관원) 15인, 예차(預差: 임시직) 9인이니 예차 4인을 증원하여 조지소에서 근무하게 하자고 건의하였다.[130] 세종 25년(1443)에는 조지소와 주자소 등의 관리 임용이 해당 관청의 요청에 따라 진행되는 문제점이 지적되면서 다른 관서의 제거와 별좌의 예에 따라 1주년이 지난 다음에 서용하기로 하였다.[131]

세종 6년(1424) 8월에는 지조소(紙造所=造紙所)에서 댓잎[竹葉]·솔잎[松葉]·쑥대[蒿節]·창포대[蒲節]로 만든 사색책지(四色冊紙) 406첩(貼)을 바쳤으며,[132] 11월에는 새로 만든 호절지(蒿節紙) 208첩, 송엽지(松葉紙) 22첩을 바쳤다.[133] 세종 12년(1430)쯤 되면 조지소에서 생산되는 종이의 품질이 예전에 공납으로 받던 전주나 남원의 그것에 비해 훨씬 좋아졌다는 인식이 군신 간에 공유되고 있음을 확인할 수 있다.[134]

세종 16년(1434)에 갑인자(甲寅字)가 만들어지자 세종은 『자치통감(資治通鑑)』을 인쇄해서 중외에 반포하여 노인들이 보기에 편하게 만들고자 했다. 세종은 종이 30만 권이면 『자치통감』 500~600권을 인쇄할 수 있으리라 판단했고, 이에 종이와 먹을 마련할 방책을 승정원(承政院)에 지시했다.[135] 이에 『자치통감』을 인쇄하기 위한 종이 30만 권을 조지소와 각 도에 나누어 제작하게 했는데, 조지소에 50,000권, 경상도에 105,000권, 전라도에 78,000권, 충청도에 33,500권, 강원도에 33,500권을 분배하였다. 이때 세종은 종이 제조에 필요한 닥[楮]은 국고의 쌀로 마련하게 하고, 경내(境內)의 승려들을 시켜 종이 뜨는 일을 하게 하되 의복과 음식을 주라고 지시하면서, 쑥대[蒿節], 밀짚이나 보릿대[穬麥節], 대나무 껍질[竹皮], 삼대[麻骨] 등 구하기 쉬운 물건들을 이용해 5 : 1의 비율로 닥을 섞어서 제조하면 종이의 힘도 강해지고, 책을 인쇄하기에도 적합할 뿐만 아니라 닥의 사용량도 줄일 수 있다고 하였다.[136]

조지소에서 안정적으로 종이를 만들기 위해서는 종이 제조의 원료인 닥의 확보가 무엇보다 필요했다. 세종 10년(1428) 상림원(上林園: 掌苑署)에서 장의동(藏義洞)에서 생산되는 닥나무의 양이 부족하다고 하면서 훼철된 절터나 공휴지에 닥나무를 심자고 건의했던 것도[137] 그런 이유에서였다. 원료의 부족을 타개하기 위한 노력은 일본산 닥나무[倭楮]의 수입과 보급 정책으로도 나타났다. 세종 12년(1430)에 대마도에 사람을 파견하여 책만들 종이용으로 일본산 닥을 구해 오게 했다.[138] 세종 16년(1434)에 경상도 동래현(東萊縣)과 경기도 강화(江華)에서 재배 중인 일본산 닥나무의 재배 상황을 염려하면서, 감사로 하여금 매년 여름과 가을에 그 재배 상황을 보고하라고 지시했다.[139] 세종 21년(1439) 조지소에서 강화에 심은 일본

닥나무의 씨앗을 충청도의 태안(泰安), 전라도의 진도(珍島), 경상도의 남해 (南海)·하동(河東) 등지에 나누어 심게 하자고 건의했던 것은[140] 닥의 생산 량을 늘리기 위한 조치의 하나였다. 세종 29년(1447)에는 기존의 일본산 닥나무 배양 사업이 성과를 거두지 못한 것은 거기에 마음을 쓰지 않기 때문이라고 하면서 전라·충청·경상도의 연해 고을에 일본산 닥나무의 종 자를 보내 심도록 하는 한편 각 도의 감사로 하여금 그 생장 상황을 그때 그때 보고하라고 지시했다.[141] 이러한 일련의 과정을 보면 일본산 닥나무 의 재배 정책은 기대했던 것만큼의 성공을 거두지 못한 것 같다. 그 이유 는 일본산 닥나무가 조선의 풍토에 맞지 않아서가 아니라 닥나무 산지에 대한 국가의 과중한 공납이 주요 요인이었던 것으로 보인다.

조지소에서 제조한 종이의 종류는 성현(成俔, 1439~1504)의 『용재총화(慵 齋叢話)』에서 확인할 수 있다. 그에 따르면 세종이 조지서(造紙署=造紙所)를 설치하여 표전지(表箋紙)와 자문지(咨文紙)의 제작을 감독하게 하고, 서적 을 인쇄하는 데 필요한 여러 색지(色紙)를 만들었는데 그 품질이 한결같지 않았다. 호정지(蒿精紙)·유엽지(柳葉紙)·유목지(柳木紙)·의이지(薏苡紙)·마 골지(麻骨紙)·순왜지(純倭紙) 등의 품질이 매우 좋아서 그것으로 인쇄한 서 적은 훌륭했다고 한다.[142]

종이를 생산하는 데는 막대한 공역(工役)이 소모되었다. 특히 종이를 도 련(擣鍊=擣砧: 종이를 다듬잇돌에 다듬어서 반드럽게 하는 일)하는 과정에서 공 역의 소모가 컸다. 세종조에는 도형(徒刑: 일정한 장소에 구금하고 강제 노역에 종사하게 하는 형벌)에 해당하는 범죄[徒罪]를 저지른 자를 모두 조지서의 도침군(擣砧軍: 종이를 다듬잇돌로 다듬어서 반드럽게 하는 일에 종사하는 사람) 으로 보내 사역하게 하였는데,[143] 이는 그만큼 '도침(擣砧)'이 중요하면서 힘 든 일이었기 때문이다.[144]

과학기술 인력의 양성

조선왕조의 사회신분제는 법제적으로는 양천제(良賤制)였지만 실제로는 양반(兩班), 중인(中人), 양민(良民), 천인(賤人)으로 구분된다. 이 가운데 양반과 중인이 지배 신분에 해당한다. 과학기술 인력이라는 측면에서 볼 때 조선왕조의 과학기술 정책의 입안과 실행은 바로 이들에 의해 이루어졌다고볼 수 있다. 대체로 양반 관료들은 과학기술 분야의 이론적 탐구에 투입되거나 과학기술 정책을 입안하고 정책의 집행 과정을 감독하는 위치에 있었으며, 중인 관료들은 해당 분야의 전문적 지식과 소양을 갖추고 과학기술 분야의 행정 실무를 담당하였다. 중인 가운데 이른바 '기술관'으로 주목되는 이들은 역학(譯學), 천문(天文)과 성명복과(星命卜課)를 포괄하는 음양학(陰陽學), 의학(醫學), 산학(算學), 율학(律學) 등에 종사하는 부류들이다. 이들은 각종 기술직을 전담하면서 관련 지식을 자손 대대로 세습하였다.

 국왕을 비롯한 조선왕조 집권층의 입장에서 보자면 국가 운영에서 필수적으로 요구되는 과학기술 분야의 업무를 중인 관료들에게 전적으로 맡길수는 없었다. 과학기술 분야의 전문적 지식을 갖춘 양반 관료들이 필요했다. 그러한 정책적 요구가 조선 초기 이래로 양반 자제들 가운데 적정한 인원을 선발하여 과학기술 분야의 실용적 지식을 교육하는 제도로 나타나게 되었다. 그것이 바로 '육학(六學)', '십학(十學)', '칠학(七學)' 등이었다. 이는 고려왕조 이래의 칠학, 십학 교육의 연장선에서 이해할 수 있다.[145]

고려 시기 십학은 공양왕 원년(1389)에 설치된 것으로 간주되고 있다. 이는 『고려사(高麗史)』「백관지(百官志)」와 『고려사절요(高麗史節要)』의 기록에 근거한 것이다.[146] 그런데 『태조실록(太祖實錄)』의 정도전 졸기(卒記)에 따르면 정도전이 창왕 원년(1388)에 이미 십학도제조(十學都提調)가 되어 상명산법(詳明算法), 태일산법(太一算法) 등을 교수하였고, 예문관(藝文館) 제학(提學)으로 옮겨 『진맥도결(胗[診]脈圖訣)』을 지었다고 한다.[147] 한편 이숭인(李崇仁, 1347~1392)이 작성한 『진맥도결』의 지문(誌文)을 보면 국가에서 십학을 설치하여 인재를 양성하고자 했는데 의학이 그 가운데 하나였고, 의학제조(醫學提調)인 정도전이 진맥의 중요성을 고려해 제가의 학설을 상고해서 도설을 만들어 『진맥도결』이라 했다고 한다.[148] 그런데 이숭인이 이 지문을 작성한 시점은 공양왕 원년(1389) 7월이었다.[149] 정도전이 『진맥도결』을 지은 시점과 당시 정도전의 직책에 대한 두 기록의 내용에는 차이가 있으며, 십학의 설치 시점에 대해서도 미세한 차이가 있음을 알 수 있다. 당시의 십학에는 예학(禮學)을 비롯해서 악학(樂學), 병학(兵學), 율학(律學), 자학(字學), 의학(醫學), 음양풍수학(風水陰陽學), 이학(吏學) 등이 있었고, 각각의 분야를 담당하는 관서에서 교육을 담당했음을 알 수 있다.

태조 2년(1393)에는 육학을 설치하여 양가(良家)의 자제들에게 병학, 율학, 자학, 역학(譯學), 의학, 산학(算學)을 가르치게 하였다.[150] 태조 6년(1397)에는 의흥삼군부(義興三軍府) 내에 사인소(舍人所)를 설치하여 경사(經史), 병서(兵書), 율문(律文), 산수(算數), 사어(射御) 등의 기예(技藝)를 교육하여 탁용에 대비하게 하였다.[151] 대소 신료와 한량(閑良)의 가족들을 천거해서 교육하게 하였는데, 이에 육학교도관(六學教道官)을 두어 과목별로 교육을 담당하도록 했다. 이때의 육학은 경학(經學), 병학, 율학, 산학, 의술(醫術), 사예(射藝)였다. 경학은 '명체적용지당(明體適用之堂)', 병학은 '선계제승지당(先計制勝之堂)', 율학은 '흠휼지당(欽恤之堂)', 산학은 '상명지당(詳明之堂)', 의술은 '제생(濟生)', 사예는 '관덕(觀德)'이라 하여, 공경대부(公卿大夫)로부터 사(士)의 자제에 이르기까지 성동(成童: 15세) 이상으로 서울에 살면서 아직 벼슬하지 못한 사람들을 모두 소속시켰다.[152] 이때 혹자가 병학·율학·의학·산학도 역시 각각 배우는 곳이 있으니, 사인소에서 교육하는 것이 중첩되지 않느냐고 의문을 제기한 것으로 보아[153] 태조 2년에 설치된 육학과는 별도의 기구였음을 알 수 있다.

태종 6년(1406)에는 하륜(河崙, 1347~1416)의 요청에 따라 십학이 설치되었다. 이때의 십학은 유학(儒學), 무학(武學), 이학, 역학(譯學), 음양풍수학, 의학, 자학, 율학, 산학, 악학(樂學)이었고 각각 제조관(提調官)을 두었다. 그 가운데 유학은 현임 삼관(三館: 弘文館·藝文館·校書館)의 7품 이하만을 시험하게 하였고, 나머지 구학(九學)은 현직자와 전직자[時散]를 막론하고 4품 이하부터 사중월(四仲月: 2·5·8·11월)에 고시(考試)하게 하였으며, 재주의 고하를 따져 출척(黜陟)의 근거로 삼게 하였다.[154]

그런데 십학 가운데 유학 분야에 해당되는 삼관의 관원들은 이러한 조치에 대해 불만을 품었다. 그 이유는 크게 두 가지였다. 하나는 유학을 업으로 삼는 양반 관료들로부터 악학에 종사하는 천한 악공(樂工)에 이르기까지 무리를 지어서 예조에 모여 그 재예(才藝)를 시험해서 승진하도록 하는 것은 여러 학문을 권장하는 방법으로서는 지극하다 할지 모르겠으나 천한 악공들과 더불어 취재(取才)하는 것이 유학을 높이고 선비를 대접하는 뜻[尊儒待士之義]에 어긋난다고 보았기 때문이다.[155] 다른 하나는 당시의 조례(條例)에 따르면 삼관의 관원들이 읽은 것을 시험하여 상등인 자는 초천(超遷: 자급[資級]을 뛰어넘어 승진하는 것)하고, 그다음인 자는 관례에 따라 천전(遷轉: 근무 일수를 채운 관리를 다른 관직으로 옮기는 것)하며, 하등인자는 외방에 서용하도록 하였다. 그런데 이와 같은 제도대로 하게 되면 근무 일수가 오래되어 천전할 수 있는데 평가를 낮게 받아 옮기지 못하는 자도 생길 수 있고, 하위직에 있던 신진(新進) 관원이 높은 평가를 받게 될 경우 자급을 뛰어넘어 발탁될 수도 있었다. 당시 삼관의 관원들은 이와 같은 제도가 이록(利祿)으로 사람을 유혹하는 것이라고 여겨 부정적으로 인식했던 것이다.[156]

태종 11년(1411) 11월에 사간원(司諫院)에서도 위와 같은 문제를 거론하면서 삼관의 관원들에 대한 십학 시험을 면제하도록 건의했던 것은 십학 취재에 참여하는 양반 관료들의 불만을 반영한 것으로 볼 수 있다. 그러나 의정부(議政府)에서는 이미 정한 법제를 개정할 필요가 없다고 주장하면서 사간원의 건의를 거부하였다.[157] 이러한 상황에서 십학을 통해 잡학(雜學) 분야의 인재를 양성하는 일은 실효를 기대하기 어려웠다. 이에 태조 12년(1412) 10월에는 관료들을 권장하는 규정을 확대하는 한편 십학제조(十學提調)의 수를 늘리는 조치를 취하게 되었다.[158] 다음 달인 11월에는 예조에서 '십학천전사의(十學遷轉事宜)'를 올렸다. 이는 십학 내의 사역원·서운관·전의감·제생원·혜민국·율학·산학 등에서 취재를 통해 합격한 자들에게 관직을 제수하는 일련의 규정을 다시 정리한 것이었다. 이와 같은 규정이 다시 제정된 것은 당시 십학의 운영 방식으로는 출중한 인재를 얻을 수 없다고 판단했기 때문이다.[159]

태종 16년(1416)에 이르러 십학의 취재 방식을 변경하는 조치가 내려졌다. 예조에서 십학의 시험을 모두 주관하기가 현실적으로 어려웠기 때문이다. 당시 예조에서는 십학 취재를 한 달 내에 마칠 수 없는 형편이었다. 이에 무학은 병조에서, 율학은 형조(刑曹)에서, 산학은 호조에서, 유학(儒學)·자학·이학·역학·악학·의학·음양풍수학 등 7학은 예조에서 각 학(學)의 제조(提調)와 함께 시험을 치르도록 하였고, 시험 시기도 사맹월(四孟月)로 변경하였다.[160]

세종이 즉위한 초기에 예조에서는 십학을 강화하기 위한 방안으로 제조를 보좌할 수 있는 관직의 설치를 건의하였다. 당시의 상황을 보면 십학의 각 학에는 제조만 있고 참좌관(參佐官)이 없어서 대신 급에 해당하는 제조가 직접 실무를 담당해야 하는 문제가 있었고, 악학·의학·음양·풍수 등의 학문은 평소에 가르치지 않다가 시험 때가 되면 고강(考講)을 행하고 있었다. 이는 십학 취재의 본래 의도와는 어긋나는 것이었다. 이에 예조에서는 유학 이외의 나머지 학은 그 분야에 정통한 자로서 3품 이하 6품 이상의 두 사람을 뽑아 제거·별좌로 삼아 평소에는 제조와 함께 교육을 담당하는 한편 사맹월의 시험도 함께 주관하게 하고, 유학은 예문관의 직제학(直提學)과 직관(直館)으로 참좌(參佐)를 삼아 이들로 하여금 인재를 시험하여 발탁하도록 하였다.[161]

이렇듯 태종대를 경과하면서 십학의 운영 방식은 조금씩 개선되었고, 교육을 담당하는 제조와 그를 보좌하는 인력도 충원되었다. 세종 5년 (1423) 3월에 이조에서 각사(各司)의 실안제조(實按提調: 당연직 제조)와 제조를 보고한 내용에 따르면 십학을 관장하고 있던 제조의 현황을 파악할 수 있다. 그에 따르면 제학도제조(諸學都提調) 1명, 이학제조(吏學提調) 2명, 유학제조(儒學提調) 2명, 무학제조(武學提調) 3명, 역학제조(譯學提調) 2명, 자학제조(字學提調) 2명, 의학제조(醫學提調) 2명, 풍수학제조(風水學提調) 2명, 악학제조(樂學提調) 2명, 산학제조(算學提調) 2명, 율학실안제조(律學實案提調) 1명 등이었다.[162]

태종 연간부터 논란이 있었던 삼관 관원들에 대한 십학 취재 방식은 세종대에도 문제로 제기되었다. 태종의 사후인 세종 4년(1422) 11월에 이조판서(吏曹判書) 허조가 주도한 이조의 건의에 따라 삼관 관원들의 '거관지법(去官之法)'을 『속육전(續六典)』에 의거하여 시행하도록 조처하였다. 『속육전』의 내용이란 태종 7년(1407)에 권근(權近) 등이 삼관의 취재법을 비판했던 건의에서 논의되었던 사항으로, 유학제조가 매달 한 번씩 삼관의 여러 관원들이 읽은 책을 시험하여 그것을 문서에 기록해두었다가 임기를 마치고 연말에 천직(遷職)할 때가 되면 그동안 그들이 읽은 책의 숫자에 따라 상등인 자는 청환요직(淸宦要職)으로 등급을 띄워 올려주고, 중등인 자는 관례에 따라 관급(官級)을 옮겨주고, 하등인 자는 외직으로 내보낸다는 것이었다.[163] 세종 12년(1430)에 이르러 하연(河演, 1376~1453)의 건의에 따라 삼관의 관원들에 대한 취재법[三館取才之法]이 폐지되었다. 그것이 유자를 대하는 올바른 도리가 아니라는 하연의 건의에 세종이 동의했기 때문이다.[164]

세종 12년(1430)에 상정소에서는 「제학취재경서제예수목(諸學取才經書諸藝數目)」을 올렸다. 이는 십학의 여러 학문 분야에서 취재할 때 교재로 사용하는 경서(經書)와 기술 시험의 일종인 각종 기예[諸藝]의 내용을 정리한 것이다.[165] 당시 과학기술 분야의 실질적 내용을 유추할 수 있는 자료로서 주목된다. 그 가운데 과학기술 분야의 취재와 관련된 내용을 정리하면 아래의 〈표〉와 같다.

諸學		取才經書諸藝
武學		武經七書, 陣圖, 將鑑博議, 太一算
陰陽學	天文	步天歌, 宣明步氣朔步交會, 授時步氣朔步交會, 太陽·太陰·金星·木星·水星·火星·土星·四暗星, 步中星, 太一算
	星命卜課	周易占, 六壬占, 星命書, 大定三天數, 範圍數, 紫微數, 皇極數, 袁天綱, 五行精紀, 前定易數, 應天歌, 五摠龜, 三辰通載, 欄江綱, 觀梅數, 海底眼, 碧玉經, 蘭臺妙選, 禽演新書, 三車一覽, 地理大全書, 天一經, 靈經
醫學		直指脈, 纂圖脈, 直指方, 和劑方, 傷寒類書, 和劑指南, 醫方集成, 御藥院方, 濟生方, 濟生拔粹方, 雙鍾處士活人書衍義, 本草, 鄕藥集成方, 針灸經, 補註銅人經, 難經, 素問括, 聖濟摠錄, 危氏得效方, 竇氏全嬰, 婦人大全, 瑞竹堂方, 百一選方, 千金翼方, 牛馬醫方

樂學	唐樂	雅樂	琴瑟, 編鍾, 編磬, 管籥, 笙, 竽, 和, 鳳簫, 笛, 箎塤, 枳, 敔, 特鍾, 特磬, 雷鼓, 雷鼗, 靈鼓, 靈鼗, 路鼓, 路鼗, 應雅, 相, 牘, 錞, 鐲, 鐃, 鐸, 晉鼓, 登歌, 文舞, 武舞
		典樂	唐琵琶, 牙箏, 大箏, 唐觱篥, 唐笛, 洞簫, 鳳簫, 龍管, 笙, 竽, 和, 琴, 瑟, 杖鼓, 敎坊鼓, 方響
	鄉樂		玄琴, 伽倻琴, 琵琶, 大笒, 杖鼓, 嵇琴, 唐琵琶, 鄉觱篥
算學			詳明算, 啓蒙算, 揚輝算, 五曹算, 地算
律學			大明律, 唐律疏義, 無冤錄

십학의 각 분야에서 교육과 취재의 책임을 맡은 제조를 중심으로 위와 같은 여러 서적과 각종 기예를 평상시에 열심히 익히고, 1년에 네 차례의 정기적 시험을 통해 그동안의 성과를 점검하며, 그 결과를 관료들의 인사 고과에 반영함으로써 잡학 분야의 학문적 활성화를 꾀하고자 했던 본래 의도는 좋았다. 그러나 운영 과정에서 드러나는 여러 가지 문제점들은 충분히 해결되지 못했다. 앞서 살펴본 삼관 관원들의 반발은 그 가운데 하나였다. 이 외에도 의관과 악공을 비롯한 여러 기술관들도 이런저런 핑계를 대며 평상시 학습을 게을리하면서 시험 때만 응시하고 있는 실정이었으나[166] 이에 대한 근본적 대책은 수립되지 않았다.

조선 초기 문신들에게 잡학 분야의 각종 기예를 익히도록 하는 정책은 세조대까지 면면히 이어졌다. 세조는 술수 분야에 해당하는 천문, 지리, 음양, 율려(律呂), 의약(醫藥), 복서(卜筮), 시사(詩史) 등의 '칠학'을 설치하고 문신 가운데 연소한 자를 선발하여 교육시켰다. 당시 세조는 술수 분야에 종사하는 자들이 모두 용렬한 무리[庸流]라서 마음을 오로지하여 뜻을 이루고자 하는 자[專心致志者]가 드물기 때문에 문신들에게 배우도록 하는 것이라고 그 취지를 설명했다.[167] 세조는 칠학에 종사하는 자들을 불러 배운 바를 강의하게 하는 등 독려하였다.[168] 그러나 술수(術數)에 능한 유자(儒者)를 양성하고자 한 이러한 정책적 시도의 성과는 미미했다. 그 원인은 양

반들이 영진(榮進)을 희구하는 마음을 갖고 술업(術業)에 종사하는 것을 부끄럽게 여겼기 때문이다.[169]

과학기술의 거의 모든 분야에 걸쳐 국책 사업을 추진하였던 세종대에도 이러한 상황은 크게 다르지 않았다. 정부에서 천문역법의 제정 사업을 활발하게 추진하고 있던 세종 14년(1432)에 당시 사업의 중심인물이었던 정초(鄭招)와 정인지(鄭麟趾)에게 한 세종의 이야기는 이러한 상황을 잘 보여주고 있다. 세종은 역법을 담당한 관원들이 침체(沈滯)됨을 싫어해서 역법을 교정하는 일을 열심히 하지 않고 문신들은 군직(軍職)을 싫어하니, 자급(資級)을 뛰어넘어 '화질(華秩: 빛나는 벼슬)'로 옮겨주는 것이 어떻겠느냐고 하였다.[170] 이는 양반 자제로서 습독관(習讀官)이 된 사람이 서반체아직(西班遞兒職)에 서용되는 현실을 지적한 것으로 보이는데, 이처럼 양반들은 잡학에 종사하는 것을 탐탁지 않게 여겼던 것이다. 세종의 조치는 이들의 자발적 참여를 이끌어내기 위한 것으로 보이지만 그것이 항구적인 대책이 될 수 없는 것은 자명한 일이었다.

공장工匠 계층의 관리와 운용

조선왕조의 양반 관료들이 과학기술 분야에 대한 이론적 탐구를 수행하는 한편, 정책을 입안하고 정책 집행을 감독하는 역할을 맡았다면, 중인 기술관들은 과학기술 분야의 전문적 지식을 바탕으로 해당 분야의 실무를 담당하였다. 이들 이외에 과학기술 분야에서 주목해야 할 대상이 기술자 집단인 장인(匠人) 계층이다. 장영실(蔣英實)의 예에서 볼 수 있듯이 이들은 신분적으로 미천했을 뿐만 아니라 국가 부역노동의 주 대상자들이었다.[171] 조선왕조에서 각종 수공업에 종사한 계층이 바로 공장(工匠)이었다.

　조선왕조의 국정교학인 유교·주자학의 과학기술에 대한 기본적인 태도는 흔히 '기술천시론(技術賤視論)'으로 일컬어진다. 그러나 온갖 종류의 기술을 포괄하는 '백공기예(百工技藝)'에 대해서 조선왕조의 위정자들은 "백공기예는 모두 그 재능을 정교하게 하고, 하나라도 빠뜨려서는 안 된다",[172] "백공의 기예는 지극히 작은 일이지만 왕자(王者)는 그 정교함을 다하게 하지 않은 적이 없었다"[173]라는 기본 입장을 지니고 있었다. 이는 유교 경전에 근거를 둔 것이었다. 『중용(中庸)』에서는 구경(九經) 가운데 하나로 '내백공(來百工)'이라는 문제를 거론하였다. 천하 국가를 다스리기 위한 '아홉 가지 떳떳한 법'—수신(修身)·존현(尊賢)·친친(親親)·경대신(敬大臣)·체군신(體群臣)·자서민(子庶民)·내백공(來百工)·유원인(柔遠人)·회제후(懷諸侯)—의 하나였고, 그를 통해 재용을 풍족하게 하고자 했던 것이 유교 정치·경제학의 오랜 목표였다.[174] 따라서 유교적 경세론자들은 이러한 문제에 대해 자기 나름의 견해를 수립하고 있었다. "백공의 기예는 비록 비천한 것이지만 국가의 쓰임에는 실로 긴요한 것이니 모두 폐할 수 없다"[175]는 정도전의 언급은 이러한 저간의 상황을 말해주는 것이라 볼 수 있다.

정도전은 공장을 운용하는 원칙으로 크게 두 가지를 거론했다. 하나는 절용·검박해야 한다는 것이었고, 다른 하나는 공장을 부리는 데 농번기를 피해 시의적절하게 해야 한다는 것이었다.[176] 국용(國用)을 절제하지 않으면 비용을 낭비하게 되어 재정이 고갈되고, 민력(民力)을 아끼지 않으면 노역이 심해져서 백성을 피곤하게 만들게 되며, 이러한 재정과 민력의 파탄 상태는 국가적 위기로 이어지기 때문이었다.[177]

그럼에도 불구하고 군주가 '백공기예'를 중시하려고 하면 신하들은 끊임없이 이를 견제하였다. 기술학의 현실적 필요성은 인정하지만 윤리·도덕학과 비교해볼 때 그 가치의 경중은 너무도 분명하다는 것이 이들의 입장이었다. "임금이 기예(技藝)를 좋아하면 기예에 빠지게 된다"[178]는 이상(李瑞)의 언급이나 "백공기예는 국가에서 폐지할 수 없는 것이지만, 각각 맡은 관사가 있으니 군주가 마땅히 친히 할 바가 아니다"라는 요지로 '원공기(遠工技)'를 주장한 연산군 대 대간(臺諫)의 상소는 바로 이러한 입장의 표출이었다.[179]

15세기 조선왕조의 수공업은 관영수공업인 관장제(官匠制)가 주도하였다. 이는 공장이 관부에 예속되어 물품을 생산하는 체제였다. 따라서 중앙관아에는 경공장(京工匠)이, 지방관아에는 외공장(外工匠)이 배속되어 있었다. 예컨대『경국대전』에 따르면 중앙의 과학기술 관련 관서에 소속된 공장의 종류와 숫자는 아래와 같다.[180]

관서	정원 수	계
內醫院	粉匠 2, 香匠 4	6
軍器寺	漆匠 12, 磨造匠 12, 弓弦匠 6, 油漆匠 2, 鑄匠 20, 生皮匠 4, 甲匠 35, 弓人匠 90, 矢人匠 150, 錚匠 11(5開城府), 木匠 4, 冶匠 130(50開城府, 10楊根), 鍊匠 160(50開城府, 10楊根), 阿膠匠 2, 皷匠 4, 鍊絲匠 2	644
校書館	冶匠 6, 均字匠 40, 印出匠 20, 刻字匠 14, 鑄匠 8, 雕刻匠 8, 木匠 2, 紙匠 4	102
繕工監	磨造匠 8, 雕刻匠 10, 竹匠 20, 木匠 60, 石匠 40, 冶匠 40, 盖匠 20, 泥匠 20, 磚匠 20, 塗彩匠 20, 埃匠 8, 車匠 10, 雨傘匠 10, 簟匠 10, 簾匠 14, 把子匠 10, 床花籠匠 4, 石灰匠 6, 馬尾篩匠 4, 桶匠 10, 阿膠匠 2	346
觀象監	自擊匠 10	10
典艦司	船匠 10	10
造紙署	木匠 2, 簾匠 8, 紙匠 81	91
瓦署	瓦匠 40, 雜象匠 4	44

〈표 2-3〉 과학기술 관련 관서의 공장(工匠) 정원

서울의 관청에 소속된 경공장 외에 지방 관청에 소속된 외공장이 있었다. 『경국대전』 '외공장'조에 의하면 8도의 각 병영과 주·군·현에 도합 3,656 인의 장인이 배속되어 있었다.[181] 이들은 해당 지방관아의 수공업적 수요 품을 제작하였다. 이러한 공장 계층의 관리와 효율적 운용은 국가 운영에

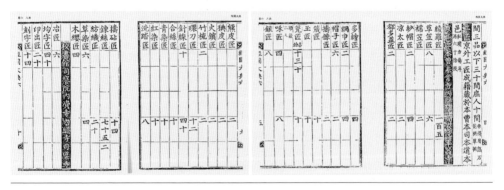

〈그림 17〉『경국대전』 공전(왼쪽)과 경공장(오른쪽) (출처: 규장각한국학연구원)

서 대단히 중요한 문제였다.

『동국여지비고』에 따르면 여러 중앙 관서의 장인은 그 관계 서류를 작성하여 공조(工曹)와 소속 관서에 비치하며, 가장 긴요한 장인에 궐원이 발생했을 경우에는 군사(軍士)·보솔(保率)·관속(官屬)·공천(公賤)을 막론하고 합당한 사람을 차출해서 정하도록 하였다.[182] 이러한 규정이 법제화된 것은 중종 38년(1543) 완성된[183] 『대전후속록(大典後續錄)』에서였다. 그 구체적 내용은 다음과 같다.

> 여러 직종의 가장 긴요한 장인이 궐원이 있을 때에는 군사·보솔·관속·공천을 막론하고 합당한 사람으로 충당한다. 아직 재주를 이루지 못한 사람은 기한을 정해서 전습(傳習)하게 하고, 전습을 부지런히 하지 않으면 가르치는 장인[訓誨丈人]도 아울러 명령을 어긴 죄에 의거해 논한다. 해당 관청의 관원이 (장인을) 혹은 구사(丘史)로, 혹은 다른 일로 부리는 자는 법에 의해 논죄한다.[184]

이 규정에서는 크게 두 가지 사실이 주목된다. 하나는 주요 직종의 수공업 장인에 결원이 발생했을 때 신속히 충원할 수 있는 제도적 장치를 강구했다는 것이고, 다른 하나는 해당 관청의 관리들이 장인을 함부로 부리지 못하게 함으로써 장인들의 피역 저항을 미연에 방지하고 생산 활동의 안정화를 기하고자 했다는 것이다. 이는 국가 운영에서 공장 계층이 차지하는 중요성을 짐작케 하는 대목이다.

경공장의 주요 업무는 다음 몇 가지로 정리할 수 있다. 첫째, 국방에 필요한 군사 장비를 만드는 일이었다. 조선 정부는 개국 초부터 여진(女眞)과 왜(倭)의 침입에 대비해서 무기 생산에 주력하였다. 조선 초기에는 군기감이 각종 군사 장비의 생산을 관장하였으므로[185] 군기감의 장인들이 담당했던 업무가 대체로 이에 속한다. 태종 7년(1407)에는 선공감(繕工監)과 각사(各司)에 소속된 장인과 여러 곳의 한역장인(閑役匠人)들을 모두 군기감에 소속하게 하여 병기를 제조하도록 하자는 논의가 있었고,[186] 그 결과 군기감은 중앙관서 가운데 가장 많은 공장을 보유하게 되었다. 위에 인용한 『경국대전』의 내용에서 볼 수 있듯이 군기시(軍器寺)에 소속된 장인은 644명에 달했던 것이다.

둘째, 국왕을 비롯한 지배층의 품위 유지를 위한 궁궐이나 저택, 도성의 성벽이나 성문을 축조하는 일이었다. 조선왕조는 국초부터 새로운 도읍에 필요한 여러 가지 시설물을 건설하는 데 주력하였다. 태묘(太廟), 궁궐(宮闕), 이궁(離宮), 개천(開川), 시전행랑(市廛行廊) 등의 조성 사업이 그것이었다. 물론 이런 사업에는 승려와 군인, 일반 백성들도 동원되었다. 실제로 세종 3년(1421) 도성수축도감(都城修築都監)에서 징발한 공장(工匠)의 숫자는 2,211명이었다.[187] 국가적 토목공사는 선공감에 소속된 장인들의 임무였다. 태조 원년(1392)에 제정된 문무백관의 관제에 따르면 선공감은 "재목(材木)과 영선(營繕), 시탄(柴炭)을 지응(支應: 요구에 따라 물품을 내어 주는 일)하는 등의 일을 관장한다"[188]고 하였고, 『경국대전』에서는 "토목 영선을 관장한다"[189]고 규정하였다. 국가적 토목공사는 선공감의 주도로 이루어졌다. 세종 7년(1425) 각 도에 흩어져 거주하고 있는 혁파된 사사(寺社) 노비 1,000명을 선공감의 여러 장인에게 봉족(奉足)으로 주어 전습(傳習)하도록 하는 문제가 논의되었던 것도[190] 정부에서 선공감의 공장을 지속적으로 관리하고자 했던 하나의 사례로 주목된다.

셋째, 국왕과 관료들의 필수품을 조달하는 일이었다. 상의원(尙衣院)에 소속된 장인들이 제작했던 것 가운데 다수가 이들의 사치품이었다. 『경국대전』에서는 상의원의 업무를 "왕실에서 사용할 의복과 옷감을 공급하고 궁중의 재화(財貨)와 금보(金寶) 등을 관리하는 등의 일을 담당한다"[191]고 규정하고 있다. 세종 21년(1439) 당시 상의원의 공장은 401명이었는데, 이 때 66명을 더해 정원을 467명으로 늘렸다.[192] 이는 상의원의 수공업 규모가 확대되었다는 것을 의미하며, 이러한 일련의 과정을 거쳐 『경국대전』 단계에 이르면 상의원에는 군기시[軍器監] 다음으로 많은 597명의 공장이 소속되었고, 그 직종은 무려 68개에 달했다. 왕실의 일용품 생산에 필요한 거의 모든 직종을 포괄했기 때문이다. 실제로 상의원에 백공을 설치한 이유는 '내용(內用)', 즉 궁중의 수요를 충당하기 위함이라고 언명되었다.[193]

조선전기 관영수공업은 여러 가지 모순에 직면해 있었다. 기존 연구에서는 조선전기 관영수공업이 발달하지 못했던 원인으로 다음의 몇 가지 문제점을 거론하였다. 첫째, 조선왕조의 지배 이데올로기인 유교·주자학의 경제 원리에서 그 원인을 찾을 수 있다고 지적했다. 유교 사상에 입각한 경제 운용의 논리는 생재·절용론(生財·節用論)으로 대변된다. 이는 "재물을 생산함에 큰 도(道)가 있으니, 생산하는 자가 많고 먹는 자는 적으며, 하기를[만들기를] 빨리하고 쓰기를 느리게 하면 재물이 항상 풍족할 것이다"[194]라는 『대학(大學)』의 생재설(生財說)에 이론적 근거를 두고 있었다. 절용(節用)은 인간의 무한한 소비 욕구와 자연 자원의 유한성이라는 기본적 모순을 해결하기 위한 유교적 대책을 잘 표현하고 있다. 『주역(周易)』의 "천지(天地)가 절도(節度)가 있어 사시(四時)가 이루어지니 제도(制度)로써 절제(節制)하여 재물을 상하지 않으며 백성을 해치지 않는다"[195]라거나 『논어(論語)』의 "쓰기를 절도 있게 하고 백성을 사랑한다[節用而愛人]"[196]는 구절은 절용론의 경전적 근거였다. 생재와 절용을 강조하는 사유체계하에 서는 상공업을 중심으로 한 생산력의 발전을 적극적으로 추동하는 논의가 나오기 어려웠다. "공장들의 만드는 일[工作]을 줄여서 백성의 힘을 넉넉하게 하고, 용도를 절약해서 저축을 넓히고, 사치를 금하고 검약을 숭상하는"[197] 것이 관인·유학 일반의 경제 운영론이었던 것이다.

둘째, 공납 노동의 비효율성이 거론되었다. 국가는 공장 계층을 서울과 지방의 각 관청에 소속하게 하고, 그들의 노동력을 수탈하는 방식으로 운영했는데, 이는 생산자 계층의 노동 의욕을 감퇴하게 하여 적극적인 기술 개발을 제한하는 요인이 되었다. 공장들은 국가의 노동력 수탈에 피역·도망의 방식으로 저항하였다. 공장에게 지급되던 월봉(月俸)이 감소되는 중종 32년(1537) 무렵에는 공장들이 도피(逃避)할 궁리만 하고 있다거나, 양인 출신의 공장들이 모두 흩어져버려 부득이하게 각사(各司)의 노비들로 충당하고 있다는 지적이 나오게 되었다. 장인들이 모두 유명무실하여 공조와 선공감 같은 곳에도 장인이 없다는 현실은[198] 비록 과장되었을지라도 당시 공장들의 피역 저항이 어떠했는지를 보여주는 것이기도 하다.

이와 관련하여 공장 계층의 신분 구성상의 열악함을 지적할 수 있다. 관영수공업자의 다수를 차지하는 것은 공노비였다. 조선 초에 고려 시기 이래로 수공업을 담당하던 소(所)가 해체되면서 수공업자들이 관영수공업에 흡수되었고, 전민변정(田民辨正) 사업을 통해 국가에 몰수된 공노비들과 사원 정리 과정에서 국가에 몰수된 사사노비(寺社奴婢)들도 관영수공업의 주된 노동력으로 충당되었다. 이들 외에 양인 신분의 수공업자도 있었으나 이들은 '신량역천(身良役賤)'으로 취급되었다. 이 외에 죄수와 승려들이 포함되어 있었다.[199] 이와 같은 신분 구성으로 인하여 관영수공업자들은 '공상천예(工商賤隷)'로 취급되었고, 따라서 사회적으로 천시되는 수공업자들에게 자발적이고 적극적인 기술 개발을 기대하기는 어려웠다. 이러한 상황에서 부역노동의 생산성은 저하되었고 공장들은 가급적 자신의 역에서 벗어나고자 하였다.

셋째, 과중한 공장세(工匠稅)가 관영수공업을 저해한 요소로 지목되었다. 공상세(工商稅)는 수공업과 상업에 종사하는 사람들에게 부과하는 세금이었다. 개별 수공업자들은 매해 일정한 기간 관청 수공업장에서 공역을 담당하고, 나머지 기간에 자립적으로 경영하는 수공업 수입에 대해서는 일정한 세금을 납부해야 했다.[200] 공상세에 대한 구상은 이미 정도전의 『조선경국전(朝鮮經國典)』에 등장한다. 정도전은 공상세의 제정 목적이 말작(末作: 工商)을 억제하여 본실(本實: 農業)에 돌아가게 하기 위한 것이라고 했다.[201] 공상세를 제정하여 말업을 억제함으로써 농업이 피폐해지는 것을 막고자 하는 의도였다.

공상세에 대한 구체적 규정이 등장한 것은 태종 15년(1415)이었다. 당시 호조에서는 저화(楮貨)를 유통하기 위한 방편의 하나로 공상세를 규정했는데, 공상인(工商人)들의 이익의 다소에 따라 3등분하여 상등은 매달 저화 3장, 중등은 2장, 하등은 1장을 납부토록 하였다.[202] 이는 세종대에도 그대로 유지되었다. 세종 7년(1425)의 기록에 따르면 그 이전까지 여러 장인들의 월세(月稅)는 상등이 저화 3장, 중등이 2장, 하등이 1장이었다고 하면서 호조에서는 이를 돈[錢文]으로 수납하자고 건의하였다. 1장의 가격은 쌀 1말[斗]에 해당하고, 당시 쌀 1되[升]의 가격이 전(錢) 4문(文)이었기 때문에 상등은 120문, 중등은 80문, 하등은 40문을 내면 되는 것이었다.[203] 그런데 『경국대전』에 정해진 장세 규정을 보면 상등은 저화 9장, 중등은 6장, 하등은 3장이었다.[204] 그사이 월세가 3배 증가했음을 알 수 있다.

조선후기 유수원(柳壽垣, 1694~1755)의 사회 개혁안을 담고 있는 『우서(迂書)』의 '논공장(論工匠)' 항목은 공장들의 노동 운용과 관련하여 시사해주는 점이 많다. 그 가운데 공장들로부터 세금을 거두는 방법에 대해 유수원은 다음과 같은 의견을 제시하였다.

공장들이 기왕에 수공업을 하는 이상 당연히 그 기술을 가지고 국가의 부역(賦役)에 돌아가면서 응해야 하니 어찌 납부하는 세금이 하나도 없을 수 있겠는가. 서울이나 지방의 공장들을 물론하고 마땅히 그들로 하여금 반(班)을 돌려가면서 입역(立役)하도록 해야 한다. 그러나 온 나라의 공장들이 오랫동안 와서 부역에 응하려고 대기하기는 어려우므로, 어떤 공장이든지간에 모두 몇 달씩 입역하는 기한을 정하여주고, 달마다 날짜를 계산하여 매일 1전(錢) 몇 푼씩을 징수하되 2~3개월의 공장 세금을 총합 징수하여 공조(工曹)의 공공 비용에 충당하는 것이 마땅하겠다. 그리고 일체 국가의 공역(工役)에 관계되는 것은 공조에서 모두 주관하여 낭료(郎僚)들이 각각 본사(本司)의 부서(部署)를 설치하여 공역에 대한 돈이나 식량 등을 관리하는 것이 좋을 것이다.[205]

여기에서도 공상세를 거두는 방법과 '번갈아 입역하도록 하는[輪班立役·輪番立役]' 방식이 주된 논의 사항이었음을 알 수 있다.

이 외에도 관영수공업의 발전을 저해한 요인으로 공장들에 대한 관료들의 부당한 횡포와 노동력의 사적 수탈 등이 거론될 수 있다. 이는 공장들의 경제적 여건을 어렵게 만들었고, 그 결과 공장들의 피역 저항과 유리도산(流離逃散)을 야기하게 되었다. 양반 관료들은 각사(各司)에 소속된 장인 가운데 재능이 있는 자에게 다른 일을 시키거나 구사(丘史)로 부려서 이들이 기예(技藝)에 전념할 수 없게 만들기도 했다.[206] 이는 국가 관영수공업의 위기를 불러왔다. 정부 관청에 소속된 장인[公匠]들이 관료들의 부당한 사역으로 인해 전습(傳習)을 폐지하게 되는 상황에서 국가는 사장(私匠)들에게 임무를 맡길 수밖에 없었기 때문이다.[207]

이상에서 논의된 여러 가지 문제들은 세종대 관영수공업에도 그대로 적용되는 것이었다. 따라서 세종대에 이러한 문제들을 어떻게 해결하면서 공장 계층을 관리·운용하고자 했는가를 살펴보는 것이 중요하다. 세종대 국가적 차원에서 공장을 어떻게 관리하고자 했는지 알 수 있는 대표적 사례로 다음의 사료를 거론할 수 있다.

약장(藥匠) 오금(吳金) 등이 장고(狀告)하기를, "세종 때에는 약장에게 두 끼를 먹이고 봉족(奉足) 2명을 주었고, 양인(良人)이면 6품으로 거관(去官)하고, 천인(賤人)이면 장원서(掌苑署)의 관직을 받았으므로 사람들이 앞을 다투어 들어왔는데, 지금은 점심도 봉족도 없고, 또 거관하거나 관직을 받는 법을 폐지하였습니다"라고 하였다.[208]

이에 따르면 세종대까지만 해도 약장에게 봉족을 주었고, 양인 출신 약장의 경우에는 6품까지 벼슬을 주었으며, 천인 출신자인 경우에도 장원서(=上林園) 관직을 주었다고 한다.[209] 이처럼 공장에게 급보(給保)하고, 일체의 잡역을 면제하는 복호(復戶)의 혜택을 주거나, 공로에 따라 체아직을 줌으로써 노동 의욕을 고취시켰던 것이다.

조선왕조는 건국 초기에 수공업자들에게도 수조권을 분급한 적이 있었다. 그러나 조선전기 수조권 분급제의 폐지라는 역사적 흐름 속에서 수공업자들에 지급되었던 위전(位田)들은 혁파되었다. 세종 12년(1430) 무렵에는 철간(鐵干)에게 지급되었던 구분전(口分田)이 군용(軍用)으로 이전되었고,[210] 세종 27년(1445)에는 지장(紙匠)과 와장(瓦匠)들에게 지급되었던 위전도 혁파되었다.[211] 이러한 상황에서 대다수 공장들이 생활필수품을 자체적으로 조달하면서 공역(工役)에 임해야 했고, 이는 영세한 공장들의 유리도산으로 연결되었다. 앞에서 본 바와 같이 조선 초기 이래로 군기감은 가장 많은 공장을 보유하고 있었다. 그런데 세종 16년(1434) 병조와 군기감에서 올린 건의에 따르면 예전에 군기감에 속해 있던 장인은 700~800명에 달했는데 당시에는 300명에 불과했다고 한다.[212] 공장들의 피역 도망이 인원수 감축의 주요 요인이었다고 판단된다. 따라서 경제적 여건이 어려운 공장들의 생계를 보장해줌으로써 그들의 유리도산을 방지하는 것은 중요한 문제였다.

관영수공업 체제에서 분업을 발전시킴으로써 노동의 효율성을 제고하는 문제도 중요했다. 당시 몇몇 직종에서는 분업이 발전하고 있었다. 특히 많은 수공업자들이 소속되어 있던 관청에서 분업이 발전했을 것으로 예상할 수 있다. 예컨대 군기시의 총통전(銃筒箭) 제작 공정이 그러했다.

> 목공(木工)은 먼저 화살대[矢斡]를 만들고, 각장(刻匠)은 그 깃을 붙이는 곳을 뚫고, 피공(皮工)은 깃을 붙이고, 철장(鐵匠)은 화살촉을 만들고, 또 연장(鍊匠)은 그것을 단련하니, 하나의 화살을 만드는 데 사용하는 공인(工人)이 5~6명에 이르렀다.[213]

여기에서 볼 수 있듯이 총통에 사용하는 화살 하나를 제작하는 데에도 5~6명의 장인들이 각각의 공정을 나누어 담당하였다. 따라서 총통전보다 더욱 복잡하고 세밀한 도구를 생산할 때에는 보다 세분된 분업체계를 갖추었을 것으로 판단된다.

이러한 분업체계는 금속활자의 주조와 그것을 활용한 인쇄 공정에서도 확인할 수 있다. 성현의 『용재총화』에 따르면 금속활자를 주조하는 과정에는 황양목(黃楊木)에 글자를 새기는 각자(刻字), 활자를 주조하는 주장(鑄匠), 주조된 활자를 보관하는 수장(守藏) 등이 업무를 나누어 담당했다. 인쇄 과정에서도 원고를 불러주는 창준(唱準), 활자를 배열하는 수장(守藏), 인쇄판 위의 빈자리를 나무 조각으로 메워 활자가 움직이지 않게 하는 균자장(均字匠), 인쇄를 맡은 인출장(印出匠) 등이 업무를 분담하였다.[214] 실제로 조선의 활자 인쇄술은 세종대를 경과하면서 이전에 비해 상당한 수준으로 발전하였다. 이러한 발전에는 세밀한 분업체계가 한몫했을 것으로 판단되며, 국가적 차원에서도 이러한 문제에 당연히 주목했을 것으로 보인다.

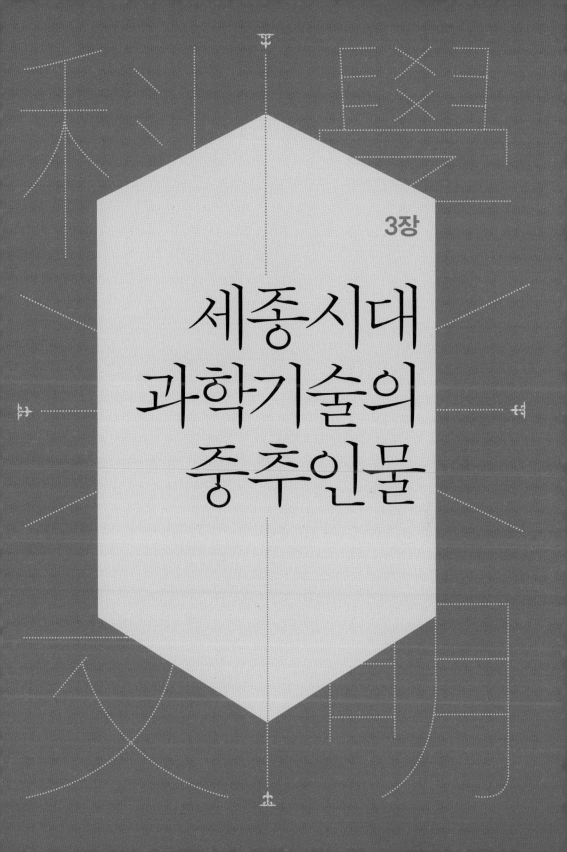

3장

세종시대
과학기술의
중추인물

조선왕조의 집권체제하에서 과학기술 분야의 정책을 효율적으로 수행하기 위해서는 무엇보다 그것을 뒷받침할 수 있는 전문 인력의 양성이 중요한 문제였다. 오늘날의 기준에 따라 전통 사회의 과학자와 기술자를 구분하기는 어려운 일이지만 편의적으로 다음과 같은 세 부류로 나누어볼 수 있을 듯하다. 먼저 학문적 소양을 바탕으로 역대의 과학·기술 이론을 종합·정리하는 일에 종사했던 사람들이다. 이들은 주로 문과(文科) 출신이었는데, 세종대 천문역산학의 정비 과정에서 주요한 역할을 담당했던 정흠지(鄭欽之, 1378~1439)·정초(鄭招)·김빈(金鑌)·정인지(鄭麟趾)·이순지(李純之)·김담(金淡, 1416~1464) 등이 이러한 부류에 속한다.

다음으로는 관료 학자들이 정리한 이론을 토대로 과학기술 분야의 실무적 측면에서 중요한 역할을 담당했던 기술관들이다. 이들 가운데는 이천(李蕆, 1376~1451)과 같은 당당한 양반도 포함되어 있었으나 대부분은 잡과(雜科)를 통해 등용된 중인들이었다. 태조 원년(1392)에 제정된 관리의 신규 채용 보직에 관한 규정인 '입관보리법(入官補吏法)'을 보면 문음(門蔭), 문과(文科), 이과(吏科), 역과(譯科), 음양과(陰陽科), 의과(醫科), 무과(武科) 등 7과(科)가 있었다.[1] 이 가운데 잡과에 해당하는 것은 이과, 역과, 음양과, 의과의 4과였다. 이것이 이후 역과·의과·음양과·율과(律科) 체제로 정비되어 『경국대전(經國大典)』에 법제화되었다.[2] 잡과를 통해 등용된 기술관들은 서운관(書雲觀)의 실무 관료, 산학(算學)과 의학(醫學)의 담당자 등으로 활동하였다.[3]

이들 이외에 중요한 기술자 집단으로는 앞에서 살펴본 장인(匠人) 계층을 들 수 있다. 조선왕조의 정책적 측면에서 보자면 첫 번째와 두 번째 부류의 인재들을 교육·육성하는 방안과 세 번째 부류의 노동 인력을 효율적으로 관리·운용하는 문제가 주요한 관심사가 될 것이다. 세종대에는 이상과 같은 과학기술자 집단을 효율적으로 운용하면서 여러 분야에서 눈부신 성과를 이룩했다. 여기서는 먼저 세종대 과학기술 정책의 핵심에 있었던 세종의 역할을 살펴보고, 그 연장선에서 세종의 지시에 따라 각종 과학기술 분야의 연구와 실무에 참여해 중추적 역할을 담당했던 학술 관료와 기술관들의 면면을 분석하고자 한다.

세종: 과학기술 정책의 중심

1. 과학기술 정책의 추진 주체로서의 세종

세종은 최고 통치자로서 당대 과학기술 정책을 선도했다. 사실 세종은 꼼꼼한 행정가 유형의 군주였다. 그는 스스로 "수많은 사무가 지극히 번다해서 인주(人主)가 능히 다 알 수 있는 바가 아니지만, 아랫사람에게 이를 모두 맡겼다가 국가를 그르친 자가 옛날에도 있었기 때문에 부득이 세세한 일까지 친히 재결하는 것이 많다"[4]고 토로하기도 했다. 세종이 만년에 눈병을 앓게 된 것도 밤낮으로 쉬지 않고 책을 읽은 탓이기도 하지만 만사를 스스로 처리하는 집무 스타일 때문이기도 했다.[5] 당시 신료들은 군주가 자잘한 일까지 모두 처결하는 것은 옳지 못하다고 주장했지만 세종은 자질구레한 일에 이르기까지 스스로 청단(聽斷: 다른 사람의 의견을 듣고 결단함)하지 않음이 없었다.[6]

이처럼 세종의 정무 처리는 형식적인 재결이 아니라 그 내용을 상세하게 파악한 바탕 위에서 내리는 결정이었다. 실록에서는 국왕의 결정을 '예

〈그림 18〉 세종대왕 동상 (서울시 세종로 광화문광장, 출처: shutterstock.com/ⓒTungCheung)

재(睿裁)'라 하고, 각종 문화 사업의 성과가 '예재'로부터 나왔다고 관습적으로 서술하기도 한다. 그러나 세종의 경우에는 꼭 그렇지 않았다. 흔히 세종대 천문역산학의 성과를 얘기할 때 "임금이 여러 의상(儀象)을 만들었으니, 대소간의(大小簡儀)·흠경각(欽敬閣)·혼상(渾象)·앙부일구(仰釜日晷)·일성정시의(日星定時儀)·규표(圭表)·자격루(自擊漏) 등이 모두 극도로 정교했는데, 이것이 모두 '임금의 재량[睿裁]'에서 나왔다. 여러 기술자 가운데 임금의 뜻을 능히 헤아리는 자가 없었는데, 다만 호군(護軍) 장영실(蔣英實)이 '임금의 지혜[睿知]'를 받들어서 기교한 방법을 운용하여 임금의 뜻과 맞지 않는 것이 없었으므로 임금이 그를 매우 소중하게 여겼다"[7]는 사례는 그 대표적 경우로 거론할 수 있다.

위의 사례에서 알 수 있듯이 세종은 유교적 예악문물 정비의 일환으로 추진된 과학기술 관련 사업의 중심에 있었다. 그것은 세종 초년부터 시작된 역법 교정 사업이 마무리 단계에 이르던 세종 14년(1432) 정인지에게 당부한 세종의 다음과 같은 발언에서 확인할 수 있다.

우리 동방이 멀리 바다 밖에 있으나 무릇 시행하는 바가 한결같이 중화의 제도에 따랐으나, 홀로 하늘을 관찰하는 기구에 부족함이 있다. 경이 이미 역산(曆算)의 제조(提調)가 되었으니, 대제학 정초와 더불어 고전을 강구해서 의표(儀表)를 창제하여 측험(測驗)에 대비하도록 하라. 그러나 그 요점은 북극출지고도(北極出地高度)를 정하는 데 있으니 먼저 간의(簡儀)를 제작해서 올리는 것이 좋겠다.[8]

이처럼 세종은 천문역산학 정비 과정에서 천문의기 제작의 필요성과 제작의 우선순위를 분명히 제시했던 것이다. 학자 군주로서 세종의 면모를 엿볼 수 있는 대목이다.

그런데 천문역산학을 비롯한 각종 과학기술 관련 사업을 원활하게 추진하기 위해서는 해당 분야에 대한 이론적 탐색과 함께 사업을 담당할 수 있는 실무 능력을 갖춘 전문가가 필요했다. 이에 세종은 학문 연구의 기반을 조성하고 연구 인력을 양성하기 위한 작업에 착수했다. 그 작업이 이루어졌던 공간이 경연(經筵)과 집현전(集賢殿)이었으니, 양자는 상호 밀접한 관계를 형성하며 유교적 의례와 제도를 연구하는 데 중추적 역할을 했다. 세종이 집현전을 설치한 이유 가운데 하나는 경연의 내실화를 꾀하기 위함이었다. 경연관은 겸직이라서 본직 수행에 바빠 강의 준비를 충실히 할 수 없었기 때문에, 경연의 내실화를 기하기 위해서는 경연을 전담하는 관리를 둘 필요가 있었다. 이에 이전의 유명무실했던 집현전을 정비하고 학식과 품행이 뛰어난 젊은 문신을 뽑아 경사(經史)를 강론하게 함으로써 왕의 고문(顧問)에 대비하는 일을 전담시켰던 것이다.[9] 실제로 집현전 학사들은 세종대의 경연에서 경사를 강론했으며,[10] 세종은 집현전의 설치가 경연을 위한 것이라고 확언하기도 했다.[11]

세종은 집현전이라는 전문 기관을 통해 인재를 육성하고자 했다. 세종 2년(1420) 3월 이조에서는 집현전에 녹관(祿官)을 두게 하자고 건의했고,[12] 이에 따라 집현전에 녹관을 설치하고 경연관을 겸임하게 하는 조치가 내려졌다.[13] 집현전의 인원은 10명에서 30명, 20명으로 때에 따라 변화가 있었지만 그들에게 경연과 서연(書筵)을 담당케 하고, 문한(文翰)의 일을 전담하게 하며, 고금(古今)의 일을 토론하게 하고, 밤낮없이 논의하고 궁리하게 하는 관례는 유지되었다.[14] 다음과 같은 일화는 인재를 기르기 위한 세종의 노력을 잘 보여준다.

집현전 부교리(副校理) 권채(權採=權採)와 저작랑(著作郎) 신석견(辛石堅), 정자(正字) 남수문(南秀文) 등을 불러 명하기를, "내가 너희들에게 집현

〈그림 19〉 집현전 학사도 (출처: 세종대왕박물관 일대기실, 세종대왕기념사업회)

관(集賢官)을 제수한 것은 나이가 젊고 장래가 있으므로 다만 글을 읽혀서 실제 효과가 있게 하고자 함이었다. 그러나 각각 직무로 인하여 아침저녁으로 독서에 전심할 겨를이 없으니, 지금부터는 본전(本殿)에 출근하지 말고 집에서 전심으로 글을 읽어 성과를 나타내어 내 뜻에 맞게 하고, 글 읽는 규범에 대해서는 변계량(卞季良)의 지도를 받도록 하라"고 하였다.[15]

이처럼 세종은 집현전 관리들의 교육에 많은 주의를 기울였다. 세종은 집현전 관원 가운데 나이가 젊고 재주와 품행[才行]이 있는 사람을 선발해서 휴가를 주어 산에 들어가 글을 읽게 하고[16] 관에서 일체의 비용을 지급했다. 그들로 하여금 경사(經史)·제자백가(諸子百家)·천문(天文)·지리(地理)·의약(醫藥)·복서(卜筮) 등을 폭넓게 연구하게 하여 장차 활용하고자 계획했던 것이다.[17] 세종은 집현전을 설치한 목적이 오로지 문한(文翰)을 다스리기 위함이라고 강조하면서 집현전 관원들은 "오로지 학술만을 일삼아 일생을 마치기를(종신토록 할 것을) 기약하라[專業學術, 期以終身]"고 당부했다.[18]

이를 위해 세종은 집현전에 서적을 비치하기 위해 노력했다. 그것은 크게 두 가지 경로를 통해 이루어졌다. 하나는 사신이 왕래하는 편에 중국에서 서적을 구해 오는 것이었고, 다른 하나는 문신들을 파견하여 국내의 여러 서적을 구입하는 것이었다. 이렇게 구한 서적은 '장서각(藏書閣)'에 보관했으니, 유사 이래로 오늘날처럼 문적이 성한 적이 없었다고 자부할 정도에 이르렀다.[19] 또한 이러한 여러 서적들에 대한 탐구의 토대 위에서 예악(禮樂)·종률(鍾律)·천문·의상(儀像)·음양(陰陽)·역산(曆算)·의약·복서의 책에 이르기까지 모두 정리해서 인쇄·반포할 수 있었던 것이다.[20]

이러한 과정을 거쳐 집현전과 경연은 세종대 최고의 학문 연구 기관이 되었다. 세종은 경연에서 사서오경을 비롯한 유교 경전과 『자치통감(資治通

鑑)』등의 역사서, 『성리대전(性理大全)』등을 독파했다. 본문만 읽는 단순한 강독이 아니라 주석까지 치밀하게 검토하는 명실상부한 학문 연구였다. "나는 경사(經史) 가운데 두루 살펴보지 않은 바가 없다"라는 세종의 자부심은 이렇게 길러진 것이었다.[21] 그리고 경연에서 쌓은 학문적 성과는 세종대 예악을 제정하고 전장문물(典章文物)을 구비하는 밑거름이 되었다.

뿐만 아니라 세종은 각종 사업의 원활한 진행을 위해 때로는 자신의 소신을 고집스럽게 밀고 나갔다. 세종이 왕위에 올랐을 때 "총명예지(聰明睿智[知: 총명하고 슬기로움)는 모든 사물보다 뛰어난 성스러움이 있었고, 관유온유(寬裕溫柔: 너그럽고 온화함)하여 백성을 용납하고 대중을 기르는 덕을 지녔다. 사물을 처리하고 독자적으로 계책을 운용할 때는 강직한 태도로 굳세게 버티는 결단이 있었다"[22]는 평가는 이러한 세종의 모습을 보여준다. 실제로 "내가 여러 가지 일에서 여러 사람의 의논을 따르지 않고, 대의(大義)로 결단해서 강행한 것이 자못 많았다. 수령육기(守令六期)나 양계축성(兩界築城)과 행직(行職)·수직(守職)을 자급(資級)에 따르는 등의 일은 남들은 다 불가하다고 하는 것을 내가 홀로 여러 사람의 논의를 배제하고 행했다"[23]라는 세종의 언급은 과장이 아니었다.

업무 추진 과정에서 보여준 세종의 과단성은 '탈정기복(奪情起復)'의 사례에서도 확인할 수 있다. 부모의 상중(喪中)에 있는 사람을 출사하도록 하는 '기복(起復)'의 규정은 『경제육전(經濟六典)』에 기재되어 있었다. 그에 따르면 "3년간의 상기(喪期)는 천하의 공통된 상례이므로, 친부모의 복제(服制)는 그 제도를 좇는 것을 허용하되, 그 가운데 국가에 관계되는 요긴한 사무에서 반드시 기복해야 합당할 자는 탈정기복"하도록 되어 있었다. 따라서 '탈정기복'은 세종대 신료들이 일반적으로 이해하고 있었던 것처럼 '만대의 떳떳한 법[萬世之常經]'이 아니라 '일시의 권도[一時之權宜]'였다.[24] 그러나 세종은 주요 정책의 추진 과정에서 수차례 '탈정기복'의 명을 내렸다. 당시 역법 교정 사업에서 중요한 역할을 담당했던 이순지, 김담, 김한(金汗) 등이 모두 그러한 조치를 받았다. 신료들은 세종의 이러한 조치를 비판했지만 세종은 기복이 오래전부터 있었던 관례라는 점과[25] 자신의 조치가 '국가요무(國家要務)'에 관계된 것이라는 점을 들어 수용하지 않았다.[26] 여기에서 제기되는 '국가'의 논리는 세밀한 분석을 요한다. 왜냐하면 이 주장을 확대 해석하면 새로운 국가의 질서를 수립하기 위한 사업에서는 군주의 적극적인 역할이 중요하고, 때에 따라서는 '상경(常經)'에 배치되는 '권도(權道=權宜)'를 사용할 수도 있다는 논리로 확장될 개연성이 있기 때문이다.[27]

2. '세종=성군(聖君)' 담론의 형성과 전개

세종은 이미 당대에 '성군'으로 추앙되었다. 『세종실록(世宗實錄)』의 세종 졸기(卒記)에서는 세종의 "거룩한 덕이 높고 높으매 사람들이 이름을 짓지 못하여 당시에 해동요순(海東堯舜)이라 불렀다"고 했다.[28] 「영릉신도비(英陵神道碑)」에서 세종을 '동방의 요순'이라고 칭한 것도[29] 같은 맥락이다. 그렇다면 당시에 세종은 어떤 측면에서 '해동의 요순', '동방의 요순'으로 지칭되었을까? 졸기에서는 세종의 개인적 자질, 성실한 국정 운영 등을 거론하고 있지만 그 핵심은 세종대의 문화적 성취였다. 실록에서는 그것을 "문(文)과 무(武)의 정치가 빠짐없이 잘되었고, 예악의 문(文)을 모두 일으켰으매, 종률(鍾律)과 역상(曆象)의 법 같은 것은 우리나라에서는 옛날에는 알지도 못하던 것인데 모두 임금이 발명한 것"이라고 특정했다.[30] '문무지정(文武之政)', '예악지문(禮樂之文)', '종률역상지법(鍾律曆象之法)'이 세종대에 갖추어졌다고 강조한 것이다.

양성지(梁誠之)는 세조에게 올린 상소 가운데 '전대를 본받아야 한다[法前代]'라는 항목에서 전대의 역사에서 구하는 것이 조종(祖宗)에게서 구하는 것만 못하다고 하면서 조선의 역대 국왕의 업적을 거론한 바 있다. 태조의 용지(勇智), 태종의 영명(英明), 세종의 '제례작악무양생민(制禮作樂撫養生民)' 등이 그것이었다.[31] 세종이 예악을 제정하고 백성들을 어루만지듯이 잘 돌보아 길렀음을 특히 강조한 것이다.

세종 이후로는 여러 면에서 세종을 본받았다고 평가되는 성종이 '해동요순'의 반열에 추가되었다. 김굉필(金宏弼, 1454~1504)은 성균관(成均館) 생원(生員) 시절 성종에게 올린 상소문에서 성종을 '해동의 요순과 같은 군주'로 지칭한 바 있다.[32] 이와 같은 인식은

<그림 20> 세종대왕 영릉신도비
(보물 제1805호, 출처: 세종대왕기념사업회)

조선전기 내내 이어졌고, 이후 세종과 성종은 후대의 사왕(嗣王)들이 본받아야 할 모범으로 추앙되었다. 거기에 "성인(聖人=堯舜)을 본받고자 한다면 마땅히 조종을 본받아야 한다[欲法堯舜, 當法祖宗]"[33]는 논리가 덧붙여졌다.[34] 이처럼 조선전기에 세종과 성종은 '동방요순'으로 지칭되었으며, 후대의 사왕들이 모범으로 삼아야 할 대상이라는 인식이 일반화되었다.[35]

이러한 논리는 양란(兩亂)을 겪고 난 조선후기의 위기 상황 속에서 더욱 강조되었다. 양란 이후 왕조체제의 재건과 국가 질서의 재편을 당면 과제로 삼았던 조선후기 군주들의 입장에서 볼 때 조선왕조 건국 이후 유교적 국가체제를 완비하는 데 큰 역할을 한 세종과 성종은 주목의 대상이었기 때문이다. 효종대에 "요순을 본받고자 한다면 마땅히 조종을 본받아야 한다"는 논리적 근거를 바탕으로 세종대의 정치를 표준으로 제시했던 것은

그 하나의 사례이다. 당시 승정원(承政院)에서는 세종조의 정치가 가장 훌륭해서 후세의 모범이 될 만하다고 하면서, 『세종실록』가운데 시무(時務)에 절실한 정교(政敎: 정치와 교화)·양법(良法)·미의(美意)를 모두 등사해서 좌우에 비치해두고 임금의 덕을 넓혀 치도에 도움이 되게 하자고 건의했다. 이에 효종은 성종조의 고사도 초록해서 올리라고 했다.[36]

앞서 살펴보았듯이 「영릉신도비」에서는 세종을 '동방의 요순'이라고 칭했는데, 이수광(李晬光, 1536~1628)은 이 평가가 세종대의 예악 제정과 관련된 것이라고 보았다. 아악(雅樂)의 정비와 보루각(報漏閣)·일성정시의의 제작, 『칠정산(七政算)』, 『오례의(五禮儀)』, 『삼강행실도(三綱行實圖)』, 『명황계감(明皇誡鑑)』, 『치평요람(治平要覽)』, 『역대병요(歷代兵要)』 등의 편찬이 모두 세종의 기획[睿裁]에서 나온 것이라는 점을 강조한 것이다.[37]

이는 『조감(祖鑑)』에서도 확인되는 바이다. 『조감』은 영조 4년(1728)에 조현명(趙顯命, 1690~1752), 정석오(鄭錫五, 1691~1748) 등이 조선왕조 역대 왕의 행적 가운데 후세에 교훈이 될 만한 것을 수집하여 세계(世系), 부절(符瑞), 창업(創業), 제작(制作), 중흥(中興), 자질(資質), 학문(學問), 덕행(德行), 호간(好諫), 내치(內治), 근정(勤政), 용인(用人), 애민(愛民), 무농(務農), 미재(弭災), 절약(節約), 돈화(敦化), 숭유(崇儒), 신형(愼刑), 치병(治兵) 등의 항목으로 분류·정리한 것이다.[38] 이 가운데 '제작' 항목은 각 왕대별로 이루어진 문화 사업의 성과를 정리한 것인데, 여기서 세종대의 주요 '제작'으로 다음과 같은 사업을 거론하였다.

- 세종께서 경계(經界)가 바르지 못하고 세금을 거두는 것이 공평하지 못한 것을 염려하여 토지의 비옥함과 척박함, 그해의 풍흉에 인하여 등급을 나누니 제도가 매우 상세하였고, 오례(五禮)가 갖추어지지 않은 것을 염려해서 고금(古今)을 참작하여 예(禮)를 제정하시니 풍속이

바른 데로 돌아갔다[世宗慮經界不正, 收稅不中, 因地膏塉, 年歲豐歉, 分其等第, 制度甚詳, 慮五禮未備, 參酌古今, 制爲定禮, 風俗歸正].

- 세종께서 훈민정음을 창제하여 성운(聲韻)의 변화를 다하고 오랑캐와 중국의 여러 소리를 번역하는 데 통하지 않음이 없게 하니, 그 제작의 깊고 오묘함[精微]이 가히 고금에 뛰어났다고 일컬을 만하다[世宗創制訓民正音, 以盡聲韻之變, 蕃漢諸音, 譯無不通, 其制作精微, 可謂超出古今矣].

- 세종께서 유사(有司)에게 명하여 종(鐘=編鐘)을 주조하고 경쇠[磬=編磬]를 만들게 하여 율관(律管)을 불어 음(音)을 조화롭게 하여[吹律協音] 아악(雅樂)을 일신하여 회례(會禮)에 비로소 여악(女樂)을 사용하지 않았고, 또 조종(祖宗)의 공덕을 서술하여 '정대업(定大業)'과 '여민락(與民樂)' 등의 음악을 지어 가락[聲容]의 아름다움을 다했다[世宗命有司, 鑄鐘造磬, 吹律協音而雅樂一新, 會禮, 始不用女樂, 又述祖宗功德, 作定大業與民樂等樂, 極其聲容之美].

- 세종께서 칠정산내외편(七政算內外篇)을 편수하고, 여러 의상(儀象)과 규표(圭表), 흠경각(欽敬閣)·보루각(報漏閣), 혼상(渾象), 일성정시의(日星定時儀), 앙부일구(仰釜日晷) 등을 만들고, 한양의 일출입(日出入) 도수를 모두 스스로 창제하시니 이에 천문역수(天文曆數)가 비로소 오류가 없어졌고, 『명황계감』을 지어 일락(逸樂)을 방지하였고, 『통감훈의(通鑑訓義)』·『치평요람』을 편수하여 흥망을 거울삼게 하였으며, 의약(醫藥)의 여러 책에 이르러서도 모두 교정하였고, 새로 주조한 금속 활자와 기리고(記里鼓) 같은 것들도 그 뜻을 다하지 않은 바가 없었다[世宗修七政內外篇, 作諸儀像·圭表及欽敬·報漏等閣而渾象·星晷定時儀·仰釜儀, 漢陽日出入分, 皆自創制, 於是天文曆數, 始無差失, 作明皇戒鑑, 防逸樂也, 修通鑑訓義·治平要覽, 監興亡也, 以至醫藥諸書, 亦皆校定, 如新鑄字記里鼓之類, 又無所不致其意也].

- 세종께서 여러 조종의 헌장(憲章)을 손익(損益)을 따져 『경제육전(經濟
六典)』을 완성하니 그 규모가 넓고 심오했고 조리(條理)가 자상하고 세
밀하여 가히 만세의 법이 되었다([世宗損益累朝憲章, 以成經濟六典, 規模
宏遠, 條貫詳密, 可爲萬世法程].[39]

『조감』에서 세종대의 주요 사업으로 거론한 것은 공법(貢法)의 제정, 오례
의 정비, 훈민정음의 창제, 아악의 정비, 『칠정산』의 편찬과 각종 천문의기
의 제작, 『명황계감』·『통감훈의』·『치평요람』 등의 정치적 교훈서와 의약서
의 편찬, 금속활자의 주조, 기리고의 제작, 『경제육전』의 편찬 등이었다. 이
처럼 조선후기에도 세종대는 유교적 예악문물과 전장제도의 정비가 완비
된 시기로 인식되었고, 후대의 사왕들이 모범으로 삼아야 할 표준으로 기
억되었다.

이와 같은 세종 인식은 일제 시기 민족주의 사학자들에게 계승되었다.

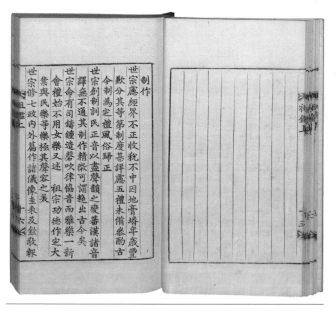

〈그림 21〉 『조감』 (출처: 규장각한국학연구원)

민중을 역사의 주체로 하는 '문화주의적 발전사관'을 제시한 문일평(文一平, 1888~1839)은 '조선심(朝鮮心)'을 강조했다. 그가 말하는 '조선심'은 기존의 민족주의 사학자들이 주창한 '혼(魂)'이나 '얼'이 지니는 정신주의적 면모를 뛰어넘어 '문화주의적' 색채를 강하게 띠고 있었다. 문일평은 훈민정음(訓民正音)의 창제를 '조선심'의 결정(結晶)으로 간주했으며, 이를 주도한 세종을 '조선심의 대표자', '조선 사상계의 대위인'으로 평가했다. 그에게 조선심의 결정인 훈민정음의 창제는 우리의 역사가 민중이 주체가 되는 미래의 민중혁명을 향해 발전할 수 있게 만드는 원동력이었다.[40]

그렇다면 그동안의 한국과학사 연구에서 세종과 그의 시대는 어떻게 이해되었을까? 한국과학사의 개척자라 할 수 있는 홍이섭(洪以燮, 1914~1974)은 조선왕조의 과학기술에 대해 부정적인 견해를 지니고 있었다. 그가 보기에 조선왕조는 본질적으로 역성혁명을 통해 수립된 '봉건(封建)'왕조였고, 사대사상이 횡행한 시기였다. 조선왕조의 과학교육은 '잡학(雜學)'이라고 해서 양반층이 아닌 중인에게 부과되었으며, 중서(中庶)계급은 특수한 기능과 전문적 지식을 세습적으로 비전(秘傳)했으므로, 과학의 수순한 발달을 저해했다. 이로 인해 신라-고려-조선을 거쳐 발전적 경로를 밟아야 할 과학이 침체·쇠퇴의 길을 걷게 되었다고 파악했다.[41]

그럼에도 불구하고 홍이섭이 볼 때 세종대는 특별한 의미를 지니고 있었다. 홍이섭은 조선 초기의 과학기술은 고려왕조의 그것을 답습하는 데 머물렀으나 세종대에 이르러 갱신·정비가 이루어졌다고 파악했다. 특히 그는 훈민정음의 창정(創定)과 활용을 '과학 보급 정책'의 일환으로 파악하여 한국과학기술사에서 특기할 만한 사실이라고 강조했다. 한자로 된 난해한 과학 관련 서적을 언해하여 과학 지식의 대중적 활용과 보급에 큰 성과를 거두었다고 보았기 때문이다. 훈민정음에 대한 홍이섭의 높은 평가는—"우리 과학사(科學史)상에서 본다면 너무나 큰 의의를 갖게 되는 위대

한 사업"— 세종을 '위대한 과학자'로 평가하는 데 일조했다.[42]

과학사에서 15세기를 '세종의 시대'로 명명하기를 주저하지 않는 전상운(全相運)은 세종대에 자주적 과학기술이 전개되었다고 보는 관점에서 그 바탕에는 과학기술의 혁신을 위한 국가정책의 추진이 있었다는 점을 강조했다. 그는 세종대 과학기술 정책의 특징으로 과학성과 실용성의 존중, 기술 자립과 신기술 개발을 위한 노력, 인재의 육성, 조직적 공동 연구, 국책 과제로서 과학기술의 정책적 추진, 국가적 차원의 기술혁신 지원, 조선식 모델의 개발, 그리고 과학기술에 대한 세종의 정열과 집념 등을 꼽았다.[43]

박성래(朴星來) 역시 기존 연구를 정리해서 세종대 과학기술 발전 과정의 정책적 특징을 추출했는데, 국책 과제로서 과학기술 정책의 추진, 최고 통치자의 과학기술에 대한 집념, 과감한 투자와 포상 및 인재 등용, 자유로운 연구 분위기, 과학기술의 '민족화', 기초 조사와 외국 기술의 도입 등이 그것이다. 박성래는 이러한 특징들이 오늘날의 과학 현실에도 많은 시사점을 제공하고 있다고 보았다.[44]

세종대 과학기술 정책에 대한 전상운과 박성래의 평가에서 공통된 점 가운데 하나가 세종의 과학기술에 대한 높은 관심이다. 이렇듯 세종대 과학기술적 성취의 중심에 최고 통치자인 세종이 위치하고 있다고 할 때 우리는 그의 존재를 어떻게 평가해야 할까? 아마도 세종은 조선왕조 과학기술의 표준을 구축한 인물로 평가될 수 있을 것이다. 그것은 세종이 집현전이라는 학술 연구와 인력 양성의 기구를 만들어 과학기술 발전의 토대를 제도화했다는 차원의 평가가 아니다. 그 보다는 조선왕조의 법과 제도, 예악과 문물을 정비함으로써 명실상부한 유교 국가로서 조선왕조의 표준을 수립했다는 점에서 찾아야 할 것이다. 그 과정에서 세종을 비롯한 조선왕조의 위정자들은 유교적 보편성과 조선적 개별성의 조화 문제를 고민했다. 중국의 역법을 수용하면서도 한양을 기준으로 한 계산법을 만들어낸 것이나 중국의 선진적 의학과 농법을 받아들이면서도 조선의 풍토에 맞는 향약과 농업기술의 개발에 주력한 점, 그리고 중국의 성운학(聲韻學)을 기초로 삼아 조선과 중국의 한자음을 정확하게 표기하기 위해 훈민정음을 창제한 일 등은 모두 그러한 노력의 소산이었다. 실제로 세종대의 문물제도는 이후 조선왕조의 표준으로서 기능했다. 양란 이후 조선후기 군주들이 국가재조(國家再造)의 사업에 매진할 때도 그 모범은 세종대였다.

학술 관료[문인 관료, 양반 관료]

세종대 과학기술 인력의 중심에는 세종의 지시에 따라 각종 과학기술 분야에서 괄목할 만한 성과를 이룩하는 데 주요 역할을 했던 학술 관료들이 있었다. 천문역산학 분야의 정흠지·정초·김빈·정인지·이순지·김담, 지도·지리학 분야의 정척(鄭陟)·변계량·맹사성(孟思誠, 1360~1438)·권진(權軫, 1357~1435)·윤회(尹淮)·신장(申檣, 1382~1433), 의약학 분야의 황자후(黃子厚)·노중례(盧重禮), 출판·인쇄술 분야의 이천, 건축학 분야의 박자청(朴子靑, 1357~1423) 등이 그들이다. 이들은 세종대 이전부터 조선왕조의 문물제도를 정비하는 사업에 투신했던 인물들이거나 세종대에 들어와서 세종의 발탁에 의해 해당 분야의 전문가로 육성된 인물들이다.

1. 정흠지

세종 26년(1444)에 간행된 『사여전도통궤(四餘纏度通軌)』의 발문에 따르면 세종대 역법 교정 사업의 첫머리에 등장하는 인물은 정흠지였다. 세종이 예문관(藝文館) 직제학(直提學)인 정흠지 등에게 명해 수시력법(授時曆法)을 고구하게 하였고, 그 결과 그 술법을 조금 습득하게 되었으며, 이에 세종은 예문관 대제학(大提學) 정초 등에게 다시 강구하게 하여 그 술법을 터득하게 되었다고 한다.[45] 그러나 정흠지가 수시력을 연구하기 시작한 시점이 정확히 언제인지는 명시되어 있지 않다. 다만 정흠지가 예문관 직제학으로 재임했던 기간은 세종 5년(1423) 5월까지이다.[46] 따라서 정흠지가 수시력을 연구한 시기는 넓게 잡아도 세종 원년(1419)부터 세종 5년까지의 어느 기간일 것이다. 실록에 따르면 정흠지가 역법 교정 사업과 관련된 활동에 참여한 것은 세종 4년(1422)에 처음 확인된다. 당시 서운관에서 추보를 담당하는 관원들이 산법에 어두워 직제학 정흠지를 제거(提擧)로 삼고, 정랑(正郎) 김구려(金久冏)를 별좌(別坐)로 삼아 그 일을 관장하게 했다는 내용이다.[47] 그 이듬해(1423) 2월에는 문신들에게 당(唐)의 선명력(宣明曆)과 원(元)의 수시력(授時曆) 등의 차이점을 교정하게 하였는데,[48] 이때 정흠지도 당연히 참여했을 것으로 추정된다.

정흠지는 세종 6년(1424)에 『개원점경(開元占經)』을 교정하였고,[49] 세종 15년(1433)에는 하경복(河敬復, 1377~1438), 정초, 황보인(皇甫仁, ?~1453) 등과 함께 왕명을 받들어 군사교범서(軍事教範書=陣法書)의 일종인 『진서(陳書)』를 편찬하기도 했다.[50] 그는 평소에 책 보는 것을 좋아해서 『사기(史記)』와 『한서(漢書)』를 외우다시피 하였으므로 세종이 윤회에게 "정흠지가 언제 사서를 이와 같이 익혔는가"라고 감탄했다고 한다.[51] 경사(經史)에 해박한 그의 특장이 역법 교정 사업에서도 발휘되었음을 짐작할 수 있다. "재주는

경제(經濟)에 뛰어나고 학문은 고금(古今)을 통달했다"[52]는 평가는 그의 학
문적 면모를 보여준다.

2. 정초

정흠지 다음으로 역법 교정 사업의 실무를 담당한 사람이 정초였다. 그
는 천성이 총명(聰明)해서 영민하고 비범함[英邁]이 보통 사람보다 뛰어났
고, 경사(經史)에 널리 통했으며 관리의 재질을 갖추고 있어 국가의 의제
(儀制)를 정하는 데 많이 참여하였고 역산(曆筭)·복서(卜筮)에도 모두 통달
했다고 평가된다.[53] 안숭선(安崇善, 1392~1452)의 계사(啓辭)에 따르면 세종
13년(1431) 7월 무렵에 정초는 자신이 역법을 교정하는 일을 맡은 지 이미
'수년'이 되었으나 그 요령을 얻지 못하여 밤낮으로 근심이 된다고 걱정했
다고 한다.[54] 정초가 언제부터 역법 교정 사업에 투입되었는지는 확실하지
않다. 다만 그 전해인 세종 12년(1430) 8월에 정초가 수시력법을 연구한 이
후로 '조력(造曆)'이 조금씩 바로잡혔다고 한 것이나[55] 12월에 역법 교정 문
제를 둘러싸고 세종과 정초가 논의하는 것을 보면[56] 그 이전에 참여한 것
으로 보인다. 그렇다면 그 구체적 시점은 언제였을까?

정초는 세종 5년(1423) 12월 함길도도관찰사(咸吉道都觀察使)에 임명되었
고,[57] 세종 7년(1425) 12월에 형조참판(刑曹參判)에 제수되어[58] 서울로 복귀
할 때까지 2년 동안 근무하였다. 따라서 정초가 역법 교정 사업에 참여한
것은 세종 8년(1426)에서 세종 12년(1430) 사이의 어느 때였을 것으로 추정
할 수 있다. 정초는 세종 9년(1427) 3월과 7월에 총제(摠制)와 좌군총제(左軍
摠制)에 제수되었는데,[59] 이해 12월의 실록 기사에 따르면 그가 상정소(詳

定所)의 제조(提調)를 겸직하고 있었음을 알 수 있다.[60] 정초가 상정소의 제조로 활동한 기록은 세종 15년(1433) 11월까지 확인되는데,[61] 아마도 세종 16년(1434) 6월에 그가 사망할 때까지 겸직했을 것으로 추정된다. 정초는 세종 13년(1431) 7월에 예문관 대제학에 임명된[62] 이후 사망할 때까지 이 직책을 유지하였다.[63] 이 기간 동안 그는 상정소의 제조와 예문관 대제학으로서 세종대 문화 사업에서 주도적 역할을 담당했던 것으로 보인다.

과학기술 분야에서 정초의 업적으로는 역법 교정과 함께 간의(簡儀)의 제작을 거론할 수 있다. 세종 14년(1432) 7월에 세종은 예문관 제학(提學) 정인지에게[64] 간의의 제작을 명했다. 이에 정초와 정인지가 고제(古制)를 상고하는 일을 맡고, 이천으로 하여금 공역(工役)을 감독하도록 했다.[65] 그로부터 1년 후인 세종 15년(1433) 7월 21일에 간의라는 이름이 비로소 실록에 등장한다. 세종은 영의정 황희(黃喜), 좌의정 맹사성 등을 불러 여러 가지 일을 의논하는 자리에서 자신이 간의의 제작을 명해서 경회루 북쪽

〈그림 22〉 간의. 여주 영릉의 세종전 옆에 복원한 의기

담장 안에 대를 쌓고 간의를 설치하게 하였는데, 사복시(司僕寺)의 문 안에 집을 지어 서운관 관원들을 입직(入直)시켜 관측[看候]하게 하려고 하는데 어떻겠느냐고 물었다. 이에 황희 등은 4~5간의 집을 지으면 좋겠다고 답변했다.[66] 이미 간의가 제작되어 간의대에 설치되어 있었던 것이다. 곧이어 8월 11일에 정초·이천·정인지·김빈 등이 혼천의(渾天儀)를 진상하자 세종은 이를 살펴보고 세자에게 명해 이천과 더불어 그 제도를 질문하고 들어와서 보고하도록 했다. 이에 세자는 간의대에 나가 정초·이천·정인지·김빈 등과 함께 간의와 혼천의의 제도를 강문(講問)했다고 한다.[67]

주의해야 할 것은 세종의 그다음 지시 사항이다. 세종은 김빈과 중관(中官: 내시) 최습(崔濕, 1402~?)에게 명해 밤에 간의대에서 숙직하면서 일월성신을 참험(參驗: 서로 대조해서 검증함)하여 간의의 득실을 상고하게 했다. 밤에 숙직해야 했기 때문에 김빈에게는 옷을 하사하였다. 이때부터 세종과 세자는 매일 간의대에 이르러 정초 등과 함께 의논해서 그 제도를 확정했다고 한다.[68] 이는 8월 11일에 간의와 혼천의가 최종적으로 완성된 것이 아님을 알 수 있다. 이후 지속적인 천체 관측을 통해 그 제도의 문제점을 검토했던 것이다. 이와 같은 과정을 거쳐 그 이후의 어느 시점에 간의와 혼천의의 제도가 확정되었으리라 추정된다. 세종 15년 윤8월 26일에는 경회루에서 잔치를 베풀어 간의제조(簡儀提調) 정초·이천·홍리(洪理)·정인지 등을 위로했는데,[69] 이때쯤 간의의 제작과 교정 사업이 마무리되지 않았을까 한다.

세종 16년(1434) 7월 1일에 보루각의 자격루가 운용되기 시작했는데, 이때 밤의 시간을 알려주는 야전(夜箭)은 12개였다. 이를 간의와 참고해본 결과 털끝만큼의 오차도 없었다고 한다.[70] 그렇다면 보루각 물시계의 운용 이전에 간의는 그 제도가 확정되었던 것으로 볼 수 있다. 그럼에도 불구하고 세종 19년(1437)에 이르기까지 '간의대관(簡儀臺官)'이라는 명칭이 계속 등장하는 것은 간의대의 천문의기 제작 사업이 아직 완료되지 않았기 때문이다. 세종 16년(1434) 7월에는 선공감정(繕工監正) 서인도(徐仁道)가 공장 34명을 거느리고 청주에 가서 선군(船軍) 200명을 모아 간의대 규표석(圭表石)을 깎는 작업을 하다 수재(水災)로 인해 정지하였다.[71] 이듬해인 세종 17년(1435) 6월에 경회루에서 『통감훈의(通鑑訓義)』 찬집관들에게 잔치를 베풀었는데 여기에 참여한 인물들 가운데 간의대제조(簡儀臺提調) 지중추원사(知中樞院事) 이천, 낭청(郎廳)인 판사(判事) 서인도, 직제학 김빈, 부사직(副司直) 조완벽(趙完璧[璧]), 부사정(副司正) 신희(申熙), 교리(校理) 이순지 등의 이름을 확인할 수 있다.[72] 9월에는 종친(宗親)과 부마(駙馬), 삼정승(三議政)과 육승지(六承旨), 집현전관(集賢殿官)과 간의대관에게 차등 있게 단목(丹木)을 하사했다.[73] 세종 18년(1436) 12월에는 간의대에서 상시 근무하고 있는 이순지가 모친상을 당하자 승정원에서 김담을 천거하였다.[74] 세종 20년(1438)에 이르러서는 간의대에서 천문을 관측하는 임무를 서운관으로 하여금 주관하게 해서 매일 밤 5명씩 입직하도록 했다.[75] 간의대 근무의 규정이 제도적으로 확립되었던 것이다.

세종 19년(1437) 4월 15일 일성정시의가 완성되면서 세종대 천문의기 제작 사업은 일단락되는 것으로 보인다. 이날의 실록 기사에는 정초가 지은 「소간의명병서(小簡儀銘幷序)」가 수록되어 있다.[76] 그에 따르면 세종 16년(1734) 가을에 이천·정초·정인지 등에게 명해 소간의(小簡儀)를 제작하게 하였다고 한다.[77] 그런데 정초는 그해 6월 2일에 사망하였다.[78] 따라서 '금상십육년추(今上十六年秋)'라는 「소간의명병서」의 기록은 재고할 여지가 있다. 아마도 그 전해인 세종 15년(1433) 가을이 아닐까 한다. 간의가 완성된 7월 이후 소간의를 제작하라는 명을 내렸을 것으로 보인다.

3. 김돈

세종 22년(1440) 김돈(金墩, 1385~1440)이 사망하자 세종은 그에게 사제(賜祭)하며 그 제문에서 "고금(古今)의 변(辨)과 성리(性理)의 학설에서 좌우로 근원을 만나 자세하게 분석하였고…… 간의의 제작을 감독하여 제작을 새롭게 하였고, 은대(銀臺: 승정원)의 장으로 뽑아 기밀(機密)을 관장하게 하니, 출납(出納)이 밝고 진실하였고 우모(訏[訏]謨: 원대하고 거창한 계획)에 부지런히 힘썼다[密勿]"[79]라고 추모했다. 이는 세종대 정치와 문화 사업에서 김돈의 역할을 압축적으로 표현한 것이라 할 수 있다.

세종 10년(1428) 3월의 경연에서 세종은 당시 인쇄된 『성리대전』을 읽어 보았는데 의리(義理)가 정미(精微)해서 쉽게 탐구할 수 없다고 하면서 집현전 응교(應敎)인 김돈에게 마음을 써서 살펴보라고 지시했다. 김돈이 정교하고 주도면밀한[精詳] 사람이라는 이유에서였다.[80] 세종 13년(1431)에 김돈은 성균사성겸종학박사(成均司成兼宗學博士)의 경관직을 사직하고 외직을 요청하였다. 전라도 강진현(康津縣)에서 생활하고 있는 노모를 봉양하기 위해서였다.[81] 이에 세종은 어쩔 수 없이 김돈을 장흥부사(長興府使)에 임명하였다.[82] 그러나 임기가 차기도 전에 다시 집현전의 직제학으로 소환하면서 그의 어머니도 서울로 모셔 오게 하였다. 김돈은 일찍이 집현전에 들어와서 오랫동안 경연에서 세종을 시종했는데,[83] 이와 같은 그의 역할이 중요하다고 판단한 세종의 조처였다.

세종 16년(1434) 7월에 김돈은 '갑인자(甲寅字)' 주조 사업에 참여했다. 당시 세종은 경연청에 소장된 『효순사실(孝順事實)』·『위선음즐(爲善陰騭)』·『논어(論語)』 등의 책을 자본(字本)으로 삼았고, 부족한 것은 진양대군(晉陽大君=首陽大君)에게 쓰게 해서 20여만 자를 주조하였다. 당시 사업에는 이천을 비롯해서 김빈, 장영실, 이세형(李世衡, ?~1442), 정척, 이순지 등이 동참하였다.[84] 곧이어 10월에 앙부일구가 완성되자 김돈은 명문(「仰釜日晷銘」)
을 작성하였다.[85]

세종 19년(1734) 4월 일성정시의가 제작된 이후 김돈은 각종 의기와 관
련된 기문의 작성을 담당하였다.[86] 「일성정시의명병서(日星定時儀銘幷序)」,
「소일성정시의후서(小日星定時儀後序)」, 「간의대기(簡儀臺記)」 등이 그것이다.[87]
세종 20년(1438) 1월에 흠경각이 완성되었을 때 기문을 작성한 것도 김돈
이었고,[88] 세종 16년(1434) 7월에 운용을 시작한 보루각의 기문(「報漏閣記」)
을 작성한 것도 김돈으로 추정된다.[89] 이와 같은 사실은 그가 문장뿐만 아
니라 의상(儀象)에도 정통했음을 보여주는 것이다. 각종 기계장치의 원리
와 구조에 대한 이해가 선행되지 않으면 기문을 작성하기 어렵기 때문이
다. 김돈이 의상에 정통해서 세종이 간의대와 보루각을 제작할 때 참여시
켰다고 한 것은[90] 이러한 사실에 근거한 서술로 보인다.

김돈은 세종 20년(1438) 도승지(都承旨)에 임명된 이후[91] 세종의 최측근
에서 각종 정책 자문에 임했다. 세종 22년(1440) 6월 김돈은 병세가 악화
되어 사직을 청했으나 세종은 수용하지 않고,[92] 인수부윤(仁壽府尹)에 임명
하였다.[93] 그러나 석 달 뒤인 9월에 김돈은 사망하였다. 그는 경학(經學)에
밝았고, 오랫동안 근시(近侍)로 근무하면서 의견을 진술한 것이 상세하고
분명했다고 평가된다.[94]

4. 김빈

김빈(金鑌=金銚, ?~1455) 역시 역산(曆算)에 정통한 인물로서 세종대 간의
대와 자격루의 제조 사업에 참여했다.[95] 김빈은 태종 11년(1411) 문과에 동

진사(同進士)로 합격하였고,[96] 예문관 검열(檢閱)에 재직 중이던 태종 16년 (1416) 중시(重試)에 을과(乙科) 1등으로 합격하였다.[97] 세종 7년(1425)에 대제학 변계량에게 사학(史學)을 읽을 만한 자를 뽑아서 보고하도록 했는데, 이때 정인지, 설순(偰循, ?~1435)과 함께 김빈이 추천되었다. 이에 세종은 김빈을 집현전 수찬(修撰)에 제수하고, 이 세 사람에게 『좌전(左傳)』·『사기』·『한서』·『강목(綱目)』·『송감(宋鑑)』과 같은 여러 역사책을 나누어서 읽도록 하여 고문에 대비하게 하였다.[98]

김빈은 집현전 교리로 재직 중이던 세종 13년(1431) 왕명으로 산법(算法)을 익혔다.[99] 당시는 정초가 주도한 역법 교정 사업의 성과가 가시화되고 있던 시점이었다. 세종 15년(1433)에 김빈은 정초·이천·정인지 등과 함께 혼천의를 제작하여 진상했고, 내시 최습과 함께 밤에 간의대에서 숙직하면서 일월성신의 운동을 관측해서 간의와 혼천의가 제대로 제작되었는지 검토하였다.[100] 세종 16년(1434) 7월에 보루각이 완성되었을 때 「보루각명병서(報漏閣銘幷序)」를 작성하였고,[101] 갑인자 주조 사업에도 참여하였다.[102] 8월에는 왕명을 받들어 역산법(曆算法)을 아는 30여 명의 사람들과 함께 흥천사(興天寺)에서 『강목통감(綱目通鑑)』에 수록된 일식(日食)을 추산(推算)하였다.[103] 세종 19년(1437) 일성정시의가 완성되었을 때는 그 명(銘)과 서(序)를 작성하기 위해 세종이 초한 글을 김돈과 함께 검토하기도 했다.[104]

세종 23년(1441)에 세종은 그의 이름이 궁중(宮中)의 여관(女官: 嬪)을 부르는 소리와 비슷하다고 하여 '조(銚)'라는 이름을 하사하였다.[105] 김조는 세종 29년(1447) 10월 하정사(賀正使=正朝使)로 선발되어 북경에 파견되었으며,[106] 문종 원년(1451)에는 사은사(謝恩使)의 부사(副使)로 정사(正使) 한확(韓確, 1403~1456)과 함께 북경에 다녀오기도 했다.[107] 그는 세종 사후에 영릉비(英陵碑)의 음기(陰記)를 지었고,[108] 『고려사(高麗史)』의 편찬에도 참여했으며,[109] 문종 2년(1452)부터 본격화된 『세종실록』의 찬수(撰修)에도 참여하

였다.[110]

　문종 원년(1451) 6월에 『고려사』를 편찬하는 과정에서 「역지(曆志)」의 구성 문제를 둘러싸고 논란이 벌어졌다. 논란의 핵심은 『선명력(宣明曆)』을 어떤 방식으로 수록할 것인가 하는 문제였다. 당시 거론되었던 문제는 두 가지로 요약되는데, 하나는 『당서(唐書)』 「역지」에 수록된 『선명력』이 온전한 것이 아니라는 점이었고, 다른 하나는 당시 서운관에 소장되어 있던 『선명력』의 문장에 빠지고 잘못된 것이 많다는 것이었다. 『선명력』의 기삭(氣朔)·발렴(發斂)·일전(日躔)·월리(月離) 등은 모두 『대연력(大衍曆)』의 옛 방법을 따랐고, 구루(晷漏)·교회(交會)는 『대연력』의 그것을 약간 증손하였다. 『대연력』이 이미 『당서』 「역지」에 수록되어 있었기 때문에[111] 『선명력』은 그 전체를 기재하지 않고 『대연력』과 다른 부분만을 수록하였던 것이다.[112] 따라서 당시 서운관에 소장된 『선명력』을 바로잡으려면 『대연력』에 의거할 수밖에 없었다. 그런데 『대연력』과 『선명력』은 구체적인 수율(數率)과 명칭이 같지 않았으므로 그 방법을 공유할 수는 있었지만 각각의 문구는 달라야만 했다. 문구를 쓰지 않는다면 '임시방편의 구차한 글월[牽補之文]'이 될 뿐이고, 개정하지 않는다면 불완전한 글[不完之書]이 될 수밖에 없었다.[113] 이를 타개할 수 있는 방법은 무엇인가? 논란은 바로 이 지점에서 발생했다.

　당시 제기되었던 해결 방안은 크게 세 가지였다. 첫째는 개정하고자 한다면 부회하는 폐단을 피할 수 없으니 예전대로 보존하여 전의(傳疑: 의심스러운 점은 의심나는 대로 전함)를 보이자는 것이었다. 둘째는 고려의 전성기에 사용하던 『선명력』에는 전문(全文)이 있었을 것이니, 마땅히 이에 의거해 개정함으로써 '일대지사(一代之史: 한 시대의 역사)'를 갖추어야 한다는 견해였다. 셋째는 『선명력』은 이미 『당서』에 실려 있으니 『고려사』에 따로 「역지」를 만들 필요가 없고, 다만 「천문지(天文志)」의 서문에 "역법은 처음에 선명력을 사용하다가 아무 대(代)에 이르러 수시력(授時曆)으로 바꿔 썼는데, 그 글은 『당서』와 『원사(元史)』에 구체적으로 기재되어 있으니 따로 지(志)를 짓지 않는다"와 같이 역법을 받아 사용한 전말을 기록하면 된다는 것이었다.[114]

문종은 춘추관(春秋館)의 신료들에게 이 세 가지 방안에 대해 의논하게 하였다. 당시 김조는 김종서(金宗瑞, 1383~1453)·이선제(李先齊)·신석조(辛碩祖, 1407~1459) 등과 함께 같은 의견을 제시했다. 이들은 『선명력』과 『수시력』이 고려 시기에 중국의 역법을 받아서 사용한 것이고, 후세에도 이에 의거해서 참고할 사항이 많을 것이기 때문에 『당서』와 『원사』에 수록되어 있다고 해서 『고려사』에서 취하지 않으면 잘못이라는 점을 지적했다. 아울러 전적(典籍)이라고 하는 것은 쉽게 산일(散逸)되니 국사(國史)에 구체적으로 기재하는 것이 좋다는 의견을 제시했다. 이렇게 해야만 사가(史家)가 전의(傳疑)하는 뜻도 잃지 않고, 개정해서 부회(附會)하는 폐단도 없게 될 것이라고 보았던 것이다. 문종은 이들의 견해를 따랐다.[115] 『고려사』에 「역지」가 설정되고 『선명력』과 『수시력경(授時曆經)』이 수록된 것은[116] 이러한 과정을 거친 결과였다.

5. 정인지

태종이 일찍이 장상(將相)의 재목으로 문관 정인지와 무관 홍사석(洪師錫, ?~1448)을 지목하여 세종에게 위촉했다는 일화는 유명하다.[117] 정인지는 세종 5년(1423) 집현전관으로 선발되었으며[118] 이후 세종대의 각종 문화 사업에서 중요한 역할을 담당했다. 세종 9년(1427)에 정인지가 모친상을 당했는데, 이듬해 기복(起復)하여 집현전 부제학(副提學)으로 삼았다.[119] 정인지는 집현전이 학술 연구 기관으로 성장하는 데 크게 기여했으며, 세종 말엽에는 예문관 대제학으로서 훈민정음의 창제에 협찬하는 등 세종대 과학 발전에 큰 역할을 맡았다.

정인지는 천문역산학에도 조예가 있어 세종 12년(1430) 세종이 『산학계몽(算學啓蒙)』을 배울 때 입시하여 대문(待問)하였고,[120] 정초의 요청에 따라 세종 13년(1431) 역법 개정 사업에 참여했으며,[121] 세종 14년(1432)에는 세종의 명에 따라 정초와 함께 간의 제작 사업에 투입되어 고제 연구를 주관했고,[122] 세종 15년(1433) 8월에는 정초·이천·김빈 등과 함께 혼천의를 진상하였다.[123] 이는 정인지가 천문역산학 분야에 일가견이 있었음을 보여주는 대표적 사례들이다.

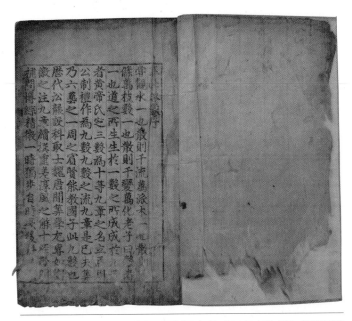

〈그림 23〉 『신편산학계몽』 (보물 제1654호, 출처: 청주고인쇄박물관)

세종 32년(1450) 예겸(倪謙, 1415~1479)이 칙사로 조선에 왔을 때 정인지가 관반(館伴)으로서 그를 접대하였다.[124] 당시 정인지는 예겸과 함께 일영(日影)의 측정, 북극출지고도(北極出地高度), 동해무조석(東海無潮汐)의 문제 등에 대해 토론한 바 있다.[125] 당시의 대화를 보면 정인지가 조선의 북극고도가 38도라는 사실과 『주비산경(周髀算經)』에 나와 있는 '일촌천리(一寸千里)'의 원리[126]를 숙지하고 있었음을 알 수 있다. 밤에 둘이 함께 앉아 있다가 예겸이 "달이 어느 분야(分野)에 있는가?"라고 묻자 정인지가 "동정(東井)에 있다"고 답하니 예겸이 탄복했다는 일화가 전한다.[127]

앞에서 살펴보았던 문종 원년(1451) 『고려사』 「역지」에 선명력을 수록하는 문제에 대한 논의에서 정인지는 김조와 달리 「역지」를 따로 설정할 필요가 없다는 입장을 취했다. 또한 서운관에서 편찬한 『선명교식법(宣明交食法)』이나 『수시력요(授時曆要)』는 오류가 있다는 이유로 후세에 보여서는 안 된다고 주장하기도 했다.[128]

6. 이순지와 김담

세종대를 대표하는 천문역산학 분야의 전문가로는 단연코 이순지와 김담을 꼽을 수 있다. 『칠정산』의 모두에 수록된 다음과 같은 내용이 그것을 입증한다.

> 고려 때 최성지(崔誠之)가 충선왕(忠宣王)을 따라 원나라에 갔다가 수시력법(授時曆法)을 얻어 가지고 본국에 돌아오니 비로소 이를 준용(遵用)하게 되었다. 그러나 술자(術者)가 그 '역(曆)'을 만드는 법[造曆之法]'

은 터득하였으나, 일월교식(日月交食)·오성분도(五星分度) 등의 계산 방법은 알지 못했다. 세종은 정흠지·정초·정인지 등에게 명해 추산(推算)하고 상세히 연구하여 그 오묘함을 터득하게 하였고, 자세히 구명되지 않은 것은 임금께서 직접 판단하여[睿斷] 비로소 환하게 밝혀지게 되었다. 또 『태음통궤(太陰通軌)』·『태양통궤(太陽通軌)』를 중국으로부터 얻었는데 그 법이 이것과 약간의 차이가 있었으므로 이를 바로잡아서 『내편(內篇)』을 만들었다. 또 회회력법(回回曆法)을 얻어서 이순지·김담에게 명해 이를 대조·검토하여[考校] 중국 역관(曆官)에게 오류가 있음을 알게 되어, 이를 다시 윤색하고 바로잡아 『외편(外篇)』을 만들었다. 이에 역법은 유한(遺恨)이 없다고 일컬을 만큼 되었다.[129]

『칠정산』의 편찬 과정에서 이순지와 김담이 주도적인 역할을 했으며, 그들의 노력에 의해 "역법은 유한이 없다고 일컬을 만큼 되었다"고 평가했던 것이다.

이순지는 세종 9년(1427)의 과거에서 을과(乙科) 2등으로 문과에 급제했다.[130] 이순지 자신의 회고에 따르면 그는 과거 합격 이후 승문원(承文院)에서 4년 동안 근무하면서 이문(吏文)을 익혔고, 역법 교정 사업에 3년간 종사하면서 역산(曆算)을 배웠으며, 간의대에서 수년간 근무했다고 한다.[131] 이와 같은 이순지의 언급을 토대로 시간을 계산해보면 그는 세종 9년 이후 세종 12년까지 4년 동안 승문원에서 근무를 했고, 세종 12년 이후 세종 14년까지 역법 교정 사업에 3년간 종사한 것이 된다. 세종 12년은 정초가 수시력법을 연구한 이후로 '조력(造曆)'이 조금씩 바로잡혔다고 한 시점이다. 따라서 이순지의 회고가 사실을 반영하고 있다면 그는 정초가 주도했던 역법 교정 사업에 참여했던 것으로 보인다. 이후 이순지는 간의대에서 수년간 근무했다고 하는데, 간의대의 축조 시기가 대략 세종 15년(1433)

경이므로 그 이후 세종 18년(1436)까지는 간의대에서 천문 관측 업무에 종사했던 것으로 추정된다.[132] 왜냐하면 세종 18년 12월에 이순지가 모친상을 당하자 그의 후임자 문제가 거론되었기 때문이다. 당시 이순지 대신에 간의대에 투입된 인물은 김담이었다.[133]

『세조실록(世祖實錄)』의 이순지 졸기(卒記)에 따르면 세종이 문신을 선발해서 산법을 익히게 한 것을 계기로 이순지가 세종대의 천문역산학 정비 사업에 참여하게 되었다고 한다.[134] 세종이 처음에는 이순지가 본국의 북극출지도(北極出地度)를 38도강(度强)으로 추산했을 때 의심하였는데, 마침 중국에서 전래된 역서에 "고려북극출지(高麗北極出地) 38도강(度强)"이라고 되어 있는 것을 보고 크게 기뻐하면서 드디어 이순지에게 의상(儀象)을 교정하는 사업을 명했고, 간의·규표, 천평(天平)·현주(懸珠)·앙부일구, 보루각·흠경각 등이 모두 이순지가 세종의 명을 받아 이룩한 것이라고 했다.[135] 이와 같은 졸기의 내용이 사실이라면 이순지는 세종대 천문의기 제작 사업에 주도적으로 참여했던 것이다. 실제로 이순지는 천문에 정통해서 간의·규표의 일을 전담했고, 이로 인해 세종의 총애를 받았다고 한다.[136]

이순지는 세종 16년(1434) 동활자를 주조하여 책을 편찬하는 사업에 김돈, 김빈, 장영실, 이세형, 정척 등과 함께 참여하기도 했다.[137] 이미 언급한 바와 같이 그는 세종 18년(1436) 12월에 모친상을 당하기 전까지 간의대에서 천문 관측과 의기 제작 사업에 종사했던 것으로 보이는데, 세종은 그 이듬해(1437) 4월에 이순지에게 기복(起復)을 명하고 호군에 임명하였다.[138] 바로 이때가 일성정시의가 완성된 시점이라는 점에서 이순지를 다시 불러온 것은 의미심장한 일이 아닐 수 없다. 이에 대해 이순지는 4월 20일과 26일 두 차례의 사직 상소를 올렸으나 받아들여지지 않았다.[139] 이후 이순지는 김담과 함께 『칠정산』 편찬으로 이어지는 역법 정비에 주력했던 것으로 보인다.

이와 관련해서 주목되는 것이 세종 23년(1441) 8월 고득종(高得宗,

1388~1452)을 정사로 하는 성절사(聖節使) 일행에[140] 이순지와 김담이 압물관(押物官)과 서장관(書狀官)으로 참여하여 중국에 다녀왔다는 사실이다.[141] 당시 이들이 북경에서 어떤 활동을 했는지는 알려져 있지 않다. 다만 그 이듬해(1442) 『칠정산』이 편찬되었다는 점에서 이들에게 그와 관련한 모종의 임무가 부여되었을 것으로 추측되기도 한다.[142] 이순지는 세종 25년(1443) 무렵부터[143] 세종 26년(1444) 12월 동부승지(同副承旨)에 제수될 때까지[144] 서운관 판사(判事, 정3품)로 근무하면서 『칠정산』의 편찬과 간행 사업을 주도하였으리라 판단된다.

세종 25년(1443)에 이순지와 김담은 양전(量田) 사업에 투입되어[145] 수학적 역량을 발휘하였다. 세종이 "근일에 전품(田品)을 고쳐 측량할 때 이순지·김담의 무리가 아니었다면 어떻게 쉽게 계량할 수 있었겠는가"라고 할 정도였다.[146] 그 이듬해인 세종 26년(1444)에 세종은 김종서 등과 제언(堤堰)을 축조하는 문제를 논의하였다. 이때 세종은 이 일을 맡길 사람으로 이순지와 김담을 거론했다. 예전에 곽수경(郭守敬, 1231~1316)이 산술(算術)에 매우 정통해서 산천의 고저를 잘 헤아렸던 것처럼 이순지와 김담도 산술을 정밀하게 연구했으니 그들에게 제언의 축조를 담당케 하는 것이 합당하다고 판단했던 것이다. 이에 대해 김종서는 제언의 축조는 큰일이기 때문에 이를 담당한 관원의 지위가 낮으면 사람들이 잘 따르지 않을 것이니 정인지를 책임자로, 이순지와 김담을 종사관(從事官)으로 삼자고 제안하였다.[147]

이순지는 세종 27년(1445)에 중국의 사서(史書)와 유서(類書) 등을 참조해서 천문·역법(曆法)·의상·구루(晷

〈그림 24〉 이순지 초상 (출처: 양성이씨 대종회관)

漏)와 관련된 내용을 종합·정리하여『제가역상집(諸家曆象集)』을 편찬하였다.[148] 이는 세종대 천문역산학 정비 사업의 총결(總結)로서 의미 있는 저술이라 할 수 있다. 세종 31년(1449) 12월에 혜성이 나타났을 때 그것을 측후했던 것도 이순지와 김담이었다.[149]

김담은 세종 17년(1435) 정시(庭試)에 병과로 급제하여 집현전 정자(正字)로 임명되었다.[150] 이듬해인 세종 18년(1435)에 이순지가 간의대에서 천문을 측후하는 일에 종사하다 모친상을 당하여 물러나게 되자, 김담이 승정원의 천거로 그 일을 대신 맡게 되었다.[151] 그때 그의 나이 21세였다. 세종 19년(1437)에는 집현전 저작랑(著作郞),[152] 세종 21년(1439)에 집현전 박사(博士)가 되었다.[153]

세종 31년(1449) 서운부정(書雲副正)으로 재직 중이던 김담이 부친상을 당하자 세종은 100일 후에 역마를 타고 서울로 오도록 명했다. 기복(起復)을 명한 것이다. 당시 세종은 김담에게 역법을 수정하는 일을 계속하라고 지시했다. 김담은 자신을 서울로 불러올리는 이유가 "역법 한 가지 일에 지나지 않은데, 종사하는 바도 역시 유망(遺忘)된 것을 고열(考閱)하는 데 불과하여, 지난날 전서(全書)를 수찬하던 일에 비할 바가 아니니, 비록 일이 없다고 말하더라도 가하다"[154]라고 하면서 상제를 마치게 해줄 것을 강력히 요청했지만 받아들여지지 않았다.『세종실록』의 사론(史論)에 따르면 김담이 성품이 총명하고 학식이 있었는데, 당시 천문을 아는 사람이 김담과 이순지뿐이었기 때문에 부득이 기복을 명한 것이라고 했다.[155] 세종대 천문역산학 정비 사업에서 김담이 차지하는 위치를 확인할 수 있는 대목이다. 당시 세종을 대신해서 정무를 총람하고 있던 세자 문종은 김담의 상소에 대한 비답에서 "김담과 같은 재주는 세상에 드물기 때문에 상(上)께서 쓰시는 것이니 무엇이 불가하겠는가"라고 했다.[156] 김담은 결국 기복하여 천문역법서의 교정 작업과 일영대(日影臺)·관상감(觀象監)의 건립 등에 참여한 것으로 보인다.[157] 같은 해 12월에는 혜성이 나타나자 이순지와 함께 혜성 관측에 투입되었다.

이처럼 김담은 이순지와 함께 당대를 대표하는 천문학자로서 세종대의 천문역산학 정비 사업에 크게 공헌하였다. 정인지·정초·정흠지·이순지 등과 더불어 『칠정산내편』·『칠정산내편정묘년교식가령(七政算內篇丁卯年交食假令)』·『칠정산외편』·『칠정산외편정묘년교식가령(七政算外篇丁卯年交食假令)』·『대통력일통궤(大統曆日通軌)』·『태양통궤(太陽通軌)』·『태음통궤(太陰通軌)』·『교식통궤(交食通軌)』·『오성통궤(五星通軌)』·『사여전도통궤(四餘纏度通軌)』·『중수대명력(重修大明曆)』·『경오원력(庚午元曆)』·『선덕십년월오성능범(宣德十年月五星陵犯)』 등 많은 천문역법서를 교정·편찬하였다.[158]

7. 정척

지도학 분야에서는 정척이 주목된다. 정척은 세종 18년(1436) 함길도, 평안도, 황해도 등 북부 지역의 산천 형세를 그려오라는 명을 받고 상지(相地)·화공(畫工)들을 거느리고 이 사업을 수행하였다.[159] 정척은 산천의 형세를 파악하는 데 재주가 있었다. 후에 세조가 팔도지도(八道地圖)와 경성지도(京城地圖)를 제작하려고 계획했을 때 정척, 강희안(姜希顔, 1417~1464), 양성지와 화원(畫員) 안귀생(安貴生), 상지 안효례(安孝禮), 산사(算士) 박수미(朴壽彌) 등과 함께 삼각산(三角山) 보현봉(普賢峯)에 올라 산천의 형세를 관찰한 일이 있었다. 그때 세조가 이들을 대동했던 것은 정척은 산천의 형세를 잘 알고, 강희안은 그림을 잘 그리며, 양성지는 지도에 '예의(銳意)'가 있기 때문이었다.[160]

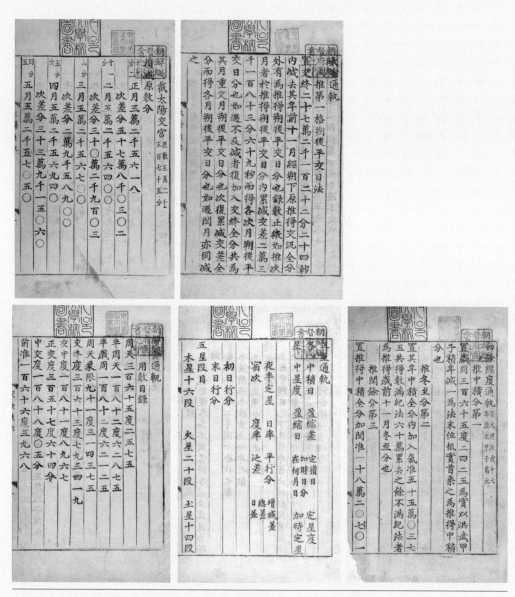

〈그림 25〉『태양통궤』, 『태음통궤』, 『교식통궤』, 『오성통궤』, 『사여전도통궤』 (출처: 규장각한국학연구원)

정척은 문종 원년(1451)에 『양계지도(兩界地圖)』를 편찬해서 진상했다. 이 지도를 살펴본 문종은 그동안 보았던 지도보다 상세하다고 평가하면서도 각 고을 간의 거리와 방위가 분명해야 하고, 각각의 경내(境內)에 명산(名山)·대천(大川)·대령(大嶺)·고관방(古關防)·고읍(古邑)이 어느 방위의 어느 곳에 있다는 것이 상세해야 한다고 지적했다. 문종은 양계의 각 고을로 하여금 이러한 내용을 척량(尺量)해서 올려 보내라고 하여 그 자료를 참고해서 지도를 다시 교정하라고 지시했다.[161] 아울러 문종은 평안도의 지도가 내용이 자세하기 때문에 그 형체가 커서 열람하기에 어렵다고 하면서 이는 의정부에 보관해두고, 주진(州鎭)·요해(要害)·명산(名山)·대천(大川)을 대략 그려서 보기에 간편한 지도를 제작하라고 지시하였다.[162] 그가 세조 9년(1463)에 양성지와 함께 세조의 명을 받아 『동국지도(東國地圖)』를 편찬하게 된 데는[163] 이러한 경험이 하나의 요인으로 작용했을 것이다.

정척의 선대는 진주(晉州)의 향리(鄕史)였다. 정척은 태종 8년(1408) 생원시에 합격하였고, 태종 14년(1414) 문과에 급제해 교서관(校書館) 정자(正字)에 보임되었다.[164] 그는 봉상시(奉常寺)와 예조(禮曹) 등 국가 의례를 집행하는 기관에 근무하면서 그와 관련된 업무를 담당하여 예제(禮制)에 대한 이해를 넓혀갔던 것으로 보인다. 정척은 일찍이 세종 4년(1422)에 평양의 기자사당(箕子祠堂)을 배알했던 경험을 바탕으로 세종 7년(1425)에 단군사당(檀君祠堂)을 건립해야 한다는 상소를 올린 바 있다.[165] 세종 12년(1430)에는 산천단(묘)순심별감(山川壇(廟)巡審別監)으로서 평양의 기자묘(箕子廟) 신위에 대해 보고하면서 '조선후기자(朝鮮侯箕子)'에서 '기자' 두 글자를 삭제하자고 건의하기도 했다.[166]

이후 정척은 국가 의례의 제정과 집행에서 중요한 역할을 담당했다. 승문원 판사로 재직하고 있던 세종 22년(1440)에는 변효문(卞孝文)과 함께 종묘친사의주(宗廟親祀儀注)를 개수하는 작업의 담당자로 임명되었다.[167] 같은 해 7월에는 황장목(黃腸木)을 비롯한 좋은 재료로 수기(壽器: 관)를 미리 제작하여 국용(國用)에 대비하자고 건의해서 관철시켰다.[168] 세종 25년(1443)에는 수릉(壽陵)의 제도를 정비하는 일을 담당할 인물을 선발할 때 이 일을 익숙하게 알고 있다고 하여 이천과 함께 추천되었으며,[169] 관을 만들기에 적합한 소나무인 황장목을 구하기 위해 평안도, 황해도에 파견되기도 했다.[170] 세종 26년(1444)에 7월, 장생전(長生殿)의 옛터에 수기를 보관하는 곳을 짓고 박종우(朴從愚, ?~1464), 하연(河演), 김종서, 이천, 정척 등으로 하여금 수기를 감장(監掌)하게 한 것은 그 연장선에서 이루어진 일이었다.[171] 이어서 10월에는 변효문 등과 함께 집현전에서 『오례의주(五禮儀注)』를 상정(詳定)하는 사업에도 참여하는[172] 등 세종대 국가 의례의 제정과 의장(儀仗)의 제작, 그리고 상장례 등 의식의 집행에서 핵심적 역할을 담당했다. 다음과 같은 『세종실록』 「오례(五禮)」의 서문은 세종대 오례의 제정 과정에서 정척의 역할을 잘 보여주는 것이다.

임금께서 이에 정척과 변효문에게 명하여 가례(嘉禮)·빈례(賓禮)·군례(軍禮)·흉례(凶禮) 등의 예를 찬정(撰定)하게 하니, 본조(本朝)에서 이미 시행하던 전고(典故)를 취하고, 아울러 당(唐)·송(宋)의 구례(舊禮)와 중조(中朝)의 제도를 취하여, 그 버리고 취함과 줄이고 더한 것은 모두 임금의 결단[宸斷]을 받았으나, 마침내 완성하지 못했다.[173]

기술 관료[기술자]

1. 장영실

세종대의 기술자 가운데 첫손으로 꼽히는 인물은 장영실이다. 서거정(徐居正, 1420~1488)은 세종대 문물제도 정비 과정에서 박연(朴堧, 1378~1458)과 장영실의 공헌을 다음과 같이 기술한 바 있다.

> 세종이 처음 아악(雅樂)을 제정할 때 중추(中樞) 박연(朴堧)이 도와서 이룩하였다. 박연은 앉으나 누우나 매양 가슴에 손을 얹고 악기 치는 시늉을 하며, 입으로는 휘파람을 불어 율려(律呂)의 소리를 내어가며 10여 년의 공을 쌓아 비로소 이룩하니, 세종이 매우 중하게 여겼다. 세종은 또 자격루·간의대·흠경각·앙부일구 등을 제작하였는데, 만든 것이 매우 정치(精緻)하였으며, 모두가 왕의 뜻[宸衷]에서 나온 것이었다. 비록 여러 공장(工匠)들이 있었으나 임금의 뜻에 부합하는 이가 없었는데, 오직 호군(護軍) 장영실(蔣英實)이 임금의 지혜를 받들어 기묘한 솜씨를 발

휘하여 합치되지 않음이 없었으므로 임금이 매우 소중히 여겼다. 사람들이 모두 말하기를, "박연과 장영실은 모두 우리 세종의 훌륭한 제작을 위하여 시대에 맞춰 태어난 것이다" 하였다.[174]

성현(成俔)도 『용재총화(慵齋叢話)』에서 "장인(匠人)의 임무는 비록 천하지만 성품이 공교한 사람이 그것을 해야 하기 때문에 세상에 적임자가 드물다. 국초(國初)에 환자(宦者) 김사행(金師幸)과 세종조에 이천과 장영실은 벼슬이 2품에 이르렀다"[175]고 하였다. 이미 15세기부터 장영실은 세종대를 대표하는 정교한 기술자로 인구에 회자되었던 것이다.

그러나 장영실의 생애를 구체적으로 구성할 수 있는 자료는 많지 않다. 대체로 『세종실록』과 『연려실기술(燃藜室記述)』에 수록된 단편적인 언급들이 장영실의 삶을 재구성하는 주요 자료로 활용되고 있다. 그에 따르면 장영실은 어머니가 기생이어서 천출(賤出)이었으나 타고난 기술적 재능으로 발탁되어 태종대부터 조정에 나갔으며, 세종대에는 중국에 가서 천문의기에 대한 내용을 배워 왔고, 그와 관련된 국책 사업에서 공을 세워 세종 7년(1425) 무렵에는 면천되었으며, 이후 국가의 천문의기 제작 사업에서 탁월한 재능을 발휘하였다.[176] 세종 15년(1433) 장영실에게 호군의 벼슬을 내리고자 한 세종의 발언을 통해서 장영실의 출신을 알 수 있다.[177]

장영실은 세종대의 여러 기계 제작 사업에서 자신의 재능을 발휘했다. 천문의기 제작 사업이 한창이던 때 그는 이천과 함께 간의대(簡儀臺) 제작 사업의 책임을 맡았다.[178] 세종 16년(1434)에는 자격루를 만들었고[179] 세종 20년(1438)에는 흠경각의 제작을 주도했다.[180] 그는 세종 16년(1434)에는 금속활자를 이용한 출판 사업에 동원되기도 했으며,[181] 채방별감(採訪別監)으로 지방에 파견되어 옥이나 철과 같은 광물을 채굴하는 일을 맡기도 했다.[182] 장영실이 청동으로 '조선통보(朝鮮通寶)'라는 화폐를 제작했다는 기

〈그림 27〉 장영실 동상 (위. 대전 카이스트 도서관 앞, 출처: 카이스트 홈페이지)
〈그림 28〉 흠경각 (아래. 경복궁 소재, 출처: ⓒTomo.Yun(www.yunphoto.net/ko/))

록도 전한다.[183]

2. 이천

장영실과 함께 기술자로서의 재능을 발휘한 인물이 이천이다. 그는 금속 주조술에 대단한 소양을 지니고 있었던 인물로 보인다. 세종대의 금속활자 주조 사업과 화포 개량 사업 그리고 천문의기 제작 사업에 그가 빠짐없이 참여하고 있기 때문이다. 그의 기술적 재능은 여러 기구의 제작에서도 확인할 수 있다. 그는 저울을 만드는 사업을 주관했으며, 사륜거(四輪車)를 만들기도 했고, 혼천의 제작에도 참여했다.

이천은 도량형(度量衡)을 제작하는 일에서도 수완을 발휘했다. 세종 3년 (1421) 8월에 공조(工曹)에서 중외(中外)의 저울[秤子]이 근량(斤兩)이 부정확하다고 하면서 교정하여 다시 반포하자는 건의를 올렸다. 이에 세종은 표준적인 저울을 많이 만들어서 경시서(京市署)에 두고 백성들로 하여금 자유롭게 사 가도록 하라고 지시했다.[184] 이에 공조참판(工曹參判) 이천이 개조 작업에 착수하여 이듬해 6월 1,500개를 제작하여 진상했다. 이것이 정확하다고 판단되어 중외에 반포하였고, 세종은 이것을 더 만들어서 백성들이 자유롭게 살 수 있게 하라고 지시하였다.[185]

세종 4년(1422) 9월 6일 태종의 장례식이 거행되었다. 재궁(梓宮: 관)을 현궁(玄宮: 壙中)으로 옮기는데 산이 가팔랐다. 이에 공조참판 이천이 사륜거를 만들었는데, 앞은 낮고 뒤는 높게 해서 재궁을 끌고 산을 오르는데 평지와 같았다고 한다.[186] 이천의 기술적 재능을 알 수 있는 일화이다. 세종 15년(1433)에는 정초, 정인지, 김빈 등과 더불어 혼천의를 만들어 진상하기도

했고,[187] 간의대제조로서 간의대의 천문의기 제작 사업을 주관하였다.[188]

　이상에서 살펴본 것처럼 이천은 금속을 다루는 일에 재주가 있었다. 그가 군기감제조(軍器監提調)로서 건의한 내용 가운데는 수철(水鐵: 무쇠)로 화포를 주조하는 방법을 북방의 야인들에게 배우도록 하자는 내용도 있었다. 야인들이 수철로 만든 농기구를 연철(軟鐵)로 바꾸어 군기(軍器)를 만드는 자가 많다는 이야기를 듣고, 동과 납의 생산이 부족한 조선의 현실을 고려해서 수철을 연철로 바꾸어 화포를 주조할 방안을 강구했던 것이다.[189] 이는 금속 주조 기술 분야에서 이천의 조예를 엿볼 수 있는 사례 가운데 하나이다.

3. 박자청

장영실, 이천과 함께 박자청도 주목되는 인물이다. 그는 태종대 토목건축 기술자로 이름을 떨친 인물로, 문묘를 비롯하여 모화루(慕華樓), 경회루(慶會樓) 등의 건축을 주도하였다.[190] 박자청은 성질이 가혹하고 각박해서 공사를 혹독하게 진행하여 공기를 단축하기로 유명했다.[191] 이로 인해 적잖은 부작용을 유발하였고 아랫사람들에게 원망을 사기도 하였다.[192] 그러나 태종의 신임은 두터웠다. 세종 2년(1420) 9월 왕대비[元敬王后]의 장례식 때 재궁이 마전도(麻田渡)를 지날 때 배다리[浮橋]를 설치한 사람도 박자청이었다. 당시 배다리는 박자청의 요청에 의해 설치한 것이었다. 태종이 이 요청을 수락했을 때 사람들은 반대했는데, 부교를 건널 때 평지와 같은 것을 보고 온 나라 사람들이 칭찬하며 감탄했다고 한다.[193]

　그러나 세종 3년(1421) 7월에 인정전(仁政殿)의 수리를 감독하면서 취두

(鷲頭)를 무너뜨려 떨어지게 함으로써 사헌부(司憲府)의 탄핵을 받았고,[194] 이후 선공감(繕工監)에 속하게 된 김호(金浩)의 족속을 잘못 처리했다고 하여 선공감제조에서 파면되었다. 당시의 실록 기사를 보면 선공감의 공역을 오로지 박자청이 좌지우지했음을 알 수 있다.[195] 그러나 파면된 박자청은 같은 해 10월 설치된 '도성수축도감(都城修築都監)'의 제조로 이름을 올렸고,[196] 12월에는 판우군도총제부사(判右軍都摠制府事)에 임명되었다. 이에 사신은 박자청이 미천한 신분 출신으로 오로지 영선(營繕)을 감독하는 일로 벼슬이 1품에 이르렀다는 비판적 사론을 붙였다.[197] 그렇지만 박자청은 도성수축도감에서 일하면서 자신이 공역(工役)에 뛰어나다고 자부하여 다른 사람들과 의논하지 않고 일을 제멋대로 처리함으로써 문제를 야기했고 결국 세종 4년(1422) 1월 사제(私第)로 쫓겨나게 되었다.[198] 그러나 5월 태종이 서거하자 산릉도감제조(山陵都監都提調)에 이름을 올렸고,[199] 이듬해(1423) 1월 좌군도총제(左軍都摠制)에 임명되었으나[200] 11월에 사망하였다.[201]

4. 노중례

의학 분야에서는 노중례가 단연 돋보이는 인물이다. 노중례는 의술에 정통하여 근세의 의원들 가운데 그에 비할 만한 사람이 없다고 할 정도로 당대에 인정을 받았다.[202] 세종은 그가 의학의 심오한 부분을 파악하고 있다고 높이 평가했고, 노중례가 나이가 들자 그의 후계자를 육성하기 위해 젊고 총명한 자를 뽑아서 의방(醫方)을 익히게 하라고 지시하기도 했다.[203]

노중례는 세종대 향약의 정비 과정에서 중요한 역할을 담당했다. 그는 중국산 약재와 향약의 약명(藥名)과 약성(藥性)의 동이점(同異點)을 해명하기 위해 중국에 파견되기도 했다. 세종 5년(1423)에 노중례는 중국에 다녀왔는데, 아마도 이때 그의 임무는 본국에서 생산되는 약재 가운데 중국의 약재와 같지 않은 것을 확인하는 일이었다고 추정된다. 그와 함께 이 임무를 수행한 사람은 통사(通事)인 김을현(金乙玄, ?~1448)과 전교수관(前教授官)이었던 박연이었다. 태종 때부터 통사로서 활동했던 김을현은 중국어 통역을 담당했을 것으로 보이고, 훈도관(訓導官)으로서 제생원(濟生院)의 의녀(醫女)를 교육하기도 했던 박연과[204] 노중례가 약재를 비교하는 실무를 맡았을 것으로 보인다. 당시 보고에 따르면 본국의 약재 62종 가운데 중국 약재와 같지 않은 것 14종에 대해 질의하였고, 그 가운데 6종의 약재―누로(漏蘆)·시호(柴胡)·목통(木通)·위령선(葳靈仙)·백렴(白斂)·고본(藁本)―가 진짜로 판명되었다고 한다.[205]

노중례는 세종 11년(1429)에도 절일사(節日使)의 압물관으로 사행에 참여했던 것으로 보인다.[206] 이듬해인 세종 12년(1430) 4월에 노중례가 돌아와서 한 보고에 따르면 태의원(太醫院)의 의사(醫士)인 주영중(周永中)과 고문중(高文中) 등이 변험(辨驗)한 결과, 합격된 약재는 적석지(赤石脂)·후박(厚朴)·독활(獨活)·백부(百部)·향유(香薷)·전호(前胡)·사향(麝香)·백화사(百花蛇)·오사(烏蛇)·해마(海馬) 등 10가지이고, 알 수 없는 약재는 왕불류행(王不留行)·단삼(丹蔘)·자완(紫莞)·기각(枳殼)·연자(練子)·복분자(覆盆子)·식수유(食茱萸)·경천(景天)·비해(革薢)·안식향(安息香) 등 10가지였다고 한다.[207] 주목할 것은 이 가운데 단삼과 자완 등은 세종 5년에 검증했던 14종 가운데 포함되어 있는 약재라는 사실이다. 이는 동일한 품종의 약재를 재검증하고자 한 것으로, 완벽한 검증을 위한 노력의 일환으로 볼 수 있다.

노중례는 세종대 의서 편찬 과정에서 핵심적 역할을 맡았다. 세종 10년(1428) 무렵에는 전의감정(典醫監正)으로서 유효통(俞孝通)·박윤덕(朴允德) 등과 함께 『향약채취월령(鄕藥採取月令)』을 편찬하는 작업에 투입되었고,[208]

세종 13년(1431) 가을에는 유효통·박윤덕 등과 함께『향약집성방(鄕藥集成方)』편찬의 명을 받아 세종 15년(1433) 6월에 이를 완성하였다.[209] 세종 16년(1434)에는 판전의감사(判典醫監事)로서 왕명에 따라『태산요록(胎産要錄)』을 편찬하였고,[210] 세종 27년(1445) 10월에 완성된『의방유취(醫方類聚)』의 감수 작업에 참여하기도 했다.[211] 이와 같은 노중례의 경력은 그가 본초학과 의학 이론, 임상의 여러 분야에서 뛰어난 식견을 지니고 있었음을 보여주는 것이다.

노중례는 늦어도 세종 15년 무렵에는 전의감판사(典醫監判事)의 직책을 맡게 되었고,[212] 이후 세종 27년(1445) 4월에 첨지중추원사(僉知中樞院事: 정3품)에 제수될 때까지는[213] 이 직무를 수행했던 것으로 보인다. 노중례는 명의로 인정되어 판전의감사에 이르렀는데, 이때 임금의 질병을 치료하여 효과가 있었기 때문에 당상관에 제수했다고 한다.

노중례는 세종 28년(1446)에 4월에 중궁(中宮)과 수양대군의 질병을 진료하는 과정에서 문제를 일으켜 직첩이 환수되고 전의권지(典醫權知), 전의감영사(典醫監令史)로 연이어 강등되기도 하였으나,[214] 세종은 이듬해 1월에 노중례에게 직첩을 돌려주고 등용하였고,[215] 11월에는 다시 첨지중추원사에 제수하였다.[216] 세종 31년(1449) 12월에도 동궁의 질병을 치료하는데 삼가지 못했다고 하여 처벌을 받았으나 중징계에 이르지는 않았다. 세종은 의원의 숫자는 정해져 있는데 노중례 등을 제외하면 쓸 만한 사람이 없다는 이유를 들었다.[217] 이러한 일련의 사례는 세종대 의학 분야에서 노중례가 차지하는 위치를 잘 보여주는 것이라 하겠다.

5. 관상감 관원들

세종대 관상감에 근무했던 천문역산학 분야의 실무자로서 이름을 확인할 수 있는 사람은 윤사웅(尹士雄), 이무림(李茂林), 정영국(鄭榮國), 최천구(崔天衢), 박유신(朴惟新), 김흥국(金興國), 이대정(李大禎), 정강(鄭剛) 등이다. 이들은 실록에서 그 이름을 확인하기 어려울 정도로 미천한 신분 출신이었다고 판단된다.[218] 『연려실기술』에 따르면 세종 2년(1420)에 내관상감(內觀象監)을 설치하고 첨성대(瞻星臺)를 세우라고 명하면서 천문에 밝고 산수(算數)에 정밀한 사람을 선발하여 하늘을 측후(測候)하는 일을 맡기고자 하였다.[219] 이때 선발된 인물이 윤사웅 등이었다. 세종은 이들 천문관의 노고를 치하하여 윤사웅을 남양(南陽), 이무림을 광주(廣州), 최천구를 부평(富平), 정영국을 인천(仁川)에 제수하였다. 이들을 경기도 인근 지역의 수령으로 임명한 것은 천재지이(天災地異)가 발생했을 때 빨리 불러오기 위함이었다.[220]

이러한 세종의 조치에 대해 승정원에서는 미관(微官)의 무리들이 하루 아침에 임금의 특명으로 큰 고을의 수령에 임명된 것은 부당하다고 하면서 왕명의 환수(還收)를 요청하였다. 그러나 세종은 재이가 발생했을 때 조야(朝野)의 여러 신하들 가운데 한 사람도 하늘에 응답한 자가 없었는데, 오직 이들만이 며칠씩이나 밤낮으로 몸에서 띠를 풀지 못하고 눈을 붙이지 못하면서 천견(天譴)에 응답했으니, 이들이 아니었다면 자신은 결코 천상(天象)에 응답하기 어려웠을 것이라고 하면서 임명을 강행하였다.[221]

세종 3년(1421)에는 남양부사 윤사웅, 부평부사 최천구, 동래관노 장영실을 불러 선기옥형(璇璣玉衡)의 제도를 논란했으며, 세종은 이들을 중국에 파견하여 천문역산학 관련 책자를 무역하고 보루각과 흠경각의 혼천의 도식을 구해 오게 하였다. 이듬해 이들이 북경에서 천문역산학 관련 서책을 구입하고 보루각·흠경각의 제도를 완벽히 터득하고 돌아오니 보루각과 흠경각의 '혼의성상도감(渾儀成像都監)'을 설치하고 윤사웅 등에게 이를 감독하게 하였다. 세종 7년(1425)에 보루각과 흠경각이 완성되자 세종은 장영실의 공을 인정해서 면천(免賤)시킴과 동시에 실첨지(實僉知)에 제수하였고, 감조관(監造官)인 윤사웅 등 3인에게는 안마(鞍馬)를 하사하였다.[222] 이상과 같은 『연려실기술』의 서술은 『서운등록(書雲謄錄)』에 의거한 것이라고 했는데 『세종실록』과 비교해보면 연도와 사실에서 많은 차이가 있다. 따라서 그 내용을 그대로 믿기는 어렵지만 윤사웅 등이 천문의기 제조 사업에 참여했다는 사실은 확인할 수 있다.

세종은 이들을 천체 관측에 적극 활용하였다. 세종 7년(1425) 5월에 세종은 노인성(老人星)의 관측을 위해 윤사웅을 제주(濟州)의 한라산(漢拏山)에, 이무림과 최천구를 백두산(白頭山)과 설한점(雪寒岾[岾])에 보내 추분부터 이듬해 춘분 때까지 관측하게 하였다. 세종 8년(1426) 한라산에서 관측한 윤사웅, 백두산에서 관측한 이무림, 설한점에서 관측한 최천구 등은 모두 구름이 심해 노인성을 관측하지 못했다는 보고와 함께 귀환하였다. 세종 12년(1430) 1월에 다시 세 사람을 파견하여 노인성을 관측하게 하였다. 이무림과 최천구는 바다가 어두워 남극성을 관측하지 못하고 10월에 돌아왔으나, 윤사웅은 춘분에는 관측하지 못했으나 추분에 남극성을 관측하고 그 형태를 그려 12월에 보고하였다.[223]

『동국문헌비고(東國文獻備考)』나 『국조역상고(國朝曆象考)』, 『해동역사(海東繹史)』 등에는 세종조에 역관(曆官) 윤사웅, 최천구, 이무림을 강화부(江華府) 마니산(摩尼山), 갑산부(甲山府) 백두산(白頭山), 제주목(濟州牧) 한라산(漢拏山)에 파견해서 북극고도를 측정하게 하였다는 기록이 보인다. 이 사실은 『관상감일기(觀象監日記)』에 실려 있었는데, 이때 측정한 북극고도 값은 전하지 않는다고 하였다.[224]

6. 배상문

뛰어난 의술로 세종의 지우를 입은 사람으로는 배상문(裵尙文)을 들 수 있다. 그는 일찍이 외국 사신들의 질병을 치료하기도 했고,[225] 금성대군(錦城大君)의 질병을 치료한 공으로 포상을 받기도 했다.[226] 세종 23년(1441)에 배상문은 전의감정으로서 왕명에 따라 당시 안질을 앓고 있던 최항(崔恒, 1409~1474), 정중건(鄭仲虔)과 함께 평산(平山)의 온정(溫井)에 가서 온천욕이 안질에 효험이 있는지 시험하였다.[227] 세종 25년(1443)에는 내의(內醫)로서 상의원(尙衣院)의 저수지에서 목욕을 하다 익사한 김효생(金孝生)의 치료를 제대로 하지 못했다고 의금부(義禁府)에 하옥되기도 했고,[228] 세종 26년(1444)에는 광평대군(廣平大君)의 질병을 잘 다스리지 못해 죽음에 이르게 하였다고 승정원과 사헌부의 탄핵을 받았으나 세종의 비호로 죄를 면할 수 있었다.[229] 그는 김해부(金海府) 아전 출신으로 의술로 출신해서 정3품에 상호군(上護軍)에 이르렀으며, 항상 내약방(內藥房=內醫院)에서 근무했다고 한다.[230] 세조 원년(1455)에는 행호군(行護軍)으로서 좌익원종공신(佐翼原從功臣) 1등에 책록되었다.[231]

세종대에는 장영실과 같은 미천한 신분 출신의 인물들이 기술관으로 등용되어 국책 사업의 각 분야에서 그 나름의 역할을 하였다. 세종의 인재 등용 방식의 일환으로 주목되어야 하지만 그것이 왕의 특명에 의한 제한적 조처였고 제도화에 이르지는 않았다는 점에서 일정한 한계를 지닌다고 할 수 있다.

4장

세종시대 과학기술의 성취

세종대 국정 운영의 목표는 '집권체제의 재편'과 '유교적 예악문물의 정비'였다. 이를 달성하기 위해서는 그와 관련된 과학기술 분야의 발전이 필요했고, 세종대에는 그를 뒷받침하기 위한 과학기술 정책이 꾸준히 추진되었다. 과학기술 정책의 수행 과정에서 실무를 담당할 관서의 정비, 과학기술 인력의 양성을 위한 다양한 방안의 모색, 그와 관련된 과학기술 교육의 확충 등이 점진적으로 이루어졌다. 과학기술 정책을 통해 확보한 조직과 인력을 바탕으로 세종은 과학기술을 진흥하는 사업에서 강력한 리더십을 발휘했다. 그의 휘하에는 태종대 이래 국가적 차원에서 정책적으로 육성한 수많은 인재들이 포진해 있었다. 세종과 왕실의 대군들, 학술 관료와 기술 관료가 결합된 연구 집단을 중심으로 강력하게 추진된 과학기술 관련 국책 사업의 결과 세종대에는 과학기술의 거의 모든 영역에서 괄목할 만한 성과를 거두었다. 여기에서는 세종대 과학기술 분야의 성취를 천문 역산학, 지도·지리학, 의약학, 농업기상학, 인쇄술, 무기 제조 기술, 도량형 등의 분야를 중심으로 살펴보고자 한다.

천문역산학의 정비와『칠정산』의 편찬

1. 천문역산학의 체계화

천문역산학의 발달과 그에 기초한 정교한 역법의 제정을 위해서는 역법의 원리에 대한 이론적 탐구가 선행되어야 하지만 그와 함께 다음과 같은 몇 가지 조건이 충족되어야만 한다. 첫째, 정확한 천체 관측 기술이 확보되어야 한다. 이를 위해서는 정밀한 관측을 보장할 수 있는 천체 관측기구, 즉 천문의기(天文儀器)가 필요하다. 전통적 천문의기의 핵심은 '의상(儀象)'과 '구루(晷漏)'라고 할 수 있는데, "상고해 실험하는 법칙은 의상과 구루에 있으니, 대저 의상이 아니면 천지의 운행을 살필 수 없고, 구루가 아니면 밤낮의 한계를 표준할 수 없기"[1] 때문이다. 세종대에 혼의(渾儀)·혼상(渾象)·규표(圭表)·간의(簡儀)·일성정시의(日星定時儀) 등의 각종 천문의기와 앙부일구(仰釜日晷)·천평일구(天平日晷)·현주일구(懸珠日晷)·정남일구(定南日晷) 등의 각종 해시계를 제작하고 간의대(簡儀臺)를 축조한 것은 바로 이와 같은 목적에서 이루어진 사업이었다.[2]

〈그림 28〉 규표 (여주 영릉의 세종전 옆에 복원한 의기, 출처: 위키피디아 커먼라이센스)
〈그림 29〉 혼상 (여주 영릉의 세종전 옆에 복원한 의기, 출처: 위키피디아 커먼라이센스)

간의대가 이루어진 후 김돈(金墩)은 그 과정을 글로 정리하였는데, 이를 통해 세종대 천문역법 사업의 추진 배경과 목적을 짐작할 수 있다. 김돈은 '수시(授時)'의 요체가 하늘을 관측[測天]하는 데 있고, 하늘을 관측하는 요체는 천문의기[儀表]에 있다는 점을 전제로[3] 세종대 천문의기 제작의 목적이 요순(堯舜)의 그것과 일치한다고 언명하였다.[4] '역상수시(曆象授時)'를 위해서는 '측험(測驗)'을 해야 하고, '측험'을 위해서는 의기의 제작이 선행되어야 한다는 주장이었다. 역대 천문의기 가운데 원(元)대 곽수경(郭守敬, 1231~1316)의 그것이 가장 정밀하다고 정평이 나 있었는데 세종대 천문의기는 곽수경의 그것에 버금가는 것이라고 자부하였다.[5] 김돈은 "이미 수시력(授時曆)을 교정하고, 또 하늘을 관측하는 의기를 만들어, 위로는 천시(天時)를 받들고 아래로는 민사(民事)에 부지런하시니, 우리 전하께서 인물(人物)을 개발하여 사업을 성취하는[開物成務] 지극한 어지심과 농사에 힘쓰고 근본을 중히 여기는[務農重本] 지극한 뜻은 실로 우리 동방에 일찍이 없었던 거룩한 일"이라고 평가하였다.[6]

둘째, 관측의 연속성이 보장되어야 한다. 역법에 대한 이론적 탐구를 통해 산출한 계산법이 정확한지를 판별하기 위해서는 관측을 통해 그 정확도를 검토해야 했다. 아울러 역산(曆算)의 정확도를 높이기 위해서는 지속적인 관측을 통해 얻은 자료들을 통계 처리하는 방법을 사용해야 한다. 데이터의 양이 많으면 많을수록 오차 한계를 줄일 수 있으므로 역대의 관측 자료를 풍부하게 확보하는 한편 지속적인 관측을 보장할 필요가 있었다. 그를 위해서는 천문 관측을 담당하는 기구를 제도화, 상설화하는 것이 급선무였다. 이것이 바로 세종대에 간의대를 축조하고 서운관(書雲觀)의 관리들로 하여금 지속적으로 관측을 하게 한 이유였다.

김돈의 기록에 따르면 천문 관측 시설인 간의대가 세워지게 된 계기는 세종 14년(1432) 경연(經筵)에서 세종이 천문의기의 미비를 지적하면서 정인지(鄭麟趾)와 정초(鄭招)에게 간의를 제작하게 한 것이었다. 이에 정인지와 정초는 옛 제도를 검토하고 이천(李蕆)이 실무적인 공역을 담당해서 간의를 완성하였다. 바로 이 간의를 설치하기 위한 시설물로 축조한 것이 경회루(慶會樓) 북쪽에 만든 간의대였으니, 그 높이가 31척, 길이가 47척, 너비가 32척이었다. 간의대의 주변에는 정방안(正方案)[7]·동표(銅表: 청동으로 만든 규표)·혼의·혼상 등의 의기를 배열하여 종합적이고 체계적인 관측이 가능하도록 하였다.[8] 세종은 간의대 축조의 임무를 호조판서(戶曹判書) 안순(安純, 1371~1440)에게 부여했는데, 실무적인 일은 지중추원사(知中樞院事) 이천과 선공감정(繕工監正) 서인도(徐仁道) 등의 기술진이 담당했던 것으로 보인다.[9]

간의대의 축조 시기는 정확하게 나와 있지는 않지만[10] 정초·이천·정인지·김빈(金鑌) 등이 혼천의(渾天儀)를 제작하여 진상한 세종 15년(1433) 8월에는 이미 간의대가 만들어져 있었다. 당시 세자가 간의대에서 정초 등과 간의 및 혼천의의 제도를 강문하고, 김빈과 최습(崔濕) 등에게 간의대에서 숙직하면서 천체의 운동을 관측하여 간의와 혼천의가 제대로 제작되었는지를 검토하게 했다는 기록이 있기 때문이다.[11] 또한 이순지(李純之) 역시 상시로 간의대에 근무하면서 천문을 관측했다고 한다.[12] 그런데 위의 기록에서 알 수 있는 것처럼 간의대가 축조되었을 초기에는 국왕의 명을 받은 관원들이 간의대에 파견되어 천문을 관측했던 것으로 보인다. 그것은 세종 20년(1438)에 이르러 "따로 관원을 보내 천문을 살피도록 하는 것은 장구한 계책이 아니니 이제부터는 서운관에서 관장하게 하고 밤마다 다섯 사람씩 입직하게 하여 천기(天氣)를 살피게 하라"고 지시한 내용에서도 확인할 수 있다.[13]

그 후 얼마 지나지 않아 이궁(離宮)의 건설 문제로 인해 간의대의 폐지 여부가 논란되었다. 세종 24년(1442) 간의대의 동쪽에 별궁(別宮)을 설치하고 간의대를 그 북쪽으로 옮기게 하였던 것이다.[14] 간의대 자리에 이궁을 건축하려는 세종의 의도는 여러 신하들의 반발을 샀지만[15] 세종은 간의대를 새로 지을 터를 물색하여[16] 공사를 강행했던 것으로 보인다. 세종 25년 (1443) 7월에는 간의대가 거의 성취되었다는 기록[17]으로 보아 이때를 전후하여 새로운 간의대가 완성되었을 것으로 추측된다.

이후 간의대는 연산군 11년(1505) 철거되었다가 중종대에 다시 개수되었으며,[18] 명종 원년(1546)에는 규표를 보수하였고,[19] 그 후 선조 13년(1580) 대대적으로 개수되었다.[20] 간의대는 세종대에 창건된 이후 여러 차례의 개수 과정을 거치면서 중앙 천문대로서의 기능을 담당하였다.

셋째, 천체의 운행을 계산하고 관측 자료를 처리하기 위해서는 산학(算學)의 발전이 전제되어야 한다. 조선왕조가 국가적 차원에서 산학을 권장했던 이유는 여러 가지로 생각해볼 수 있다. 먼저 유교·주자학을 국정교학으로 하는 조선왕조에서는 유교 지식인의 기본 교양인 '육예(六藝)'의 하나로서 산학을 중시하였다.[21] 산학은 집권국가의 관료제 운영과도 매우 밀접한 관련을 지니고 있었다. 그것은 중앙과 지방관청의 회계 업무에 요긴한 학문이었고,[22] 또 토지 파악과 세금 징수를 위한 양전(量田) 사업의 필수적 지식으로서 그 필요성이 강조되었다.[23] 때문에 산학은 국왕과 신료 사이에서 '국가요무(國家要務)'로 인정되었다.[24]

국왕인 세종 스스로 『산학계몽(算學啓蒙)』을 익히고,[25] 집현전(集賢殿) 교리(校理)인 김빈과 한성부(漢城府) 참군(參軍)인 우효강(禹孝剛)에게 산법을 익히라고 명한 것이나,[26] 승정원(承政院)에 산학을 예습할 방도를 의논하게 하고, 집현전으로 하여금 역대 산학의 방법을 상고하게 한 것은[27] 이와 같은 필요성 때문이었다. 당시 국왕과 지식인들이 익힌 산학의 구체적 내용은 세종 12년(1430) 제정된 산학의 취재수목(取才數目)을 통해 살펴볼 수 있는데, 상명산(詳明算)·계몽산(啓蒙算)·양휘산(揚輝算)·오조산(五曹算)·지산(地算) 등이 바로 그것이었다.[28] 이는 후에 『경국대전(經國大典)』의 산학

취재 과목으로 확정되기에 이르렀다.[29]

한편 산학은 천문역산학의 기초 지식으로서도 중시되었다. 조선 초에 서운관에서는 여러 방면의 산학 교육을 시행하였다. 세종대에는 산법(算法)을 알아야만 역법(曆法)을 알 수 있다는 대전제 하에 여러 종류의 역산 서적을 구해 서운관·습산국(習算局)·산학중감(算學重監) 등으로 하여금 탐구하게 하였다. 그러나 그 내용을 아는 자가 없었기 때문에 따로 '산법교정소(算法校正所)'를 두어 문신 3~4인과 산학인들로 하여금 산법을 익히게 한 후 역법을 추보하게 했다. 그 후에 그 내용이 후세에 전하지 못할까 염려하여 세종 19년(1437) '역산소(曆算所)'를 설치하여[30] 훈도(訓導) 3인과 학관(學官) 10인으로 하여금 산법과 역산 관계의 서적을 항상 익히게 하였다고 한다.[31]

이상에서 살펴본 바와 같이 조선왕조는 정확한 천체관측을 위해 각종 천문의기를 제작하였고, 천체관측의 연속성을 보장하기 위하여 간의대를 설립하였으며, 역산학의 발전을 위해 그 기초가 되는 산학 연구를 활성화·제도화하는 방안을 꾸준히 강구하였다. 이와 같은 제도적·학문적 토대 위에서 고려후기 이래 지속적으로 추진되었던 자체적 역산법(曆算法)의 개발, 즉 본국력(本國曆)의 확립이 가능하게 되었다. 그것이 바로 『칠정산(七政算)』의 편찬이었다.

2. 『칠정산』의 편찬: 본국력의 확립

왕조 개창의 정당성을 대내외에 표방하기 위해서 조선왕조는 개국 초기부터 천문역산학의 정비에 많은 노력을 기울였다. 그것은 "자고로 제왕의 하늘을 받드는 정치는 역상수시(曆象授時)를 첫 번째 임무로 하지 않음이 없다"[32], "제왕의 정치는 협시정일(協時正日)보다 중함이 없다"[33], "제왕의 정치는 역상수시보다 큰 것이 없다"[34], "관상(觀象)과 추보(推步)는 국가의 큰 일"[35]이라는 명제로 요약되는 전통적 유교 정치사상에 입각하고 있었다. 이는 『서경(書經)』의 「요전(堯典)」과 「순전(舜典)」에 사상적 뿌리를 두고 있었는데, "일월성신(日月星辰)을 역상(曆象)하여 인시(人時)를 공경히 준다[曆象日月星辰, 敬授人時]", "선기옥형(璿璣玉衡)을 살펴 칠정(七政: 日月五星)을 가지런히 한다[在璿璣玉衡, 以齊七政]"라는 구절은 경학(經學)과 정치사상, 천문역산학을 매개하는 중요한 고리였다. 이것은 천인합일(天人合一)이라는 유교 정치의 이상과 관계되는 것으로, 천체의 운행과 인사(人事)를 연결하고자 한 전통적인 자연관의 일단을 보여준다. 조선의 관인·유자들은 이러한 사실을 잘 이해하고 있었다.[36]

고려후기 이래로 독자적 역법을 만들기 위한 노력이 계속되었다. 고려 문종 6년(1052)에 만들어진 여러 역법들은 그 성격을 자세히 알 수 없고, 주술적인 목적을 지닌 것으로 보이지만[37] 고려의 독자적 역법을 향한 노력의 일환으로 볼 수도 있을 것이다.[38] 그러나 이와 같은 일련의 시도는 만족할 만한 성과를 거두지 못했던 것으로 여겨진다. 조선 초에 고려의 역법을 정리하면서 선명력(宣明曆)을 준수하였을 뿐이라고 부정적으로 평가했던 것은[39] 이러한 저간의 사정을 염두에 두고 있었다. 그것은 구체적으로 개방술(開方術)의 미비로 인한 일월식[交食] 계산의 어려움 때문이었다.[40]

그러나 이와 같은 사정은 조선 초에도 신속하게 개선되지 않았던 것으로 보인다. 역일(曆日)의 계산에 착오가 발생하였던 것이다. 태종 10년(1410)에 발생한 유당생(柳塘生)의 유배는 역일의 계산 착오 때문이었는데, 이때의 논의를 보면 서운관의 관리들이 계산한 역일과 중국 역일 사이에 하루의 오차가 생겼음을 알 수 있다.[41] 일식의 예측은 오래된 난제였는데, 그 구체적인 시각까지 정확히 예보하는 데는 여전히 어려움을 겪고 있었다.[42]

조선 초의 역법 교정 사업은 세종 2년(1420) 성산군(星山君) 이직(李稷, 1362~1431)의 건의로부터 본격화되었던 것으로 추측된다.[43] 세종 5년(1423) 문신들에게 당(唐)의 선명력과 원(元)의 수시력 등의 차이점을 교정하게 한 것은 그 연장선에서 행해진 일이었다.[44] 이직의 건의 이후 세종은 역법 교정의 임무를 정초에게 맡겼으며, 정초는 수시력법을 연구하여 일월식(日月食)과 성신(星辰)의 변동에 따른 운행 도수 등을 조금 바로잡게 되었다.[45] 당시 유순도(庾順道)[46]와 같은 사람은 세종에게 역법 교정의 어려움을 토로하였고, 이에 세종은 역법 교정 사업을 중단하려고도 하였다. 이에 정초는 교정이 가능하다는 의견을 피력했고 세종은 계산법을 연구하여 초안을 작성토록 지시하였다.[47]

이렇게 해서 제작된 역서(曆書)는 세종 13년(1431) 당시 세종으로부터 지극히 정밀하다는 평가를 받았고 상용력으로서는 만족할 만한 수준에 도달해 있었다. 그럼에도 불구하고 일월식 등 정밀한 계산에서는 여전히 어려움이 있었고, 이러한 여러 문제들을 해결하기 위해 중국어를 아는 관원들 가운데 일부를 선발하여 중국에 보내 산법을 익히게 하는 방안이 강구되었다.[48] 정초 역시 역법 교정 사업의 진척을 위해 정인지를 투입해줄 것을 요청하였다.[49] 이러한 과정을 거쳐 세종 14년(1432) 단계에 이르면 일월식과 절기의 추보가 중국의 역서와 조금도 어긋나지 않는 수준에 도달하게 되었다. 이에 세종은 다음과 같이 소회를 피력하였다.

> 역산(曆算)의 방법은 예로부터 제왕들이 그것을 소중하게 여기지 않음이 없었다. 이전에 우리나라는 추보(推步)하는 방법에 정밀하지 못했는데, 역법(曆法)을 교정(校正)한 이후로는 일식·월식과 절기(節氣)의 일정함이 중국에서 반포한 역서(曆書)와 비교할 때 털끝만큼도 차이가 없으니, 내가 그것을 매우 기쁘게 여기노라. 지금 만일 교정하는 일을 그만

둔다면 20년[12년의 誤記─인용자 주] 동안 강구(講究)한 공로가 중도에 폐지될 것이므로, 다시 정력을 더해 책을 완성하여 후세로 하여금 오늘날 조선에서 전에 없었던 일을 건립(建立)하였음을 알게 하고자 하노라.[50]

위의 인용문에서 알 수 있듯이 세종은 1420년 이후 12년간에 걸친 작업의 성과를 종합해서 완성된 역법체계를 갖추고자 했던 것이다. 업무를 촉진하기 위해 세종은 역법을 담당한 관원의 직급을 파격적으로 올려주는 조치를 취하기도 하였다.[51] 그뿐만 아니라 역법을 담당한 관원의 경우 외임(外任)에 임명하지 않았고,[52] 상중(喪中)에 있는 경우에는 기복(起復)의 조치를 취하기도 했다. 당시 역법 교정 사업에서 중요한 역할을 담당했던 이순지[53], 김담(金淡),[54] 김한(金汗) 등이 모두 그러한 조치를 받았다. 사역원(司譯院) 주부(注簿)로 재직할 당시 산법을 익히기 위해 중국에 파견되었던 김한의 경우[55] 세종 20년(1438) 북경에 체류하던 중 부친이 병사했는데, 이듬해 귀국하자 세종은 김한에게 기복하도록 명령하였다. 세종 22년(1440)에 이르러 역산의 일이 정리되었으니 귀향하게 해달라는 김한의 요청이 있었으나 세종은 허락하지 않았다.[56] 당시 많은 관인들과 사신(史臣)들은 이와 같은 세종의 조치를 "탈정기복(奪情起復)"이라 하여 비판하였다.[57]

『제가역상집(諸家曆象集)』의 발문에 따르면 세종대 역법 분야의 주요 성과는 『대명력(大明曆)』・『수시력(授時曆)』・『회회력(回回曆)』, 『통궤(通軌)』・『통경(通徑)』 등 중국의 역대 역법서를 교정하여 『칠정산내편(七政算內篇)』과 『칠정산외편(七政算外篇)』이라는 한양의 위도에 맞춘 본국력을 편찬했다는 것이다.[58] 『사여전도통궤(四餘纏度通軌)』의 발문에서는 임술년(壬戌年: 세종 24년, 1442)에 이순지와 김담에게 명해 『수시력』과 『통궤』의 법에 따라 같고 다른 점을 참별(參別)하고 정밀함을 참작해서 취하고[酌取], 사이사이에 몇 개의 조목을 덧붙여 하나의 책을 만들고 그 이름을 『칠정산내편』이라

하였다고 한다.[59] 그 앞부분에는 "근년에 얻은 중국의 『통궤』의 법은 본래 수시력에 근본을 두었으나 간혹 증손(增損)한 차이가 있다"[60]라는 서술이 있는 것으로 보아, 중국의 『통궤』라고 한 것은 홍무 17년(1384) 누각박사(漏刻博士) 원통(元統)이 대통력법(大統曆法)을 교정한 『대통력법통궤(大統曆法通軌)』로 추정된다.[61]

이를 "또 중국에서 『태음통궤(太陰通軌)』·『태양통궤(太陽通軌)』를 얻었는데 그 법이 이것[授時曆法]과 조금 달라서 오류를 조금 바로잡아 『내편』을 만들었다"[62]는 『세종실록』의 기록이나, "명(明)의 『대통통궤(大統通軌)』를 취해서 오류를 조금 고쳐서 합하여 『내편』을 만들었다"[63]는 『증보문헌비고(增補文獻備考)』의 기록과 종합해보면, 『내편』의 편찬 과정에서 『통궤』가 매우 중요한 역할을 했음을 알 수 있다. 실제로 이순지와 김담에 의해 『대통력일통궤(大統曆日通軌)』, 『태양통궤』, 『태음통궤』, 『교식통궤(交食通軌)』, 『오성통궤(五星通軌)』, 『사여전도통궤』 등이 교정·편찬되었는데, 이는 『칠정산내편』의 각 장에 해당하는 내용이었다.[64]

이상과 같은 노력의 결과물이 바로 『칠정산』이었다. 『증보문헌비고』에서는 세종 15년(1433)에 정인지 등에게 『칠정산내외편』의 편찬을 명하였다고 하는데,[65] 실제로 『칠정산내편』과 『칠정산외편』의 편찬이 완료된 것은 세종 24년(1442)이고, 그것이 간행된 것은 세종 26년(1444) 7월의 일이었다.[66] 이는 실로 '조선의 역사에서 전에 없었던 일'이었다. 『칠정산』의 완성 이후 일월식을 비롯한 각종 천문 현상의 예측과 계산이 『칠정산내외편』에 근거하여 이루어졌다.[67]

세종 초년부터 시작된 천문역산학 정비 사업은 세종 26년(1444) 『칠정산내편』과 『칠정산외편』의 간행으로 귀결되었고, 그 성과를 종합 정리한 『제가역상집』이 편찬된 것은 그 이듬해인 세종 27년(1445) 3월이었다. 27년에 걸친 장기 프로젝트가 완료되는 시점이었다.

3. 천문의기의 제작

이순지는 『제가역상집』의 발문에서 다음과 같이 말하였다.

제왕의 정치는 역상수시(曆象授時)보다 더 큰 것이 없는데, 우리나라 일
관(日官)들이 그 방법에 소홀하게 된 지가 오래인지라, 선덕(宣德) 계축
년[세종 15년, 1433] 가을에 우리 전하께서 거룩하신 생각으로 모든 의
상(儀象)·구루(晷漏)의 기구와 천문(天文)·역법(曆法)의 책을 강구(講究)
하지 않은 것이 없어서 모두 극히 정교하고 치밀하였다.[68]

위의 발문에서는 세종 15년(1433) 무렵부터 천문역산학 정비 사업이 착수
된 것처럼 서술되어 있다. 그러나 앞에서 살펴본 것처럼 실제로는 그 이전
부터 사업이 단계적으로 진행되고 있었다. 세종 15년이라는 시점은 1단계
사업이 마무리되고 2단계 사업으로 넘어가는 때라고 볼 수 있다.

실제로 세종 14년(1432) 이후 세종이 주력했던 것은 '의상'과 '구루'로 표현
되는 각종 천문의기의 제작 사업이었다. 김돈은 천문의기 제작 사업이 일단
락된 이후 작성한 「간의대기(簡儀臺記)」에서 그 사실을 다음과 같이 말했다.

선덕(宣德) 7년 임자(壬子: 세종 14년, 1432) 가을 7월 일에 상께서 경연에
거둥하여 역상(曆象)의 이치를 논하다가, 예문관제학(藝文館提學) 신(臣)
정인지에게 이르기를, "우리 동방은 멀리 해외에 있어서 무릇 시위(施
爲)하는 바가 한결같이 중화의 제도를 따랐는데, 오직 하늘을 관찰하
는 기구만 부족함이 있다. 경이 이미 역산(曆算)의 제조(提調)이니, 대제
학(大提學) 정초(鄭招)와 더불어 고전(古典)을 강구하고 의표(儀表)를 창
제해서 측험(測驗)에 대비하도록 하라. 그러나 그 요체는 북극출지고하

(北極出地高下: 위도)를 정하는 데 있으니 먼저 간의를 제작해서 진상하도록 하라"고 하시므로, 이에 신 정초와 신 정인지가 고제(古制)를 상고하는 일을 맡고, 중추원사(中樞院使) 신 이천(李蕆)이 공역(工役)을 감독하는 일을 맡아……:[69]

세종대 만들어진 다양한 천문의기의 제작 시점은 분명하지 않다. 다만 세종 19년(1437) 4월에 일성정시의가 완성되었을 때쯤 여러 천문의기들도 그 모양을 갖추었으리라 짐작되는데,[70] 그 작업은 세종 14년 이후에 축차적으로 진행되었던 것으로 보인다. 기록상으로 가장 먼저 확인할 수 있는 것은 세종 15년(1433) 6월 정초·박연(朴堧)·김진(金鎭: 金嬪의 誤記) 등이 혼천의를 진상하였고,[71] 두 달 뒤인 8월에는 정초·이천·정인지·김빈 등이 혼천의를 진상했다는 사실이다. 세자가 간의대에 가서 정초 등과 함께 간의와 혼천의의 제도에 대해 토론[講問]했다는 기록으로 보아 당시에 이미 간의가 제작되어 있었음을 알 수 있다.[72] 세종 16년(1734) 7월에 자격루(自擊漏)라 불리는 보루각루(報漏閣漏)가 완성되어 사용되기 시작했고,[73] 같은 해 10월에는 해시계인 앙부일구가 제작되어 혜정교(惠政橋)와 종묘(宗廟) 앞에 설치되었다.[74] 세종 19년(1437) 4월에 일성정시의가 완성되었고,[75] 6월에는 일성정시의와 함께 현주일구·행루(行漏) 등을 함길도(咸吉道)와 평안도(平安道)의 변경 지역에 주둔하는 군대에 보냈다.[76] 따라서 현주일구 등의 해시계와 물시계의 일종인 행루도 그 이전에 제작되었으리라 판단된다. 이듬해인 세종 20년(1438) 1월에는 흠경각루(欽敬閣漏)가 완성되었다.[77] 흠경각루의 완성으로 세종대 천문의기 제작 사업은 대미를 장식하게 되었다. 김돈은 「간의대기」에서 세종대 제작한 기구가 모두 15개인데 그 가운데 청동으로 제작한 것이 10개라고 하면서 수년에 걸친 작업이 세종 20년(1438) 봄에 완성되었다고 하였다.[78] 7년여에 걸친 천문의기 제작 사업이 완료된 것이다.[79]

〈그림 30〉 혼천의
(왼쪽. 서울특별시 유형문화재
제199호, 출처: 문화재청 홈페이지)
〈그림 31〉 앙부일구
(오른쪽. 보물 제845호, 출처:
국립고궁박물관)

〈그림 32〉 일성정시의
(여주 영릉의 세종전 옆에 복원한 의기.
출처: 위키피디아 커먼라이센스)
〈그림 33〉 창경궁 자격루
(국보 제229호, 출처:
문화재청 홈페이지)

〈그림 34〉 자격루 복원
(출처: 국립고궁박물관)

이순지는『제가역상집』의 발문에서 세종대 천문 분야의 성과로 천체관측과 천문도의 제작을 거론했다.[80] "칠정(七政)과 열사(列舍)의 중외관(中外官)의 입수도(入宿度)와 거극도(去極度)"를 모두 측정했다는 것은 천체관측을 통해 각 천체의 좌표를 확정했다는 말인데, 측정 결과를 고금의 천문도와 비교·분석해서 올바른 값을 선정하는 교정 작업을 거쳤다. 그리고 28수의 도수와 12차의 수도를『수시력』에 의거해서 수정하여 석본(石本) 천문도를 제작하였다고 한다.『증보문헌비고』에는 이 사실이 다음과 같이 기록되어 있다.

> 세종 15년 신법천문도(新法天文圖)를 새겼다. 임금이 고금의 천문도를 헤아려보고[裁酌], 그 28수의 거도(距度)와 12차의 교궁수도(交宮宿度)는 한결같이 수시력에서 측정한 바에 의거하여 새 천문도를 만들어 돌에 새겼다.[81]

『증보문헌비고』에서는 세종대 신법천문도의 석각 시기를 세종 15년(1433)이라고 명기하였다. 이는 이순지가『제가역상집』의 발문에서 "선덕(宣德) 계축년(癸丑年: 세종 15년, 1433) 가을"[82]이라고 한 것에 근거한 것으로 보인다. 그러나 이미 위에서 살펴본 바와 같이 세종대의 천문의기 제작 사업은 세종 14년(또는 15년)에 시작하여 세종 20년에 마무리되기까지 오랜 시간에 걸쳐 이루어졌기 때문에, 다른 사료가 뒷받침되지 않는 한『수시력』에 근거한 새로운 천문도[新法天文圖]의 석각 시점이 세종 15년이라고 확정적으로 말하기는 어렵다.

지도의 제작과 지리지의 편찬

1. 지도의 제작

세종대 제작된 지도의 구체적 양상은 현전하는 유물이 없어 상세하게 확인할 수 없다. 성종대 양성지의 상소에 따르면 세종조에는 정척(鄭陟)의 팔도도(八道圖)와 양계대도(兩界大圖)·양계소도(兩界小圖) 등이 제작되었음을 알 수 있다.[83]

세종대에는 압록강과 두만강 이남의 영토를 확보하기 위해 서북 지방의 압록강 상류 지역에 4군(郡)을 설치하고, 동북 지방에 6진(鎭)을 설치하여 국경선을 확정하였다.[84] 새로운 영토의 확보는 해당 지역의 지리 정보에 대한 관심을 촉발하였고, 그것은 지도의 제작으로 연결되었다.

> 함길도 감사와 도절제사에게 전지하기를 "본도의 지면(地面)을 여러 옛 문적에서 상고하고 여러 사람에게 물어보아 그림을 그려서 보내니, 도내(道內)의 그림 잘 그리는 사람으로 하여금 그 그림을 옮겨 그리게 하여

사영(使營)에 간직하고, 또한 변장(邊將)들의 처소에도 나누어 보내라"고
하였다.[85]

위의 예문에서 볼 수 있는 바와 같이 세종은 재위 16년(1434) 4월 옛 문적
을 참조하고 여러 사람에게 문의하여 함길도의 지도를 그려 감사(監司)와
도절제사(都節制使)에게 보내면서 여러 부를 필사하여 변장들에게도 나누
어 주라고 지시하였다.

같은 해 5월에는 당시 지도의 잘못된 부분을 수정하고 새로운 정보를
수록한 지도를 제작하기 위하여 다음과 같은 지시를 하달하였다.

> 호조에 전지하기를 "이 앞서 그린 우리나라의 지도가 자못 서로 틀린
> 곳이 꽤 있으므로, 이제 이미 고쳐 그렸으니, 각 도의 각 고을 수령으로
> 하여금 각각 그 경내(境內)의 관사(官舍) 배치의 향배처소(向排處所)와 산
> 천내맥(山川來脈), 도로의 원근리수(遠近里數)와 그 사면의 이웃 고을의
> 사표(四標)를 갖추어 자세하게 그림으로 그려 감사에게 전보(轉報)하도
> 록 하고, 감사는 각각 주·군(州·郡)의 순서대로 폭(幅)을 이어 붙여 올
> 려 보냄으로써 참고하는 데 대비하도록 하라"고 하였다.[86]

이처럼 세종은 행정조직을 동원하여 새로운 지도를 만들고자 하였다. 거
기에는 경내 관사의 배치와 향배, 산천의 경로, 도로의 멀고 가까운 거리,
그리고 이웃 군현과의 경계를 표시하는 사표(四標: 동서남북 사방의 경계)를
표기하도록 했다. 각 군현의 지도를 모으면 이를 편집해서 도별도(道別圖)
를 작성하고, 그것을 다시 수합하여 전국 지도를 작성할 수 있도록 계획했
음을 알 수 있다.

이와 같은 시도가 어느 정도의 성과를 거두었는지는 미지수다. 세종이

서거한 해인 문종 즉위년(1450) 12월에 문종이 여전히 "우리나라의 여러 도의 군읍(郡邑) 간의 거리의 원근을 알지 못하는 까닭에 간혹 군사를 징발하는 일이 있으면 그 멀고 가까움에 어두워 조치를 잘못할까 두렵다. 각 도(道)로 하여금 주군(州郡) 간의 이수(里數)를 상세히 기록하여 보고하도록 하고, 이를 참고해서 지도를 만드는 것이 좋겠다"[87]고 말하고 있기 때문이다.

이처럼 국가의 행정조직을 동원해서 지도를 제작하는 한편 중앙의 전문가를 현지에 파견하여 지도를 제작하기도 했다. 세종 18년(1436) 2월에 정척을 북부 지방에 보내서 지도를 작성하게 한 것이 대표적 사례이다.

> 지승문원사(知承文院事) 정척에게 명하여 상지(相地)와 화공(畫工)을 거느리고 함길도·평안도·황해도에 가서 산천의 형세를 그림으로 그려 오게 하였다.[88]

정척은 산천의 형세를 파악할 줄 아는 풍수가인 상지와 그림을 잘 그리는 화공을 거느리고 함길도, 평안도, 황해도의 지도를 작성하였다. 이와 같은 경험은 정척이 '팔도도'와 '양계도'를 제작할 수 있는 밑거름이 되었을 것이다. 실제로 정척은 문종 원년(1451) 양계지도를 수찬하여 진상하였다.[89]

세종대 지도 제작과 관련하여 주목되는 두 가지 사실이 있다. 하나는 북극고도의 측정이다. 사실 정확한 지도의 제작을 위해 필수적인 것은 경위도의 파악이다. 『동국문헌비고』와 『국조역상고(國朝曆象考)』의 '북극고도(北極高度)' 항목과 『해동역사(海東繹史)』의 '측후(測候)' 항목에는 세종 때 역관(曆官) 윤사웅(尹士雄), 최천구(崔天衢), 이무림(李茂林)을 각각 강화부 마니산(摩尼山), 갑산부 백두산(白頭山), 제주목 한라산(漢拏山)에 보내 그곳의 북극고도를 측정하게 했다는 사실이 전하고 있다.[90] 비록 이때 측정한 북극고도의 값은 현재 전하지 않지만, 이것이 사실이라면 중요한 지역의 위도를 측정하였다는 점에서 정확한 지도를 제작할 수 있는 기초 자료의 일부가 확보된 것으로 볼 수도 있다.

다음으로 주목되는 것이 거리 측량과 관련한 기구들이다. 하나는 세종 23년(1441) 제작된 기리고거(記里鼓車)이다. 당시 세종과 왕비는 충청도 온수현(溫水縣)에 행행(行幸)했는데, 이 행차에서 처음 초여(軺輿: 임금이 타는 작은 수레)를 쓰고 '기리고(記里鼓)'를 사용했다고 한다. 기리고는 수레가 1리(里)를 가면 나무인형[木人]이 스스로 북을 쳐서 거리를 측량하는 기구였다.[91] 문종 즉위년(1450)에 기리고거로 삼전도(三田渡)와 연파곤(淵波昆)의 도로의 원근을 측량하게 했다는 것으로 보아[92] 실제로 도로의 거리 측량에 사용했음을 알 수 있다.

다른 하나는 규형(窺衡)이다. 세종 27년(1445) 하연(河演)·김종서(金宗瑞)·정인지 등이 헌릉(獻陵: 태종의 능) 서쪽의 수릉(壽陵: 임금이 죽기 전에 미리 만들어 두는 무덤)을 살펴보고 와서 보고한 내용 가운데 "헌릉의 서혈(西穴)에 나아가 주봉(主峯)과 사방에 둘러 있는 여러 봉우리의 응대(應對)와 여

〈그림 35〉 기리고거의 복원 모습 (출처: 국립과천과학관)

러 물의 오고 가는 방위를 규형으로 측량하고 주척(周尺)으로 쟀다"는 기록이 보인다.[93] 규형이 구체적으로 어떤 형태를 갖추고 있으며, 어디에 쓰이는 기구인지는 분명하지 않지만 방위 측량과 관련된 기구라는 점은 짐작할 수 있다. 규형이라는 명칭은 소간의(小簡儀)와 정남일구에서도 확인할 수 있다. 소간의의 규형은 동서남북으로 움직이면서 관측하는 데 사용하는 부속품이고,[94] 정남일구의 규형은 매일 태양의 거극도(去極度)에 맞추어서 태양 광선을 투과하는 도구였다.[95]

한편 세조가 재위 13년(1467)에 제작했다는 규형은 거리의 원근을 측량하는 기구였다고 한다.[96] 그것은 '인지의(印地儀)'라고 불리기도 했다.[97] 규형의 제도를 가장 자세히 설명하고 있는 것은 『대동야승(大東野乘)』에 수록된 이륙(李陸, 1438~1498)의 『청파극담(靑坡劇談)』이다.[98] 그 내용은 다음과 같다.

세조가 인지의(印地儀)를 제작하고 노래[印地儀頌]로 그것을 기록하였다. 그 법은 구리를 주조해서 기구를 만들어 24방위[位]를 배열하고, 그 가운데를 비워 구리기둥[銅柱]을 세우고, 그 위에 '안이 비어 있는 구리로 된 가로막대[孔銅衡]'를 횡으로 꿰어서 올렸다 내렸다 하면서 관측하기 때문에 이를 일컬어 '규형(窺衡)'이라고 한다. (이것으로) 땅을 측량할 때에는 (먼저) 범영구(泛靈龜=泛鐵: 지남침)[99]로 사방을 바로잡는다. 오초(午初) 일각(一刻)의 어느 표[某標]의 원근(遠近)을 알고 싶다면 먼저 묘초(卯初) 일각(一刻)이나 혹은 유초(酉初) 일각에 표를 세워 그것을 살펴본다. 다시 묘시와 유시에 표한 곳을 앞의 방법[前法]에 따라 사방(四方)을 바로잡고, 오초(午初) 일각의 표(標)를 바로잡으면 어느 방위의 어느 각[某位某刻]이 된다. 이렇게 한 후에 명당(明堂)으로부터 끈으로 앞의 묘초 일각의 표까지 재어서 1,100척이 되면 이것에 3을 곱한다. 오정(午正)

1각의 표는 3,300(척)이 된다. 이것으로써 24방위를 바로잡고, 가로 세로와 구부러지고 곧은 것을 모두 이것으로써 바로잡으니 그렇게 되지 않는 것이 없었다. 임금이 일찍이 신[李陸]과 김뉴(金紐)·강희맹(姜希孟) 등을 불러서 이 방법을 강론하시고 (그들로) 하여금 후원(後苑)에서 시험하게 하였는데, 들어맞지 않은 것이 없었다. 이에 곧 영릉(英陵)의 사산(四山)을 측량하도록 명하였으며,[100] 그 뒤에 또 경성(京城)의 형세(形勢)를 인지(印地)하도록 명하였는데 모두 이 법을 사용하였다. 그러나 경성은 민가[閭閻]가 즐비하여 측량할 수가 없었기 때문에 어쩔 수 없이 신 등의 어리석은 의견을 참작하여 사용하였다. 한 성안에 무릇 표를 세운 곳은 모두 이것을 사용하여 그것을 바로잡았고, 원근(遠近)·고저(高低)·대소(大小)·평험(平險)에 이르러서는 또한 종이에 베끼고 그 가운데 24방위를 배열하고, 이에 지상에서 가장 가까운 곳 하나를 측량하여 이를 축소해서 소척(小尺)을 만들면, 다시금 땅을 측량하지 않더라도 이 자로써 땅위에 그려진 곳을 측량하면 마땅히 걸어 다니면서 측량하는 것보다 번거롭지 않고, 산하(山河)·천지(天地)·성곽(城郭)·실려(室廬)가 모두 제 곳에서 달아나지 않아, 원근과 고저가 자연히 조금의 오차[絲毫之差]도 없게 되므로, 인자(印字)의 분명함과 같게 된다. 그림이 완성되어 임금님께 진상하니, 대궐 안에만 두고 내놓지 않으셨다. 규형은 지금 관상감(觀象監)에 있다.[101]

이상의 내용을 살펴보면 규형은 인지의를 구성하는 주요 부품으로, 안이 비어 있는 구리 막대 형태로 올렸다 내렸다 하면서 관측할 수 있는 기구였음을 알 수 있다.

성종대에는 인지의를 이용하여 방위를 측량하는 문제가

〈그림 36〉 인지의 복원도

제기되었고,[102] 선조 14년(1581)에는 강물이 불어 정릉(靖陵)의 일부가 잠기게 되자 규형을 사용해서 물이 들어온 곳과 현궁(玄宮: 관을 묻은 광중)의 고도 차이를 측량하기도 했다.[103] 이규경(李圭景, 1788~?)은 인지의가 구고의(矩股儀)와 유사한 기구라고 판단하였고, 이것으로 토지를 측량하면 오차가 없을 뿐만 아니라 편리하다고 주장하였다.[104] 이처럼 방위와 고도, 거리를 측량하는 용도로 쓰인 기리고거나 규형과 같은 기구들이 지도 제작에도 활용되었을 가능성도 있다고 생각한다.

2. 지리지의 편찬

세종대 지리지 편찬 사업은 세종 6년(1424)에 착수되었다. 당시 세종은 변계량(卞季良)에게 본국의 지지(地志)와 주·부·군·현(州·府·郡·縣)의 연혁을 찬술하라는 명을 내리면서 다음과 같이 지시하였다.

> 대제학 변계량을 불러 이르기를 "옛날 노인이 점점 드물어지니 문적(文籍)을 남기지 않을 수 없다. 본국의 지지와 주·부·군·현의 고금 연혁을 찬술하여보고자 한다. 그러나 지금 춘추관(春秋館)에 일이 많아 지지는 편찬할 수 없을 것 같으니, 우선 주·부·군·현의 연혁을 편찬하여보고자 한다. 또 주공(周公)의 「빈풍(豳風)」이라는 시와 「무일(無逸)」이라는 서(書:『서경』 無逸篇)는 거울삼을 만한 것이다. 그러나 우리나라의 풍속이 중국과 다르니[本土之俗, 異於中國], 민간에서 농사짓는 괴로움과 요역(徭役)의 질고(疾苦)를 달마다 그림으로 그리고 거기에 경계하는 말을 써서 보기에 편하게 하여 영구히 전하려고 한다"고 하였다.[105]

세종은 변계량에게 세 가지를 지시하였다. 지리지의 편찬, 주·부·군·현의 연혁 편찬, 그리고 「빈풍」이나 「무일」에 비견될 수 있는 월령 형식의 그림의 작성이었다. 이에 대해 변계량은 지지와 주·부·군·현의 연혁은 한 가지 일이므로 춘추관의 겸관 한 사람으로 하여금 전담하게 하고, 자신이 탁신(卓愼, 1367~1426)·윤회(尹淮)와 함께 의논해서 편찬토록 하고, '월령의 문장[月令之文]'은 자신이 담당하겠다고 하였다. 이에 세종은 월령의 문장을 만드는 것은 보류하고 지지와 주·부·군·현의 연혁을 편찬해서 올리라고 지시했다.[106] 이것이 바로 『신찬팔도지리지(新撰八道地理志)』 편찬의 시작이었다. 그러나 책임을 맡았던 변계량이 세종 12년(1430)에 사망함으로써[107] 이 사업을 매듭짓지 못했고, 세종 14년(1432)에 맹사성(孟思誠)·권진(權軫)·윤회·신장(申檣) 등이 『신찬팔도지리지』를 완성하였다.[108]

이때 편찬된 『신찬팔도지리지』는 현전하지 않지만, 편찬의 저본이라고 판단되는 『경상도지리지(慶尙道地理志)』와 단종 2년(1454)에 정리된 『세종실록(世宗實錄)』 「지리지(地理志)」를 통해 그 원형을 짐작할 수 있다. 세종이 변계량에게 지지 편찬의 명을 내린 그 이듬해(1425)에 편찬된 『경상도지리지』는 『신찬팔도지리지』를 편찬하기 위해 각 도에서 기초 자료를 조사·정리한 도별 지리지라고 볼 수 있다. 따라서 『경상도지리지』→『신찬팔도지리지』→『세종실록』 「지리지」의 순서로 세종대 지리지의 정리 과정을 살펴볼 수 있다.

『경상도지리지』는 조선시대에 편찬된 지리지 가운데 현존하는 가장 오래된 지리지로서 세종 7년(1425) 12월에 완성되었다. 그 서문을 통해서 대략적인 작성 경위를 확인할 수 있다. 당시 예조(禮曹)에서는 각 도에 통첩을 보내 도의 지지를 작성해서 춘추관에 보내라고 명했다. 이에 따라 각 도에서 지리지를 작성해서 춘추관에 보냈는데, 왜란 때 춘추관이 소실되면서 현전하는 『경상도지리지』를 제외한 나머지 도의 자료들이 모두 사라

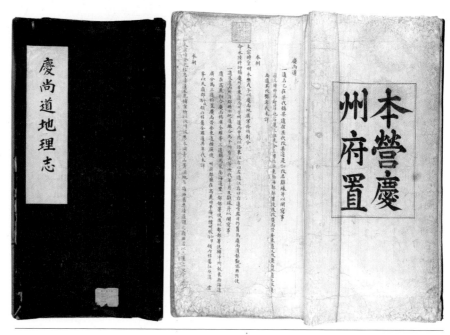

진 것으로 보인다.

『경상도지리지』는 거질의 사본(寫本)으로 자연지리와 인문지리의 내용을 포괄한 상세한 지방지(地方志)이다. 그 내용은 예조에서 보낸 통첩에 따라 13개의 규식(規式)을 기준으로 작성되었다. 그 구체적 항목은 아래와 같다.

①도명(道名)의 시대에 따른 변천과 그 사연
②도(道)와 도내의 주부군현(州府郡縣) 등 행정구역의 연혁과 변천
③도내의 부(府), 목(牧), 대도호부(大都護府), 군현(郡縣)과 그 수
④도내의 명산대천(名山大川), 사방계역(四方界域), 산천(山川)의 이름, 이수(里數), 험조(險阻)·관방(關防)·요해지처(要害之處), 하천의 발원지·합류지(合流地)

⑤도에 부과된 공물(貢物)[道卜常貢]

⑥도내의 산성(山城)과 읍성(邑城)의 길이, 온천(溫泉)·빙혈(氷穴)·풍혈(風穴)·목책(木柵)·목장(牧場)·양마소산처(良馬所産處)

⑦도내 육군 부대[內廂及各鎭]의 위치와 해구(海口)로부터의 거리, 병력[所屬各官及軍數]

⑧도내 수군 부대[水營及都萬戶萬戶千戶]의 위치와 군선의 수, 병력

⑨선왕(先王)·선후(先后)의 능침(陵寢), 단군(檀君)·기자(箕子)의 사당, 전조(前朝)의 태조묘(太祖廟), 옛 명현(名賢)의 묘의 위치와 거리

⑩도내 각 고을[各官]의 토지의 비옥 정도[肥瘠], 수천(水泉)의 깊이[深淺], 기후[風氣寒暖], 민속[民俗所尙]

⑪여러 섬의 육지로부터의 거리[諸島陸地相去水路息數], 사람의 거주 여부, 농경의 유무

⑫도내 조세봉상(租稅捧上), 재선처(載船處), 조운수로(漕運水路), 육전정도(陸轉程途)

⑬도내 호구(戶口) 및 인구수, 토지 결수(結數)

위의 규식을 살펴보면 국가를 통치하는 데 필수적인 정치, 경제, 행정, 군사 분야의 정보들이 망라되어 있음을 알 수 있다. 이는 당시 경상도관찰사(慶尙道觀察使)로서 지리지 편찬 업무를 주관했던 하연의 서문에서도 그대로 확인할 수 있는 내용이다.[109] 『경상도지리지』는 위와 같은 규식에 의거해 도총설(道總說)을 기록하고 경주(慶州)·안동(安東)·상주(尙州)·진주(晋州)의 사계(四界)와 군현에 대해서 유사한 규식에 입각해 기술하고 있다. 이렇게 정리된 지리지를 통해 중앙정부는 각 도의 형세를 비교적 정확히 파악할 수 있었고, 조세 징수를 위한 온갖 정보도 확보할 수 있었다.[110]

『신찬팔도지리지』는 『경상도지리지』와 유사한 각 도의 지리지를 춘추

관에서 종합하여 편찬한 전국 지리지이다. 현재 『신찬팔도지리지』는 산실되어 그 원형을 확인할 수 없지만 다음과 같은 『세종실록』「지리지」의 언급을 통해 그 원형을 유추할 수 있다.

우리나라의 지지가 대략 『삼국사(三國史: 삼국사기)』에 있고, 다른 데에는 상고할 만한 것이 없더니, 우리 세종대왕이 윤회·신장 등에게 명하여 주군(州郡)의 연혁을 상고하여 이 글을 짓게 해서, 임자년(1432)에 이루어졌는데, 그 뒤 (주군이) 갈라지고 합쳐진 것이 한결같지 아니하였다. 특히 양계(兩界)에 새로 설치한 주(州)·진(鎭)을 들어 그 도(道)의 끝에 붙인다.[111]

〈그림 38〉 『세종실록』 「지리지」
(출처: 규장각한국학연구원)

여기에서 말하는 『삼국사』는 『삼국사기(三國史記)』를 가리킨다. 실제로 당시에는 『삼국사기』「지리지」를 제외하고는 정리된 형태의 지리지를 찾아볼 수 없었다. 아직 『고려사(高麗史)』가 편찬되기 이전이었기 때문이다. 위 인용문에서 임자년(1432)에 이루어졌다는 지리지는 『신찬팔도지리지』이다. 『세종실록』「지리지」를 작성한 시기가 단종 2년(1454)이므로 이미 『신찬팔도지리지』의 완성으로부터 20여 년이 흐른 시점이었다. 그사이 북방 영토의 개척, 지방행정제도의 개편 등 적잖은 변화가 있었다. 그런데도 양계 지역에 신설한 주진(州鎭)만 그 도의 끝에 부록하였다고 했으니 『신찬팔도지리지』와 『세종실록』「지리지」는 내용상 큰 변화가 없었다고 볼 수 있다.

의료 환경의 개선과 의학의 정비

기존의 연구에서는 세종대 의학 분야의 성과로 여러 가지가 거론되었다. 향약의 발전, 약재의 보급, 활발한 구료(救療) 사업의 전개, 산부인과와 소아과의 발전, 법의학(法醫學)의 제도화, 의료체계의 정비 등이 그것이다. 여기에서는 먼저 세종대 전후의 의료 환경 내지 의료 실태를 확인해보고, 그 바탕 위에서 구료 사업의 전개와 의료체계의 정비, 향약의 발전과 의서의 편찬 등이 어떻게 이루어졌는지 살펴보고자 한다.

1. 세종대 의료의 실태

세종대 의료 실태를 확인하기 위해서는 축성과 같은 대규모 인력이 동원되는 토목 사업과 흉년이나 기근 등으로 인해 발생하는 환자들을 치료하기 위한 의료 시설과 인력이 어떻게 준비되고 운영되었는지 살펴보는 것이

하나의 방법이 될 수 있다. 세종 3년(1421) 도성수축도감(都城修築都監)이 만들어지면서 성 쌓는 군사들의 질역(疾疫)을 치료하기 위해 혜민국(惠民局)과 제생원(濟生院)의 의원으로는 부족하니 지방의 의학생도(醫學生徒)들로 하여금 약재를 준비해 가지고 오게 해서 서울 의원의 지시를 받아 치료에 임하도록 하였다.[112] 서활인원(西活人院) 제조(提調) 한상덕(韓尙德, ?~1434)은 역려(疫癘)가 유행할 우려가 있으니 태조 때 여질(癘疾)을 두려워하지 않고 치료한 바 있는 화엄종 승려 탄선(坦宣)을 불러올리자고 건의하였다.[113] 이 건의가 받아들여져 본격적으로 도성을 수축하는 일이 진행됨에 따라 도성의 동쪽과 서쪽에 구료소(救療所) 4곳을 설치하고 혜민국 제조 한상덕에게는 의원 60명을, 대사 탄선에게는 중 300명을 거느리고 병들고 다친 군인들을 구료하게 하였다.[114]

도성수축도감의 역사는 세종 4년(1422) 2월 15일에 마감되었다. 돌로 성을 쌓고, 수문을 새로 설치하고, 성의 안팎에 15척이나 되는 넓은 길을 내어 순찰[巡審]하기에 편리하도록 하였다. 공사에 사용된 쇠가 106,199근, 석회가 9,610석에 이르렀을 정도였다.[115] 도성수축도감의 보고에 따르면 각 도에서 올라와 공사에 참여한 군인 가운데 죽은 사람이 872명에 달했다.[116] 이에 세종은 그 이유를 캐물었는데 공조참판(工曹參判) 이천은 30여만 명의 군인 가운데 5~6백 명이 죽은 것이 무엇이 괴이하냐고 답변했다. 세종은 이천의 답변을 매우 옳지 못한 것으로 여겼고,[117] 이를 태상왕인 태종에게 보고하였다. 이에 태종은 병조(兵曹)에 명해 의원을 거느리고 성 밑으로 돌아다니면서 병들고 굶주린 사람과 죽었는데 매장되지 않은 사람을 두루 찾게 하였고, 한성부로 하여금 성 밖 10리 안에서 찾도록 조치하였다.[118] 아울러 선지(宣旨)하기를 도성의 역사에 참여했던 군인들이 집으로 돌아가는 길에 병을 얻었으나 구료하는 사람이 없어서 간혹 목숨을 잃게 되었으니 진실로 민망한 일이라고 하면서 경내(境內)의 수령(守令)과 역

승(驛丞)으로 하여금 약[藥餌]과 죽·밥을 준비해서 구료하라고 하였다.[119]

　이와 같은 태종과 세종의 노력에도 불구하고 많은 군인들이 죽는 것을 막을 수 없었다. 역사에 동원된 군인들이 너무 많았고, 서울에 쌀이 귀했는데 먼 지방의 사람들이 모두 우마(牛馬)와 포화(布貨)로 쌀을 바꾸어 갔으므로 군인들이 굶어서 병이 났던 것이다. 또 봄의 기후가 차서 질역(疾疫)이 크게 발생했으므로 역사에 동원되는 과정에서 길에서 죽은 사람이 많았고, 역사를 마치고 집에 돌아갈 때 서로 전염되어 죽은 사람도 매우 많았다고 한다.[120] 태종은 도성을 수축하는 군인들의 질병을 치료하기 위해 네 곳에 구료소를 설치하여 의약(醫藥)과 죽반(粥飯)을 준비하여 적당하게 구활(救活)하도록 하였는데, 군사를 거느린 수령들이 군인들의 질병을 알고도 구료소에 보내지 않아서 죽음에 이르게 하였으니, 이는 수령이 법을 받드는 뜻[守令奉法之意]에 어긋난다고 하면서, 죽은 군인의 숫자가 16명 이상인 수령은 직첩(職牒)을 회수하고 장(杖) 60대를 치고, 죽은 군인의 숫자가 6명 이상인 수령은 태형(笞刑) 50을 치고 본래의 직책에 다시 임명하라고 하였다.[121] 도성 수축의 역사에 동원된 군인들의 피해는 이에 그치지 않았다. 6월에 전라도관찰사(全羅道觀察使) 하연이 보고한 내용에 따르면 전라도의 도성수축군 가운데 귀환하다가 도중에서 병들어 죽은 사람이 141명이나 된다고 하였다.[122]

　세종 4년(1422) 5월 태종이 서거하자[123] 산릉도감(山陵都監)이 설치되었다. 그런데 이해에 한재가 심해 벌석군(伐石軍) 가운데 더위와 습기로 병든 사람이 많이 발생했다. 이에 호조(戶曹)에서는 병옥(病屋) 10여 간을 짓고 승려들로 하여금 염장죽미(鹽醬粥米)를 가지고 치료하도록 조처하였다.[124] 그런데 호조에서 이 명령을 곧바로 수행하지 않고 여러 날 지체한 이유로 사망자가 발생하자[125] 호조참의(戶曹參議) 허해(許晐)와 정랑(正郞) 이안경(李安敬)을 파직하고 속장 70에 처했다.[126]

세종대에 흉년으로 인해 기근이 혹심했던 해로 세종 18년(1436)과 세종 27년(1445)이 거론된다.[127] 세종 18년의 흉년으로 충청도에서만 유리(流離)하여 다른 곳으로 이사한 사람이 1,067명에 이르렀다.[128] 흉년으로 인한 하삼도(下三道)의 기근은 근고(近古)에 없던 일로 여겨졌고, 경기도와 강원도 역시 작황이 좋지 못했다.[129] 이에 따라 이듬해인 세종 19년(1437) 초에는 백성들이 빈궁해져서 하삼도 지역에 화적(火賊)이 기승을 부렸다.[130] 충청·경상·전라도 지역의 구황(救荒) 사무가 시급한 문제로 대두하였고,[131] 조정에서는 진제장(賑濟場)을 설치·운영하는 문제가 중요하게 논의되었다.[132]

서울에서는 보제원(普濟院)과 이태원(利泰院) 두 곳에 진제장을 설치하고 각지에서 유리하여 온 기민들을 구휼하게 하였는데 그 수가 2천 명이 넘었다. 매일 관에서 쌀 한 되 5홉과 약간의 소금과 간장을 주어서 많은 사람들이 소생하게 되었는데, 봄이 되자 역병[瘟疫]에 걸려 죽은 사람이 매우 많았다. 이에 세종은 앞으로 사망자가 발생할 경우 그 이유를 보고하라고 지시했다. 진제장에 도착하기 전에 길 위에서 죽은 것인지, 진제장에서 굶어 죽은 것인지, 역병 때문에 죽은 것인지 명확하지 않다고 보았기 때문이다.[133] 유리걸식(流離乞食)하는 자들이 날마다 증가하고 기민들이 많이 모이게 되면 병에 전염되어 죽게 될 가능성이 많다고 판단한 세종은 홍제원(弘濟院)에도 진제장을 하나 더 설치하도록 하였다.[134]

그런데 한성부의 보고에 따르면 기민들이 역병에 걸려 죽은 이유는 날씨가 따뜻해졌는데 기민들이 한곳에 모여 있어서 역기(疫氣)에 전염되었기 때문이라고 했다. 이에 세종은 병자들을 활인원(活人院)에 옮기도록 지시했다. 기민들 가운데 병에 걸리지 않은 사람은 본가와 친족이 있을 경우에는 거기에 나누어 주고, 없을 경우에는 수량을 헤아려 무가(巫家)에 나누어 주고 급료를 지급하게 하였으며, 그 나머지 기민들은 진제장의 옆에 분산해서 거처하도록 하였다. 역병에 전염되지 않도록 조처한 것이었다. 세종은 경기도와 하삼도의 경우에도 역기(疫氣)가 있으면 한성부와 같은 조치를 하도록 명했다.[135]

이처럼 진제장에 수용된 기민들이 병에 걸리면 의료 기관인 활인원으로 보내도록 하였다. 이에 진제장에서는 관리하는 기민의 수를 줄이고자 조금이라도 병이 있으면 곧바로 활인원으로 보내고, 활인원에서는 구료에 힘을 쓰지 않아 기민들이 죽게 되는 경우가 있었다. 이에 세종은 2월이 되어 날이 따뜻해졌으니 병든 기민을 활인원에 보내지 말고 진제장 옆에 초막을 지어 옮긴 다음 관무(官巫)와 의녀(醫女)·노비(奴婢)들로 하여금 힘써 구료하게 하라고 한성부에 지시했다.[136]

세종 18년(1436)의 흉년과 그로 인해 발생한 기민 문제를 해결하기 위해 진제장을 운영한 경험은 이후 정부에서 진휼 정책을 시행하는 데 중요한 참고 사항이 되었다. 병자들을 한곳에 거처하게 함으로써 전염병에 걸려 사망자가 늘어나게 해서는 안 된다는 사실을 명확히 인식하는 계기가 되었던 것이다. 이는 세종 26년(1444)의 진제장 운영에 바로 반영되었다. 이때에는 기민들이 서울로 몰려들면 동서활인원(東西活人院)과 각 진제장에 분산하여 거처하게 하고 진휼하도록 했으며, 질병이 있는 자는 다른 사람들과 함께 있지 못하게 하였고, 병자에 대한 의료 대책도 강화하였다.[137]

한성부에서는 봄철에 한해 보제원과 홍제원에 진제장을 설치해서 기민을 진휼하고, 보리와 밀[大麥·小麥]이 익는 때가 되면 날짜를 계산해 식량을 지급해서 원래 살던 곳으로 돌려보내도록 하였다.[138] 그런데 세종 26년에는 한재가 매우 심하고 풍변(風變)까지 겹쳐 윤7월에도 각 도의 기민들이 서울에 모여들어 취식하고 있었다. 이에 봄철의 예에 따라 동쪽[普濟院]과 서쪽[洪濟院]에 진제장을 세워 기민들을 진휼하도록 하였다.[139]

이듬해인 세종 27년(1445) 1월에도 보제원과 홍제원에 동서 진제장을 설

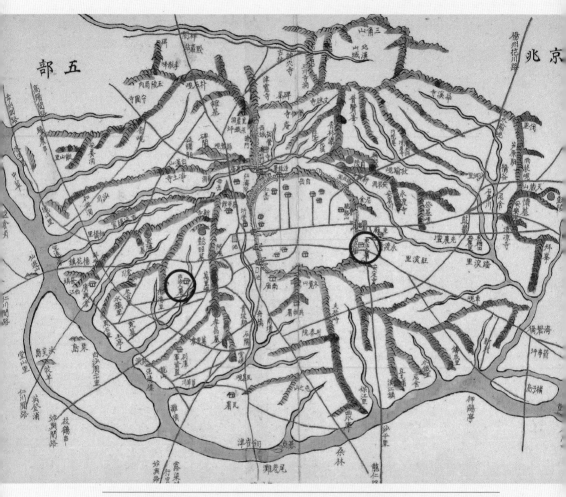

〈그림 39〉 『동여도』의 「도성도」(보물 제1358호)의 동서활인서 (출차: 서울역사박물관)

치하였다. 당시 진제장의 규모는 흙집[土宇] 2칸이었다. 그런데 한성부에서는 원사의 규모를 늘려달라고 요청했다. 기민이 많아져서 모두 수용할 수 없다는 것과 병자가 섞여 있으면 전염병으로 죽게 될 위험이 있다는 것이 그 이유였다. 아울러 진제장마다 의원 한 사람씩을 더 두어서 치료에 임하게 하자고 하였다.[140] 며칠 후의 보고에 따르면 각 진제장에 수용된 기민은 보제원에 67인, 동활인원에 90인, 홍제원에 70인, 서활인원에 48인이었다. 그런데 기민들이 계속 모여들고 있었기 때문에 활인원의 의원들이 시의적절하게 치료를 할 수 없는 지경이었다. 이에 한성부에서는 다시 동서의 두 진제장에 의원을 각각 2인씩 더 두자고 건의하였다.[141]

지방의 의료 환경을 파악하는 것은 전국적인 의료 실태를 이해하는 데 중요한 문제이다. 일반적으로 서울과 비교할 때 지방의 의료 환경은 좋지 않았다. 평안도나 함길도와 같은 변경 지역의 의료 환경은 더욱 열악했다. 세종 15년(1433)의 기록에 따르면 평안도의 강계(江界)·여연(閭延)·자성(慈城)과 함길도의 경원(慶源)·종성(鏡城)·갑산(甲山) 등지에 사는 백성들의 경우 질병에 걸리게 되면 약을 구하지 못해서 목숨을 잃는 경우가 있었다고 한다.[142]

세종 26년(1444) 황해도와 평안도에 여러 가지 악질(惡疾)이 유행하였다. 한 집안이나 마을 전체가 죽는 경우도 있을 정도로 혹심했다. 예조에서는 치료 방법을 강구하지 않을 수 없었다. 그런데 혜민국과 제생원에는 약재가 부족해서 쉽게 얻을 수 있는 약재만으로 약을 지어 보냈기 때문에 치료에 효과를 볼 수 없었다. 중앙에서 질병의 치료를 위해 파견한 의원들에 대한 관리도 제대로 되지 않아서 백성들이 실질적 혜택을 입지 못했다. 이에 예조에서는 의술에 정통한 전의감(典醫監)의 의원들로 하여금 여러 가지 처방을 조사해서 악질에 소용되는 약재를 증세에 따라 마련하도록 하였다. 만약 삼의사(三醫司)에 있는 약재면 곧바로 약을 지어 보내게 하고,

없는 약재는 중국에 가는 사신 편에 가포(價布: 물건 값)를 보내 무역해 오도록 해서 약을 짓도록 하였다. 아울러 황해도와 평안도에 약을 지어 보내는 일을 전담하는 사람이 없었기 때문에 전의감의 참상(參上: 종6품 이상 3품 이하의 관원) 이상으로 두 사람을 뽑아서 사무를 맡기도록 하였다.[143]

세종 29년(1447) 역병이 크게 유행했을 때의 치료 상황은 서울과 지방 간의 의료 격차를 확연히 보여준다. 당시 서울의 활인원에서는 치료된 사람이 10에 8~9가 되었지만, 지방의 경우에는 한 도에서만 사망자가 4천 명에 이르는 경우도 있었다. 세종은 이것이 서울과 지방의 의료 환경 차이 때문이라고 보았다. 서울의 활인원에서는 마음을 다해 치료를 하고 약과 음식을 마땅하게 제공하기 때문에 소생하는 사람이 많은 반면 지방은 이와 같이 할 수 없었기 때문이다.[144]

죄수들은 열악한 의료 환경에 놓이기 마련이었다. 대체로 옥에 수감된 죄수가 병에 걸리면 일가친척 등 도움을 줄 수 있는 사람들이 약품을 사서 구료하는 것이 일반적이었다. 문제는 가난하고 도와줄 사람도 없는 죄수들이었다. 세종 13년(1431)에는 이런 죄수들의 경우 혜민국에서 약품을 지급해서 구료하게 하였다.[145] 세종 19년(1437)에 전옥서(典獄署)에 역기(疫氣)가 크게 치성했을 때도 의원을 정해서 구료하게 하였고, 각종 약제(藥劑)를 혜민국에서 미리 수령하게 함으로써 치료 시기를 놓치지 않도록 조처하였다.[146]

다른 시기와 마찬가지로 세종대에도 질병 치료에 의술만 동원하지는 않았다. 피병(避病)과 주술, 도교와 불교의 종교 행사도 구료의 일종으로 활용되었다. 모친인 원경왕후(元敬王后)가 학질(瘧疾)에 걸리자 세종 자신이 직접 대비를 모시고 피병하면서 도류승(道流僧)으로 하여금 둔갑술을 행하고 도지정근(桃枝精勤)을 베푼 것이나,[147] 양녕대군(讓寧大君)이 학질에 걸렸을 때 어의(御醫)와 주문 읽는 중[呪僧]을 보내 치료하게 한 것,[148] 그리고 태종의 병환이 심해지자 신료들을 사찰에 보내 약사정근(藥師精勤)이나 관음정근(觀音精勤)을 베풀고[149] 수륙재(水陸齋)·나한재(羅漢齋)를 지내거나[150] 거처를 옮겨 피방(避方)한 것[151]이 그 예이다.

악질 등 전염병이 유행할 때는 여제(厲祭)를 거행하기도 했다. 원혼(冤魂)들의 기운이 흩어지지 않고 요얼(妖孼)이 되어 악질이 발생한다고 여겼기 때문이다.[152] 세종 29년(1447) 서울에 돌림병[疫癘]이 크게 유행하여 457명이 사망하게 되자 고려 숙종(肅宗) 때의 고사에 따라 온신(瘟神)에게 제사를 지내게 하였다.[153] 당시 서울의 동서활인원에는 병자가 천여 명에 이르렀다. 이에 한성부에 명해 서울 5부에서 오온신(五瘟神)에게 제사를 지내 역려(疫癘)를 기양(祈禳)하게 하였다.[154] 세종 자신도 다리가 붓는 수종다리[瘇]를 앓을 때 주술하는 소경을 불러 치료하게 한 적이 있다. 수종다리는 양기(陽氣)가 막힌 데서 연유하는 것이므로 주술을 행해서 음기(陰氣)가 속으로 들어오게 하면 음양이 조화되어 병이 낫는 경우도 있다고 믿었기 때문이다.[155]

이상의 내용을 통해서 알 수 있듯이 세종대의 의료 환경은 이전 시기와 마찬가지로 백성들이 의료 혜택을 받을 수 있을 만큼 여건이 좋지 않았다. 대규모 인력이 동원되는 국가사업에서 많은 사람들이 부상과 질병의 위험에 노출되어 있었지만 이에 대한 근본적 대책은 마련되지 못했다. 구료소와 진제장의 운영 과정에서 볼 수 있듯이 정부의 대책은 임시방편적이었다. 서울과 지방 간의 의료 격차도 확연했다. 지방에는 의료 시설과 의원, 약재가 부족했다. 역병이 발생했을 경우 서울과 지방의 사망자는 크게 차이가 났다. 정부는 이와 같은 의료 환경을 개선하기 위해 다각도의 노력을 기울여야 했다.

2. 의료 기관의 정비

2장에서 살펴보았듯이 세종대의 핵심적 의료 기관은 '삼의사'로 불렸던 전의감·혜민국·제생원이었다. 삼의사와 함께 중요한 의료 기관으로 내약 방(內藥房)을 들 수 있는데, 이는 왕실의 의료를 담당하는 기관이었다. 세종 25년(1443)에 이르러 이조에서 내약방은 관계된 바가 지극히 중한데 '약 방'이라 부르고, 그 관원들은 명호(名號)가 없으니 고제(古制)에 어긋난다 고 지적하면서 내약방의 호칭을 내의원(內醫院)으로 바꾸고 관원 16인을 두되, 3품은 제거(提擧), 6품 이상은 별좌(別坐), 참외(參外)는 조교(助敎)라고 호칭하자고 건의하여 허락받았다.[156] 그런데 내의원 의원들은 여러 곳에 불려 다니며 질병을 치료하였으므로 어약(御藥)과 관계된 일에 소홀할까 염려하여 의원 두 사람을 약색(藥色)으로 정하여 다른 업무를 면제하고 어 약에만 전념하도록 하였으나 이들마저 이곳저곳에 파견되는 폐단이 발생 하였다. 이에 다시 별좌 2인을 더 두어 약색과 함께 어약과 관련된 제반 업 무와 내의원의 공무(公務)를 전담하게 하였다.[157]

백성들의 질병을 치료하기 위한 기관으로는 동서활인원이 있었다. 국초 에 고려왕조의 제도를 따라 설치되었던 동서대비원(東西大悲院)은 태종 14년 (1414) 동서활인원으로 명칭을 변경하였다.[158] 세종 원년(1419)에는 동서활 인원에 녹관(祿官) 2인씩을 두고 동활인원은 제생원에서, 서활인원은 혜민 국에서 구료하는 일을 나누어 맡게 하였다. 아울러 구료의 실적을 혜민국 과 제생원의 제조, 차비향상별감(差備向上別監), 녹관들이 고찰하여, 죽은 자 [物故]와 나은 자[差愈], 낫지 못한 자[未差愈]의 수효를 매월 말에 예조에 보 고하도록 하는 절차를 마련했다.[159] 동서활인원의 운영 방침이 새롭게 구체 화된 것은 태종 16년(1416)이었다.[160] 세종 원년의 조치는 그 연장선에서 살 펴볼 필요가 있다. 동서활인원에서 소용되는 중국산 약재[唐藥]의 약값은 제용감(濟用監)에서 지불하였다.[161] 세종 5년(1423)에는 개성유후사(開城留後司)의 건의에 따라 개성에 활인원을 설치해서 병자를 구료하도록 했다.[162]

앞서 살펴본 바와 같이 조선왕조는 흉년에 기민이 발생하면 '진제장'을 설치·운영하였다. 지방에서는 수령이나 감사가 진제장을 설치해서 경내의 백성들과 다른 도에서 유리해 온 백성들을 진휼하였다. 그런데 서울의 경우 한성부의 업무가 많아 구휼을 제대로 하지 못했기 때문에 기민들을 동서활인원에 보내서 구휼하도록 하였다. 세종 17년(1435)의 일이었다.[163] 그런데 동서활인원에 수용된 기민들이 염병을 두려워해서 도망하는 경우도 있었고, 유이민이 많아서 동서활인원에 수용할 수 없는 경우도 있었다. 이에 세종 18년(1436)에는 보제원과 이태원에 따로 진제장을 세워 한성부와 오부(五部)의 관리들로 하여금 검찰하게 하였다.[164] 이듬해 세종은 보제원·이태원·동서활인원 등의 진제장을 관할하는 관리들이 성실하지 않다고 하면서 한성부 오부의 관리들로 하여금 네 곳의 진제장을 나누어 맡게 하라고 호조에 지시했다.[165] 아울러 홍제원에도 진제장을 하나 더 설치하도록 하였다.[166]

세종대의 의료 기관 가운데 한증소(汗蒸所)나 온정(溫井)과 같이 일반민들이 활용했던 것들이 주목된다. 세종 4년(1422) 8월에 세종은 한증소가 유익한 것인지를 예조에 물었다. 병자들이 땀을 내면 병이 낫는다고 하여 한증소에 찾아오는데 간혹 사망자가 발생하니 그것이 좋은 것인지 나쁜 것인지를 널리 물어보아, 한증이 무익한 것이라면 폐지하고, 만약 질병 치료에 이로운 것이라면 좋은 의원을 선발하여 매일 가서 살펴보도록 하라고 지시했다. 병자의 증세를 진단하여 땀을 낼 만한 것이면 한증하게 하고, 병이 심하고 기운이 약한 자는 안정을 찾을 수 있게 하기 위함이었다.[167] 예조에서는 동서활인원과 서울 안의 한증소에서 승려[僧人]가 병의 증상을 묻지도 않고 모두 땀을 내게 하여 왕왕 사람을 죽이는 데까지 이르게 되는 경우가 있다고 하면서, 한증소를 문밖[門外]의 한 곳과 서울 안의 한 곳에 두고, 전의감·혜민국·제생원의 의원을 한 곳에 두 사람씩 차정(差定)해서, 환자의 증세를 진단하여 땀을 낼 만한 사람에게는 땀을 내게 하되, 상세히 살피지 않아서 사람을 상하는 데 이르게 되면 의원과 승려를 모두 논죄하자고 건의하였다. 세종은 이러한 예조의 건의를 수용하면서 동서활인원과 서울 안의 한증소는 예전대로 두라고 하였다.[168]

세종 11년(1429)에는 동활인원에서 한증목욕실(汗蒸沐浴室)의 증축을 요청해서 허락받았다. 기존의 한증목욕실이 너무 좁다는 것이 이유였다. 이에 대선사(大禪師) 일혜(一惠) 등은 존비(尊卑)·남녀를 구분해서 한증목욕실 세 곳을 더 짓고 석탕자(石湯子: 욕탕)를 설치하려고 했던 것인데, 자금이 부족하자 풍저창(豐儲倉)의 쌀 1백 석과 전농시(典農寺)의 면포(綿布) 1백 필을 빌려달라고 요청했던 것이다.[169] 정부에서는 한증소에 필요한 땔감과 숯을 수송하기 위해 필요한 선박도 지원하였다.[170]

한증소와 관련하여 주목되는 것이 세종 9년(1427) 4월에 설립된 '한증보(汗蒸寶)'이다. 당시 한증승(汗蒸僧)인 대선사 천우(天祐)·을유(乙乳) 등은 한증으로 병자를 치료하는 것도 인정(仁政)의 한 가지라고 하면서, 시주를 받아 한증을 위한 욕실을 증설하였는데 가난한 병자들이 땔나무를 마련하기도 어렵고 죽을 쑤어 먹거나 소금, 간장을 마련하는 일도 쉽지 않다고 하면서 정부에서 자금을 지원해주면 그것을 밑천 삼아 '보(寶)'를 만들어 병자들을 구제하겠다고 건의했다. 이에 정부에서는 쌀 50섬과 무명 50필을 제공해주고, 의원 한 사람을 파견하여 그들의 구료 행위를 지원하게 하고 1년마다 교대하도록 조처하였다.[171]

세종 27년(1445)에는 묵사(墨寺)의 승려들이 한증하고 목욕하는 기구를 수리해줄 것을 요청하였다. 당시 예조를 비롯한 정부에서는 이미 동서활인원에 한증소를 설치하여 질병을 치료하고 있고, 묵사는 서울 한복판에 위치하여 승려들이 거처하기에 마땅하지 않으며, 한증과 목욕은 본래 특이한 효험이 없다고 하면서 묵사를 훼철하도록 하였다. 묵사의 한증·목욕하는 도구와 설립한 보(寶)의 미포(米布)는 동서활인원에 나누어 주고, 소속 노비는 형조로 하여금 처리하게 하였고, 묵사의 재목과 기와는 왜관(倭館)을 보수하는 데 사용하도록 하였다.[172] 묵사에서 한증소를 운영하게 된데에는 묵사가 세종 초부터 일본 사신단을 수용하는 객사의 역할을 했던 것과도 관련이 있다고 여겨진다.[173] 아울러 당시 민간에서 질병 치료에 한증·목욕 요법을 널리 활용하고 있었지만 정부에서는 그 효용성에 대해서 회의적이었음도 알 수 있다.

한증소와 유사한 기구로 온정을 들 수 있다. 지방의 온정이 있는 곳에는 목욕을 통해 질병을 치료하고자 하는 사람들이 많이 모여들었다. 특히 황해도 평산군(平山郡)[174]과 충청도 청주의 온수현(溫水縣)[175] 두 곳의 온정이 대표적이었다. 세종 9년(1427) 8월 정부에서는 의창(義倉)의 예에 따라 온정 옆에 곡식 200~300석을 쌓아두고 잔질(殘疾)이 있는 사람들을 진휼하는 방법을 논의하였다.[176] 곧이어 9월에는 예조에서 서울과 지방의 온정에서 병자를 구료하는 사의(事宜)를 마련하였다. 그에 따르면 온정의 관리는 그 근처에 거주하는 자비심을 갖춘 한량인(閑良人)이나 승려를 감고(監考)로 삼아 맡기고, 온정에 모이는 병자의 숫자를 헤아려 미두(米豆)를 공급해서 보(寶)를 만들고, 감고색장(監考色掌)에게 이를 관리하게 하였다. 병자가 거처하는 집의 수리 등에 필요한 비용은 고을에서 공물(公物)로써 공급하게 하고, 보의 운영과 병자의 구료 상황은 수령으로 하여금 감독하게 하였으며, 보의 비용은 미두 200석(石)을 넘지 못하도록 하였다.[177] 온정의 관리 규정은 『경국대전』에 명문화되었다.[178]

세종을 비롯한 왕실과 관료들도 온정을 이용하였다. 세종 15년(1433) 3월 25일 세종은 서울을 출발하여 온수현의 온정으로 향했다.[179] 3월 28일

온정에 도착한[180] 세종 일행은 20여 일을 온정에 머물다 4월 20일 환궁 길에 올라[181] 4월 23일 도성에 들어왔다.[182] 이 과정에서 세종은 온정의 감고 박생후(朴生厚)와 목욕법에 대해 문답하였다. 박생후는 오랫동안 온정에 거주해서 목욕의 이해(利害) 관계를 깊이 헤아리고 있는 사람이었다. 세종은 욕법(浴法)에 대한 그의 대답이 조리가 있었고, 의서를 참고해보니 틀림이 없었다고 평가했다.[183]

세종은 자신이 환궁한 후의 온정 관리법을 충청도 감사에게 지시했다. 그에 따르면 온정의 정청(正廳)과 동서 침실, 남북의 상탕자(上湯子)는 모두 봉쇄하고, 그 나머지 건물[間閣]에는 사람들이 들어와서 목욕하는 것을 허락하도록 했다. 남북의 차탕자(次湯子)는 사족(士族) 남녀들에게 목욕하게 하고, 남북의 빈 곳의 탕자(湯子)에는 집을 짓고, 월대(月臺) 아래 온수가 솟아나는 곳에도 우물을 파고 집을 지어 대소 남녀들이 모두 목욕할 수 있도록 하였다.[184]

신료들 가운데는 욕실이나 온정을 설치해서 질병을 치료하자고 건의하는 사람들이 있었다. 세종 11년(1429)에는 통신사(通信使) 박서생(朴瑞生)이 일본의 경우를 예로 들면서 욕실을 설치하여 화폐 유통을 활성화하자고 건의했다. 일본은 목욕 문화가 발달해서 여염에도 여러 군데 욕실이 있고, 사람들이 돈을 내고 목욕을 한다는 점에 착안하여, 제생원·혜민국·왜관·한증(汗蒸)·광통교(廣通橋) 등과 외방의 의원(醫院) 등 사람들이 많이 모이는 곳에 모두 욕실을 설치해서 사람들로 하여금 돈을 내고 이용하게 하자고 하였다.[185] 세종 30년(1448)에는 전라도 감사가 무장현(茂長縣)의 염정(鹽井)에 욕실을 설치할 것을 건의해서 허락받았다. 목욕으로 사람들의 질병을 치료할 수 있다고 보았기 때문이다.[186]

3. 의료 인력의 양성

세종대에는 의료를 담당하는 의원들을 양성하기 위한 여러 정책도 시행되었다. 조선왕조는 건국 초부터 의관들로 하여금 백성의 질병을 적극적으로 치료하도록 권장하였다. 태조 원년(1392) 사헌부(司憲府)에서 수판(受判: 임금의 명령[判旨=敎旨]을 받음)한 내용에 따르면 의관(醫官)을 설치한 목적은 질병을 구료하기 위한 것이니, 신분적 귀천을 막론하고 와서 병을 신고하면 바로 가서 치료해주어야 하고, 만일 제 몸을 무겁게 여겨 가지 않을 때에는 어떤 사람이라도 사실을 고발하게 하여 엄중히 법으로 다스리라고 하였다.[187] 그런데 실제로 이러한 지시는 잘 지켜지지 않은 듯하다. 세종 2년(1420)에 『원육전(元六典)』과 『속육전(續六典)』에 수록되어 있는 판지(判旨: 임금의 명령)를 관리들이 받들어 시행하지 않는다고 하면서 위 조항을 다시 언급하고 있기 때문이다.[188] 이와 같은 문제는 세종 3년(1421)에도 다시 거론되었다. 이조에서 보고한 내용에 따르면 의학을 공부하는 자들[業醫者]이 방서(方書)만 읽고 기예를 시험 쳐서 진급하는[考藝進級] 데만 힘을 쓰고, 병을 다스리는 데는 마음을 쓰지 않는다고 하였다. 이에 이조에서는 질병 치료의 다소(多少)를 함께 참작해서 서용(敍用)하자고 건의했다.[189] 세종 자신도 의원들이 술업(術業)에 익숙하지 않는 것을 염려하여 이효지(李孝之) 등 몇 사람에게 명해 궁중에서 처음으로 의서를 읽게 하였다.[190] 세종은 의술은 인명을 치료하는 것이기에 매우 중요하며,[191] 의술이 정밀해지기 위해서는 방서를 자세히 참고해야 한다고 생각했던 것이다.[192]

의학교수관(醫學敎授官)의 설치에 대한 논의는 태조 2년(1393) 전라도안렴사(全羅道按廉使) 김희선(金希善, ?~1408)의 건의에서 비롯되었다. 김희선은 외방에는 의약에 정통한 사람이 없다고 지적하면서 각 도에 의학교수(醫學敎授) 한 사람을 파견하자고 하였다. 지방의 계수관(界首官)마다 의원을 하나씩 설치하고, 양반의 자제들을 선발해서 생도(生徒)로 삼고, 그 가운데 글을 알고 신중한 사람을 뽑아 교도(敎導)로 정해서 『향약혜민경험방(鄕藥惠民經驗方)』을 학습하도록 하고, 교수관(敎授官)으로 하여금 의원을 순방하면서 학업을 권장하게 하자는 것이었다. 또 채약(採藥) 정부(丁夫)를 의원에 소속하게 하고 때맞추어 약재를 채취해서 처방에 따라 약을 제조하게 함으로써 병자가 생기면 곧바로 구료할 수 있게 하자고 건의했다.[193] 『향약혜민경험방』은 고려 공민왕 때 혜민국에서 펴낸 처방집으로 추정되고 있다.[194] 태조 6년(1397)에 각 도 감사에게 의학교수관의 능력을 조사해서 보고하게 한 것을 보면 이 제도가 시행되었음을 알 수 있다.[195] 태종 7년(1407)에는 제주에서도 의학교수관을 설치해줄 것을 요청해서 승낙받았다.[196] 태종 16년(1416)에 이르러 의학교수관은 의학교유(醫學敎諭)로 그 명칭이 변경되었다.[197]

세종 3년(1421)에는 각 도의 의학교유가 그 맡은 바 임무를 수행하지 않고 감사에게 아부하는 폐단이 있다는 지적이 나왔다. 이에 따라 사헌부로 하여금 감찰하게 하였고, 어기는 자가 발생하면 감사도 함께 처벌하도록 하였다.[198] 세종 13년(1431)에는 제주도의 의학교유 제도를 개선하는 조치가 취해졌다. 이조의 보고에 따르면 제주도 사람들은 의술에 정밀하지 못해 병자를 치료하기 어려운 실정이었고, 의학교유는 1년 주기로 교체되었다. 대체로 의학교유는 임명된 지 3~4개월 후에 부임하였으므로 7~8개월만에 훈도의 임무를 다하기 어려웠다. 이에 이조에서는 수령이나 교수관처럼 의학교유의 임기를 30개월로 하고, 안무사(按撫使)로 하여금 그가 생도들을 교육시킨 공과와 치료한 병자의 숫자를 고려해서 포폄하도록 하며, 능숙한 자는 경직(京職=京官職: 중앙 각 관아의 벼슬)에 서용토록 하자고 건의하였다.[199]

세종 16년(1734)에 이르러 다시 의학교유의 문제점이 거론되었다. 공조참의(工曹參議) 장우량(張友良)의 상언이 계기였다. 그는 경상우도의 선군(船軍)들이 의료 혜택을 받지 못하는 문제점을 지적하였다. 그는 경상우도 선군의 숫자는 수영(水營)에 1천여 명, 각 포(浦)에 5~6백 명이나 되는데, 해변에는 종독(瘇毒)이 매우 심하고 상한(傷寒)과 온역(溫疫)에 걸린 자도 백수십 명이고, 두통과 복통에 시달리는 자도 매우 많다고 하였다. 이들의 치료는 부근 각 고을의 의학생도들이 담당했는데 의학 지식이 부족해서 소기의 성과를 달성할 수 없었고, 중앙에서 나라의 제도에 따라 의학교유를 파견하고 있었지만 한 도의 60여 고을을 순행하기도 벅차서 여러 섬까지 들러보며 선군을 구료할 여가가 없었다. 이에 장우량은 전의감원 1명을 파견하여 제약과 구료를 담당하게 하자고 건의했다. 이에 예조에서는 전의감·혜민국·제생원의 전직 관리[前衙]와 권지(權知: 임용 대기 중인 관원) 가운데 쓸 만한 사람을 각 도에 1명씩 파견하여 순행하면서 구료하게 하고, 1년 단위로 교체하는 방안을 제시했다. 아울러 연말에 그들이 치료한 환자의 숫자에 따라 상벌을 행하자고 하였다.[200]

지방에서 질병이 발생하면 조정에서는 그 도를 담당하는 의학교유로 하여금 향약을 채취해서 질병을 치료하도록 하였다.[201] 그러나 함길도처럼 면적이 넓고 길이 험한 곳은 의학교유 한 사람이 감당하기 어려웠다.[202] 따라서 의학교유와 의학생도만으로 지방 사회의 의료 상황을 타개하기는 현실적으로 어려웠다. 때문에 지방에서는 전염병이 발생하거나 기타 위기 상황이 초래되었을 때 중앙에 명의(名醫)의 파견을 요청하기도 했다. 도내의 의학교유나 의학생도들에게 구료의 방법을 전파하기 위해서였다.[203] 실제로 세종 20년(1438) 2월에는 전의부정(典醫副正) 김여생(金麗生)을 황해도에 보내 황주(黃州)와 봉산(鳳山) 등지의 악질(惡疾)을 치료하게 하였다.[204]

조선왕조에서는 여성의 질병을 치료하기 위해서 의녀의 양성과 교육도 중요시했다. 어린 여자아이[童女]에게 의약을 가르치기 시작한 것은 태종

6년(1406)부터였다. 당시 검교한성윤지제생원사(檢校漢城尹知濟生院事)인 허도(許衜)는 부인들이 남자 의원에게 진료받기를 꺼려 죽음에 이르는 경우가 있다고 하면서 창고(倉庫)나 궁사(宮司) 소속의 동녀(童女) 수십 명을 선발해서 맥경(脈經)과 침구법(針灸法)을 가르쳐서 부인들의 질병을 치료하게 하자고 건의하였다. 이 건의가 받아들여져 의녀를 양성하기 시작했으며, 제생원에서 그 사무를 관장하였다.[205] 태종 18년(1418)에는 제생원의 건의에 따라 의녀의 숫자를 10명 더 늘렸다.[206]

세종 4년(1422) 11월에는 제생원의 의녀훈도관(醫女訓導官)이 부지런한가 게으른가[勤慢], 의녀들이 학업을 익히는 데 능한가 능하지 못한가[能否]를 예조와 승정원에서 항상 고찰하라고 전교하였다.[207] 이는 의녀의 능력을 향상하기 위한 조치로 보인다. 세종 5년(1423) 3월에는 제생원의 의녀 가운데 젊고 총명한 3~4인을 뽑아서 교육을 더 시켜 문리(文理)에 통하게 하라고 지시하고, 의영고(義盈庫) 부사(副使)인 박연을 훈도관으로 삼아 교육을 전담하게 하였다.[208]

같은 해 11월에는 허도가 서울뿐만 아니라 지방 각 도에도 의녀를 양성하자는 건의를 올렸다. 그는 지방 계수관의 관비(官婢) 가운데 영리한 여자아이를 뽑아서 서울로 보내 침구술(針灸術)과 약품 조제법을 익히게 한 다음 지방으로 돌려보내 부녀자의 질병을 치료하도록 하는 방안을 제시하였다.[209] 태종 6년 의녀를 양성하자는 허도의 요청에 따라 서울의 의사(醫司)에 의녀를 두었고, 세종조에 이르러 서울의 의녀 수는 증가했지만 지방에는 아직까지 의녀가 없었음을 알 수 있다. 허도의 요청에 따라 우선적으로 충청·경상·전라도 계수관의 관비 가운데 15세 이하 10세 이상의 영리한 계집아이를 각각 2명씩 뽑아서 선상여기(選上女妓: 지방에서 중앙으로 선발하여 올려 보내는 기생)의 예에 따라 봉족(奉足)을 지급하고, 제생원에 보내 그곳의 의녀와 함께 교육을 받게 하는 조치가 취해졌다.[210] 외방선상의녀(外

方選上醫女)의 교육은 제생원 의녀와 마찬가지로 의방(醫方)을 가르치기에 앞서 『천자문(千字文)』, 『효경(孝經)』, 『정속편(正俗篇)』 등의 책을 교습해서 문자를 해득하게 하였다.[211]

중앙의 각 관청에는 월령의(月令醫)가 파견되었다. 세종 20년(1438) 예조의 보고에 따르면 당시 혜민국에는 전직[前銜]과 권지가 모두 30명이었는데, 이 가운데 각 관청에 배정된 월령의는 24명이었다. 예조에서는 이들을 제외한 6명으로는 약품의 조제와 판매 업무를 감당하기 어렵다고 판단하여 사역원의 월령의는 형조(刑曹)의 월령의로 겸직하게 하고, 전옥서의 월령의 2명은 1명으로 감하고, 군기감(軍器監)의 월령의는 서부(西部) 소속의 의원으로 겸임하게 하고, 훈련관(訓鍊觀)의 월령의는 남부(南部) 소속의 의원으로 겸하게 하자고 건의하여 허락받았다.[212]

세종 21년(1439)에는 형조에서 전옥서 월령의 제도의 개선을 요청하였다. 전옥서의 월령의를 모두 권지로 차정해서 파견하는데 질병의 증세를 제대로 파악하지 못할 뿐만 아니라 호조에 이문(移文)해서 약재를 받아오는 데도 더디다고 하면서, 혜민국과 제생원의 녹관과 권지 가운데 의업에 정통한 자를 월령의로 임명해서 병든 죄수가 있으면 약재를 가지고 와서 즉시 치료하게 한 다음 그 숫자를 이문하게 하자고 하였다.[213]

이와 같은 월령의 제도는 『경국대전』에 명문화되었다. 『경국대전』에 따르면 서울의 경우 병든 사람이 오부(五部)에 신고하면 즉시 월령의를 파견하여 치료하도록 하였고, 의금부(義禁府)·성균관(成均館)·전옥서에는 각각 월령의 1명을 차정(差定)해서 여러 유생(儒生)과 죄수들의 질병을 치료하게 하였다.[214]

의정부(議政府)와 육조(六曹) 등 중앙의 주요 기관에도 관료들의 질병을 치료하기 위한 의원들이 배치되었다. 세종 11년(1429)에는 예조의 건의에 따라 의정부와 마찬가지로 육조에도 의원 1명과 조교 2명을 배치하였다.[215] 실제로 서울 안의 2품 이상의 관리가 질병에 걸리면 의원으로 하여금 진찰하게 하고, 삼의사에서 구입할 수 없는 약은 적당히 하사해주도록 하였다. 또 3품 이하의 관리가 병에 걸릴 경우 예조에 보고하면 소속 의원으로 하여금 치료하도록 하였다.[216]

세종 16년(1434)에는 해도(海道)에도 의원을 파견하였다.[217] 해도의 의원은 각 도의 의학교유의 예에 따라 제수되었는데,[218] 세종 18년(1436)에 이르러 유명무실하다는 이유로 폐지되었다. 해도의 의원들이 항상 처치사(處置使=水軍都按撫處置使)[219]의 군영에 머물기 때문에 며칠씩 걸리는 노정에 있는 포(浦)나 곶(串)의 병든 군사를 구료하지도 못하면서 녹봉[廩祿]만 낭비하고 있다는 판단에서였다.[220]

세종대에는 의생뿐만 아니라 무당과 박수[巫覡]들도 질병 치료에 동원되었다. 세종 11년(1429)에는 각 고을의 민호를 가까이 사는 무격에게 나누어 맡기고 만약 열병(熱病)을 앓는 가호가 발생하면 수령이 의생과 무격으로 하여금 살펴서 구료하게 하였다. 사람을 많이 살린 무당들의 경우에는 연말에 세(稅)를 감해주거나 부역을 덜어주는 혜택을 주기도 했다.[221] 무격을 의료 행위에 동원하는 규정은 『경국대전』에 명문화되었다. "무릇 무격은 서울에서는 본조(本曹: 禮曹)가 장적(帳籍)에 기록하여 활인서(活人署)에 분속하고, 지방에서는 본읍(本邑)이 장적에 기록하여 병든 사람을 치료하게 한다"는 규정이었다.[222]

조선 초부터 기예(技藝) 교육의 중요성을 염두에 두고 하급 문신 가운데 젊은이들을 선발해서 각종 기예를 교육하고자 하였다. '십학(十學)', '칠학(七學)' 등의 제도가 그것이었다. 그러나 이러한 시도는 큰 성과를 거두지 못했다. 양반들이 기예 분야에 종사하는 것을 천시했기 때문이다. 세종대에도 지체 있는 집안의 자제로서 젊고 총민한 사람을 뽑아 의학을 익히게 하고자 하였으나 이들의 기피로 말미암아 효과가 없었다. 세종 27년

(1445)에 대리청정하고 있던 세자는 등과(登科)한 자들에게 의학을 익히게 하는 방법을 타진했으나 황수신(黃守身, 1407~1467)의 반응은 부정적이었다. 예전에 등과한 자를 한학(漢學) 강이생(講肄生)에 임명하였으나 성과가 없었다는 것이 그 이유였다.[223]

4. 의서의 편찬과 보급

세종대에는 각종 의서의 간행이 활발하게 이루어졌고, 다양한 의서가 편찬되었다. 의서의 편찬과 간행, 보급은 의료 인력의 교육을 위한 교재의 편찬, 의학 지식의 전파, 의학 이론과 약방의 정리 및 집성 등 다양한 목적을 지니고 있었다. 세종대에 편찬된 대표적 의서로는 세종 15년(1433)에 완성된 『향약집성방(鄕藥集成方)』과 세종 27년(1445)에 완성된 『의방유취(醫方類聚)』가 거론된다. 전자는 조선의 향약으로 치료 가능한 처방들을 집대성한 의서이고, 후자는 중국과 우리나라에서 편찬된 기존 의서를 최대한 수집해서 그 내용을 91개의 병문(病門)으로 나누어 병증에 따라 분류 편찬한 거질의 의서였다. 이 두 책이 세종대 의학사에서 차지하는 역사적 가치에 대해서는 두말할 필요가 없다. 이에 대해서는 장을 달리해서 상세하게 정리하기로 하고, 여기에서는 여타 의서의 편찬과 보급에 대해서 살펴보기로 한다.

세종 13년(1431)에는 전의감의 요청에 따라 전의감에 소장되어 있는 『직지방(直指方)』·『상한유서(傷寒類書)』·『의방집성(醫方集成)』·『보주동인경(補註銅人經)』을 간행하였다. 당시 이 책들은 중국본[唐本] 1건씩만 있어서 전의감의 여러 생도들이 보기 어려웠기 때문에 주자소(鑄字所)로 하여금 인쇄해서 지급하도록 했던 것이다. 『보주동인경』의 경우에는 도형이 있어서 금속활자[鑄字]로 인쇄하기 어려웠기 때문에 경상도에서 목판으로 인쇄하고 나머지 책은 금속활자로 50건씩 인쇄하여 전의감·혜민국·제생원에 나누어 주도록 하였다.[224] 이 책들은 세종 12년(1430) 상정소(詳定所)에서 올린 「제학취재경서제예수목(諸學取才經書諸藝數目)」에 따르면 의학 분야의 취재용 교본에 모두 수록되어 있는 책들이었다.[225] 따라서 이 책자의 간행은 의학생도들의 교육을 위한 목적에서 이루어졌음을 알 수 있다.

의서의 보급은 지방의 의학생도들을 교육하기 위해서, 또는 지방에서 발생한 질병을 치료하기 위한 목적에서 이루어졌다. 세종 11년(1429)에는 제주도에 의서 17건을 보내면서 의생(醫生)들을 교육하여 질병을 치료하도록 지시했고,[226] 세종 24년(1442)에는 함길도의 새로 설치된 고을에 『보주동인

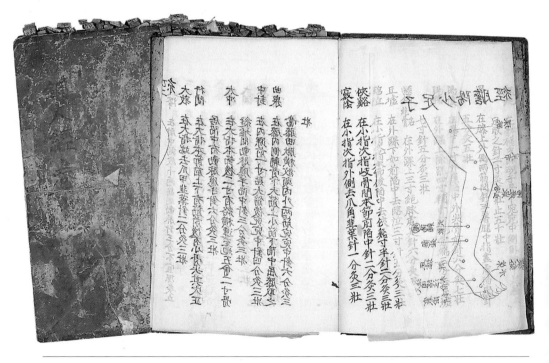

〈그림 40〉 『동인경』 (출처: 국립민속박물관)

경』·『향약집성방』·『본초(本草)』,『화제(和劑=和劑方)』 등의 의방을 보내서 생도들을 가르치게 하였다.[227] 세종 31년(1449)에 함길도에 『동인경(銅人經)』과 『맥경(脈經)』을 반사한 것도 그러한 사례에 속하는 것으로 보인다.[228]

지방에 역질(疫疾)이 발생할 경우에는 구체적인 의방(醫方)을 보내기도 했다. 세종 원년(1419)과 세종 6년(1424)에는 각 도에 향소산(香蘇散)·십신탕(十神湯)·승마갈근탕(升麻葛根湯)·소자호탕(小柴胡湯) 등의 처방을 보내 병자를 구료하게 하였다.[229] 세종 16년(1434)에는 외방의 전염병[疾疫]을 구료하기 위해 널리 의방을 초록해서 서울과 지방에 보냈고,[230] 세종 17년(1435)에는 평안도 감사가 도내에 입보(入保)한 인민들의 질병에 약재와 의방을 요청하니 지급하였다.[231] 세종 29년(1447)에 역질이 발생해서 서울의 동서활인원에는 병자가 천여 명에 이르자[232] 역질에 걸린 사람을 치료하는 방법을 서울과 지방에 널리 알려주었다.[233]

세종대 의학의 발전에서 주목되는 분야의 하나가 이른바 법의학(法醫學)이다. 이와 관련해서 원(元)대 왕여(王與)가 편찬한 『무원록(無寃錄)』이 중요하다. 『무원록』은 고려후기에 전래된 이래로 치사(致死) 사건의 처리에서 중요한 참고 자료였다. 세종 12년(1430) 상정소에서 올린 「제학취재경서제예수목」에서는 율학(律學)의 취재 과목으로 『무원록』이 포함되어 있었고,[234] 『경국대전』에 따르면 『무원록』은 율과의 초시와 복시의 강서(講書) 과목 가운데 하나였다.[235]

세종 20년(1438) 11월 최치운(崔致雲, 1390~1440), 이세형(李世衡), 변효문(卞孝文), 김황(金滉) 등이 왕명을 받들어 『신주무원록(新註無寃錄)』을 편찬하였다. 최치운 등은 홍무 17년(1384) 명에서 간행된 왕여의 『무원록』 중간본(重刊本)을 저본으로 삼아 『세원록(洗寃錄)』, 『평원록(平寃錄)』 등의 다른 책들을 널리 상고하여 상세히 주석을 달고 음훈(音訓)을 병기하였다. 세종은 그 이듬해인 세종 21년(1439) 봄 강원도관찰사(江原道觀察使)인 유효통(俞

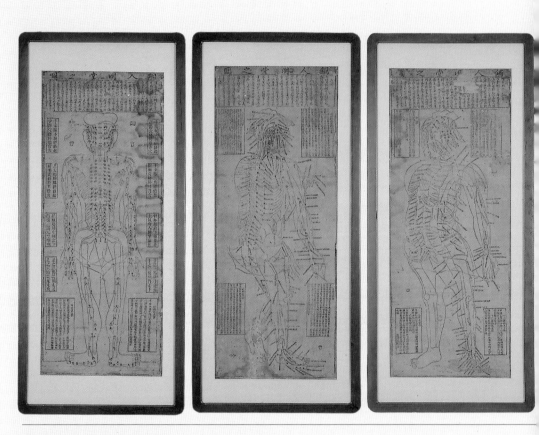

〈그림 41〉 「동인도」 (출처: 국립민속박물관)

孝通)에게『신주무원록』을 인쇄하여 전국에 배포하도록 명했고, 이에 유효
통은 장인들을 모집하고 재료를 모아 원주에서 책의 인쇄에 착수하였다.
그런데 유효통이 집현전 부제학(副提學)으로 자리를 옮기면서『신주무원
록』의 간행 사업은 후임자인 최만리(崔萬理)가 맡게 되었다. 최만리는 세종
21년 가을부터 간행 작업에 박차를 가하여 이듬해인 세종 22년(1440) 봄
에『신주무원록』을 출간하였다.[236]

그런데 원주에서 간행된『신주무원록』은 전국적 보급에는 한계가 있었
던 것으로 보인다. 세종대에 다른 지방에서도『신주무원록』을 간행한 사
례가 보이기 때문이다. 손조서(孫肇瑞)의 기록에 따르면 유효통이 강원감사
시절에 원주에서 간행한『신주무원록』을 영남 지역의 군현에서는 찾아보
기 쉽지 않았다. 이에 세종 29년(1447) 경주부윤 정
발(鄭發)과 통판(通判=判官)인 박연세(朴延世)가『신
주무원록』을 간행했다고 한다. 손조서는『신주무
원록』을 '법관(法官)의 규구(規矩)'라고 평가했다.[237]
선조 대에 간행된『고사촬요(攷事撮要)』의 책판 목
록에 여러 종의『신주무원록』판본이 보이는 것은
이 책이 여러 차례 간행되었다는 증거이며, 중앙과
지방의 율관들에게 필수적 지침서로 널리 활용되
었음을 보여준다.

『신주무원록』의 간행과 관련해서 주목해야 할
문서가 「검시장식(檢屍狀式)」이다. 세종 21년(1439) 2
월에 세종은 한성부에 명해 「검시장식」을 간행하
게 하고, 아울러 각 도 관찰사와 제주 안무사에게
명해 간판모인(刊板摸印)해서 도내 각 고을에 반포
하게 했다.[238] 당시에 강원도 원주에서는『신주무원

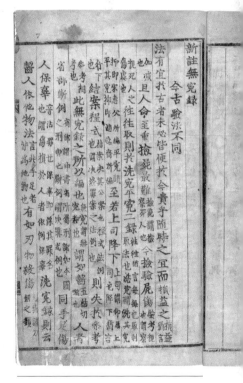

<그림 42> 『신주무원록』 (출처: 규장각한국학연구원)

록』의 인쇄 사업이 진행되고 있었다. 최만리가 작성한 『신주무원록』 발문에 따르면 세종은 문신들에게 명해 '고주무원록(古註無寃錄)'에 상세히 훈석(訓釋)을 가하게 하는 한편 '검시격례(檢屍格例)'와 '법식(法式)'을 추출하여 별도의 표를 만들게 하였다고 한다.[239] 이것이 바로 「검시장식」이었다. 요컨대 「검시장식」은 『무원록』의 '검시격례'와 '법식=시장식(屍帳式)'을 추출해서 표 형식으로 간행한 것으로, 시체를 조사하러 나간 검시관이 기록할 검시 내용을 한 장의 표에 일목요연하게 정리한 '시장식(屍帳式)'이었던 것이다.

세종 24년(1442) 형조에서는 지금 간행된 「검시규식(檢屍規式)」에 따라 서울과 지방 모두 일률적인 검시를 실시하자고 건의했다. 그 내용은 "초검관(初檢官)은 서울에서는 각각 그 부(部)의 관리가 하고, 지방에서는 그 소재지 고을의 수령이 하며, 복검관(復檢官)은 서울에서는 한성부 관리가 하고, 지방에서는 인근의 수령이 한다"는 원칙과 "지방에서 인근 고을의 관리가 만약 본관(本官)의 통첩(通牒)을 받았을 때는 빨리 가서 검험하는 것을 항식(恒式)을 삼는다"라는 주석이었다.[240] 따라서 「검시규식」은 「검시장식」을 가리키는 것임을 알 수 있다.

세종 28년(1446) 5월에는 의정부에서 형조의 정문에 의거하여 「검시장식」의 시행 방법을 아뢰었다. 그에 따르면 형조에서 「검시장식」을 간행하여 순서대로 일련번호를 매기고[印出字號] 관인(官印)을 찍어서[施行踏印], 한성부와 각부(各部)에 나누어 보내 분명히 치부(置簿)하도록 하고, 5부(部)에서 초검(初檢)한 뒤에 「검시장(檢屍狀)」을 형조에 직보하고, 또 한성부가 복검(復檢)해서 그 「검시장」을 형조에 이첩하면, 상복사(詳覆司)에서 초검과 복검의 「검시장」 내의 같고 다른 점을 상고해서 시행하는 일을 맡도록 한다는 것이었다.[241]

『신주무원록』의 서문을 지은 유의손(柳義孫, 1398~1450)은 이 책을 세종의 인정(仁政)과 관련된 것으로 평가했다.[242] 법의 집행에서 억울한 백성이

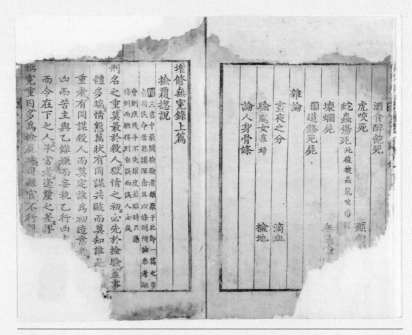

〈그림 43〉『증수무원록』 (출처: 규장각한국학연구원)

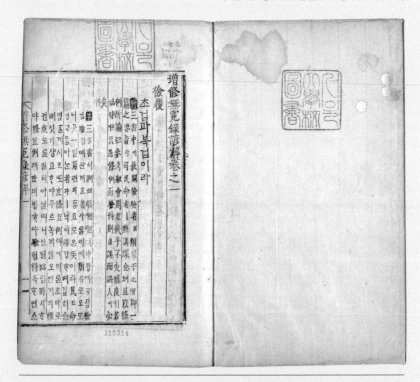

〈그림 44〉『증수무원록언해』 (출처: 규장각한국학연구원)

하려는 『무원록』의 정신을 계승하고 있다고 보았던 것이다. 『무원록』의 법의학 정신은 『신주무원록』을 거쳐 조선후기의 『증수무원록(增修無冤錄)』으로 계승·발전되었고, 『무원록』은 조선 법의학의 지침서로서 꾸준히 활용되었다.

'농업기상학'의 발전

조선왕조의 기간산업은 농업이었다. 농업에 영향을 끼치는 자연적 요소로
햇볕, 물(강우량), 바람을 들 수 있다. 농업 생산은 기후 조건의 영향을 받
는다. 농업과 밀접한 관계를 갖는 기후 조건을 흔히 '농업기후(agroclimate)'
라고 할 정도로 농업 생산은 기후 조건의 영향을 받는다. 세종대에는 농
업을 진흥하기 위한 다양한 정책이 시도되었다. 강우량의 측정을 위한 측
우기(測雨器), 하천의 수위를 측정하기 위한 수표(水標), 그리고 풍향과 풍속
등 바람의 변화를 측정하기 위한 풍기(風旗) 등의 기구가 고안·발명된 것
은 '농업기상학'[243]과 관련해서 생각해볼 필요가 있다.

　이와 같은 기구들은 우리나라의 농업 환경과 밀접한 관련이 있다. 한반
도의 강우량은 여름철에 집중되어 있고 계절과 지역에 따라 변화가 크기
때문에 농업 생산을 안정적으로 유지하기에는 어려움이 있다. 이는 전근
대사회에서도 마찬가지였다. '우기의 편재'와 '강우량의 지역적 차이'라는
자연적 조건은[244] 농업 생산을 안정적으로 유지하기 위해서 반드시 해결
해야 할 문제였다. 이를 극복하기 위해서는 우기를 예측할 수 있는 방안과

그 대비책이 필요했을 것이다. 강우량의 지속적 측정과 기록은 이러한 사회적 요구를 배경으로 시행되었다.

1. 측우기의 발명

옛날에도 강우량을 측정하는 방법은 있었다. 조선 초기에는 땅속에 스며든 빗물의 깊이를 측정했다. 각 도의 감사(監司)가 강우량을 집계해서 호조에 보고하면 호조에서는 이것을 정기적으로 집계·기록하였다. 이와 같은 강우량 측정법은 아마도 이전 시기부터 이용해왔던 것이었으리라 추정된다. 그런데 이 방법은 토성(土性)—건조한 땅인가, 습한 땅인가—에 따라 빗물이 스며드는 깊이에 차이가 난다는 점에서 근본적인 문제가 있었다.

이를 해결하기 위해서는 강우량을 측정할 수 있는 보다 합리적인 방법이 필요했다. 그것은 특정한 그릇에 빗물을 받아서 우량을 측정하는 방법이었다. 측우기의 발명은 바로 이러한 요구에 의해 이루어졌다. 세종 23년(1441) 8월 18일에 쇠[鐵]로 길이 2척(尺), 지름 8촌(寸)의 원통을 제작하여 대(臺) 위에 올려놓고 빗물을 받아 강우량을 측정하게 했다. 측우기는 서운관에 설치하고 서운관의 관원이 척(尺)으로 강우량을 측정해서 호조에 보고하였다. 지방의 각 관청에서는 서운관에 설치한 측우기의 제작 예에 따라 자기(磁器)나 와기(瓦器)로 그것을 만들어 관청의 뜰에 설치하고, 수령이 우량을 측정해서 감사에게 보고하면 각 도 감사는 호조에 전문(傳聞)하도록 하였다.[245] 지방에서 자기나 와기로 만들게 한 이유는 제작 비용을 줄이기 위해서였다고 판단된다.

『세종실록』에 따르면 측우기는 당시 세자(뒤의 문종)가 고심해서 발명했다고 한다. 그것은 이른바 '황우(黃雨)의 변'과 관련이 있었다. 세종 23년 (1441) 4월 26일 예조에서 정부로 누런 비[黃雨]가 내렸다는 보고가 올라왔고, 정부는 이에 근거하여 국왕에게 아뢰었다. 그런데 안평대군(安平大君) 이용(李瑢, 1418~1453)은 이에 대해 다음과 같이 다른 의견을 제시하였다.

도성 사람들이 떠들썩하게 말하기를, "황우가 밤에 내렸다"고 하므로, 신이 즉시 사람을 시켜 두루 궁정(宮庭)의 물이 괴어 있는 곳을 살펴보게 하였더니, 모두 송화(松花)가 섞여 있었습니다. 그러나 그 실상을 알지 못하여 밤비[夜雨]가 그릇에 괴인 것을 가져다 보니 송화가 없었습니다. 황우가 만일 하늘에서 내렸다면 하필 땅에만 내리고 그릇에는 내리지 않았겠습니까. 또 이 물빛은 순황색(純黃色)이 아니고 송화를 섞은 것 같아서, 가져다 맛을 보니 매운 맛[辛味]이 바로 송화와 같았습니다. 또한 사람을 시켜 송화를 가져다 물 가운데 넣었더니, 그 형상이 비슷해서 사람들이 분간하지 못했습니다. 25일은 어두울 무렵부터 바람의 형세[風勢]가 점점 급해졌고, 2경(更)이 되자 비도 내리기 시작했으며, 바람은 밤새도록 더욱더 불었습니다. 급한 바람이 분 나머지 송화가 반드시 날았을 것이고, 하루 동안 날린 것이 쌓였다가 비로 인해 떠오른 것이니 괴이할 것이 없습니다. 만일 망령되게 황우라고 말하는 사람이 있더라도, 청하옵건대 의심하지 마옵소서.[246]

당시의 비가 정말 황우였다면 그것은 재이와 관련된 문제였고, 신하들은 재이를 물리치기 위한 대책의 하나로 국왕의 도덕적 수양[恐懼修省]을 요청해야 했으며, 국왕은 음식의 가짓수를 줄이거나[減尙膳], 정전을 피하고[避正殿], 죄수를 방면하는 등 일련의 조치를 취해야 했다. 이는 당시의 정치적 관습이었다. 따라서 어떤 자연현상이 재이인가 아닌가를 판별하는 문제는 중요했다. 안평대군의 문제 제기는 그런 면에서 주목할 만한 가치가 있었다. 이에 조정에서는 '황우'의 재이 여부에 대한 논란이 있었고,[247] 세종은 이를 정리하는 과정에서 측우기와 관련한 중요한 발언을 했다.

> 근년 이래로 세자가 가뭄을 근심하여, 비가 올 때마다 젖어들어간 푼수[分數]를 땅을 파고 보았다. 그러나 적확하게 비가 온 푼수를 알 수 없었으므로, 구리를 부어 그릇을 만들어서 궁중(宮中)에 두고 빗물이 그릇에 고인 푼수를 증험하였다.[248]

여기서 구리를 주조하여 만들었다는 그릇은 측우기를 가리키는 것이 분명하다. 이때가 세종 23년(1441) 4월이고, 측우기를 제작하여 서운관에 설치하고 지방관청에 제작·설치를 지시한 것은 같은 해 8월이었다. 요컨대 측우기는 세종 23년 8월에 처음 만들어진 것이 아니고, 그 얼마 전에 이미 세자 문종에 의해 발명되었던 것이다.

〈그림 45〉 대구 선화당 측우기
(보물 제842호, 기상청 소장. 출처: 문화재청)

이후 측우기는 약간의 보수와 개량을 거치게 되었다. 이듬해인 세종 24년(1442) 호조에서 우량을 측정하는 일에 미진한 점이 있다고 하면서 다시금 원칙을 제정해서 올렸다. 이때 변화된 내용을 살펴보면 먼저 측우기의 규격이 조금 바뀌었음을 알 수 있다. 세종 23년의 기록에 따르면 측우기의 길이는 2척, 직경은 8촌이었다. 그런데 이때 새롭게 제정된 내용에 따르면 측우기의 길이는 1척 5촌, 지름은 7촌이었다. 측우기의 규격이 조금 축소된 것이다.

다음으로 강우량 측정 방법을 좀 더 세밀하게 규정하였다. 세종 23년의 기록에는 서울에서는 서운관 관원이, 지방에서는 수령들이 강우량을 측정해서 보고하도록 한다고만 되어 있었는데, 이때에는 보고 내용을 좀 더 상세하게 정했다. 강우량은 주척(周尺)으로 측정하고, 비가 내린 시각과 비가 갠 시각[下雨雨晴日時], 그리고 정확한 강우량[水深尺寸分數]을 보고·기록하도록 했다. 아울러 이와 같은 기록을 보존하여 후일에 참고 자료로 삼고자 했다.[249] 강우량의 합리적 측정과 기록 보존을 통해 자료를 효율적으로 이용하고자 하는 기본 원칙을 확립한 것이다.

2. 수표의 설치

강우량을 알기 위해서는 측우기를 사용하는 것 이외에 하천의 수위 변동을 측정하는 방법도 있다. 비가 오면 하천의 수위가 올라가고, 가물면 하천의 수위가 내려간다는 자연현상에 주목한 방법이다. 측우기의 제작과 동시에 세종대에는 수표를 설치하였다. 당시 마전교(馬前橋)의 서쪽 물 가운데에 넓적한 돌[薄石]을 놓고, 그 위를 깎아 받침돌[趺石] 두 개를 세운 다음 그 사이에 모난 나무 기둥을 끼워 넣었다. 받침돌과 나무 기둥은 쇠갈고리[鐵鉤]로 묶어 고정하고, 나무 기둥에 척(尺)·촌(寸)의 푼수[分數]의 수를 새겨 호조의 낭청(郎廳)으로 하여금 하천의 수위를 측정해서 보고하도록 하였다. 한강변의 암석에도 동일한 형태의 수표를 세우고 나루터를 관리하는 도승(渡丞)으로 하여금 수위를 측정해서 호조에 보고토록 하였다.[250]

측우기나 수표를 이용한 측정 기록도 일부 남아 있다. 『풍운기(風雲紀),』 『기우기청제등록(祈雨祈晴祭謄錄)』, 『천변초출등록(天變抄出謄錄)』이나 『조선

〈그림 46〉 서울 청계천 수표 (보물 제838호, 출처: 세종대왕박물관, 세종대왕기념사업회)

왕조실록(朝鮮王朝實錄)』,『승정원일기(承政院日記)』,『일성록(日省錄)』 등의 연대기(年代記)류의 기록이 그것이다.『풍운기』는 관상감의 관측 일지 원부(原簿)이다. 즉 관측에 임한 당직 관리가 자기 담당 시간에 관측한 모든 현상을 규정에 따라 기록한 것이다. 관측은 24시간 동안 3교대로 했고, 관측자는 관측 내용을 기록하고 서명하였다.[251]『조선왕조실록』,『승정원일기』,『일성록』 등의 연대기 기록은『풍운기』를 원본으로 삼았다. 매일 승정원, 시강원(侍講院), 규장각(奎章閣) 등에 제출한 보고서에 의해서 관측 결과가 집계되었던 것이다.『조선왕조실록』에서 확인되는 '수표단자(水標單子)'는 바로 이를 가리킨다.[252]

수표교(水標橋)는 청계천에 흐르는 수량을 측정하는 다리였다.『신증동국여지승람(新增東國輿地勝覽)』에 따르면 수표교는 장통교(長通橋)의 동쪽에 위치하고 있으며, 다리의 서쪽 물 가운데 석표(石標)를 세우고 척·촌의 수를 새겨서 강우량을 측정하게 했다고 한다.[253] 이는 수표교와 수표를 설명한 것이다. 1760년 청계천에 대한 대대적인 준천(濬川) 사업을 실시하고, 영조는 수표교 교각에 '경진지평(庚辰地平)'이라는 네 글자를 새겨 이후 준천 사업의 기준으로 삼게 했다. 실제로 정조 때에는 '경진지평'이란 글자가 보이지 않는데도 준천 사업을 소홀히 했다고 하여 관계자들이 처벌받기도 했고,[254] 순조 때에는 이 네 글자를 기준으로 준천 사업을 실시하였다.[255] 영조 때는 다리 동쪽에 준천사(濬川司)란 관청을 두어 수량의 변화를 한성판윤(漢城判尹)에게 보고하게 하였다. 원래 청계천 2가에 있었으나 1959년 청계천 복개공사 때 장충단공원으로 이전하였다.

〈그림 47〉 수표교 (서울특별시 유형문화재 제18호, 출처: 문화재청)

3. 풍기의 제작

15세기의 학자 강희맹(姜希孟, 1424~1483)은 그의 농서 『금양잡록(衿陽雜錄)』에서 농사짓는 사람의 걱정은 수재와 한재가 첫째고 그다음이 바람이라고 하면서,[256] 농작물에 미치는 바람의 영향을 다음과 같이 기술하고 있다.

동방의 땅은 동쪽과 남쪽이 바다에 접해 있고, 서쪽은 넓고 멀며, 북쪽에는 높은 산과 험준한 봉우리가 있는데, 그것은 꺾어져서 동쪽을 가로막고 남쪽 가까이에서 그친다. 그 지세가 동쪽과 북쪽은 모두 산이고, 서쪽과 남쪽은 모두 비어 있다. 바람이 바다를 지나 불어오면 따뜻하기 때문에 능히 구름과 비가 되어 사물을 자라게 한다. 바람이 산을 넘어 불어오면 차기 때문에 온화함을 상실하여 사물을 손상시킨다. 어떻게 그것을 알 수 있는가? 영동(嶺東)의 농민들은 농사철에 닥쳐서 동풍이 불기를 바란다. 좋아하는 것과 싫어하는 것이 다른 까닭은 그 바람이 산을 넘지 않기 때문이다.[257]

강희맹은 산천과 지역의 구분에 따라 기후가 일정하지 않다는 점을 간파하고 있었다. 우리나라의 경우에 남풍이 불면 큰 비가 오고, 북풍이 불면 맑았는데, 이는 중국의 기후와 상반되는 것이었다.[258] 위의 인용문에서 언급한 내용은 영동 지역의 특수성을 논한 것이었다. 왜냐하면 일반적으로 우리나라의 경우에 다른 지역은 동풍의 피해가 가장 심각했기 때문이다. 동풍은 만물을 잘 마르게 하는 성질을 지니고 있는데,[259] 그 피해가 심할

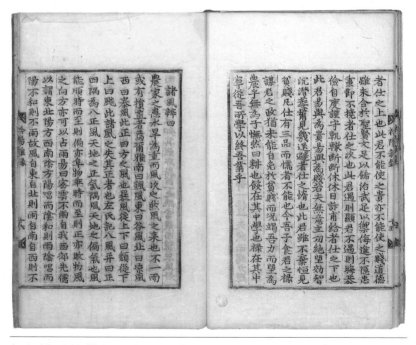

〈그림 48〉 『금양잡록』 (출처: 규장각한국학연구원)

때는 논밭의 물고랑이 모두 마르고 농작물이 모두 말라버린다고 했으며, 피해가 적을 때도 벼 잎과 이삭이 너무 빨리 마르기 때문에 벼 이삭이 싹 트자마자 오그라들어 자라지 않는다고 하였다.[260]

강희맹의 논설은 비록 그 내용은 간결하지만 높새바람 현상을 파악하고 세운 그 나름의 이론으로 평가되고 있다.[261] 이는 농업에 미치는 바람의 영향을 이론적으로 설명한 것으로, 기상학 분야의 선구적 이론 가운데 하나라고 할 만하다. 바람에 대한 이와 같은 기상학적 논의가 언제부터 이루어졌는지는 확실하지 않지만 농업의 역사와 그 궤를 같이했다는 점은 충분히 짐작할 수 있다.

바람의 관측과 관련해서 주목되는 유물이 '풍기대(風旗臺)'이다. 풍기대는 그 위에 풍기죽(風旗竹)을 꽂아놓고 깃발이 날리는 방향으로써 풍향을

〈그림 49〉 경복궁 풍기대 (보물 제847호, 경복궁. 출처: 문화재청 홈페이지)

관측했던 석대(石臺)이다. 현재 경복궁과 창경궁에서 찾아볼 수 있는 풍기대는 아름답게 조각된 화강암의 받침대만 남아 있다. 풍기대에 꽂았던 풍기죽의 구체적인 모양은 정확히 알 수 없지만, 대나무에 기다란 깃발을 매단 것으로 추정된다. 조선왕조는 이와 같은 풍기를 이용해서 바람을 관측함으로써 측우기·수표를 이용한 강우 측정과 함께 또 다른 기상 관측의 전통을 세웠다.

풍기의 정확한 제작 시점은 알 수 없다. 다만 영조 46년(1770) 측우기의 설치와 관련한 기사에서는 다음과 같이 풍기대의 기능과 설치 장소를 설명하고 있다.

> 또 대궐 안에 풍기가 있는데, 이는 곧 옛날부터 바람을 점치는 뜻으로서, 창덕궁의 통제문(通濟門) 안과 경희궁의 서화문(西華門) 안에 돌을 설치하고, (거기에) 풍기죽을 안치하였다.[262]

이 기사를 통해 조선후기에는 옛날부터 바람을 점치는 뜻을 본받아 창덕궁과 경희궁에 풍기대를 설치해서 바람을 관측했다는 사실을 알 수 있다. 그것은 농업을 기간산업으로 삼는 조선왕조의 위정자들이 '바람과 비의 순조로움'을 국가의 중대한 일로 여겼던 오래된 전통을 보여준다.[263] 실제로 세종 10년(1428)에는 예조에서 한 해 동안의 풍우음청(風雨陰晴)을 날마다 상세히 기록해서 책력(冊曆)의 예에 따라 매년 초해서 바치도록 하자고 건의한 바 있다.[264] 이는 세종대에도 날씨를 상세히 관측·기록하였다는 사실을 보여준다.

현재 고려대학교 박물관에 소장되어 있는 「동궐도(東闕圖)」(국보 제249호)에는 풍기대가 사실적인 모습으로 묘사되어 있다. 그런데 창 모양의 풍기죽이 꽂혀 있는 기구의 이름은 '상풍간(相風竿)'으로 적혀 있다. 이 명칭과 관련

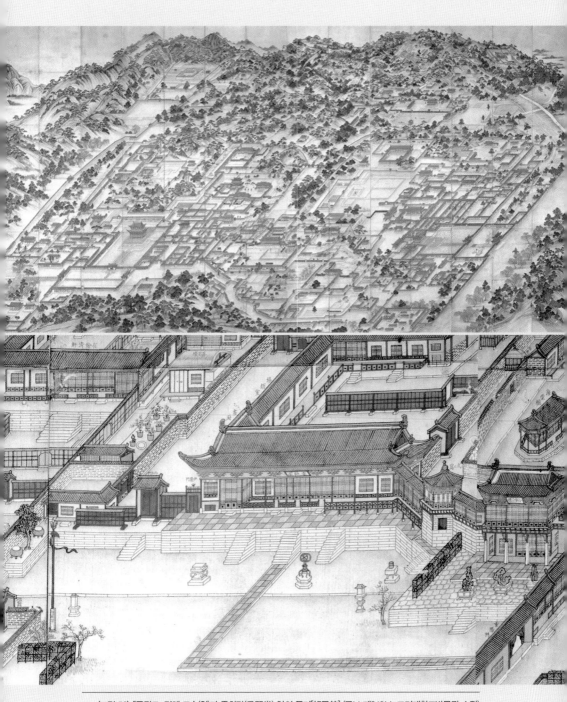

〈그림 50〉「동궐도」전체 모습(위)과 중희당(重熙堂) 앞의 풍기[相風竿] (국보 제249보, 고려대학교박물관 소장)

해서 다음과 같은 『정조실록(正祖實錄)』의 기사에 주목할 필요가 있다.

> 초계문신(抄啓文臣)에게 과시(課試)를 행했는데, '상풍간'을 제목으로 삼
> 았다. 경연의 신하에게 이르기를, "상풍간은 진(晉)나라 때의 고사인데,
> 우리 조정에서 이를 사용하여 창덕궁·경희궁의 정전과 정침의 곁에 모
> 두 이 간(竿)을 설치하였다. 『문헌비고』를 편찬할 때에 측우기만 기록하
> 였으므로 이 간에 대한 일은 조정 밖에서 모른 것 같기에 시험 제목의
> 망단(望單)에 특별히 써서 내린 것이다"라고 하였다.[265]

앞에서 본 바와 같이 현존하는 『증보문헌비고』에는 풍기대와 관련한 기사
가 독립되어 있지 않고, 측우기와 관련하여 간단히 언급되어 있다. 정조는
이 사실을 염두에 두고 '일풍일우(一風一雨)'를 삼갔던 과거의 정신을 잊지
않기 위해 상풍간을 제목으로 시험을 치렀던 것이다.

본래 상풍간이란 기다란 막대기 위에 나무를 깎거나 청동을 주조하여
새—특히 까마귀— 모양을 만들어 붙이고, 이를 수레나 배 위에 설치해서
바람의 방향을 관측하는 기구였다. 상풍(相風)·상오(相烏)·상풍오(相風烏)·
상풍동오(相風銅烏) 등으로 불렸다. 배의 돛대 위에 설치하는 장오(檣烏)는
바로 이 상풍간을 본뜬 것이다.[266] 정조 17년(1793) 주교사(舟橋司)에서는
한강의 배다리 가설에 대한 기본 원칙을 확립하고자 이전의 논의들을 종
합해서 「주교절목(舟橋節目)」을 마련하였다. 여기에는 풍향을 관측하기 위
해 배의 꼬리 부분에 설치하는 깃발이 등장하는데, 그 명칭이 '상풍기(相
風旗)'였다.[267]

이상에서 살펴본 바와 같이 세종대에는 강우량과 풍향 등을 각종 기기
를 사용하여 과학적으로 측정하기 시작하였다. 비록 그 동기나 배경이 오
늘날의 과학적 의미와 다르다고 할지라도 자연현상의 수량적 측정과 통계

처리, 기록의 축적 등에서 볼 수 있듯이 이는 분명 기상학의 성립을 뜻하는 것으로 볼 수 있다. 조선왕조의 관리들은 관측 활동과 관측 규정, 그리고 관측 기록과 보고에서 매우 합리적인 방법을 사용하였다. 그들은 기상학에서 선구적인 관측 활동을 벌였고, 훌륭한 전통을 세웠다. 아울러 측우기·풍기와 같이 기상 현상을 측정하는 기구들은 '우순풍조(雨順風調)'를 염원하는 정치적 상징물이기도 했다는 사실을 잊지 말아야 한다.

금속활자 인쇄술의 개선

조선은 고려왕조의 금속활자 인쇄 기술을 계승·발전시켰다.[268] 금속활자의 주조를 담당한 관청은 주자소였다. 주자소가 설치된 것은 태종 3년(1403) 2월이었다. 당시 태종은 나라에 서적이 부족하여 유생들이 널리 보지 못하는 것을 염려하여 주자소를 설치하고, 내부(內府)의 동철(銅鐵)과 대소 신료들이 자발적으로 내는 동철로 주자소의 비용을 충당했다.[269] 주자소를 설치하게 된 문화적 배경은 권근(權近)의 「주자발(鑄字跋)」에 잘 나타나 있다.

영락(永樂) 원년(1403, 태종 3) 봄 2월에 전하께서 좌우 신하에게 이르기를, "무릇 나라를 다스리려면 반드시 널리 전적(典籍)을 보아야 한다. 그런 뒤에야 궁리(窮理)하고 정심(正心)하여 수신(修身)·제가(齊家)·치국(治國)·평천하(平天下)의 공효를 이룰 수 있다. 우리나라는 해외에 있어 중국의 서적이 드물게 들어오고, 판각본(板刻本)은 글자가 쉽게 이지러져[剜缺=刓缺] 천하의 서적을 모두 간행하기 어렵다. 내가 동(銅)으로 글자를 만들어서 서적을 얻을 때마다 반드시 인쇄하여 널리 퍼뜨린다면 진실로 무궁한 이익이 될 것이다.……"라고 하였다.[270]

위 인용문에서 알 수 있듯이 태종은 국가의 통치를 위해서는 전적을 널리 볼 필요가 있다고 판단했다. 그것은 『대학(大學)』에서 말한 바 수신·제가·치국·평천하를 이룩하기 위한 전제 조건이었다. 태종의 발언에는 국초의 혼란기를 극복하고 문치(文治)를 바탕으로 한 안정적 통치체제를 구상했던 그의 바람이 담겨 있었다. 그런데 독서 인구에서 중국과는 현격한 차이를 보이는 조선의 현실을 감안할 때, 기존의 출판 방식인 목판인쇄로는 천하의 모든 서적을 인쇄하기 어렵다는 문제점이 있었다. 목판인쇄는 하나의 목판으로 한 종류의 책밖에 인쇄할 수 없었기 때문이다. 중국은 조선과 비교할 수 없을 정도로 독서 인구가 많아서 목판인쇄로 책을 대량 생산하는 것이 경제적이었지만 조선의 현실은 그렇지 않았다. 조선의 경우에는 여러 종류의 책을 소량으로 인쇄할 수 있는 효율적 방법이 필요했다. 이에 태종이 생각한 것이 고려후기에 시도되었던 청동활자 인쇄술이었다. 권근의 회고에 따르면 태종 3년(1403) 2월 19일 시작된 청동활자 주조 사업

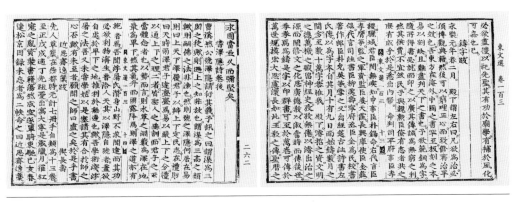

〈그림 51〉 권근의 주자발: 『동문선(東文選)』 권103, 「주자발(鑄字跋)」

은 수개월 사이에 수십만 자를 만들어내기에 이르렀다.[271] 이것이 바로 '계미자(癸未字)'이다.

주자소에서 서적을 인쇄하여 판매하기 시작한 것은 태종 10년(1410)이었다.[272] 태종 12년(1412) 7월에는 요동 사람[遼人] 신득재(申得財)가 화지(華紙)를 만들어 진상하니 주자소에 내려 '십칠사(十七史: 十七史纂古今通要)'를 인쇄하게 하는 한편, 지공(紙工)들로 하여금 그 기술을 전습(傳習)하게 하였다.[273] 같은 해 10월에 주자소에서는 『대학연의(大學衍義)』를 인쇄해서 진상했고,[274] 태종 13년(1413)에는 『원육전(元六典=經濟六典)』과 『속육전(續六典)』을 인쇄해서 중외에 반포했다.[275] 태종 16년(1416)에는 주자소에서 인쇄한 『승선직지록(乘船直指錄)』 300부를 외방에 반포하였다.[276]

이처럼 '계미자'를 이용한 서적 인쇄가 태종대에 여러 차례 이루어졌지만 계미자에는 문제가 있었다. 계미자는 활자의 크기가 고르지 못했고 활자를 만드는 솜씨도 조잡했다. 조판 방식에서 활자 끝을 송곳처럼 뾰족하

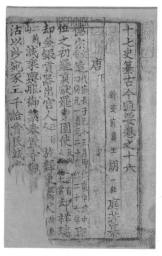

〈그림 52〉 주자소 터 표지석 (왼쪽. 서울시 중구 충무로3가 소재)
〈그림 53〉 『십칠사찬고금통요(十七史纂古今通要)』 (국보 제148-1호, 국보 제148-2호, 출처: 규장각한국학연구원)

게 만들어 밀랍으로 고착하는 개량을 이루었지만, 활자의 크기가 고르지 않아서 활자들이 자주 움직여 밀랍 작업을 되풀이해야만 했다. 때문에 계미자는 다음 인용에서 보는 바와 같이 하루에 몇 장밖에 찍지 못할 정도로 기술적 결함을 갖고 있었다.

계미자와 그것을 이용한 인쇄술의 개량 사업은 세종 초에 이루어졌다. 그것은 활자판의 개량 사업이었고, 개량된 활자판을 이용해서 책을 인쇄·출판하는 일련의 사업은 세종 2년(1420) 겨울에 시작해 세종 4년(1422)에 이르러 완료되었다. 세종 3년(1421) 3월의 실록 기사에서는 그 사실을 다음과 같이 기록하였다.

주자소에 술 120병을 내려 주었다. 이전에 책을 찍는데 글자를 구리판[銅板]에 벌여놓고 황랍(黃蠟)을 끓여 부어, 단단히 굳은 뒤에 이를 찍었기 때문에 납이 많이 들고, 하루에 찍어내는 것이 몇 장[數紙]에 불과했다. 이때에 이르러 임금이 친히 지휘하여 공조참판 이천(李蕆)과 전 소윤(少尹) 남급(南汲)으로 하여금 구리판을 다시 주조하여 글자의 모양과 꼭 맞게 만들었더니, 밀랍을 녹여 붓지 않아도 글자가 움직이지 않았고 더 해정(楷正: 글자가 단정함)하여 하루에 수십 장에서 백 장[數十百紙]을 찍어낼 수 있다. 임금은 그들의 일하는 수고를 생각하여 자주 술과 고기를 내려 주고 『자치통감강목(資治通鑑綱目)』을 찍어내라고 명령하고, 집현전으로 하여금 그 잘못된 곳을 교정하게 하였는데, 경자년(1420) 겨울부터 임인년(1422) 겨울에 이르러 일을 끝냈다.[277]

따라서 세종 4년(1422) 10월에 "주자소에 명해 개주한 글자 모양으로 책을 인쇄하게 했다"는 것은[278] 금속활자의 개주 사업을 완료하고, 새로 개량된 활자를 이용해서 책을 인쇄하게 하였다는 뜻으로 보아야 한다. 세종은 변계량에게 발문을 짓게 하였는데, 그것이 변계량의 문집과 『동문선(東文選)』에 수록되어 있는 「대학연의주자발(大學衍義鑄字跋)」이다.[279] 아마도 이때 새로운 활자로 인쇄한 책자가 『대학연의』였던 것 같다. 변계량은 금속활자의 개주 과정을 다음과 같이 설명했다.

주자(鑄字)를 만드는 것은 많은 서적을 인쇄하여 영원히 세상에 전하게 하려는 것이니, 이는 진실로 무궁한 이익이 된다. 그러나 처음 주조한 글자의 모양이 아름답고 좋은 점을 다하지 못함이 있어서 서적을 인쇄하는 자가 그 공역을 용이하게 이루지 못함을 병통으로 여겼다. 영락 경자년(1420) 겨울 11월에 우리 전하께서 생각하시어 공조참판 이천에게 명하시어 새로 주조하게 하니 글자 모양이 매우 정치하였다. 지신사(知申事) 김익정(金益精)과 좌대언(左代言) 정초(鄭招) 등에게 명해 그 일을 감독하고 관장하게 하여, 7개월이 지나 공역을 마치니, 인쇄하는 자가 그것을 편리하게 여겼고, 하루에 인쇄하는 바가 많게는 20여 장[紙]에 이르렀다.[280]

이른바 '경자자(庚子字)'의 제작 과정을 설명한 세종 3년(1421)의 실록 기사와 세종 4년(1422)의 변계량의 「주자발」은 내용상에서 약간의 차이를 보이고 있다. 개주 사업의 책임자가 이천인 것은 동일하지만 세종 3년 기록에는 이천과 함께 이 사업을 주도한 인물이 남급으로 나오는 데 비해, 세종 4년의 기록에는 김익정(金益精, ?~1436)과 정초 등이 참여한 것으로 되어 있다. 인쇄 능률의 향상에 대한 언급도 양자에 차이가 있다. 세종 3년 기록에는 '수십백지(數十百紙)'를 찍어낼 수 있게 되었다고 했고, 세종 4년 기록에는 '이십여지(二十餘紙)'라고 했다. 또 '경자자'를 가지고 어떤 책을 인쇄했는지도 확실하지 않다. 세종 3년 기록에 따르면 『자치통감강목(資治通鑑

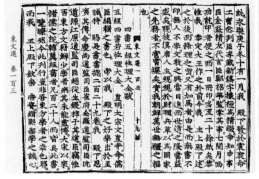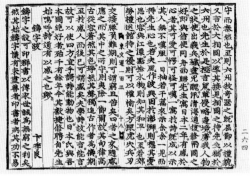

〈그림 54〉 변계량의 주자발: 『동문선(東文選)』 권103, 「주자발(鑄字跋)」

綱目)』을 찍게 하여 집현전으로 하여금 잘못된 글자를 바로잡게 했다고 했
는데, 변계량의 발문은 「대학연의주자발」이다.

　이처럼 조선의 금속활자 인쇄술은 세종 2년(1420)에 개주한 '경자자'에
서 한 단계의 진전을 이룩하였다. 이때에는 조판용 동판과 활자를 평평하
고 바르게 만들어 서로 맞도록 개량하였다. 그 결과 인쇄 중 밀랍을 녹여
사용하지 않아도 활자가 움직이지 않고 잘 인쇄되어 하루의 인쇄량이 20
여 지에 이르게 되었다. 그러나 경자자 역시 활자의 크기가 일정하지 않아
인쇄본의 옆줄이 맞지 않고 들쭉날쭉한 문제점을 지니고 있었다.

　이러한 기술적 결함을 해결하고 새로운 활자와 인쇄기가 만들어진 것은
세종 16년(1434)의 일이었다. 이해 7월에 착수한 새로운 활자 주조 사업에
서 20여만 자의 크고 작은 활자를 만들어냈다. 이것이 이른바 '갑인자(甲
寅字)'였다. 당시 세종과 지중추원사 이천의 대화 내용을 통해 태종대부터
시작된 금속활자 주조 사업의 맥락을 확인할 수 있다.

　　태종께서 처음 주자소를 설치하고 큰 글자를 주조할 때, 조정의 신하들
　　이 모두 성공하기 어렵다고 하였다. 태종께서 억지로 그것을 주조하게

하여, 여러 책을 인쇄하여 중외에 널리 배포하였으니 또한 거룩하지 아니한가. 다만 처음으로 시작하는 일이라 제조가 정밀하지 못해 매번 책을 인쇄할 때면 반드시 먼저 인쇄판의 바닥[板底]에 밀랍[蠟]을 도포하고 나서 그 위에 식자(植字)하였다. 그러나 밀랍의 성질이 본래 부드러워[柔] 식자한 것이 견고하지 못해 겨우 몇 장만 인쇄해도 글자가 움직여 많이 비뚤어지게 되면, 그때마다 바로잡아야 하니 인쇄하는 사람이 그것을 괴롭게 여겼다. 내가 이 폐단을 염려하여 일찍이 경에게 명해 개조하게 하니 경도 또한 어렵게 여겼다. 내가 억지로 하게 하니 경이 지혜를 써서 조판(造板)과 주자(鑄字)가 모두 바르고 견고하게 되어 밀랍을 쓰지 않아도 되었고, 인출(印出)하는 것이 비록 많아도 글자가 비뚤어지지 않으니 내가 매우 가상히 여긴다. 이제 대군(大君)들이 큰 글자로 개주(改鑄)하여 책을 인쇄해서 보기를 청하니, 내가 생각해보건대 근래 북정(北征)으로 인해 병기(兵器)를 많이 잃어서 동철(銅鐵)이 소용되는 바가 많고, 더구나 지금 공장(工匠)들을 각처에 나누어 사역하고 있어 일이 매우 번다하지만, 이것도 또한 하지 않을 수 없다.[281]

태종대 '계미자'에서 세종 초의 '경자자'로 개량해가는 과정이 간략하게 서술되어 있다. 세종 16년 '갑인자'로의 개량은 대군들의 요청에 의해 이루어진 것으로 되어 있다. 세종은 대군들의 요청을 받아들여 이천으로 하여금 개주 사업을 감독하게 하였다.[282] 아울러 집현전 직제학(直提學) 김돈, 직전(直殿) 김빈과 호군(護軍) 장영실(蔣英實), 첨지사역원사(僉知司譯院事) 이세형, 의정부 사인(舍人) 정척, 봉상시(奉常寺) 주부 이순지 등에게 실무적인 일을 관장하게 하는 한편, 경연에서 소장하고 있던『효순사실(孝順事實)』,『위선음즐(爲善陰騭)』,『논어(論語)』 등의 책을 내주어 그 글자를 본으로 삼게 하고 모자라는 글자는 진양대군(晉陽大君: 수양대군)에게 쓰게 하였다. 갑인자의 주조 사업은 세종 16년 7월 12일부터 시작해서 두 달이 지나 마무리되었고, 9월 9일에 비로소 새로운 활자로 책을 인쇄하기 시작했다.[283] 이 사업을 통해 만들어진 활자의 숫자는 모두 20여만 자에 달했다. 인쇄 능률도 향상되어 하루에 인쇄할 수 있는 분량이 40여 지에 이르렀다.[284]

이렇듯 갑인자의 완성으로 조선의 청동활자 활판인쇄 기술은 완성되었다. 활자는 큰 자와 작은 자를 막론하고 세로의 크기가 서로 꼭 같았고 네모가 반듯하였다. 그리하여 옆줄이 정연하게 수평선을 이룰 수 있었고, 글자 사이의 공간도 일정하게 유지되었다. 판짜기에서도 대나무와 파지 등으로 빈 곳을 메우는 조립식으로 발전하였다. 대형판본임에도 불구하고 그 인쇄 능률은 하루에 40여 지를 찍어낼 수 있을 정도로 개량되었다. 이후 갑인자는 조선의 대표적인 관주활자(官鑄活字)로 사용되었다.[285]

갑인자의 완성과 함께 주목해야 할 또 하나의 사실은 한글 활자의 제작이다. 세종 28년(1446) 소헌왕후(昭憲王后)가 승하하자 세종은 그녀의 명복을 빌기 위해 석가의 전기를 엮게 하였다. 이에 여러 불경에서 관련 내용을 뽑아 편찬한 것이 『석보상절(釋譜詳節)』이다. 『석보상절』은 세종 29년(1447)에 완성되어 세종 31년(1449)에 간행되었다. 『석보상절』을 인쇄하기 위해 제작된 활자가 '석보상절자(釋譜詳節字)'로 알려진 한글 활자이다. 『월인천강지곡(月印千江之曲)』은 세종이 석가의 공덕을 찬송하기 위해 제작한 노래로 알려져 있다. 세종 31년 『석보상절』과 『월인천강지곡』의 인쇄에는 한글 활자가 사용되었는데, 한글은 '석보상절자'를, 한자는 '갑인자'를 사용하여 인쇄했다.[286]

조선조 관주활자의 주조법은 성현(成俔)의 『용재총화

〈그림 55〉 『석보상절』
(보물 제523호, 국립중앙도서관 소장)

(慵齋叢話)』에 그 대략적인 내용이 소개되어 있는데 다음과 같다.[287] 먼저 바탕글자를 정하고 필요한 크고 작은 글씨를 써서 각목 위에 뒤집어 붙이고 새긴 다음, 하나씩 실톱으로 잘라 네 면을 다듬고 크기를 일정하게 손질하여 어미자로 삼는다. 각목의 재료로는 황양목(黃楊木)이 주로 사용되었는데, 그 작업은 목장(木匠)이 맡았고, 글자를 새기는 일은 각자장(刻字匠)이 담당하였다. 한편 주장(鑄匠)은 암수 두 틀의 주형인 쇠거푸집에 갯벌의 해감모래[海浦軟泥]인 주물사(鑄物沙)를 가득 채워 다지고 면을 판판하게 한 뒤 어미자를 하나하나 글자 면을 위로 하여 3분의 2 정도 들어가게 줄을 맞추어 눌러 심고, 쇳물이 흘러 들어가는 길을 내기 위해 가지쇠를 박았다. 그런 다음 수틀 거푸집을 그 위에 결합하여 주물사를 넣고 다진 다음 분리하면 옴폭 들어간 바른 글자체의 자국이 찍혀진다. 어미자를 빼고 가지쇠를 들어낸 다음, 다시 암수틀의 거푸집을 결합하여 비스듬하게 놓고 위의 한 구멍으로 쇳물을 쏟아부어 홈길을 따라 글자체가 찍힌 자국으로 들어가게 한다. 쇳물이 식어서 굳어지면 거푸집을 분리하고 가지쇠를 들어내서 매달린 활자를 하나씩 떼어내거나 잘라낸 다음 손질해서 완성하였다. 이와 같은 방법으로 어미자를 필요한 수만큼 찍어 활자를 부어내기 때문에 조선조의 관주활자는 글자꼴이 꼭 같은 활자를 얼마든지 생산해낼 수 있었다.

금속활자로 판을 짜서 책을 찍는 방법에는 고착식(固着式)과 조립식(組立式)이 있었다. 초기에는 활자의 크기가 일정하지 않고 모양이 가지런하지 않았기 때문에 밀랍과 같은 점착성 물질로 활자를 고착하는 방법이 주로 사용되었다. 이 경우 네 모퉁이를 고정시킨 틀의 위아래에 계선(界線)을 붙인 인판(印版)틀을 마련하고 바닥에 밀랍을 깐 다음, 그 위에 활자를 배열하였다. 그리고 열을 가하여 밀랍을 녹이고 위에서 판판한 철판으로 균등하게 눌러 활자 면을 평평하게 한 다음 식혀서 인쇄하였다.

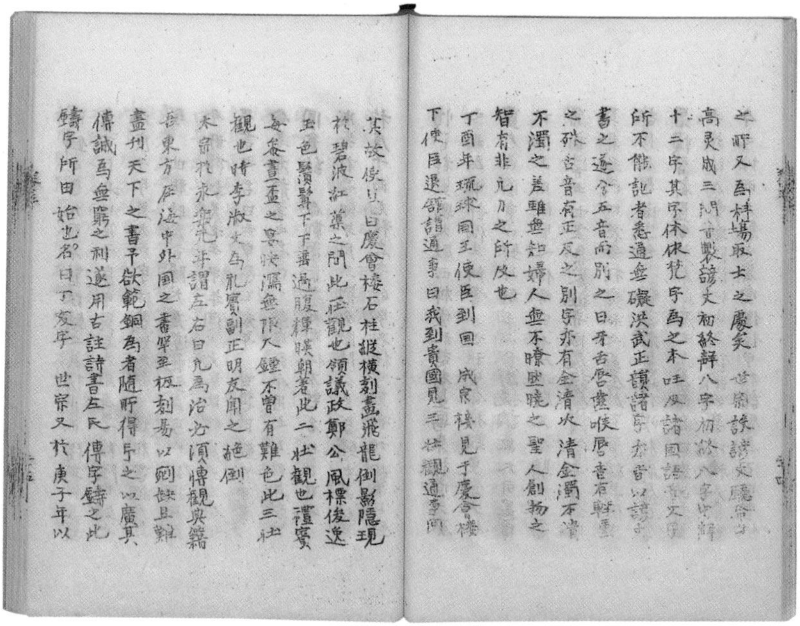
之所又爲科場取士之慶矣 世宗設諺文廳命申
高靈成三問等製諺文初終聲八字初聲八字中聲
十二字其字體依梵字爲之本國及諸國語音文字
所不能記者悉通無礙洪武正韻諸字亦皆以諺
書之遂分五音而別之曰牙舌脣齒喉脣音有輕重
之殊舌音有正反之別字亦有全淸次淸全濁不淸
不濁之差雖無知婦人無不瞭然曉之聖人創物之
智有非凡力之所及也
丁酉年琉球國王使臣到國 成宗接見于慶會樓
下使臣退謂通事曰我到貴國見三壯觀通事問
其故使臣曰慶會樓石柱縱橫刻畫飛龍倒影隱現
於碧波紅蕖之間此壯觀也領議政鄭公風標俊逸
玉色鬚髯下垂過腹揮嘆朝著此二壯觀也禮賓
每於晝盃之宴快飮無限人鍾不曾有難色此三壯
觀也時李淑文爲禮賓副正朋友聞之絶倒
太宗於永樂元年謂左右曰凡爲治必須博觀典籍
吾東方在海外中國之書罕至板刻易以剜缺且難
盡刊天下之書予欲範銅爲字隨所得書必以印之以廣其
傳誠爲無窮之利遂用古註詩書左氏傳字鑄之此
鑄字所由始也名曰丁亥字 世宗又於庚子年以

〈그림 56〉『용재총화』(출처: 규장각한국학연구원)

이후 활자의 크기가 일정하고 네 면을 판판하게 만들 수 있는 기술적 진전과 함께 인판틀도 판판하고 튼튼하게 만들면서 밀랍을 전혀 쓰지 않는 조립식으로 발전하였다. 이 경우 활자와 인판틀 사이의 빈틈을 순전히 대나무나 파지 등으로 메우게 되었다. 경우에 따라서는 활자의 뒷면을 둥글게 옴폭 파서 동의 사용량을 줄이고 판짜기를 할 때 밀랍을 채워서 움직이지 않게 하는 고착식 방법을 병용하기도 하였다.

군사기술의 개량:
화약火藥·화기火器: 銃筒·병선兵船

1. 화약

고려 말 최무선(崔茂宣)에 의해 자체 생산이 가능해진 화약은 조선왕조에 들어 태종대 최무선의 아들 최해산(崔海山, 1380~1443)을 등용하면서[288] 대량 생산에 들어갔다. 태종 7년(1407) 12월 30일 군기감 화약장(火藥匠) 33명에게 쌀 1석씩을 내려주는 포상 조치가 이루어졌다. 제야(除夜)를 맞이하여 군기감에서 궐내에 화산대(火山臺)를 설치했는데 화약의 성능이 전보다 배나 되었기 때문이다.[289] 이를 통해 당시 군기감에 화약장이 33명 있었고, 태종 7년 무렵에 이르러서 화약의 성능이 이전보다 두 배나 증가하였음을 알 수 있다.

　태종대에는 화차(火車)를 비롯하여 대·중·소 완구(碗口) 등과 같은 각종 화약무기들이 확충되었는데,[290] 화약을 이용한 각종 무기의 증가는 화약의 소요량을 증대시켰다. 화약무기를 운용하는 화통군(火㷁軍)의 확대 역시 이러한 추세와 연동되어 있었다. 태종 4년(1404) 무렵에 이미 화통군의 수를 늘리고 있음을 확인할 수 있는데,[291] 태종 15년(1415)에 이르러 화통군 400명을 증원하여 전체 병력수가 1,000명으로 늘어났다.[292] 화통군의 증가에 따라 화통의 주조 사업과 발사 시험이 지속적으로 이루어졌고,[293] 태종 15년(1415)에 이르면 군기감에서 제조한 화통은 1만여 자루에 달하게 되었다. 그런데 당시 좌대언(左代言) 탁신은 각 도의 성[城子] 1백여 곳과 각 포(浦)의 병선(兵船) 160여 척, 그리고 산하(山河) 가운데 험난하여 방비가 필요한 곳[險阻設備處]에 비치하기 위해서는 이것도 부족하다고 하였다.[294] 육지와 바다에서 국방 태세를 완비하기 위해서는 화약과 화포의 증액이 필요하다고 본 것이다. 태종 17년(1417)에 중소(中小) 화통의 숫자는 13,500자루로 증가했고, 화약의 보유량은 6,980여 근(觔)에 달하게 되었다.[295] 이에 따라 화약을 비롯한 무기를 보관할 청사의 건축 및 증축이 필요했다. 태종 9년(1409)에 자문(紫門) 안에 무기고[武庫]를 신축하여 각 도에서 바친 무기를 보관하였고, 이어서 군기감 본감을 수리했으며, 태종 17년(1417)에 이르러 화약 제조를 감독하는 화약감조청(火藥監造廳)을 완공하였다.[296] 이는 화약과 화기의 증가를 보여주는 실례인 동시에 그것을 관리

〈그림 57〉 신기전 화차 (전쟁기념관 소장, 출처: 박물관 포털 e뮤지엄). 〈그림 58〉 대완구 (보물 제857호, 육군박물관 소장)

하기 위한 시설물의 정비 과정이었다.

세종대의 화약과 화기의 제조 및 운용은 이상과 같은 태종대의 성과를 바탕으로 전개되었다. 세종대에도 북로남왜(北虜南倭)를 방어하기 위해서 화약과 화기에 대한 수요가 늘어났다. 이에 세종 초년부터 화약의 주요 원료인 염초(焰硝)의 생산량을 늘리기 위한 조치가 취해졌다. 세종 즉위년(1418) 군기감에서는 당시 창고에 보관되어 있는 염초가 3,316근인데, 1년에 소용되는 염초가 대략 4,000근이니 더 제조하도록 하자고 요청하였다.[297] 이에 정부에서는 염초를 화약 제조 이외에 다른 용도로 사용하는 행위를 엄금하는 조치를 내리는 한편,[298] 중앙과 지방에서 염초 생산을 확대하고자 노력하였다.

지방에서 염초를 생산하기 위해서는 서울에서 관리가 파견되었다. 세종 5년(1423) 1월 경상도염초경차관(慶尙道焰硝敬差官)의 파견은 그 대표적 사례로서 주목된다. 당시 경상도의 부관(府官) 이상의 고을에서는 염초를 생산하기 위한 흙을 20석(石), 지관(知官)은 16석, 현관(縣官)은 12석을 채취하게 하고, 매 일일정(一日程: 걸어서 하루 정도 걸리는 거리)마다 중심이 되는 고을을 도회(都會=都會所)로 삼아 염초를 생산하였다. 이때 자취(煮取)된 염초의 양은 210근(觔)이었다.[299] 이 사례를 통해 대략 도 단위에서 생산되었던 염초의 양을 유추할 수 있다.

세종 13년(1431) 6월에 이르러 각 도에서 공납하는 염초의 양을 개정하였는데 그 내용은 다음과 같다.

평안도와 황해도에 나누어 배정한 염초의 원수(元數)가 너무 많아서 제조하기가 쉽지 아니하니 지금 다시 마감하여 개정하였습니다. 이보다 앞서 매년 춘추양등(春秋兩等: 도목정사[都目政事]를 행하는 춘등[春等]과 추등[秋等]을 아울러 이르는 말)의 합약(合藥)의 수량이 총 3,000근인데, 지금 만약 반을 감하면 1년에 1,500근입니다. 이것을 나누어 정하면 전에는 평안도에 1,500근이었는데 지금 270근으로 정하고, 황해도는 1,500근이었는데 지금 270근으로 정하며, 강원도는 940근이었는데 지금 360근으로 정하여 공안상납(貢案上納)에 실어두고, 그 나머지 부족한 700근은 유후사(留後司)·충청·경상·전라도에 매년 군기감원(軍器監員)을 정해 보내어 육지의 깊고 먼 각 고을에 나아가서 자취하여 쓰게 하소서.[300]

위의 인용문에서 각 도에서 생산하여 상공(常貢)으로 바치는 염초의 양을 확인할 수 있다. 이전까지 평안도와 황해도에 편중되게 배정되었던 염초의 양을 조정하였는데, 평안도·황해도는 각각 270근씩을, 강원도에서는 360근을 연간 상공량으로 정했다. 그리고 그 나머지 부족한 700근은 유후사(留後司)·충청·전라·경상도에 매년 군기감 관원을 보내 해안에서 멀리 떨어진 고을에서 염초를 생산하도록 했다. 이는 당시의 염초 생산이 두 가지 방식으로 이루어졌다는 뜻이다. 하나는 평안·황해·강원도에서 공납으로 거두는 것이고, 다른 하나는 충청·경상·전라도 등에 군기감 관원을 파견해서 자취하는 방식이었다. 전자의 경우 각 도에서는 배정된 액수를 다시 예하 군현에 나누어줌으로써 실제 염초 생산은 군현 단위에서 이루어졌던 것으로 보인다. 세종 17년(1435) 판군기감사(判軍器監事) 유한(柳漢)이 평안·황해·강원 3도 군현에서 염초를 자취하는 실태를 비판하면서 앞으로는 상공(常貢)으로 바치게 하지 말고 경상·전라도의 예에 따라 중앙에서 약공(藥工)을 파견해서 염초의 자취를 감독하게 함으로써 외인(外人)들이 전습하지 못하도록 하자고 건의한 것을 통해 그 상황을 짐작할 수 있다.[301]

충청·경상·전라도 등에서 염초를 생산할 때 육지 깊숙한 곳에서 하도록 한 이유는 염초 제조술, 나아가 화약 제조 기술의 대외 유출을 염려했

기 때문이다. 실제로 세종 8년(1426) 강원도 감사는 강원도에서 바치는 염
초를 영동 연해의 각 고을에서 자취하고 있는데, 간사한 백성이나 주인을
배반한 종들이 무릉도(茂陵島)나 대마도(對馬島) 등지로 도망하여 화약 만
드는 비술(秘術)을 왜인(倭人)에게 전수할까 염려된다고 하면서 연해의 고
을에서 염초를 자취하지 못하게 하라고 건의하였고, 이는 곧바로 수용되
었다.[302] 세종 14년(1432)에 허조(許稠)와 신상(申商)이 왜인들이 많이 거주
하고 있는 경상·전라·충청도에서 염초를 자취하는 것보다 양계(兩界)에
서 자취하게 하자는 취지로 건의했던 것이나,[303] 위에서 살펴본 유한의 건
의 역시 염초 자취술이 유출되는 것을 막고자 함이었다.

이처럼 조선왕조 정부에서는 염초 자취술과 화약 제조 기술을 엄격하게
관리하는 정책을 취하지 않을 수 없었다. 그것은 국방과 직결되는 중대한
문제였기 때문이다. 그러나 화약은 국방에서뿐만 아니라 각종 화희(火戲:
불놀이)와 연회(宴會)에서, 그리고 벽사(辟邪)를 목적으로 한 행사에서 다용
도로 쓰이는 물품이었다. 그러나 지방의 염초 생산량을 제외하면 중앙에
서 생산되는 양은 1년에 1,000근 정도에 지나지 않았다.[304] 따라서 조선왕
조 정부에서는 화약의 현실적 필요성과 국가 기밀의 유지라는 원칙 사이에
서 적절한 조정을 해야만 했다. 그것은 때때로 궁중 연회에 소용되는 염초
내지 화약의 양을 줄이는 조처로 나타나기도 했다. 세종 15년(1433) 2월에
제야(除夜)의 행사에서 사용되는 염초의 양이 1,000근에 이를 정도로 지
나치게 많다고 하면서 30근이 넘지 못하도록 규정한 것은 그 대표적 사례
이다.[305]

염초 생산량을 안정적으로 유지하기 위한 하나의 방도로 중국 염초[唐焰
硝] 자취술의 도입과 확산이 거론되기도 했다. 중국의 자취술이 조선의 염
초[鄕焰硝]에 비해 소출량이 두 배였기 때문이다. 세종 16년(1434) 병조의
보고에 따르면 중국식 염초 자취법을 시험해본 결과 그 소출이 조선의 방

법에 비해 두 배나 되었다고 한다. 이에 병조에서는 이후로 중국의 방법에 따라 염초를 자취하게 하고, 염초장을 평안·함길·강원·황해도 등에 파견해서 염초 자취법을 교습하게 하였다.[306]

당염초를 무역하기 위한 시도도 이루어졌다. 세종 16년(1434) 9월에 세종은 당염초를 무역하는 방법을 제안하였다. 예부에 물어서 황제에게 주달(奏達)해야 한다고 하면 정문(呈文)을 올리는 방법, 예부에 문의했는데 주달하지 않아도 무역할 수 있다고 하면 정문을 올리지 않고 무역하는 방법, 그리고 통주(通州)의 동쪽 지역에서 몰래 무역해 오는 방법이었다.[307] 이와 같은 세종의 제의에 따라 일단 염초를 무역하는 일에 대해 사목(事目)을 작성해서 천추사(千秋使)로 떠나는 박신생(朴信生)에게 보내고 아울러 예부에 보내는 정문의 초안도 작성해서 부쳤다. 그 내용은 다음과 같다.

> 본국은 태조 고황제(高皇帝)께서 중국이나 외국을 가리지 않고 한결같이 사랑하시는 은의를 입어, 일찍이 홍무(洪武) 연간에 왜적을 잡는 데 쓰는 화통(火㷁)·화약을 만드는 재료를 반포해주었습니다. 본국의 공장(工匠)들이 염초를 자취하는 방법을 알지 못하여 제조하는 것이 정밀하지 못하니, 이제 값으로 수매(收買)하고자 하는데, 감히 마음대로 하지 못하여 시행하기를 글을 올려 청합니다.[308]

이로 인해 조정에서는 염초를 수매해 오는 절차에 대해 신료들 사이에 논란이 벌어지기도 했다. 당시 논의의 핵심은 천추사가 예부(禮部)에 정문(呈文)을 올려 염초를 수매할 것인지, 아니면 황제에게 주청을 하고 수매할 것인지였다. 염초가 중요한 물건[重物]이니 황제에게 주청을 하고 매수해야 한다는 의견이 제기되었기 때문이다. 황희(黃喜) 등은 위의 사목을 검토한 이후 그 내용이 모두 갖추어져 있어서 다시 논의할 필요가 없다고 하였다.[309] 당염초의 무역 시도가 어떤 성과를 거두었는지는 관련 사료가 없어서 확인하기 어렵다. 다만 밀무역까지 구상하고 있었다는 점에서 새로운 염초 자취술의 도입과 염초 생산량의 확보를 위한 조선 정부의 노력을 확인할 수 있다.

앞에서도 살펴본 바 있는 세종 17년(1435) 판군기감사 유한의 상언(上言)은 이즈음 변동하고 있는 화약 제조의 실상을 보여준다. 유한은 화포가 '외모(外侮)를 막는 급무'라고 전제하고, 이전에는 화약을 만드는 장인으로서 그 기술에 정통한 자가 많지 않았는데 현재는 약장(藥匠)의 수효가 많이 늘었다고 하였다. 그는 약장으로서 업무에 종사하는 자가 24인, 복무 기간이 만료되어 거관한 자가 20인, 권지직장(權知直長)이 20여 인이나 된다고 하면서, 이들은 모두 화약 제조 기술에 정통한 사람들인데 여항(閭巷)에 일반인과 뒤섞여 살고 있는 것이 문제라고 지적했다.[310] 유한은 이들에 의한 화약 제조 기술의 국외 유출을 심히 염려했던 것이다.

이에 유한은 현재 근무하고 있는 약장을 나누어 양번(兩番)으로 하고, 우수한 한두 사람을 뽑아서 그 업무를 주관하게 하여 약을 배합하는 기술, 중량을 다는 임무 등을 모두 직접 하게 하고, 급료를 넉넉히 주어 군기감에서 오랫동안 근무하게 하며, 나이가 70이 된 뒤에 그 역에서 영구히 면제하고, 다시 능한 자를 뽑아서 그 자리를 보충하자고 제안하였다.[311] 아울러 염초를 자취하는 방법은 반드시 비밀로 해야 한다고 강조하면서, 염초를 상공(常貢)하는 법을 없애고 약공(藥工)을 파견해서 염초 생산을 직접 감독하게 함으로써 제조 기술의 유출을 막자고 건의했던 것이다.

이처럼 당시의 위정자들은 염초 자취술의 외부 유출을 막고자 부심하였고, 그러한 노력은 세종 말년까지 지속되었다.[312] 그 이유는 일본이 화약 제조 방법을 습득하기 위해 다각도의 노력을 기울였기 때문이다. 그들은 중국인이나 조선인을 포로로 잡으면 염초 자취술을 매우 혹독하게 심문하기도 했다고 한다. 이에 세종은 염초 자취술이 일본에 유출될까 염려하였다. 염초장들이 대부분 천인인지라 뇌물로 유혹하면 기술 유출이 가능하다고 여겼던 것이다. 아울러 지방에서 염초를 제조할 때 발생하는 폐단에 대해서도 걱정하였다. 조신을 전라도와 경상도에 보내 염초를 제조하게 하였더니 주색만 일삼고 실제 일은 공장들에게 일임하니, 공장들이 이를 빌미로 어느 사람의 땅이 염초를 제조하기 좋다고 하여 뇌물을 받는 등 백성들을 괴롭히는 폐단이 많았다는 것이다.[313] 이에 세종은 염초 자취술의 유출을 막고 생산의 효율성을 높일 수 있는 방도를 강구하게 되었다. 그것이 바로 '사포국(司礮局)'의 설치였다.

포(礮)는 포(礮=砲)의 속자(俗字)이니 '사포국'은 화포를 운용하는 데 핵심 재료인 염초를 제조하기 위해 궁궐 안에 설치한 임시 기구였다. 처음에는 환관들을 시켜 내사복(內司僕)에서 일을 하게 하였고 병방승지(兵房承旨)로 하여금 감독하게 했는데, 염초의 생산량이 전에 비해 비약적으로 늘어났다. 이에 내사복의 남쪽에 '사포국'을 두고, 환관들에게 실무를 맡겼다. 세종 27년(1445) 5월의 일이었다.[314] 같은 해 9월에는 '사포국'의 직책과 정원을 정하였다. 그에 따르면 사(使) 2명[종5품], 부사(副使) 2명[종6품], 승(丞) 4명[종8품], 서원(書員) 2명, 사령(使令) 10명이었다.[315] 문종 연간부터 환관의 발호를 염려하는 신료들이 사포국의 혁파를 꾸준히 건의하였고, 마침내 단종 3년(1455) 혁파되었다.[316] 그러나 세조 연간에도 사포국의 명칭이 등장하는 것으로 보아[317] 기구 자체를 없앤 것이 아니라 환관들이 관장하는 것을 금지하고 유사들에게 맡긴 것으로 보인다.

2. 화기

조선 초부터 국방 대책의 하나로 꾸준히 추진된 것이 화약무기의 개발이었다. 태종대가 조선왕조 화기 발전의 토대를 마련한 시기였다면 세종대는 그 연장선에서 화약 제조 기술과 화포 주조 기술의 개량·발전이 추진된 시기였다. 세종대에는 기존 화포에 대한 전면적 개조[改鑄]가 이루어졌다. 세종 27년(1445) 3월의 일이었다. 기존 화포에 어떤 문제가 있었기에 개조 사업이 단행되었을까? 그 연원은 태종대로 거슬러 올라간다. 태종은 이숙번(李叔蕃, 1373~1440), 최해산 등을 시켜 화포의 성능을 개선하도록 하였다. 당시의 지자(地字)·현자화포(玄字火砲)가 화약은 많이 드는데 화살의 사거리가 짧고, 한 번에 여러 개의 화살을 발사할 수 있는 '일발다전(一發多箭)'의 기술도 없었기 때문이다.[318] 태종은 세종에게 유은지(柳殷之, 1370~1441)를 군기감의 제조로 추천하였다. 그가 총명하고 기술에 소질이 있다고 보았기 때문이다. 유은지는 태종에게 현자화포가 크고 무거워 사용하기 어렵다고 보고했고, 세종 역시 작게 만드는 것이 좋겠다고 하여 화포의 소형화 사업이 추진되었다. 그런데 완성된 화포를 발사해보니 그 사거리가 기존의 지자·현자화포에 100여 보(步)나 미치지 못했다.[319] 화포의 성능 개선 사업이 일단 실패한 것이다.

이상과 같은 사업을 통해 화포가 크고 무거우며, 화약의 소모량이 많고, 화력이 약해서 사거리가 짧다는 문제점이 확인되었다. 그렇다면 화포의 성능 개선 사업은 당연히 화포의 규격을 줄이고 무게를 가볍게 하는 한편, 화약의 소모량을 줄이고, 화력을 강화해서 사거리를 증진하는 방향으로 추진될 수밖에 없었다. 이에 새롭게 주목한 것이 중국의 화포였다. 그것은 현자화포보다 작고, 화포의 포신에 해당하는 취(觜: 嘴)가 긴 것이었다. 군기감에서 이를 모방해서 화포를 만들어 시험해보니 지자·현자화포에 비해 화약은 적게 들고 화살은 멀리 나갔다. 이것이 바로 황자포(黃字砲)였다.[320] 이로써 화약의 소모량과 사거리를 증진하는 작업은 일부 성과를 얻게 되었다.

그다음으로 착수한 것은 '일발다전'의 기술을 구비하는 일이었다. 세종 14년(1432) 무렵의 쌍전화포(雙箭火砲)의 제작이 바로 그것이었다. 그 사거리는 200보에 달했고, 파저강(婆猪江) 정벌 때 큰 효과를 발휘하기도 했다. 그 뒤에 화살 4발을 동시에 쏠 수 있는 사전화포(四箭火砲)를 제작하였으나 발사력이 약해서 헐어버리고 말았다. '일발다전'의 기술을 보유하기 위해서는 아직도 갈 길이 멀었던 것이다.[321] 세종 15년(1433) 9월의 실록 기사는 '일발다전'의 화포 제작과 관련된 사실을 전하고 있다. 그에 따르면 세종은 일찍이 군기감에 명해 화포전(火砲箭)을 새로 만들게 하였는데, 그것은 한 번에 2발, 4발씩 쏘기 위해서였다. 9월에 세종이 동교(東郊)에 행차하여 화포의 발사를 관람한 것은 '일발다전'을 시험하기 위함이었고, 그것이 성공적으로 마무리되자 "처음에 이 방법을 만들 때에는 성공하지 못할까 염려하였는데, 이제 친히 그것을 보니 한 발에 4개의 화살을 발사할 수 있게 되었구나"라고 하였다.[322] 그 며칠 후 군기감의 관원들에게 말을 하사하고 공장들에게 쌀을 하사한 것은 '1발2전', '1발4전' 화포를 제작한 공로를 치하하기 위함이었다.[323] 그 이외에도 가자화포(架子火砲=架字火砲), 세화포(細火砲) 등이 새롭게 제작되었고, 가자화포는 변장(邊將)들로부터 매우 좋다는 평가를 받기도 했다.[324]

세종 26년(1444) 가을에 화포의 제도에 대한 재논의가 있었다. 군기감으로 하여금 화포의 발사 시험을 하게 하였더니 황자포의 사거리는 400~500보에 달했으나, 지자·현자포는 화약을 많이 사용하는데도 불구하고 그에 미치지 못했다. 또 가자포는 사거리가 간혹 200~300보에 달하기도 했으나 200보에 미치지 못하는 것이 많았고, 세화포는 모두 200보에 미치지 못했다. 세종과 이순몽(李順蒙, 1386~1449), 이천은 이 시험 결과를 두고 논쟁을 벌였다. 이순몽은 지자·현자포의 문제점을 거론하며 모두 헐어버리자고 주장한 반면 이천은 현자포가 경내(境內)에 만 자루가량 보급되어 있으니 지금부터 다시 주조하지는 말되 이미 있는 것을 헐어버려서는 안 된다고 하였다. 세화포의 경우에는 이순몽이 그 편의성을 거론하면서 이익이 크다고 주장한 반면, 이천은 편전(片箭)의 경우 그 힘이 약해도 300보나 나가는데, 200보에도 미치지 못하는 세화포가 무슨 이익이 되겠느냐며 헐어버리자고 하였다. 이에 대해 세종은 화살의 문제를 거론하였다. 지자·현자화포가 화약을 많이 사용하는데도 사거리가 짧은 것은 화살의 무게가 적당하지 않아서이고, 가자화포나 세화포의 사거리가 200보에 미치지 못하는 것도 화살의 제도[矢制]에 문제가 있기 때문이라고 보았던 것이다. 이에 세종은 군기감으로 하여금 화살의 제도를 개정하게 하였으나 수개월 동안 연구해도 성과가 없었다.[325]

이러한 상황을 타개하고자 세종은 화포를 다시 주조하여 사거리를 늘리는 방안[遠射之術]을 찾고자 하였다. 그 바탕에는 화포의 효용성에 대한 세종의 생각이 자리하고 있었다. 그는 화포를 이용하면 하나의 화살로 적군 3~4인을 죽일 수 있어 적을 두렵게 만들 수 있으니 전쟁에서 효과적인 무기가 천하에 화포만 한 것이 없다고 보았던 것이다. 이에 세종은 행궁 옆에 시설을 갖추게 하고 실험을 시작하였다.[326] 당시 세종의 명을 받아 이 사업을 관장한 사람은 임영대군(臨瀛大君)과 금성대군이었던 것으로 보인다.[327] 세종 27년(1445) 3월의 일이었다.

이 사업의 결과로 기존 화포들이 다시 제작되었는데 화약 사용량을 일부 줄이고 사거리를 신장하는 효과를 거두었다. 아울러 '1발4전'법도 갖추게 된 것으로 보인다. 그 내용을 도표로 정리하면 아래와 같다.[328]

화포명	개량 이전	개량 이후		
	사거리(步)	화약 양 [用藥]	일발일전(一發一箭)	일발사전(一發四箭)
천자화포(天字火砲)	不過 400~500	極少	1,300	1,000
지자화포(地字火砲)	不過 500	同	800~900	600~700
황자화포(黃字火砲)	不過 500	同	800	500
가자화포(架子火砲)	不及 2~300	同	600	400
세화포(細火砲)	不過 200	同	500	

〈표 4-1〉 세종 27년(1445) 갱주화포(更鑄火砲)의 사거리

개주의 효과는 이뿐만이 아니었다. 이전에는 화살이 비스듬히 날아가서 수십 보 내에 떨어지는 것이 태반이었는데 개주 이후에는 하나의 화살도 비껴 날아가지 않았다고 한다. 이에 세종은 이전까지 사용되었던 화포를 모두 헐어버리고 새로운 제도에 따라 화포를 제작하게 하였다.[329] 세종은 이 사업의 완수를 위해서는 젊고 기력이 왕성한 군기감 제조가 필요하다고 생각하였다. 당시 군기감 제조들이 모두 늙고 근력이 쇠약해져서 부지런히 일하기 힘들다고 판단했기 때문이다. 이에 정3품이나 종3품 가운데 40세 미만인 사람을 한 명 선발해서 당상관으로 삼고 군기감 제조로 임명해서 외직에 내보내지 말고 종신토록 그 일을 담당하도록 하는 방안을 모색하였다. 이와 같은 세종의 의도에 따라 추천된 인물이 대호군 박강(朴薑, ?~1460)이었다.[330]

이처럼 새로운 화포를 개발한 이후의 과제는 신형 화포를 전국적으로 배포하는 한편, 새로운 화포의 사용법을 병사들에게 숙지하게 하고, 신형 화포의 제도를 교범(敎範)으로 편찬하여 이후의 참고 자료로 삼게 하는 일이었다. 종래의 화포를 전면적으로 개조하는 일은 많은 물력이 소요되는 사업이었다. 특히 화포 제조의 기본 재료인 동(銅)을 확보하는 것이 급선무였다. 이에 세종은 각 도의 감사에게 도내 각 고을의 파손된 구리 그릇[銅器]과 폐사(廢寺)의 구리 기구 등을 상세히 조사하게 하였다.[331] 이는 화포

주조의 재료를 확보하기 위한 사전 조사였다.

세종 27년 8월에는 각 도에 감련관(監鍊官)을 파견해서 화포를 주조하게 하였다. 세종은 갱신된 화포 제도의 특징을 '약소시원(藥小矢遠)'으로 요약하였다. 화약은 이전보다 적게 들면서 사거리는 길어졌다는 뜻이다. 이제 종래의 화포를 모두 폐기하고 새로운 형식의 화포를 전국에 배치하기 위한 작업이 필요했다. 세종은 새로운 화포를 전국에 확산하기 위해 '새로 정한 제도[新定制度]'에 따라 화포를 개주하게 하였다.[332] 그러나 이 사업은 단기간에 마무리될 수 있는 것이 아니었고, 이후 세종 말년에 이르기까지 축차적·단속적으로 이루어졌던 것으로 보인다.[333] 세종 30년(1448) 2월에 세종은 각 도에 파견한 감련관에게 공장들을 엄히 단속하여 총통을 정밀하게 주조하라고 유시하였는데, 이를 통해 화포의 개주 사업이 몇 년째 지속되고 있었음을 확인할 수 있다. 그만큼 총통을 주조하는 데는 공력(功力)이 많이 소요되었고, 그에 따라 민간에 소요를 불러일으키는 폐단이 적지 않았던 것이다.[334]

새로운 화포의 사용법을 병사들에게 숙지하게 하는 것도 중요한 일이었다. 이는 화포를 전문적으로 다루는 부대의 창설과도 관련이 있었다. 그런 점에서 총통위(銃筒衛)의 설치가 주목된다. 총통을 취급하는 부대로는 화통군(火㷍軍), 군기감별군(軍器監別軍), 화포군(火砲軍) 등이 있었는데, 군기감별군이 잡다한 역사에 동원되고 노약자가 많아지는 등 부실하게 되자 이를 보완할 수 있는 대책을 마련할 필요가 있었다. 총통위의 설치가 바로 그것이었다. 총통위는 세종 27년(1445) 4월의 논의를 거쳐[335] 7월에 설치된 것으로 보인다. 총통위는 서울과 지방의 역(役)이 없는 자들로 구성되었다. 30세 이하의 주력(走力: 달리기와 힘쓰기)을 갖춘 자로 2,400명을 뽑아서 3번으로 나누어 근무하게 하였고, 매 당번을 또 3번으로 나누어 1번은 중군(中軍), 2번은 좌군(左軍), 3번은 우군(右軍)에 소속하게 하여 각각 총통을 가지고 6일씩 교대로 궐내에서 입직(入直)하게 하였다. 행행이 있을 때에는 출직(出直)과 입직을 물론하고 모두 대가(大駕)를 수행하는 보병이 되도록 하였다. 총통위는 입직과 행행 시 시위하는 일 이외에는 다른 일에 사역하지 못하도록 규정하였다.[336] 당번 800명 가운데 300명에게는 삼총통(三銃筒)을, 250명에게는 사전총통(四箭銃筒), 250명에게는 팔전총통(八箭銃筒)을 나누어 주고 항상 발사 연습을 하도록 하였다.[337] 총통위는 6개월에 한 번씩 교체되었다.[338] 세종 27년 7월에는 신설된 총통위의 병사들을 시취하는 법을 제정하였다.[339]

세종 29년(1447) 11월에 평안도와 함길도의 도절제사에게 유시한 내용을 보면 당시 총통 방사군을 훈련하기 위해 고심하고 있는 세종의 생각을 읽을 수 있다. 여기에서 세종은 총통 방사군이 모두 '장약하는 방법[藏藥之術]'을 알고 있으면 좋겠지만 그렇게 훈련하기에는 화약을 허비할 염려가 있다고 하면서 나름대로의 방책을 제시하였다.[340] 먼저 총통군의 편성 문제를 거론했는데 그 내용을 정리하면 다음과 같다.

- 5인을 1오(伍)로 편성하고, 이 가운데 한 사람이 장약(藏藥)을 하고 나머지 4인이 방사(放射)를 한다.
- 이총통(二銃筒), 삼총통(三銃筒), 팔전총통(八箭銃筒), 사전총통(四箭銃筒), 세총통(細銃筒) 등 5개 형태의 총통을 1오의 사람들이 잡다하게 소지하게 되면, 급박한 때를 당해서 전(箭)과 격목(檄木)의 대소(大小), 장약(藏藥)의 다소(多少)를 분변하지 못하고 혼용할 것이다. 반드시 1오의 사람들은 한 종류의 총통을 소지하여 적과 싸울 때뿐만 아니라 평상시 연습할 때에도 서로 섞여서는 안 된다.
- 사람들의 힘의 강약에 따라 적절한 총통을 가르쳐서 미리 정해두는 것이 좋겠다.

〈그림 59〉 삼총통 (육군박물관 소장)　　　　　　　　　〈그림 60〉 사전총통 (육군박물관 소장)

- 10인으로 1오를 편성하는 것도 좋다.[341]

세종은 당시 총통군의 무장 편성에 대한 대립된 견해도 소개하고 있다. 그에 따르면 총통군으로 하여금 총통뿐만 아니라 궁시(弓矢)나 도검(刀劍)을 휴대하도록 하는 것이 좋겠다는 의견도 있었지만, 그렇게 할 경우 소지하게 되는 총통의 숫자가 적어지니 궁검(弓劍)을 쓰지 말고 총통을 많이 휴대하도록 하는 것이 좋겠다는 견해도 있었다. 세종은 이 같은 두 가지 견해가 모두 그 나름의 이치가 있다고 판단했다.[342]

다음으로 총통 방사에 필요한 각종 물품을 운반하는 문제에 대해 논했다. 총통의 발사를 위해서는 격목(檄木), 철추(鐵椎), 철전(鐵箭), 화약, 화심(火心), 양약요자(量藥凹子), 장약기(藏火器) 등의 물품이 필요했다. 그런데 이것을 한 사람이 모두 휴대하고 다니기는 어려웠다. 중량이 무겁기 때문이다. 이에 세종은 중국의 사례를 들어 대책 마련을 주문했다. 중국에서는 북정(北征)할 때 조선의 말을 이용해 총통을 비롯한 여러 물품을 운반한 적이 있다. 세종은 이를 참조하여 1오 안에서 장약하는 1인이 말 한 필을 거느리고 장약을 비롯한 여러 물품과 장약한 총통을 많이 싣고, 나머지 4인이 궁시와 도검을 휴대하고 앞줄에 서서 방사하면 장약하는 사람은 이들이 쏠 때마다 지급해주는 것[隨放隨給]이 가장 좋은 계책이라고 생각했다. 다만 충분한 마필(馬匹)을 충당할 수 있을지가 이 계책의 실행 여부를 좌우

하는 중요 요소라고 지적했다.[343]

다음으로 세종은 총통의 종류에 따라 총통군을 식별할 수 있는 방안을 제시했다. 이총통, 삼총통, 팔전총통, 사전총통, 세총통 등 5개의 총통군을 다섯 가지 색깔의 깃발로 구분하여 투구에 꽂고, 각 총통군의 지휘자가 다섯 가지 색깔의 깃발을 세워 지휘하면 명령을 내리는 것도 편하고 적과 대응하는 것도 쉬울 것이라고 판단했다.[344]

끝으로 총통을 연습할 때의 안전 문제를 거론했다. 총통을 연습할 때나 적과 싸울 때 불을 약심(藥心)에 가까이 하면 폭발의 염려가 있으니 항상 경계해야 한다는 것이었다. 세종은 이상의 여러 조목이 시행할 만한 것인지와 덧붙이거나 뺄 사항이 있는지를 도절제사가 감련관과 함께 상의한 다음 마땅한 것은 시행하라고 지시했다.[345] 이러한 세종의 지시는 4군6진의 개척 과정에서 평안도와 함길도 지역의 군사 설비를 공고히 구축하기 위한 일련의 조치로 보인다.

화포의 전면적 개주, 화포 전담 부대의 편성, 화포 방사법의 개량도 중요한 문제였지만 이와 함께 개선된 내용을 교범으로 표준화해서 배포하는 일도 미룰 수 없는 과제였다. 그것은 세종 30년(1448) 9월에 화포의 주조법과 화약 사용법을 상세히 기록하고 그림으로 그려 넣은 『총통등록(銃筒謄錄)』의 편찬·간행으로 결실을 맺었다. 『총통등록』을 편찬하게 된 이유는 앞에서 살펴본 바와 같이 당시 군기감에 소장되어 있던 총통의 제작법이 정밀하지 못하다는 데 있었다. 그 문제점은 크게 세 가지로 첫째, 화포의 중량이 무겁다는 점, 둘째, 화약의 소모가 많다는 점, 셋째, 화력이 약하고 사거리가 짧다는 점이었다. 이에 세종 27년(1445) 봄에 세종은 임영대군 이구(李璆, 1418~1469)에게 개조를 감독하게 하였다. 그 결과 사용되는 화약의 양은 줄어들었고 화포의 무게도 감소했으며, 이전에 200~500보에 지나지 않았던 사거리가 400~1,500보로 증가하였다. 이와 같은 세종대 화기 개량의 방향은 화포는 가볍게, 화약은 적게 들게, 사거리는 길게 만들어, 운송하기에도 편리하고 발사하는 데도 힘이 들지 않게 함으로써 '군국의 보배'가 될 수 있는 화기를 제작하는 것이었다. 『총통등록』은 그와 같은 실험의 결과를 바탕으로 화포의 형태와 제원을 정식화한 것이었다.[346] 앞에서 살펴보았듯이 세종 27년(1445) 8월에 종래의 화포를 모두 폐기하고 새로운 형식의 화포를 전국적으로 배치한 것은 이와 같은 실험의 결과 개량된 화포를 전국에 확산하기 위한 조처였다. 요컨대 『총통등록』의 편찬은 화포의 제작과 사용에서 조선이 독자적인 발전 단계에 들어섰음을 보여주는 것으로, 이후 조선시대 화포는 『총통등록』의 전통을 그대로 이어받아 발전하게 된다.[347]

『총통등록』을 간행하고 난 세종 30년 12월에 의정부에서는 각색(各色) 총통전(銃筒箭)의 제조규식(製造規式)과 총통을 방사하는 기계(機械)의 수, 이습(肄習) 절차 등을 마련하였고, 총통 기계를 기록하여 군기감과 각 영진(營鎭), 연변(沿邊) 주현(州縣)과 각 포(浦)에 치부(置簿)하여두고 신구관(新舊官)이 교대할 때에 문서로 주고받게 하였다[解由傳掌].[348] 이때 정리된 세부 내용은 다음과 같다.

1. 각색 총통전은 일찍이 나무로 대[幹]를 만들고 가죽으로 깃[翎]을 만들었으나, 나무화살은 만들기가 쉽지 않고 가죽도 구하기 어렵다. 차대전(次大箭)·중전(中箭)·소전(小箭)·차소전(次小箭) 외에, 세장전(細長箭)과 차세장전(次細長箭)은 지금 대나무로 대를 만들고 깃털[羽]로 깃을 만들어 시험해보니, 화살이 멀리 가고 단단하여 나무화살보다 훨씬 나으니, 노력은 적게 들고 효과는 배나 된다. 또 우령(羽翎)은 만들기가 편하고 쉬우니, 지금부터는 이 예에 의하여 만들고, 모름지기 어교(魚膠)로 깃[翎]을 붙이도록 한다[各色銃筒箭, 曾以木爲幹, 皮爲翎. 然

木箭製造未易, 皮亦難得. 次大箭·中箭·小箭·次小箭外, 細長箭·次細長箭, 則今以竹爲幹, 羽爲翎, 試之, 矢及遠, 堅緻尤勝於木箭, 而事半功倍. 且羽翎, 製造便易. 今後依此例製造, 須用魚膠接翎].

1. 깃을 붙인 곳과 살촉이 들어간 곳을 복숭아나무 껍질로 싸지 말고, 힘줄[筋]을 펴고 그 위에 옻칠을 하면, 비록 세월이 오래되어도 벌레가 먹지 않고 먼지가 붙지 않는다. 1년에 소용되는 전칠(全漆)도 3~4두(斗)에 지나지 않으니 모름지기 전칠을 써야 한다[接翎及入鏃處, 勿裹桃皮鋪筋, 着漆于其上, 則歲月雖久, 不蟲損, 不着霾. 一年所用全漆, 亦不過三四斗, 須用全漆].

1. 각 영진(營鎭)에 이미 공장(工匠)이 있어 군기(軍器)를 제조하고 있으니, 총통전(銃筒箭)은 감련관으로 하여금 감독해서 만들지 말고, 견양전(見樣箭)을 각 영진에 나누어 보내서 견양에 의거하여 제조하게 할 것이다. 그러나 과정(課程)이 없으면 공장들이 반드시 일에 부지런하지 않고, 변장(邊將)들도 또한 살피지 아니하여, 헛되이 세월만 소비하게 되어 진실로 편리하지 못하다. 이제부터 일과(日課)를 정하여 각 영진과 각 포(浦)로 하여금 공장의 일과를 매달 말에 감사에게 보고하게 하고, 감사는 석 달마다 그 수를 계산하여 계문(啓聞)하게 하며, 매년 말에 군기감 관원을 나누어 보내서 점검하게 한다[各營鎭旣有工匠, 製造軍器, 則銃筒箭, 勿令監鍊官監造, 分送見樣箭于各營鎭, 依樣製造. 然無課程, 則工匠必不勤業, 邊將亦不之察, 虛消日月, 實爲未便. 自今定其日課, 令各營鎭各浦工匠日課, 每月季報監司, 監司每三月計數啓聞, 每年終, 分遣軍器監官員點檢].

1. 이전에는 각 영진과 각 포구(浦口)에서 총통의 연습을 사맹월(四孟月)에만 했기 때문에, 총통군(銃筒軍)이 능히 익숙하지 못하며, 또 각색 총통을 모두 다 연습하자면 화약을 대기 어렵다. 지금부터는 연습할 때 모두 사전총통(四箭銃筒)을 쓰되, 양계(兩界)에서는 매월 한 번에 열 자루[柄]를 발사하고, 그 나머지 여러 도에서는 석 달마다 한 번에 열 자

루를 발사하도록 한다[前此, 各營鎭各浦口子銃筒肄習, 只行於四孟月, 故銃筒軍未能(孰)〔熟〕習, 且各色銃筒, 竝皆肄習, 則火藥難繼. 今後肄習時, 皆用四箭銃筒, 兩界則每月一度放十柄, 其餘諸道則每三月一度放十柄].

1. 팔전총통(八箭銃筒)·사전총통(四箭銃筒)·장총통(長銃筒)·세총통(細銃筒)·중소신기전(中小神機箭)은 양계에서는 매년 한 번씩, 그 나머지 여러 도에서는 2년에 한 번씩 방사 연습을 한다[銃筒八箭·銃筒四箭·長銃筒·細銃筒·中小神機箭, 則兩界每年一度, 其餘諸道, 二年一度放射肄習].

1. 총통 한 자루와 팔전총통 이하 각 다섯 자루씩을 가지고, 경내(境內) 이웃 고을에 만일 적변(賊變)이 있으면, 변장이 반드시 총통군을 거느리고 구원하면, 본읍(本邑)의 성(城)을 지키는 일이 허술하게 되어 심히 불편하다. 각 고을의 아전[人吏]·일수(日守: 지방의 서반 아전)·관노(官奴) 등은 이미 다른 역(役)이 없으니 항상 관문(官門)을 떠나지 않고, 총통을 연습하는 것도 1년에 며칠 되지 않으며 연습하기도 어렵지 않으니, 각 관(官)의 아전·일수·관노 중에서 나이가 20세 이상인 자를 골라서 이름을 기록해 치부(置簿)하고, 그들로 하여금 연습하게 하고, 나이가 60에 이르거든 연습하지 말게 한다. 각 도의 감련관과 관찰사(觀察使)·절제사(節制使)·처치사(處置使) 등이 매번 순행(巡行)할 때 총통과 화포의 연습 상황을 살펴서, 전최(殿最)할 때에 이르러 출척(黜陟)의 빙고(憑考)로 삼되, 쇠퇴함[陵夷]이 매우 심한 자는 계문(啓聞)하여 죄를 주도록 한다[銃筒一柄·八箭銃筒以下各五柄, 境內隣邑, 如有賊變, 邊將必率銃筒軍救援, 則本邑守城虛疎, 深爲未便. 各官人吏日守官奴, 旣無他役, 常不離官門, 而銃筒肄習, 亦一年不日之事, 肄習無難, 擇各官人吏·日守·官奴年二十以上者, 錄名置簿, 使之肄習, 年至六十, 勿令肄習. 各道監鍊官及觀察·節制·處置使等, 每當巡行, 察其銃筒火炮肄習之狀, 至殿最時, 憑考黜陟, 陵夷尤甚者, 啓聞科罪].

1. 총통을 연습할 때에 총통군뿐만 아니라 당번군사(當番軍士)들도 모

두 다 모아서 화약을 장전하고, 격목을 치고, 화살을 넣고, 방사하는 절차를 견습(見習)할 수 있도록 한다. 총통군이 전습(傳習)하기를 오랫동안 해서 능히 그 직무를 맡을 수 있는 자는 각각 그 도의 절제사와 처치사가 계문하여 포상(褒賞)하여 장려한다[銃筒肄習時, 非徒銃筒軍, 當番軍士, 竝皆聚會, 藏藥打激木接箭及放射節次, 使得習見. 其銃筒軍, 傳習年久, 能任其職者, 各其道節制使·處置使啓聞, 褒賞勸勵].

1. 총통으로 발사하는 화살의 빠르고 느린 것은 오로지 격목의 견고하고 넓은 데 달려 있으니 관계된 바가 가볍지 않은데, 외방의 졸렬한 장인들이 체제(體制)를 알지 못하여, 크고 작음이 맞지 않아서 매우 편리하지 않다. 경중(京中)의 마조장(磨造匠) 두 사람을 양계에 나누어 보내어 그들로 하여금 전습하게 한다[銃筒發箭疾舒, 專在激木堅闊, 所係匪輕. 外方拙匠, 未知體制, 大小不中, 甚爲未便. 京中磨造匠二人, 分送兩界, 使之傳習].

1. 왜객(倭客)이 왕래하는 초면(初面)인 웅신진(熊神鎭)·부산포(富山浦)·내이포(乃而浦)·염포(鹽浦) 외의 각 영진과 연변(沿邊)의 각 관(官)과 각 포(浦)의 부방군(赴防軍)과 당번인리(當番人吏)들은 이미 농번기[農月]를 헤아리지 않고 각각 그 역에 이바지하고 있다. 청하건대 농번기에 구애되지 말고 총통전을 제조하게 하소서[倭客往來初面熊神鎭·富山浦·乃而浦·鹽浦外, 各營鎭·沿邊各官各浦赴防軍及當番人吏, 旣爲不計農月, 各供其役. 請令不拘農時, 銃筒箭製造].

1. 군국(軍國)의 중요한 기계를 각 도의 관찰사·절제사와 변장 등이 의당 마음을 다해 포치(布置)하여 불우(不虞)에 대비해야 하는데, 대체(大體)를 돌보지 않고 여러모로 폐단을 진술하여 능히 봉행(奉行)하지 못하니 매우 편리하지 못하다. 총통의 주조가 비록 많으나, 화살과 방사하는 기계가 미비하면 장차 쓸모가 없게 된다. 지금부터는 그 쓰임에 해당되는 철(鐵)·탄(炭) 등의 물건을 감사가 곡진하게 준비하게 하고, 만약

절제사와 변장으로 마음을 쓰지 아니하는 자는 모름지기 즉시 계문하게 한다[軍國重器, 各道觀察·節制使及邊將等, 宜當盡心布置, 以備不虞, 不顧大體, 多端陳弊, 不能奉行, 甚爲未便. 銃筒鑄造雖多, 箭及放射機械未備, 則將爲無用. 今後其該用鐵炭等物, 監司曲盡指辦. 若節制使·邊將不致慮者, 須卽啓聞].[349]

여기에서는 대나무와 깃털을 이용해서 각종 총통전을 제작하는 방법, 옻칠을 통해 총통전의 깃을 튼튼히 하는 방법, 총통전을 제작하는 공장(工匠)의 관리와 감독 문제, 총통을 연습하는 주기와 훈련에 동원되는 총통의 수량, 총통의 종류별 방사 연습 시기, 각 고을의 인리(人吏)·일수(日守)·관노(官奴)들에게 총통을 훈련하는 절차, 총통전의 속도를 결정하는 중요 요소 가운데 하나인 격목(激木)의 제조법을 습득하는 문제, 절제사·변장(邊將) 등 총통 관리의 실무를 담당한 자들에 대한 관리 문제 등이 주밀하게 다루어졌다. 이는『총통등록』으로 정리된 총통의 제조법을 실질적으로 이용하기 위한 제도적 장치를 마련하기 위한 조치였다.

3. 병선[350]

삼면이 바다로 둘러싸인 한반도의 지리적 특성상 조선왕조를 비롯한 역대 국가들은 바다를 통한 외적의 침입에 특히 유의할 필요가 있었고, 해상 방어를 담당하는 수군은 적과의 전투 상황을 고려해서 그에 걸맞은 병선(兵船)과 무기 체계를 갖추어야 했다. 여말선초 병선의 제작과 관련해서 염두에 두어야 할 점은 무기 체계의 변화이다. 고려후기 이래로 화약무기가 발전했기 때문에 이를 탑재해서 운용할 수 있는 새로운 체제의 병선이 필요하게 되었던 것이다. 때문에 조선왕조의 병선 제조술 역시 한반도의 자연환경과 시대적 배경 속에서 그 나름의 특징을 지니게 되었다.

고려 시기에도 여러 가지 병선이 제작되었다. 고려 초 병선의 건조가 활발했던 이유는 동북의 여진 해적을 방어하기 위한 것이었다고 여겨진다. 그 과정에서 제작한 독특한 병선이 '과선(戈船)'이었다. 현종 즉위년(1009)에 '과선' 75척을 건조하였는데,[351] 이는 선체의 앞에 쇠로 만든 뿔을 붙여서 적선을 파괴하는 데 사용한 병선이었던 것으로 보인다.[352]

고려의 병선은 매우 견고한 것으로 알려져 있다. 그것은 일본 원정에서 확인된 바 있다. 고려는 원의 요구에 따라 원종 15년(1274)과 충렬왕 7년(1281) 두 차례에 걸쳐 일본 원정에 참여하였다. 당시 고려는 전통적인 조선 방식에 따라 단시일 내에 900척에 이르는 다양한 선박을 건조하였는데,[353] 이 배들은 그 구조가 매우 튼튼했다고 전한다. 일본 원정 도중 폭풍을 만났을 때 중국 강남의 양식으로 제작된 배들이 파도에 부딪혀 파손·침몰되었지만 고려의 배들은 모두 무사했던 것이다. 원의 왕운(王惲, 1227~1304)은 그의 문집에서 이때의 상황을 다음과 같이 회고하였다.

이때 크고 작은 배들이 파도에 부딪혀 많이 부서졌다. 오직 구려(句麗=高麗)의 배만이 견고해서 온전할 수 있었다.[354]

이러한 사실은 원정 후 10년이 경과한 충렬왕 18년(1292)의 『고려사』 기록에서도 확인된다. 당시 우승(右丞) 벼슬에 있던 정 아무개란 사람은 원의 황제에게 "강남의 전선(戰船)이 크기는 크지만 부딪히면 (쉽게) 부서지는데, 이것이 지난번에 실패한 이유입니다. 만일 고려로 하여금 배를 만들게 하여 다시 정벌한다면 일본을 취할 수 있을 것입니다"[355]라고 건의했던 것이다. 고려 선박의 견고성을 엿볼 수 있는 대목이다.

이와 같은 고려의 선박은 조선 초기 병선 제작의 모델이 되었을 것으로 판단된다. 고려 말 왜구 토벌과 대마도 정벌 등에서 공을 세웠던 박위(朴葳, ?~1398)가 태조 2년(1393) 양광도(楊廣道)에 파견되어 전함을 만들었던 사례에서[356] 그러한 정황을 짐작할 수 있다.

병선의 제작과 관련해서 크게 세 가지 문제를 염두에 둘 필요가 있다. 첫째는 병선 제조의 주요 재료인 소나무를 확보하기 위한 조치가 어떻게 취해졌느냐 하는 것이다. 소나무의 물량을 안정적으로 확보하기 위해서는 단기적 처방보다는 정부 주도의 장기적이고 지속적인 육성 계획을 수립·운용할 필요가 있었기 때문이다. 둘째는 병선의 제도에 대한 연구와 실험이 어떻게 이루어졌느냐 하는 문제이다. 세종대에는 역대 병선의 제도뿐만 아니라 중국과 일본, 유구의 병선 제도를 참작하여 비교 연구가 이루어졌고, 실제로 각각의 제도에 따라 시험 선박을 제작해서 성능을 시험하기도 했다. 이러한 비교 연구를 통한 병선 제도의 개선은 속력이 빠르고, 수명이 긴 배를 개발하는 방향으로 추진되었다. 거기에는 충해를 방지하여 선박의 수명을 연장하기 위한 방법, 예컨대 축선법(畜船法)이나 연훈법(煙熏法)도 포함되어 있었다. 셋째는 병선 제조를 담당하는 기관이 무엇이었느냐의 문제이다. 세종대에는 병선 제조를 위한 상설 기구를 설치하기도 했기 때문에 이 문제에 주목할 필요가 있다.

병선은 '국가의 중기(重器)'로 인식되었다.[357] 세종 초년에는 국가사업의 일환으로 병선의 제작이 추진되었다. 왜구의 침입과 대마도 정벌이 그 요인이었다. 병선을 만드는 재목은 소나무였고, 그것도 수십 년 큰 것이라야 했다.[358] 따라서 병선 제조의 주요 목재인 소나무의 물량을 안정적으로 확보하기 위해 연근해 지역의 소나무 재배지를 보호하고 육성하기 위한 정책적 노력이 꾸준히 전개되었다. 이미 태종 때부터 조선용 소나무를 보호·육성하기 위해 벌목을 금지하는 법령이 시행되었다.[359] 그러나 소나무는 배를 만드는 용도뿐만 아니라 건축용으로도 쓰임새가 많았고, 사냥을 위해서나 화전(火田)을 일구기 위해서 불을 놓아 소나무를 태워버리기도 했고, 산전(山田)을 개간하거나 집을 짓기 위해 벌목을 했기 때문에[360] 금령이 제대로 지켜지기는 어려웠던 것으로 보인다. 세종 원년(1419)에 이각(李恪, 1374~1446)이 소나무를 보호하기 위해 벌채와 불을 금하고, 연해의 빈 땅에는 소나무를 심게 하자고 건의한 것이나,[361] 세종 5년(1423)에 이지강(李之剛, 1363~1427)이 소나무 사용을 억제하는 금령을 위반할 경우 처벌할 것을 재차 건의했던 것은[362] 당시의 정황이 어떠했는지 보여주는 것이다.

이러한 상황에서 세종 6년(1424)에 세종은 병조에 소나무를 양성(養成)하고 병선을 수호(守護)하는 방법[松木養成之術, 兵船守護之法]을 상세히 마련하라고 지시하였고, 이에 병조에서는 그 조건을 갖추어 보고하였다. 이에 따르면 무인도의 소나무는 만호(萬戶), 천호(天戶), 진무(鎭撫)로 하여금 벌채를 전담하게 하였고, 육지의 경우에는 필요한 수량을 감사에게 보고하면 소나무가 있는 고을의 수령으로 하여금 벌목하게 하였다. 필요한 수량보다 많이 벌목할 경우 해당 관리들을 법률에 따라 처벌하도록 했다. 아울러 배를 만들 용도로 제작된 판자는 다른 용도로 사용하지 못하게 규정하였고, 소와 말을 방목하는 곳 이외에 소나무가 있는 곳은 불을 놓지 못하도록 하였다.[363] 이와 같은 조치들은 조선용 소나무를 확보하기 위한 노력이었다.

그 연장선에서 세종 8년(1426)에는 해변 지역의 소나무를 이용해 사사로이 배를 만드는 행위를 금지하는 조처가 취해졌다. 그 이전까지 해변의 소나무를 이용해 사선(私船)을 제작하는 행위에 대한 금령이 명확하지 않았기 때문에 취해진 조처였다.[364]

세종 30년(1448) 8월에 병조에서는 전국 연해 지역의 소나무 산지를 선별하여 장부에 기재해서 보고하는 한편 해당 지역의 소나무 벌채를 금지하고, 나무가 없는 곳에는 감사로 하여금 관리를 파견하여 나무를 심도록 하고, 인근의 수령과 만호로 하여금 배양(培養)을 감독하도록 할 것을 건의하였다.[365] 이는 병선 제조에 필요한 소나무를 확보하기 위한 정부의 지속적 노력을 보여주는 것이라 할 수 있다.

병선의 제도와 성능을 개선하기 위한 시도도 꾸준히 이루어졌다. 개선의 방향은 병선의 내구성을 높이고, 속도를 증가하는 것에 초점이 맞추어졌다. 그를 위해서는 꾸준한 실험과 함께 외국의 선제(船制)를 참조할 필요가 있었다. 태종 연간에도 병선을 잘 관리하기 위한 방법이 다각도로 강구되었다. 태종 12년(1412)에 이숙번은 전함(戰艦)의 수명을 연장하기 위한 이른바 '축선지법(畜船之法)'을 올렸다. 그것은 충청·경상·전라도에서 나는 석회식물(lime plant)인 참나무[櫟木]를 이용해서 석회(石灰)를 만들어 배 밑에 발라 부식을 막자는 것이었다. 배가 항상 바다 위에 떠 있어서 벌레 먹기 쉬우니 이를 방지하기 위한 방법을 제기한 것이다.[366] 태종 17년(1417)에는 김을우(金乙雨)가 연기로 배 밑바닥을 그을려 충해를 방지하는 연훈법(烟熏法)을 사용할 것을 건의하기도 했다.[367]

세종 초에도 병선의 개량을 위한 실험이 지속되었다. 세종 원년(1419) 6월에 귀화한 왜인들이 '병선체제(兵船體制)'에 대해 논한 바가 있는데, 이는 당시 조선의 선제를 이해하는 데 도움이 된다. 왜인들은 당시 조선의 병선이 배 1척에 다만 꼬리 하나를 달아 풍랑을 만나면 기울어져 뒤집어진다고 지적하고, 왜선은 평시에는 꼬리를 하나만 달고, 풍랑을 만나면 양쪽[兩房]에 꼬리를 달아서 뒤집어질 염려가 없다고 하면서 왜선처럼 꼬리를 만들 것을 건의하였다.[368]

같은 해 12월에 상왕 태종은 삼판선(三板船)을 건조해서 양화도(楊花渡)에서 시험한 뒤에 각 도에서 많이 건조하게 하여 전함에 적재하였다가 적이 멀어서 쫓아가기 어려울 때는 삼판선으로 추격하여 적선을 멈추게 하고자 한다고 하였다.[369] 이는 왜구 퇴치에 삼판선을 이용하고자 한 것이다. 삼판선을 전함에 싣고 다녔다는 것으로 보아 소형의 쾌속선이었던 것으로 보인다. 실제로 11월에 제주도의 상선 한 척이 추자도에 이르러 왜적에게 포위되는 일이 벌어졌을 때, 제주 도안무사(都按撫使) 정을현(鄭乙賢)과 판관(判官) 하담(河澹)이 삼판선 17척을 보내 적선을 협공해서 전과를 올린 적이 있었다.[370]

세종 2년(1420) 5월에는 상왕 태종이 군기감 제조 윤자당(尹子當)과 병조판서(兵曹判書) 조말생(趙末生, 1370~1447)에게 명하여 양화도에서 전함을 시험하게 하였다.[371] 같은 해 11월에도 태종은 양화도에서 전함을 관람했다. 이보다 앞서 여러 도의 전함이 왜선(倭船)을 쫓아가다가 왜선이 매우 빨라서 따라잡지 못하는 일이 발생했다. 이에 태종은 대호군(大護軍) 윤득민(尹得民)에게 명해 빠른 배[快船] 3척을 만들게 하고, 투화(投化) 왜인에게 왜선을 타고 10여 보(步)가량 앞서 출발하게 한 다음, 윤득민과 대호군 최해산, 군기부정(軍器副正) 이예(李藝, 1373~1445)로 하여금 수군을 거느리고 각각 배 한 척에 타고 추격하게 했는데, 윤득민의 배가 항상 앞서 나가 빠르기가[輕捷] 왜선보다 나았다고 한다.[372] 왜구 토벌과 대마도 정벌이 이루어지고 있던 세종 초년에 병선의 속도를 개선하기 위한 노력이 경주되었음을 알 수 있다.

세종 12년(1430) 5월 예조의 보고는 당시 조선의 병선이 지니고 있는 문제점이 무엇이었는지 잘 보여준다. 그에 따르면 강남(江南), 유구(琉球), 남만(南蠻), 일본 등 여러 나라의 배는 모두 쇠못[鐵釘]을 사용하고 장기간에 걸쳐 제작하기 때문에 견고하면서 빠르고, 여러 달 동안 바다 위를 항해해도 조금도 새지 않으며, 큰 바람을 만나도 손상되지 않아서 20~30년은 쓸 수 있는 반면에 조선의 병선은 나무못을 사용해서 급속하게 제작하여 견고하지도 빠르지도 못하고, 8~9년이 지나지 않아 손상되기 때문에 그때마다 보수하려면 소나무를 마련하기도 쉽지 않아서 그 폐단이 적지 않았다고 한다. 따라서 예조에서는 주변 여러 나라의 조선술을 참조하여 서둘러 만들지 말고 쇠못으로 단장해서 견고하고 빠르게 제작하고, 아울러 상장(上粧)[373]도 다른 나라의 사례에 따라 가운데는 높게, 바깥 부분은 낮게 해서 빗물이 가장자리를 따라 흘러나가게 하여 배 안으로 들어오지 못하게 만들자고 건의하였다.[374]

그 며칠 후에 병조에서는 우리나라 병선 제작의 문제점을 거론하면서 중국 병선의 제도를 참조할 것을 건의하였다. 당시 병조에서는 중국 선박의 특징으로 크게 세 가지를 거론했는데, 첫째는 나무못 대신 쇠못을 쓰고, 둘째는 판 위에 회를 바르며, 셋째는 회화나무[槐木: 홰나무]를 써서 외판을 겹으로 만든다는[疊造] 것이었다. 병조에서는 회화나무를 구하기 어려울 경우에는 거망옻나무[欅], 전나무[檜], 느릅나무[楡], 가래나무[楸] 등을 벌목해 바닷물에 담가두어 그 단단함과 연약함[堅靭柔脆]을 시험해서 사용하자고 건의했다.[375] 이와 같은 예조와 병조의 건의에 따라 시험선(試驗船)의 제작과 성능 시험이 이루어졌다. 세종 12년 10월부터 이듬해(1431) 3월에 걸쳐 이루어진 당선(唐船: 중국 배)의 시험 제조는 그 일환이었다.[376]

세종 13년(1431) 5월 이천은 당시 제작한 시험선의 장단점에 대해 보고를 올렸다. 그에 따르면 당시의 시험선은 공력이 많이 들고 제작하기도 어려워 사람들이 모두 싫어했다고 한다. 그러나 이천이 보기에 시험선은 선체가 크고 가볍기 때문에 다른 병선과 속도를 비교해보면 그 경쾌함을 확인할 수 있었다. 아울러 생나무[生木]로 제작한 시험선이 벌레가 먹는지 여부를 알기 위해서는 벌레가 있는 물[有蠹處]로 옮겨 정박해보아야 한다고 건의하였다. 또 예전의 '갑선(甲船)'[377] 건조 실패 사례를 거론하면서 배의 속도는 '갑조(甲造)' 여부에 있는 것이 아니라 선박의 체제에 달려 있다고 주장하였다. 그는 대마도 정벌 당시 습득해 온 왜대선(倭大船)의 경우를 언급하면서, 왜인들의 갑조술(甲造術)은 바깥은 월외송(月外松)의 판목으로 둘러싸고, 가운데 회격(灰隔)이 없어 경쾌하기가 병선보다 훨씬 나았다고 한다. 그는 이 방법을 이용해 배를 만들되 판목(板木)은 반드시 1년 넘게 건조한 뒤에 사용해야 한다고 하였다.[378]

세종 14년(1432) 5월에는 명에 선박을 만드는 장인을 주청하는 문제를 논의한 바도 있다.[379] 이 역시 중국의 선박 제조술을 습득하기 위한 노력의 일환으로 평가된다. 세종 14년 12월에 사수색(司水色)을 다시 설치한 것은 병선의 제작을 전담할 관서의 필요성이 생겼기 때문이었다. 전함을 영조(營造)·수리하고, 운송[轉輸]을 감독하는 기관인 사수감(司水監)이 처음 설치된 것은 태조 원년(1392) 7월 문무백관의 제도가 제정되었을 때였다.[380] 그런데 사수감은 태종 3년(1403) 용관(冗官: 중요하지 않은 벼슬)을 태거(汰去: 필요하지 않은 관원을 가려내어 없앰)하고 관제를 개혁할 때 어량(漁梁)·산택(山澤)의 일을 담당하는 부서인 사재감(司宰監)에 통합되었다.[381] 세종 14년 이조(吏曹)에서 사수색의 복설을 건의한 것은 사수감의 혁파 이후 병선을 건조하는 전담 부서가 없어졌기 때문이었다. 따라서 이조에서는 조선 초의 제도에 의거해 사수색을 설치하여 전함을 전적으로 관장하게 하고, 소나무를 배양하는 일이나 배[船隻]를 수조(修造)하는 일과 관계된 일들을 때때로 검찰하게 하자고 건의했다. 사수색은 도제조(都提調) 1인, 제조 2인, 별감(別監) 2인, 녹사(錄事) 2인으로 구성되었으며, 별감의 경우 일이 있을 때는 더 설치했다가 일이 마무리되면 원상태로 되돌리도록 하였다.[382]

이후 사수색은 전선의 제작과 관련된 일을 담당하게 되었다. 세종 15년(1433) 7월에 유구의 선장(船匠)이 작은 배의 견양(見樣: 본보기)을 진상하였을 때 사수색에 내려보내 검토하게 하였다.[383] 이듬해(1434) 3월에 세종은 희우정(喜雨亭)에 거둥하여 새로 만든 전함을 관람하였는데, 이는 유구국 사람이 제작한 것이었다. 당시 서강(西江)에 새로 만든 전함과 조선의 전함을 함께 운행하게 하여 그 속도를 비교했는데 유구국 사람이 제작한 전함이 약간 빨랐다고 한다. 세종이 관람을 마치고 사수색·사재감의 관원과 유구국 조선인(造船人)에게 음식을 준[供饋] 것으로 보아 당시 전함을 만드는 일을 사수색이 주관했음을 알 수 있다.[384] 사수색은 세종 18년(1436) 5월에 병조의 요청에 따라 수성전선색(修城典船色)으로 그 명칭이 바뀌었고, 이후에는 그 임무도 축성과 성곽 수리에 주안점을 두게 되었다.[385] 후대에 전함사(典艦司)로 명칭이 바뀌었고, 서울과 지방의 선박과 전함[舟艦]을 관장하게 되었다.[386]

세종 16년(1434) 9월에는 의정부와 육조에서 당시 전함의 성능에 대한 보고를 올렸다. 이때 비교의 대상은 세 가지였다. 첫째가 세종 13년(1431) 경강에서 만든 '동자갑선(冬字甲船)', 둘째가 세종 16년 가을에 사수색에서 만든 쾌속선인 '왕자갑선(往字甲船)', 셋째가 세종 16년 봄에 유구국(琉球國)의 선장(船匠)이 만든 '월자갑선(月字甲船)'이었다. '동자갑선'은 빠르기는 중간 정도였고, 하체는 쇠못과 나무못을 반반씩 섞어 사용했고, 상장(上粧)에는 쇠못만 써서 사용된 철이 모두 1,800근이었는데, 우의정 최윤덕(崔潤德, 1376~1445)이 쓸 만하다고 평가했다. '왕자갑선'은 세 전함 가운데 가장 빨랐으며 '동자갑선'과 마찬가지로 하체는 쇠못과 나무못을 반반씩, 상장에는 쇠못만을 써서 사용된 철이 모두 1,900근 1냥이었고, 의정부와 육조에서는 쓸 만하다고 평가했다. '월자갑선'은 빠르기는 가장 느렸고 상장과 하체에 모두 쇠못을 써서 사용된 철이 3,352근 1냥이었다. 요컨대 사용된 철의 양을 비교해보면 '동자갑선'이 경제적이었고, 속도의 측면에서 보자면 '왕자갑선'이 우수했던 것이다. 이와 같은 보고에 접한 세종은 병조에 명하기를 향후 각 도(道) 각 포(浦)의 전함은 '동자갑선'과 '왕자갑선'을 견본으로 하여 제작하고, '월자갑선'의 경우 상장이 전함에 합당하지 않지만 하체가 견실하여 본받을 만하니 아울러 견양으로 삼으라고 하였다.[387]

조선왕조의 병선은 나무로 만든 닻[木矴]과 띠[茅草]로 만든 돛을 사용하고 있었다. 그런데 나무 닻은 몸집은 크지만 무게가 가벼워서 배를 즉시 멈추게 하지 못할 뿐만 아니라 진흙과 돌이 있는 땅에는 깊이 대지 못하는 폐단이 있었고, 띠로 만든 돛은 쉽게 부서지는 문제가 있었다. 세종 28년(1446) 윤인보(尹仁甫)는 중국과 일본의 선제에 따라 닻은 정철(正鐵)을 사용하고 돛은 호초(蒿草)로 짜서 만들자고 건의하였다.[388]

『세종실록』「지리지」와 『경국대전』을 참조할 때 조선 초기의 병선은 대략 700~800척 정도였던 것으로 보인다.[389] 세종 원년(1419) 대마도 원정 당시 삼남 지방의 전선 227척과 수군 17,285명이 동원되어 왜구의 크고 작은 전함 129척을 노획한 것은 당시 수군의 전력을 짐작할 수 있는 대표적 사례로 꼽힌다.[390] 세종대 운용되었거나 제작된 전함의 종류에는 맹선(猛船), 비거도선(鼻居刀船), 검선(劒船) 등이 있었다. 이 가운데 수군의 주력 전선은 맹선이었다고 여겨진다. 『경국대전』에 따르면 맹선은 그 크기에 따라 대·중·소의 구분이 있었음을 알 수 있다. 대맹선에는 수군 80인, 중맹선에는 60인, 소맹선에는 30인이 탑승하였다.[391] 맹선이라는 명칭은 태종 13년(1413)에 처음으로 보인다.[392]

비거도선(鼻居刀船)은 크기가 작으면서 가볍고 빠른 배였다. 당시 세속에서는 가볍고 빠른 작은 배를 '비거도(鼻居刀)'라고 불렀다고 한다. 비거도선은 큰 배[大船]를 따라 행사(行使)하기에 편리한 배였다. 세종 5년(1423)에 병조에서는 경상좌도의 각 포(浦)에 명해 비거도선을 경쾌하게 만들어 임기응변(臨機應變)하도록 하였다.[393] 비거도선의 구체적 형태와 쓰임새는 세종 12년(1430)에 예조에서 올린 보고서에 자세하다.

비거도선(鼻巨刀船=鼻居刀船)은 고기를 잡고 왜적을 쫓는 데에 매우 편리하오나 병갑(兵甲: 무기)을 싣지 않아서 만약 적선(賊船)을 만나게 되면 반드시 노획될 것입니다. 청컨대 이제부터 검선(劍船)에는 한 자 되는 창검(槍劍)을 뱃전[船舷]에 벌려 꽂아서, 적이 칼을 뽑아 들고 배에 오르지 못하게 하며, 검선 1척마다 비거도선 2~3척이 따르게 하여 그들로 하여금 싸움을 돕게 하고, 만약 왜적을 보거든 비거도선으로 하여금 급히 쫓아가서 붙잡게 하고[拘留], 검선이 따라가 급히 공격하면 왜적을 포획할 수 있을 것입니다. 여러 나라의 대(大)·중(中)·소(小)의 배에 각각 비거도선이 있는데, (그것은) 본선(本船)의 대소에 따라 만들되, 혹은 통나무[全木]로 만들기도 하여 행선(行船)할 때는 본선 안에 실었다가 사용할 일이 있으면 곧바로 내려놓습니다. 우리나라의 병선은 본디 모두 형체가 크고, 또 비거도선을 고물[船尾]에 매달고 다녀서 배가 운행하기 느릴 뿐만 아니라 큰바람을 만나면 능히 구호(救護)할 수 없으며, 잡아맨 줄이 혹 끊어지면 (비거도선을) 버리고 가게 됩니다. 청컨대 이제부터는 대선(大船)·맹선(猛船)·검선에는 모두 크게 만든 비거도선과 전목(全木) 비거도선을 각각 1척씩 비치하여, (배가) 포구에 머물러 있을 때에는 큰 비거도선을 쓰고, 배가 운행할 때[行船]에는 전목 비거도선을 쓰도록 하되, 배 위에 싣고 다니게 하옵소서.[394]

비거도선의 제작이 추진되었던 것은 작고 빠른 배들을 대형 함선과 결합하여 전투 임무를 효율적으로 수행하기 위한 노력의 일환이었다. 비거도선은 작은 배로, 다른 병선에 비해 제작하기 쉬웠기 때문에 병선이 없는 요해처(要害處)에는 비거도선을 만들어 배치함으로써 해상 방어에 임하도록 했다.[395]

비거도선에 대한 앞의 인용문에서도 확인할 수 있듯이 세종대 운용된 병선 가운데는 검선(劍船)이 있었다. 아마도 그 이름은 1척 길이의 창검을 뱃전에 꽂아서 적이 배에 오르지 못하게 했기 때문에 붙여진 것으로 보인다. 검선은 이미 고려 말에도 왜구와의 싸움에서 운용된 바 있는 병선이었다.[396] 세종 12년(1430)의 기록에 따르면 각종 선박에 싣는 곡식의 양이 나와 있는데 중대선(中大船)이 5~6석, 중맹선(中猛船)이 4~5석, 그리고 검선이 3~4석이라고 하였다.[397] 따라서 검선은 그 규모가 중맹선보다 작은 것이었음을 알 수 있다. 대체로 검선에는 15명 정도의 병사가 탑승하여 군사작전을 수행했던 것으로 보인다.[398]

도량형의 정비와 표준화: '동률도량형'의 구현

도량형(度量衡)의 정비는 국가 운영과 관련해서 매우 중요한 문제이다. 도량형은 조세, 공납, 건축, 토목, 의례 등과 밀접한 관련을 지니고 있기 때문이다. 예컨대 도량형은 경제생활에서 현물 교환의 가치척도로서 기능할 뿐만 아니라 조세와 공납의 양을 측정하기 위한 기본 수단이었다는 점에서 국가의 재정 운영과 밀접한 관련을 지니고 있다. 따라서 도량형이 제대로 정비되지 않으면 수취 체계의 혼란을 야기할 수밖에 없고, 이는 백성들의 삶에 직접적 영향을 끼치게 된다. 도량형의 정비는 경제 운영의 표준을 마련하는 일이었기 때문에 역대 국가들은 도량형을 경제의 기초 제도로서 중시했고, 그것을 법적 테두리 안에서 관리하고자 노력하였다. 아울러 유교 정치사상에서는 음률과 도량형을 통일하는 '동률도량형(同律度量衡)'을 제왕의 주요 임무로 규정하고 있었다.[399] 조선왕조의 위정자들이 도량형의 문제에 소홀할 수 없었던 현실적, 사상적 이유가 여기에 있었다.

세종 2년(1420)의 기록을 보면 이미 조선 초부터 도량형에 관한 법제가 시행되고 있었음을 알 수 있다. 그에 따르면 태종 7년(1407)에 두승(斗升)

을 평교(平校: 규격에 맞는지 바르게 검정하는 것)하는 일은 서울에서는 경시서(京市署)에서, 지방에서는 관찰사가 매년 중춘과 중추에 시행하도록 법으로 제정하였다.[400] 당시에는 경시서의 녹관이 두승을 담당했던 것으로 보인다.[401] 그러나 이러한 법령이 제대로 지켜지지 않았다. 태종 10년(1410) 사헌부의 다음과 같은 보고가 당시의 실상을 잘 보여주고 있다.

> 양형(量衡)을 고르게 하고 같게 하는 것[平同量衡]은 간사한 것을 금하고 넘치는 것을 막자는 것입니다. 지금 서울에서 두곡(斗斛)을 평교하는 데 저울[衡]은 참여하지 않으니, 진실로 잘못된 일입니다. 지방에서는 감사(監司)가 살피지 아니하여, 간사한 아전이 이 틈을 타서 마음대로 만들어, 과렴(科斂)할 적에 무거운 것을 가볍다 하고, 찬[盈]것을 축(縮)났다고 하니, 가난한 자는 더욱 어렵고 부유한 자는 더욱 넉넉하게 됩니다. 수령이 된 자도 또한 금하지 않아서 마침내 큰 폐단이 되었으니, 원컨대, 서울에서는 두곡을 검사할 적에 아울러 저울[衡秤]도 바루고, 지방에서는 감사가 경시서(京市署)에서 검사한 두곡과 저울을 가지고 매번 이르는 군(郡)마다 무시로 서로 평교하여, 만일 어긴 자가 있으면 수령과 장리(掌吏)를 즉시 엄하게 다스리도록 하소서.[402]

이와 같은 사정 때문에 세종 2년에 태종 7년에 마련된 법제의 시행을 다시금 강조하게 되었던 것이다.

1. 척도의 제정

조선 초에 사용되었던 주척(周尺)은 허조가 만든 것이었다. 허조는 태조 2년(1393)에 부친상을 당하자 신주(神主)를 만들기 위해 정확한 주척을 구하고자 했다. 그는 먼저 진우량(陳友諒, 1316~1363)의 아들 진리(陳理, 1351?~1408)[403]의 가묘신주식(家廟神主式)을 구해서 임시로 척본(尺本)을 만들고[假作尺本], 강천주(姜天霔)의 집에 있던 지본주척(紙本周尺)을 얻어서 양자를 교정하였다. 강천주의 집에 소장되어 있던 지본주척은 그의 아버지인 강석(姜碩)의 집에 있던 원(元)의 원사(院使=資政院使) 금강(金剛=姜金剛)[404]이 소장했던 상아척(象牙尺)의 전본(傳本)이었다. 그 표면에는 "신주척정식(神主尺定式). 지금의 관척(官尺)에서 2촌(寸) 5분(分)을 제거하고 7촌 5분을 쓴다"라는 글이 쓰여 있었다고 한다. 허조는 그 내용이 『가례부주(家禮附註)』에 수록된 "주척은 지금 성척(省尺)의 7촌 5분 약(弱)에 해당한

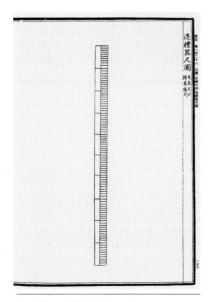

〈그림 61〉 조례기척도(造禮器尺圖):
『세종실록』 권128, 오례(五禮), 길례서례(吉禮序例)

다"[405]라는 글과 동일한 것으로 판단했다. 허조는 이 두 개의 자를 교정해보았더니 차이가 없었으므로 비로소 '신주를 만드는 제도[造主之制]'를 정하여 올렸다. 이로부터 사대부들의 가묘(家廟)의 신주와 도로의 이수(里數), 사장(射場: 활터)의 보법(步法)이 모두 이에 근거하여 정식(定式)을 삼았다. 이는 뒤에 판사역원사(判司譯院事) 조충좌(趙忠佐)가 북경에서 구입해 온 새로 만든 신주와 비교해보아도 합치되었다고 하니[406] 당시 명에서 사용하던 척도와 같은 것이었다. 때문에 세종 19년(1437)에 대략 마무리된 의상과 구루의 제작 사업에서도 모두 이 척도를 사용했다.[407] 요컨대 태조 2년 무렵에 제작된 주척이 세종대에도 계속 사용되고 있었던

것이다.

세종 12년(1430) 9월에 세종은 집현전 부제학 정인지와 봉례(奉禮) 정양(鄭穰)에게 명해 주척을 고정(考正: 상고해서 바로잡음)하게 하였다.[408] 그러나 곧이어 이것을 중지하였는데, 그 이유는 주척의 제도가 시대에 따라 같지 않고 황종관(黃鍾管)도 또한 다르다는 것이었다. 요컨대 정확한 주척을 제작하기 위해서는 그 표준이 되는 황종척(黃鍾尺)이 있어야 하고, 황종척을 만들려면 먼저 황종관이 바르게 제작되어야 하는데, 우리나라 사람의 성음(聲音)이 중국의 그것과 다르기 때문에 옛 제도를 상고해서 황종관을 만든다고 할지라도 올바르게 된다는 보장이 없다고 보았기 때문이다.[409]

세종의 언급에서 알 수 있듯이 척도의 제정은 '동률도량형'의 문제와 관련이 있었다. 따라서 그것을 이해하기 위해서는 세종대 아악의 정비 과정을 살펴보아야 한다. 세종 15년(1433)의 회고에 따르면 아악의 정비를 추진하게 된 계기는 두 가지였다. 하나는 세종 7년(1425) 가을에 해주(海州)에서 거서(秬黍)가 나온 것이고, 다른 하나는 세종 8년(1426) 봄에 남양(南陽)에서 경석(磬石)이 생산된 것이었다. 세종은 이를 계기로 옛것을 개혁하여 음악을 개정할 뜻[革舊更新之志]을 세우고 박연에게 편경(編磬)을 만들라고 명하였다.[410]

실제로 황종관 제작의 주요 재료인 거서는 세종 5년(1423)에 황해도 옹진현(甕津縣)에서 선군 이철(李哲)이 수확한 기장을 적전(籍田)에 파종하여 국내에 확대 보급함으로써 확산의 계기를 마련하였다.[411] 이듬해 동서적전(東西籍田)에서 거서 17석 3두를 수확하였는데, 이 가운데 17석을 저장해서 다음 해의 파종에 대비하게 했다.[412] 이에 따라 세종 7년(1425) 2월에는 경기·충청·경상·전라·황해도의 각 고을에 거서의 종자를 나누어 보내 경작하도록 하였고,[413] 14석 12두를 파종한 결과 264석을 수확하게 되었다.[414] 이렇게 얻어진 거서들이 12율관의 제작과 교정에 활용되었던 것이다.

세종 8년(1426) 봄에 남양에서 경석이 생산되었다는 기록은 재고의 여지가 있다. 실록에 따르면 이미 그 전해인 세종 7년(1425) 8월에 예조에서 경기도 남양에서 생산되는 돌이 소리가 좋으니 옥인(玉人)을 보내서 채취해 와서 옛 체제에 따라 석경을 제작하여 시험해보자고 청했기 때문이다.[415] 남양에서 경석을 발견하는 데 공을 세운 사람은 전 식의(食醫)인 서하(徐賀)와 학생(學生) 이호(李皓)였던 것으로 보인다.[416]

이러한 와중에서 세종 8년(1426) 4월에 봉상시 판관인 박연이 종묘, 사직, 석전(釋奠), 원단(圓壇)·적전(耤田)·선잠(先蠶), 산천단(山川壇) 등의 제향에 쓰이는 음악[祭享之樂]의 문제점을 조목조목 지적하면서 이를 바로잡을 것을 요청하였다.[417] 이에 예조에서는 제사의 음악과 율려(律呂)의 합당함은 옛것에 합치하지 않는 바가 있을 것이니 음악을 관장하는 기관인 악학(樂學)으로 하여금 다시 자세히 참고해서 악부(樂部)를 바로잡도록 하자고 건의하였다.[418] 아악 정비의 시작이었다.

이듬해인 세종 9년(1427) 5월에 박연은 새로 제작한 석경(石磬)을 진상했다. 그것은 중국의 황종의 경쇠[中朝黃鍾之磬]를 위주로 하여 '삼분손익(三分損益)'[419]해서 12율관(律管)을 만들고, 아울러 옹진에서 생산된 거서로 교정을 한 다음, 남양에서 나는 돌로 만든 것이었다. 이 석경의 성률(聲律)이 조화를 이루어 드디어 종묘와 조회(朝會)의 음악을 만들게 되었다고 한다.[420] 그런데 실제로 그것을 만드는 과정은 좀 더 복잡했다. 먼저 박연은 해주에서 산출된 거서를 가지고 황종관을 만들었다. 『한서(漢書)』 「율력지(律曆志)」를 비롯한 옛 책에 수록된 방법에 의거해서 거서를 쌓아 황종관을 만든 것이다. 그런데 그것을 불어보니 그 소리가 중국의 종경(鍾·磬)의 황종음과 당악(唐樂)의 필률(觱篥) 합자성(合字聲)보다 조금 높았다고 한다. 박연은 전현(前賢)들의 논의를 참조한 결과 그 원인이 우리나라가 동쪽에 치우쳐 있어 중국과 풍기가 전혀 다르기[風氣頓殊] 때문이라고 파악했다. 따라서 후기(候氣)[421]로 음률을 구해도 징험이 없을 것이라고 판단했다. 이에 박연은 해주의 거서의 모양을 밀랍을 녹여서 조금 큰 낟알[次大之粒]을 만들었다. 그 형태는 우리나라의 붉은 기장[丹黍] 작은 것과 똑같았다고 한다. 이것으로 황종관을 만들어 불어보니 중국의 소리와 합치했다. 이에 황종관은 '삼분손익'해서 12율관을 만들고, 한 달이 지나 새로운 편경 2가[新磬二架]를 제작해서 바치게 되었던 것이다. 그 형태는 중국에서 하사해준 편경의 모양을 따랐고, 그 성음(聲音)은 박연이 스스로 제작한 12율관에 조화하게 하여 완성한 것이었다.[422]

이에 대해 당시 대언(代言)들은 '중국의 음'을 버리고 스스로 율관을 만들었다고 비판하였다. 박연은 중국 편경의 성음이 그 높낮이가 맞지 않아 한 시대에 제작한 악기가 아닌 것 같다고 변명하면서 자신은 중국 황종의 소리에 의거해서 황종관을 만들고, 그것을 '삼분손익'해서 12율관을 완성해 음률의 조화를 이루었으며, 이에 근거해서 편경을 제작하였다고 분명

〈그림 62〉 영동(永同) 난계사(蘭溪祠) (박연을 모신 사당, 충청북도 기념물 제8호. 출처: 한국관광공사 홈페이지)

히 말했다. 이에 세종은 중국의 편경 1가와 새로 만든 편경 2가, 그리고 소
관(簫管)과 방향(方響) 등의 악기와 새로 만든 율관의 조화 여부를 시험하
게 하였다.[423] 세종은 그 결과를 다음과 같이 평가했다.

> 중국의 편경은 과연 [음률이] 고르게 조화되지[諧協] 않고, 지금 만든
> 편경이 바르게 된 것 같다. 경석(磬石)을 얻는 것이 이미 하나의 행운인
> 데, 지금 소리[聲音]를 들으니 또한 매우 맑고 아름다우며, 율(律)을 만들
> 어 음(音)을 비교한 것[制律較音]은 뜻하지 않은 데서 나왔으니, 내가 매
> 우 기뻐한다.[424]

세종은 박연이 제작한 12율관과 편경에 대해 매우 만족했던 것이다. 이에
세종은 박연에게 악(樂)을 제작하는 임무를 전담하게 하였다.[425] 여기까지
가 대체로 세종 9년 5월까지의 상황을 설명한 것으로 보인다.

〈그림 63〉 편경 (출처: 국립고궁박물관)

석경이 제작되기는 하였지만 전반적으로 악기는 아직 미비한 상태였다. 세종 9년(1427) 8월에 농번기로 인해 중지되었던 석경을 만드는 작업을 재개하자는 건의는 그러한 사정을 엿볼 수 있게 한다. 당시 석경이 2가(架)뿐이었기 때문에 좋은 돌이 나는 남양에 옥공(玉工)을 파견해서 만들게 하였던 것이다.[426] 같은 해 9월에 신상이 세종에게 올린 보고를 보면 당시의 정황을 짐작할 수 있다. 그에 따르면 당시 박연은 "악기가 갖추어지지 않았다"고 보고한 것으로 되어 있다.[427] 보고에 접한 세종은 다음과 같은 발언을 했다.

> 거서(秬黍)로써 율관(律管)을 개조하는 것은 비록 박연일지라도 할 수 없을 것이다. 중국의 황종을 본떠서[기준으로 삼아] 만든다면 비록 거서가 아니더라도 가능할 것이다. 중국의 황종과 박연이 만든 율관의 소리를 살펴보면 그것이 조화가 되는지 아닌지[諧與不諧] 알 수 있을 것이다.[428]

여기에서 세종은 고전적 방식에 따라 거서를 이용해서 율관을 개조하는 방식에 부정적인 입장을 표명했다. 그는 중국의 황종음을 기준으로 삼아 율관을 만든다면 거서가 아니더라도 가능할 것으로 판단했다. 따라서 중국의 황종과 박연이 만든 율관의 음을 비교해보면 그 조화 여부를 알 수 있을 것이라고 하였다. 이는 위에서 살펴본 바와 같이 박연이 12율관과 편경을 제작할 때 사용했던 방법과 다르지 않다. 아울러 세종은 박연에게 악기를 맡기면 성음의 절주(節奏)를 이룩할 수 있을 것이라고 하면서 신뢰를 보냈다.[429]

세종 15년(1433)의 회고에 따르면 박연은 세종 8년(1426) 여름부터 세종 10년(1428) 가을까지 남양의 돌을 다듬어서 종묘와 영녕전(永寧殿)의 편경과 국가의 여러 제사에 통용하는 편경, 등가편경(登歌編磬: 등가악기[登歌樂

器]의 하나인 편경), 특경(特磬) 등을 제작하였는데 모두 528매(枚)였다고 한다.[430] 이상의 내용을 통해 짐작할 수 있는 것은 세종 8년부터 세종 10년까지의 아악 정비는 제례악에 초점을 맞춘 것이라는 사실이다. 세종 9년(1427) 12월에는 종묘에 향악을 사용하지 못하게 하는 조치가,[431] 세종 10년(1428) 1월에는 원단(圓壇), 사직(社稷), 풍운뇌우(風雲雷雨), 우사(雩祀), 선농(先農), 선잠(先蠶), 석전(釋奠) 등의 제사에 향악을 사용하지 못하게 하는 조치가 내려졌다.[432] 이는 세종 8년 박연의 건의 이후 추진된 제례아악의 정비가 일정한 성과를 거두었음을 보여주는 것이다.

이후 세종은 조회아악(朝會雅樂)의 창제에 관심을 경주하여 박연에게 이 일을 맡겼다. 이에 박연은 조회악(朝會樂)에 사용될 편경을 남양에서 제작하고, 조제악(朝祭樂)에 사용될 편종(編鍾)을 한강에서 제작했다고 한다. 당시 박연과 남급이 이 사업의 책임을 맡았다.[433]

세종 11년(1429) 2월 예조에서는 주종소(鑄鍾所)의 설치를 건의했는데, 이는 편종을 제작하기 위함이었다.[434] 당시 편종은 태종 6년(1406)에 중국에서 하사한[435] 편종의 체제에 따라 제작되었다.[436] 이듬해인 세종 12년(1430) 7월에 악학제조(樂學提調) 유사눌(柳思訥, 1375~1440)이 새로 주조한 조회악기(朝會樂器)와 가자(架子: 악기를 매달아 놓는 틀)를 바쳤는데[437] 이는 편종을 가리키는 것으로 보인다. 곧이어 8월에는 세종이 사정전(思政殿)에 거둥하여 아악(雅樂)과 사청성(四淸聲: 黃鍾·大呂·太簇·夾鍾보다 한 옥타브 높은 淸黃鍾·淸大呂·淸太簇·淸夾鍾의 총칭)을 감상하였다. 이는 당시 박연이 새로 만든 종(鍾)과 경(磬)이었다고 한다.[438] 조회악에 사용하기 위한 악기의 제작과 시연이 이루어지고 있었음을 알 수 있는 대목이다. 이어서 10월에는 악학별좌(樂學別坐) 남급이 조회악기와 헌가(軒架: 악기를 거는 틀)를 만들어 진상하였다.[439] 이러한 일련의 사업은 조회아악의 정비 과정으로서 주목된다.

이와 관련해서 유의해야 할 자료가 세종 12년(1430) 2월 예조가 올린 보고이다. 이는 예조와 의례상정소(儀禮詳定所)가 아악의 정비와 관련해서 박연이 올린 상서의 여러 조목을 검토한 것이었다. 이 상서에서 박연은 율관의 제작과 관련해서 다음과 같이 자신의 견해를 제시하였다.

신이 지금 동적전(東籍田)에서 기른 것[秬黍]으로 [누서법(累黍法=纍黍之法)의 방식에 따라] 쌓아서 황종관(黃鍾管)을 만들어 불어보니, 그 소리가 중국의 황종(黃鍾)보다 한 음률[一律]이 높았습니다. 신은 아마도 땅이 메마르고 해가 가물어서[地瘠年旱], 기를 때에 화기(和氣)를 잃어서 그렇게 된 것이 아닌가 생각됩니다. 신이 그로 인해 생각해보니 똑같은 한 종자의 화곡(禾穀)이라도 남방의 쌀은 윤기가 나고 굵직하고, 경기의 쌀알은 메마르고 자잘하며, 동북 지역의 것은 메마르고 자잘함이 더욱 심합니다. 기장의 크고 작은 것도 응당 이와 같은 것입니다. 신은 원컨대 남방의 여러 고을[州]에서 기른 기장을 모두 가져와서 이를 세 등급으로 분류하여 (그것을) 쌓아서 관(管)을 만들어, 그 가운데 만약 중국의 음[黃鍾音]과 서로 합하는 것이 있으면 삼분손익(三分損益)하여 12율관(律管)을 만들어 오성(五聲)을 조화하게 하면 도량형[度量權衡]도 따라서 살필 수 있게 될 것입니다. 다만 역대로 음률을 제정할 때에 기장으로 하였는데 일정하지 않았고[因黍而不一], 성음(聲音)의 높낮이도 시대마다 차이가 있었으니, 오늘날 중국의 음률은 오히려 참된 것이 아니고, 우리나라의 기장이 도리어 진짜를 얻은 것인지 어떻게 알 수 있겠습니까? 그러나 율도량형(律度量衡)을 같이하는 것[同律度量衡]은 곧 천자(天子)의 일이고 제후(諸侯) 나라에서 스스로 마음대로 할 수 있는 것이 아닙니다. 만약 지금 거서가[거서로 만든 황종관의 음이] 마침내 중국의 황종(黃種)과 맞지 않는다면, 잠시 임시적인 편의[權宜]에 따라 다른 종류의 기장을 임시로 써서 (그것을) 쌓아서 율관(律管)을 만들어 중국의 황종에 합치시킨 후에 법에 의거해서 손익(損益)하여 성률(聲律)을 바로잡는 것이 옳을 것입니다.[440]

이는 황종관을 비롯한 12율관을 제작하는 새로운 방식을 제시한 것으로서 주목된다. 그렇다면 이때까지 황종관이 제작되지 않았다고 보아야 한다. 만약 그렇다면 앞에서 살펴본 세종 9년(1427) 5월의 편경 진상 기사는 어떻게 이해해야 할까? 편경의 제작과 황종관은 무관한 것이었을까? 아니면 세종 9년 이후 황종관의 교정이 이루어졌던 것일까? 현재로서는 분명한 답을 제시할 수 없는 문제이다.

이로 인해 이 기사를 어떻게 취급할 것인지에 대한 후대의 논의가 갈라졌다.『세종실록』에 수록된「악보(樂譜)」의 서문에서는 세종 12년(1430) 이후 아악의 정비가 본격적으로 이루어졌다고 보았다. 예문대제학(藝文大提學) 유사눌, 집현전부제학(集賢殿副提學) 정인지, 봉상소윤(奉常少尹) 박연, 경시주부(京市主簿) 정양 등에게 옛 음악[舊樂]을 이정하게 했다는 것이다.[441] 실제로 박연의 뒤를 이을 사람으로 정양이 주목된 것은 세종 12년(1430) 7월의 일이었다.[442] 그러나『증보문헌비고』에는 위의 기사를 세종 7년(1425)에 배치하였다.[443] 현재의 학자들 역시 이 기사를 어떻게 파악하느냐에 따라 황종관의 제작과 그에 입각한 황종척의 교정 시기를 다르게 보고 있다.[444]

이와 관련해서『아악보(雅樂譜)』서문의 다음과 같은 구절이 주목된다.

지금 봉상시에 보존되어 있는 악기는 고려 예종 때 송의 휘종(徽宗)이 하사해준 편종과 공민왕 때 고황제(高皇帝: 명 太祖)가 사여해준 종(鍾)과 경(磬) 수십 매가 있고, 우리 왕조에 이르러서는 또 태종 문황제(太宗文皇帝: 명 成祖, 永樂帝)가 사여해준 종과 경 수십 매가 있을 뿐이다. 지금 그 소리[聲]에 인하여 편종을 주조하고, 남양에서 좋은 돌을 얻어 편경을 만들어서 악기가 모두 새롭게 되었다. 또 그 소리에 의거해서 동률(銅律: 黃鍾管)을 주조했는데, 그 음률이 자못 길어서 거서가 들어가는 것이 너무 많아 옛날의 자와 합치되지 않는 듯하여 그 자는 쓰지 않고, 여러 악기는 모두 권의(權宜)에 따라[임시적인 편의에 따라] 제작하고, 다만 그 율관(律管)을 남겨두어 음을 조화하는 데 편리하도록 했을 따름이다.[445]

위 인용문에서 주목되는 부분은 중국의 황종음에 따라 황종관을 제작해보았더니 그 안에 들어가는 거서의 수가 너무 많아서 옛날의 황종척과 합치되지 않았기 때문에 척도로서 사용하지 않았다는 것이다. 만약 이 언급이 사실이라면 아악의 정비 과정에서 제작한 율관, 특히 황종관과 황종척의 상호 관련성은 재고되어야 한다. 다시 말해 세종대 황종척의 교정은 황종관의 제작과는 긴밀한 연관을 갖지 않으면서 이루어졌다고 보아야 한다. 그렇다면 세종대 황종척은 무엇을 기준으로 제작되었을까? 그것은 아마도 고려후기 이래로 사용되어왔던 기존의 척도였을 가능성이 많다고 판단된다.

'동률도량형'의 문제와 관련해서 채원정(蔡元定, 1135~1198)의 『율려신서(律呂新書)』에 주목할 필요가 있다. 『율려신서』에는 이 문제에 대한 상세한 논의가 수록되어 있기 때문이다. 세종대 경연에서 『율려신서』의 강의가 시작된 것은 세종 12년(1430) 8월이었다.[446] 다음 달인 9월에 세종은 신료들과 아악의 정비 문제에 대해 논의했는데, 그 핵심은 황종관의 제작이었다. 당시 세종의 생각은 조선과 중국은 한서풍기(寒

暑風氣)가 다르기 때문에 조선의 대나무로는 황종관을 만들 수 없으며, 마땅히 중국의 황종관을 써야 한다는 것이었다. 세종은 박연이 제작한 황종관이 무엇에 근거해서 제작된 것인지 의심하고 있었다. 그것이 송·원의 제도에 의거해서 당서(唐黍) 1,200개를 넣어 만든 것이라는 맹사성의 답변에 대해, 세종은 거서를 이용해서 황종관을 정하는 것은 옳지 않다고 지적했다. 그 이유는 두 가지였다. 하나는 황종관에 거서를 채워서 그 부피를 안다는 것이지, 거서로써 황종관을 바로잡는 것이 아니라고 보았기 때문이고, 다른 하나는 "상당(上黨)의 서(黍)를 가지고 음률을 정한다"고 하였으니 우리나라의 거서로써 황종관을 정하는 것은 불가하다고 판단했기 때문이다.[447] 12월에도 세종은 박연이 추진하고 있던 조회아악의 정비에 대해 부정적 입장을 보였다. 다음과 같은 세종의 발언은 그 하나의 예이다.

> 지금 박연이 조회의 음악[朝會樂]을 바로잡으려고 하나, 바르게 한다는 것은 어려운 일이고, 『율려신서』도 또한 문구(文具)일 뿐이다. 우리나라의 음악이 비록 다 잘 되었다고 할 수는 없지만, 반드시 중국에 부끄러울 것은 없다. 중국의 음악이 또한 어찌 바르다고 할 수 있겠는가.[448]

그런데 그로부터 한 달 뒤인 세종 12년(1430) 윤12월에 『아악보』가 완성되었고,[449] 그 이듬해인 세종 13년(1431) 1월 1일의 하정례(賀正禮)에서 새로 제정한 아악을 사용하였다. 의장(儀章)과 성악(聲樂)이 찬연해서 가히 볼 만했다는 평가는[450] 조회아악의 제정이 완료되었음을 보여주는 것이다.

이후 세종 13년과 세종 14년에는 회례아악을 제정하기 위한 노력이 경주되었다.[451] 『세종실록』에는 세종 15년(1433) 1월 1일의 회례연(會禮宴)에서 처음으로 아악을 사용했다고 기록하였다.[452] 이미 세종 13년에 아악을 사용했는데 이때 다시 '처음으로 아악을 사용했다'고 기록한 이유는 회례연에 아악을 사용한 것이 처음이었기 때문이다.

세종 13년(1431) 공조에서 포백척(布帛尺)의 제도를 통일할 것을 건의하였다. 그 내용에 따르면 각 고을의 저울과 양기(量器)는 그 고을의 장관에게 평교해서 분급하였는데 포백척의 체제는 아직 평교하지 못해서 서울과 지방의 척도가 일치하지 않고 길고 짧은 차이가 있다고 하였다. 이에 공조에서는 각 고을로 하여금 죽척(竹尺)을 만들어 올려 보내게 하면 경시서에서 그 시준척도(市準尺度: 관청에서 확정한 시장의 척도)를 교정해서 돌려보내도록 하겠다고 하였다.[453] 이상의 내용을 통해 세종 13년 무렵에는 이미 양기(量器)와 형기(衡器)의 표준화를 끝마친 상태였고, 본격적으로 도기(度器)의 교정에 착수하게 되었던 것이다.

〈그림 65〉 포백척 (전주대학교 소장)

2. 양제(量制)의 정비

세종 28년(1446) 9월에는 새 영조척(營造尺)으로 양기(量器)를 다시 제정하였다. 그에 따르면 20두 용량의 곡(斛)은 길이가 2척, 너비는 1척 1촌 2푼(分), 깊이는 1척 7촌 5푼으로서 용적이 3,920촌이 되게 하고, 15두 용량의 곡은 길이가 2척, 너비는 1척, 깊이는 1척 4촌 7푼으로서 용적이 2,940촌이 되게 하였다. 또 두(斗)는 길이가 7촌, 너비도 7촌, 깊이는 4촌으로서 용적이 196촌이 되게 하고, 승(升)은 길이가 4촌 9푼, 너비는 2촌, 깊이도 2촌으로서 용적이 19촌 6푼이 되게 하고, 홉[合]은 길이가 2촌, 너비는 7푼, 깊이는 1촌 4푼으로서 용적이 1촌 9푼 6리(里=釐)가 되게 하였다.[454] 이를 도표로 정리하면 아래와 같다.

量器	길이[長](寸)	너비[廣](寸)	깊이[深](寸)	용적[積](寸³)	비고
大斛(20斗)	20.0	11.2	17.5	3920.00	全石
小斛(15斗)	20.0	10.0	14.7	2940.00	平石
斗	7.0	7.0	4.0	196.00	
升	4.9	2.0	2.0	19.60	
合	2.0	0.7	1.4	1.96	

〈표 4-2〉 세종 28년(1446)의 양기(量器) 규격

같은 해 11월에는 새로 만든 영조척 40개를 서울과 지방에 반포하였
다.[455] 그렇다면 이러한 양기의 변화는 왜 일어났을까? 실록에서는 그 이
유를 분명하게 설명하고 있지 않다. 기존 연구에서는 이를 세종 26년
(1444)의 공법 시행과 관련해서 해석하였다. 공법의 제정으로 인한 결(結)
의 면적 확대와 그로 인한 수세율의 인하는 국가의 재정 수입을 감축하는
요인으로 작용하였고, 이를 타개하기 위한 방안으로 양기를 증대해서 감
소된 세수를 확보하고자 했다는 것이다.[456]

〈그림 66〉 영조척 (국립중앙박물관 소장)

3. 형제(衡制)의 정비

세종 3년(1421)에는 공조(工曹)에서 서울과 지방의 저울이 근량(斤兩)이 정

확하지 않으니 법에 따라 교정해서 중외에 반포하자고 건의하였다. 이에 세종은 저울을 많이 만들어 경시서에 두고 백성들로 하여금 자유롭게 사 가도록 하라고 지시했다.[457] 세종은 공조참판 이천에게 저울의 개조를 명했고, 세종 4년(1422) 1,500개의 저울이 진상되자 이를 중외에 반포하고, 다시 더 만들어 백성들이 스스로 사 갈 수 있도록 하라고 명했다.[458] 새로운 저울의 반포로 인해 시장에서는 예전의 저울[舊稱]과 새 저울이 혼용되는 혼란이 생겼다. 이에 호조의 건의에 따라 옛 저울의 사용을 금지하는 조치가 내려졌다.[459]

그런데 세종 9년(1427) 3월에 세종은 공조에 서울과 지방의 저울을 모두 교정해서 개조하라는 명을 내렸다.[460] 세종 3년 이래 저울의 교정 사업이 일정한 효과를 거두지 못해서 이런 조치가 다시 내려진 것이 아닌가 한다. 이어서 세종 10년(1428)에는 각사(各司)의 저울을 교정하는 조치가 취해졌다. 당시 각사에서 물건을 출납할 때 저울눈을 속여서 출납이 균등하지 못한 폐단이 있었기 때문이다. 이에 경시서로 하여금 매년 봄과 가을에 두 곡을 평교할 때 각사의 저울도 바로잡게 하였고, 만약 꾀를 부리는 자들이 있으면 곧바로 치죄하도록 하였다.[461]

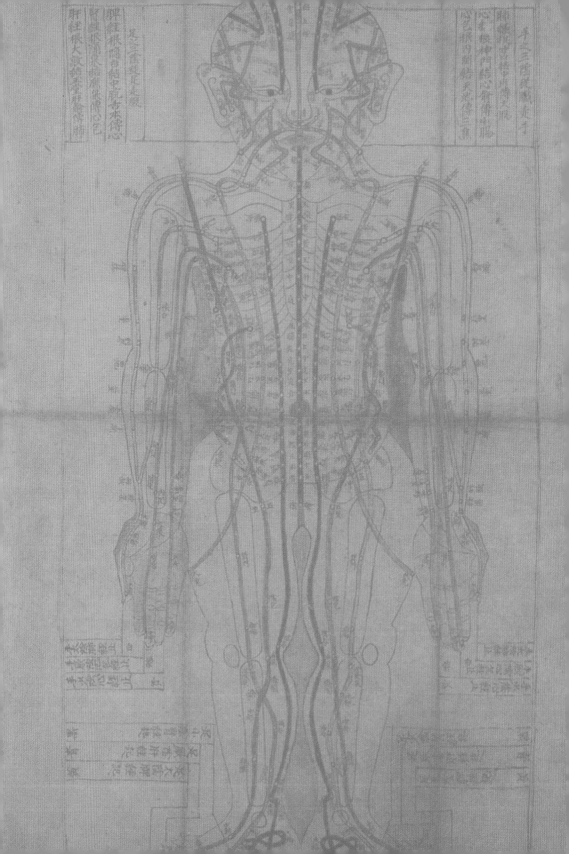

5장

세종시대 과학 지식의 재구성

세종대 과학기술의 발전은 두 계통의 지식을 통합하는 과정을 통해 이루어졌다. 하나는 고려후기 이래로 축적되어온 과학기술 지식이었고, 다른 하나는 중국을 통해 유입된 과학기술 지식이었다. 따라서 세종대 과학기술 정책을 추진할 때는 그동안 축적된 해당 분야의 관련 지식을 계통적으로 정리하고 문제점을 도출하는 한편 중국의 선진 과학기술 지식을 수용해서 기존의 문제점을 보완하고 발전 방향을 모색하는 일련의 과정을 거치게 되었다. 두 계통의 과학기술을 효율적으로 통합하기 위해서는 지식과 정보의 체계적 집적이 필요했는데, 그것은 지식과 정보를 담고 있는 관련 서적의 수집과 탐구를 통해 이루어질 수 있었다. 국내외 서적의 수집과 수입, 그리고 그에 대한 지속적 탐구를 통한 과학 지식의 체계화 과정이 필수적으로 요구되었던 것이다.

이와 같은 과정을 통해 새롭게 정리되는 과학기술 분야의 지식은 서적의 편찬으로 체계화되었다. 그것은 단순히 국내외 지식을 집성하는 수준에 머물지 않았다. 유교적 이상 세계와 그것을 구현해야 하는 조선의 현실 사이에는 적잖은 괴리가 있었고, 중국의 과학기술을 조선에 그대로 적용하기에는 여러 가지 문제가 있었기 때문에 그것을 조정하는 과정이 필요했다. 조선의 풍토성과 효율적 이용 방안을 고려한 새로운 체계화, 이른바 '과학 지식의 재구성'이 이루어졌던 것이다. 세종대 과학기술 분야의 대표적 성과라 할 수 있는 『농사직설(農事直說)』, 『향약집성방(鄕藥集成方)』과 『의방유취(醫方類聚)』, 『칠정산(七政算)』과 『제가역상집(諸家曆象集)』 등은 그와 같은 재구성의 과정을 여실히 보여주는 문헌들이었다.

국내외 서적의 수집과 수입

1. 국내 서적의 수집

세종대에는 국내외 서적의 수집을 위해 많은 노력을 기울였다. 국내 서적을 수집하기 위한 방안으로는 정부에서 행정 기구를 통해 구입하는 방법과 민간의 자발적인 기증을 유도하는 방법이 있었다. 민간의 기증을 유도하기 위해서는 여러 가지 포상 방안을 마련하기도 했다. 세종 3년(1421)에는 중앙과 지방에서 서적을 사들이도록 명하고, 서적을 바치는 사람에게는 희망에 따라 면포(布帛)을 주거나 관직을 주어 포상하도록 하였다.[1] 세종 11년(1429)에는 각 도의 감사에게 전지하여 도내에 『국어(國語)』, 『송파방(宋播芳)』, 『자치통감원위(資治通鑑源委)』, 『문원영화(文苑英華)』, 『주문공집(朱文公集)』, 『주례(周禮)』, 『동암증의(東巖證議)』 등의 책을 소장하고 있는 집이 있으면 모두 방문해서 수집하게 하였다.[2] 이러한 조치에 응해 안동 사람 윤기(尹㠍)가 『주문공집』 32권을 바치자 포상하였다.[3]

세종대의 서적 수집 정책의 실상은 『자치통감(資治通鑑)』과 관련된 책자의 수집 과정을 통해 살펴볼 수 있다. 세종은 재위 16년(1434)부터 『자치통감』에 대한 주석서인 훈의 작업[資治通鑑思政殿訓義]을 진행하였다.[4] 『자치통감』의 경우 당시 국내에 전질이 흔하지 않고, 주석도 분명하지 않았던 것이 이 사업을 추진하게 된 중요한 이유였다. 『자치통감』의 본주(本注)가 너무나 간략하고 조완벽(趙完璧)의 『자치통감원위』나 호삼성(胡三省, 1230~1302)의 『자치통감음주(資治通鑑音注)』는 너무나 번거롭고, 『통감집람(通鑑集覽)』[5]이나 사소(史炤)의 『자치통감석문(資治通鑑釋文)』과 같은 다른 주석서는 잘못된 곳이 많아서 이를 일목요연하게 정리할 필요를 느꼈던 것이다. 이에 세종은 여러 사람들의 훈고(訓詁)을 모두 모아서 그 가운데 논의가 분명한 것만을 추려 주를 붙임으로써 보기에 편리하게 하라고 지시했다.[6] 이 사업에서 핵심적 역할을 했던 인물은 윤회(尹淮)였다.[7] 이때 세종은 윤회 등 신료들이 정리한 내용을 본인이 직접 확인하고 오류를 수정했으며,[8] 이 때문에 경연(經筵)과 윤대(輪對)를 한동안 정지할 정도로[9] 이 사업에 심혈을 기울였다. 그 과정에서 『자치통감』과 관련된 참고 문헌의 수집이 시도되었던 것이다.

서적 수집의 계기는 세종 17년(1435) 3월의 조수(趙須)의 건의였다. 이때 조수는 호삼성이 음주(音註)한 『자치통감』 100권을 진상하며 탈락처가 많다고 하면서 아뢰기를 고려 시기에 이승경(李承慶, ?~1360)이 중국에서 이 책을 들여와 민간에 산재해 있을 것이므로 문신들을 각 도에 파견하여 널리 찾으면 얻을 수 있을 것이라고 하였다.[10] 이에 문신들을 여러 도에 파견하여 '유전(遺典)'을 구입해 오게 하였다.[11] 세종은 호삼성의 『자치통감음주』와 조완벽의 『자치통감원위』를 간절히 보고 싶어 했고, 명의 예부(禮部)에 자문(咨文)을 보내서 이 책들을 요청하는 방안을 추진하였다.[12] 이때 진주도(晉州道)에 파견되었던 구구유전관(購求遺典官) 어효첨(魚孝瞻, 1405~1475)이 최하(崔河)의 집에 소장되어 있던 호삼성의 『자치통감음주』192권부터 260권까지를 구매해서 바치자 세종은 이를 보고 매우 기뻐하였다.[13] 경상도 안동도(安東道) 구구유전관인 이보흠(李甫欽, ?~1457)도 조효순(曺孝順)이 가지고 있던 『자치통감음주』 9권을 한 책으로 만든 것을 바쳤다.[14] 마침내 7월에는 사은사(謝恩使)와 진하사(進賀使)의 통사(通事)들이 명에서 『자치통감음주』를 구입해 오기에 이르렀다.[15]

『자치통감훈의(資治通鑑訓義)』의 편찬 작업은 세종 16년(1434) 6월에 시작하여[16] 1년이 지난 세종 17년(1435) 6월에 대체로 마무리가 되어 이 사업에 참여했던 신료들을 위로하는 연회가 경회루에서 열렸고,[17] 이듬해인 세종 18년(1436)에는 『자치통감훈의』를 문신들에게 반사(頒賜)하기에 이르렀다.[18] 이상과 같은 『자치통감훈의』의 편찬 과정은 국가의 연구 사업이 어떻게 추진되었는가를 여실히 보여주는 사례이다. 세종에 의해 발의된 사업

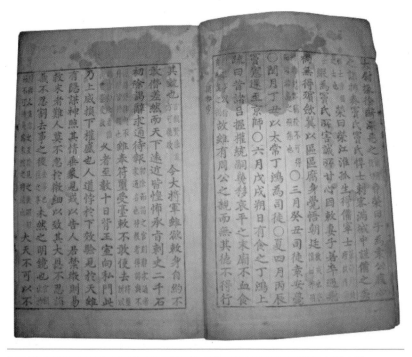

〈그림 67〉 『자치통감사정전훈의(資治通鑑思政殿訓義)』 (서울특별시 유형문화재 제224호, 개인 소장)

은 해당 분야의 전문가들을 모아 연구진을 구성하고, 연구에 필요한 참고 문헌을 광범위하게 수집하였다. 국내에 흩어져 있는 해당 서적들을 수집 하였고, 그로써 충당되지 않는 것들은 명의 예부에 자문을 보내 구입하는 방법을 모색하였다. 이렇게 수집된 서적들을 바탕으로 연구진들은 세종의 지휘하에 장기간 연구를 계속하여 집약된 성과를 도출하였고, 그 결과물 은 주자소(鑄字所)를 통해 간행되어 신료들에게 배포되었다. 이러한 일련의 과정을 통해 유교적 국가 운영에 필요한 제반 지식과 교양을 지식인 사회 에 전파할 수 있었던 것이다.

대체로 국내에 산재한 서적을 수집하는 일은 국책 사업의 추진과 관련 하여 진행되었다. 위에서 살펴본 『자치통감』 관련 서적의 수집이 『자치통 감훈의』의 편찬 과정에서 이루어졌던 것처럼 세종 25년(1443)에는 『두시 (杜詩)』의 통일된 주석서(註釋書)를 편찬하기 위한 사업의 일환으로 서울과 지방에 있는 『두시』 관련 서적을 구입하도록 하였다.[19]

과학기술 관련 서적의 수집 사례로는 세종 27년(1445) 4월에 각 도의 감사에게 『성제총록(聖濟摠錄=聖濟總錄)』을 구하라고 유시한 것이 주목된다.[20] 『성제총록』은 송나라 휘종(徽宗) 정화(政和) 연간(1111~1118)에 황제의 칙명으로 편찬한 서적으로, 전국의 명의(名醫)들을 불러 모으고 어부 (御府: 제왕의 기물을 보관하는 곳)에 소장되어 있던 '금방비론 (禁方秘論)'을 정리해서 찬집한 200권 분량의 의서였다.[21] 이 는 세종 12년(1430) 상정소(詳定所)에서 올린 「제학취재경서 제예수목(諸學取才經書諸藝數目)」에 의학 분야의 취재 과목으 로 지정되어 있는 책이었고,[22] 『향약집성방』과 『의방유취』 에도 다수 인용되어 있는 중요한 의서였다. 세종 27년 4월 은 『의방유취』의 편찬이 한창 진행되고 있던 시기였으므로

〈그림 68〉 『성제총록찬요(聖濟總錄纂要)』
(출처: 『중국의학통사』 문물권에서)

이와 같은 서적 수집의 명령이 내려졌던 것으로 보인다.

세종 31년(1449)에 세종은 승정원(承政院)에 명해『금연진경(禽演眞經)』을 널리 구해서 진상하라고 지시했다.[23]『금연진경』은 성명복서(星命卜筮)와 관련된 술수서였다. 예종(睿宗) 원년(1469) 덕원군(德源君) 서(曙)가 예종에게 이 책을 진상했는데, 예종이 이는 사가(私家)에서 소유할 수 있는 책이 아닌데 어떻게 가지고 있느냐고 묻자 덕원군은 관상감(觀象監) 훈도(訓導)인 양효순(梁孝順)에게 빌린 것이라고 하였다. 이로 인해 많은 관리들이 비서(秘書)를 빌려준 잘못으로 의금부(義禁府)에 하옥되어 국문을 당했을 만큼『금연진경』은 문제의 책이기도 했다.[24] 당시 덕원군은『삼신통재(三辰通載)』라는 책을 구해서 보고 있었는데,『금연진경』은 그 책을 이해하기 위한 참고 서적 가운데 하나로 거론되었다.[25] 당시 세종은 옛 성현들이 복서를 중시한 뜻을 본받아 의심스러운 일을 상고하기[稽疑][26] 위해『금연진경』을 구하고자 했던 것으로 보인다.

이상에서 살펴본 것처럼 세종대에는 국가의 문화 사업과 관련하여 각종 서적이 필요할 때마다 수시로 국내 서적의 수집과 구입이 시도되었다. 이를 통해 어느 정도 분량의 서적이 수집되었는지를 정확히 계량할 수는 없다. 다만 당시 정부가 필요로 했던 서적의 종류와 양이 국내에 흩어져 있는 서적의 수집만으로 충분히 달성될 수 없었음은 분명하다. 따라서 이를 보충할 수 있는 다른 길을 모색할 필요가 있었다. 그것이 바로 중국을 통한 서적의 수입이었다.

2. 중국 서적의 수증(受贈)과 무역(貿易)

세종대 해외 서적의 수집은 그 이전과 마찬가지로 중국과의 사신 교환을 매개로 이루어졌다. 그것은 크게 두 가지 경로로 이루어졌는데, 하나는 사신 왕래를 통해 서적이 유통되는 것이었고, 다른 하나는 조공무역을 통해 서적을 매입하는 방식이었다. 사신 왕래를 통한 서적의 유통은 명의 사신들이 서적을 가지고 오는 경우와 조선의 사신들이 조공(朝貢)에 대한 회사(回謝)의 형식으로, 또는 중국 황제의 하사품으로 서적을 받아 오는 경우로 구분해볼 수 있다. 세종 즉위년(1418) 명의 흠차환관(欽差宦官) 육선재(陸善財)가 황제가 하사한『명칭가곡(名稱歌曲)』100본(本)을 가지고 온 것이나,[27] 세종 원년(1419) 사신 황엄(黃儼)이『음즐서(陰騭書)』1,000본을 가져온 것이[28] 전자의 대표적 사례에 속한다. 회사품이나 하사품의 형식으로 서적이 수증되는 경우도 여러 차례 확인할 수 있다. 세종 원년(1419)에 성절사(聖節使) 이지숭(李之崇, ?~1419)은 황제가 하사한『위선음즐서(爲善陰騭書)』600본을 가져왔고,[29] 경녕군(敬寧君) 비(裶)는 황제의 특별한 총애를 입어『성리대전(性理大全)』,『사서대전(四書大全)』,『오경대전(五經大全)』 등을 받아 왔다.[30] 세종 8년(1426)에는 진헌사(進獻使) 김시우(金時遇)가 오경(五經)·사서(四書)와『성리대전』 1부(120책),『자치통감강목(資治通鑑綱目)』 1부(14책)를,[31] 세종 15년(1433)에는 천추사(千秋使) 박안신(朴安臣, 1369~1447)이『오경대전』·『사서대전』 1부,『성리대전』 1부,『자치통감강목』 2부를 받아 왔다.[32] 그리고 세종 17년(1435)에는 성절사 남지(南智) 편에 호삼성의『음주자치통감(音註資治通鑑)』 1부를 주청해서 받아 오기도 하였다.[33]

그러나 이러한 방식으로는 조선이 원하는 서적을 모두 구할 수 없었다. 앞서 언급한 세종 17년의 경우 세종은 호삼성의『음주자치통감』뿐만 아니라 조완벽의『자치통감원위』, 김이상(金履祥, 1232~1303)의『통감전편(通鑑前

編)』, 진경(陳桱)의 『역대필기(歷代筆記)』, 승상(丞相) 탈탈(脫脫, 1314~1355)이 찬진(撰進)한 『송사(宋史)』 등의 책을 하사해줄 것을 주청하였으나 명에서 보내온 것은 『음주자치통감』뿐이었다. 나머지 서책들은 서판(書板)이 훼손되었다는 이유로 보내주지 않았다.[34] 따라서 이를 보완할 수 있는 다른 방책이 필요했다. 그것이 바로 서적을 매입하는 방법이었다.

서책이나 약재의 무역은 세종 9년(1427) 이전부터 시도되었다.[35] 『연려실기술(燃藜室記述)』에는 아래와 같은 주목할 만한 기사가 보인다.

> (세종) 3년 신축(辛丑: 1421년—인용자 주)에 남양부사(南陽府使) 윤사웅(尹士雄), 부평부사(富平府使) 최천구(崔天衢), 동래(東萊) 관노(官奴) 장영실(蔣永實=蔣英實)을 내감(內監)으로 불러서 선기옥형(璇璣玉衡) 제도를 토론하여 연구하게 하니 임금의 뜻에 합하지 않음이 없었다. 임금이 크게 기뻐하여 이르기를 "영실은 비록 지위가 천하나 재주가 민첩한 것은 따를 자가 없다. 너희들이 중국에 들어가서 (선기옥형의) 여러 가지 형상[各樣形止]을 모두 눈에 익혀 돌아와서 빨리 만들도록 하라"고 하였다. 또 이르기를 "이 무리들을 중국에 들여보낼 때에 예부(禮部)에 자문(咨文)을 보내[移咨] 역법(曆法)을 제정하고 산술(算術)을 배우는 데[造曆學算] 필요한 각종 천문 서책을 무역(貿易)하고, 보루각(報漏閣)·흠경각(欽敬閣)의 혼천의(渾天儀) 도식을 겨냥[見樣]하여 오도록 은냥(銀兩: 화폐로 사용하는 은)과 물산(物産)을 많이 지급하라"고 하였다.[36]

위 인용문의 내용 가운데는 현재 우리가 알고 있는 사실과 다른 것도 있어 이를 전적으로 믿을 수는 없다. 혼천의를 비롯한 세종대 천문의기는 세종이 정인지(鄭麟趾)에게 의표(儀表)의 창제를 명한 세종 14년(1432) 7월[37] 이후 제작되었기 때문이다. 그렇지만 세종이 윤사웅·최천구·장영실 등을

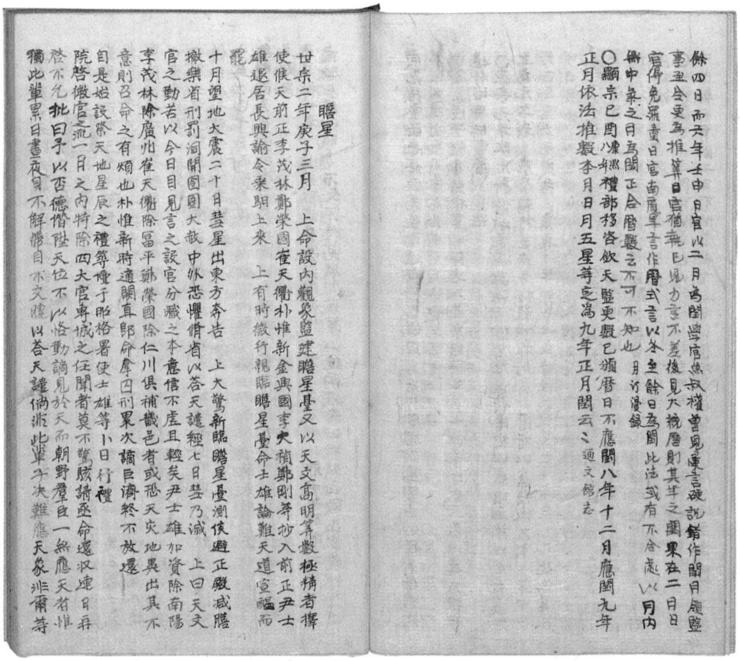

〈그림 69〉 『연려실기술』 (출처: 규장각한국학연구원)

중국에 파견해 각종 천문 서책을 구입하려고 했다는 위의 기사는 그 이전부터 서책 무역이 이루어졌음을 보여준다는 점에서 일단 주목된다.

세종 12년(1430) 4월부터는 부경사행(赴京使行)의 서장겸검찰관(書狀兼檢察官)에 사헌부(司憲府) 감찰(監察)을 파견토록 하는 조치가 취해졌다. 이전에 문신 가운데 서장관(書狀官)을 선발하여 비위(非違)를 규찰하게 하였는데 가끔씩 분수에 어긋나게 함부로 행동하는[冒濫] 자들이 있었기 때문이었다.[38] 이는 사행 시 사무역을 금지하기 위한 조치였다.[39] 같은 날 부경사행원의 소지 물품을 제한하는 조치가 내려졌다. 2품 이상은 포(布) 10필(匹), 정관(正官)·압물(押物) 이상은 5필, 타각부(打角夫)는 3필을 가지고 가게 하였던 것이다.[40] 이는 그 이전에 사행원들이 가지고 갔던 포의 양과 비교해보면 현저하게 줄어든 것이었다. 이는 사무역을 억제하고자 하는 조선 정부의 의지를 반영한 것으로 보인다.

실제로 세종 14년(1432)에 세종은 중국에 들어가서 사무역을 하는 것을 금지하는 법을 일찍이 세웠으나 그 폐단이 아직도 남아 있다고 염려하였다. 그러면서도 나라에서 꼭 필요로 하는 중국의 물품은 어쩔 수 없이 무역해야 한다고 하면서 그 대표적 품목으로 악기(樂器), 서책(書冊), 약재(藥材)를 거론하였다. 세종은 이와 같은 국가적 필수품을 어떻게 마련할 것인지를 의논해서 보고하라고 지시했다.[41] 이에 대해 예조판서(禮曹判書) 신상(申商)은 중국에서 이미 무역을 금지하고 있으니 무역을 하지 않는 것이 좋겠다는 의견을 피력했다. 이에 대해 세종은 서책과 약재 같은 것은 부득이한 물건이므로 무역하지 않을 수 없다고 하면서, 매번 중국의 예부에 자문을 보내 무역을 요청하면 번거로우니 사행 때마다 약간의 포자(布子)를 가지고 가서 번거롭지 않게 무역하거나 요동에서 무역하는 방안을 제시하였다.[42] 그러나 얼마 후 세종은 약재와 서책도 사무역하는 것이 불편하니 예부에 자문을 보내 공무역을 하는 것이 어떻겠느냐는 의견을 제시했다. 이에 대해 맹사성(孟思誠)·허조(許稠)·신상·정초(鄭招)·신장(申檣) 등은 경서와 약재를 모두 예부에 자문을 보내 공무역을 하는 것이 좋겠다고 했고, 권진(權軫)은 약재는 부득이한 물건이니 무역하고 경서는 무역하지 말자고 했으며, 황희(黃喜)는 경서와 약재의 무역을 요청하는 것은 성급한 것 같으니 후일을 기약하자고 하였다. 세종은 권진의 의견을 수용하였다.[43]

이러한 방침은 이듬해인 세종 15년(1433)에 현실화되었다. 세종은 상호군(上護軍) 허지혜(許之惠)에게 주본(奏本)을 주어 북경에 파견했는데, 주본에는 약재를 구입하기 위한 비용으로 마포(麻布) 100필을 가지고 가게 한다는 내용이 포함되어 있었다. 중국 조정에서 무역을 금지하게 된 이유는 외국인들이 중국에 들어와 제멋대로 물건을 매매하여 운송하는 일이 번거롭고 역참과 도로[站路]가 피폐해졌기 때문이었다. 조선에서 사행을 파견할 때 사헌부 감찰을 파견하여 매매를 금하게 된 것도 같은 맥락이었는데, 이로 인해 약재와 서책마저 수매할 수 없게 되었다. 그런데 이때에 이르러 전의감(典醫監)·혜민국(惠民局)·제생원(濟生院)에 필요한 약재가 거의 소진되었으므로 예부에 보고해서 약재를 수매해 오도록 한 것이었다.[44]

세종 17년(1435) 8월에 남지를 성절사로 파견할 때의 「종사관재거사목 (從事官齎去事目)」을 보면 당시 서적 수집의 구체적 방법을 확인할 수 있다. 사목의 핵심적인 내용을 추려보면 다음과 같다.[45]

- 『사서대전』,『오경대전』처럼 중요한 책인데 조선에 유입되지 않은 책이 있다면 자세히 물어서 구입할 수 있으면 구입한다.
- 이번에 주청한 책―호삼성의『음주자치통감』, 조완벽의『통감』원위』, 김이상의『통감전편』, 진경의『역대필기』등―은 황제가 하사해준다면 사사로이 구입하는 것은 불가하고, 만약 예부에서 어부(御府)에도 없는 것이라고 말한다면 드러나게 요구하는 것[顯求]은 불가하다.
- 사학(史學)과 관련된 서책은 후대에 찬술된 것이 상세하니 본국에 없는 것은 구입할 것이며,『강목서법(綱目書法)』과『국어』도 구입해 올 것이며, 구입할 때는 반드시 두 질을 사서 탈락한 것이 있을 경우에 대비한다.
- 북경에 대전(大全)의 판본이 있을 경우에는 종이와 먹을 준비해서 사사로이 인쇄할 수 있는지 물어볼 것.
- 지난번에 편찬된『영락대전(永樂大典)』이 간행되었는지, 그리고 그 내용이 무엇인지 물어볼 것.
- 중국 금속활자 인쇄술의 자체(字體)와 인쇄 방법을 상세히 물어볼 것.

서적 구입의 원칙과 절차에서부터 구입할 서적의 구체적 서명, 중국에서 편찬된 최신 서적의 간행 여부와 인쇄술에 이르기까지 상세한 내용을 지시하고 있음을 알 수 있다. 세종 17년(1435) 12월에 성절사의 통사인 김한(金漢)·전의(全義) 등이 서장관의 사목(事目)을 가지고 먼저 귀국하였는데, 거기에는 세종의 문의 사항에 대한 답변이 일부 들어 있었다. 태종 황제가 유신들에게 명해 찬술한 서적으로는 『영락대전』이 있는데, 천하 사물의 이치를 모두 모은 것으로 어부(御府)에 소장되어 있는데 권질이 많아 10여 칸에 가득 차 있고, 그 판본은 남경(南京)에 있으며 활자본이 아니라 목판본이라고 했으며, 새로 찬술한 책으로는 당우(唐虞)시대부터 송(宋)나라 말기까지 역대 신하들의 사적을 정리한 『역대신감(歷代臣鑑)』이 있는데 아직 간행하지 않은 상태라고 했다.[46]

세종 21년(1439)에 동지중추원사(同知中樞院事) 이사검(李思儉, ?~1446)을 성절사로 파견할 때의 「재거사목(齋去事目)」에도 책의 구입과 관련한 대목이 들어 있다. 당시 세종은 중국에 예악제도(禮樂制度)에 관한 책이 많을 것인데 이를 제대로 수입하지 못하고 있는 실정이라고 판단했다. 그 증거로 세종은 명의 왕원(王源)[47]이 지은 『가례이람(家禮易覽)』의 서문[敍]을 거론했다. 거기에는 『어제효자록(御製孝子錄=孝慈錄)』,[48] 『계고정제(稽古定制)』,[49] 『상례도(喪禮圖)』 등 여러 서적이 인용되어 있었던 것으로 보인다. 세종은 이와 같은 예악제도에 관련된 여러 서적을 널리 구해 오라고 지시하였던 것이다.[50]

중국 서적의 구입 과정에서는 사행에 참여한 통사나 중국어에 능통한 관리들이 중요한 역할을 담당했다. 세종 22년(1440)에는 통사 김신(金辛)으로부터 요동(遼東) 사람이 자신의 집에 소장하고 있는 호삼성의 『나충록(贏蟲錄)』을 팔려고 하기에 사기로 약속하고 왔다는 이야기를 들은 세종은 전(前) 정랑(正郎) 김하(金何, ?~1462)에게 전지하여 마포(麻布) 15필을 주면서 사 오도록 하였다.[51] 아울러 마포 10필로 『대명집례(大明集禮)』도 구입하게 하였다.[52] 김하에게 이런 지시를 한 것은 그가 중국어에 능통했기 때문이다. 김하는 역어(譯語: 중국어)를 잘했기 때문에 세종의 총애를 받았다. "김하는 다른 사람이 할 수 없는 일을 하여 상국(上國)을 받들어 섬기는 데 이 사람이 없어서는 안 된다"라는 세종의 언급은 그의 어학 능력을 높이 평가했음을 보여준다.[53]

세종 17년(1435) 10월의 기사에 따르면 전 사재부정(司宰副正) 김하(金河=金何)가 부친상 중이었는데, 그에 대해 '탈정기복(奪情起復)'의 조치가 취해졌음을 알 수 있다. 당시 사간원(司諫院)에서는 김하가 장상대신(將相大臣)도 아닌데, 이학(吏學)을 가르칠 사람이 없다는 이유로 그를 기복하게 하는 것은 지나친 조치라고 비판하였다. 그러나 세종은 김하가 장차 국가의 중대한 일을 담당하게 될 것이라고 하면서 단호한 태도로 이를 거부하였다.[54] 중국과의 사대 외교에서 실무적인 어학 능력을 갖춘 사람이 지속적으로 필요하다는 세종의 생각을 엿볼 수 있다.

이상과 같은 노력을 통해 서적의 수집에 적잖은 성과를 내게 되었다. 다음과 같은 윤회의 회고는 세종대 서적 수집의 상황을 잘 보여준다.

아직 우문흥학(右文興學)의 한 가지 일로 말하자면, (聖上께서) 즉위하신 이래로 날마다 경연(經筵)에 나아가시어 밝은 학문[緝熙之學]을 시종여일하게 싫어하지 않으시고, 동방에 서적이 적어서 사람들이 배울 수 없음을 깊이 염려하시어, 이에 신충(宸衷)에서 우러나와 유사(有司)에게 명해 주자(鑄字)의 규모를 새롭게 하여 인쇄하지 않은 책이 없고, 배우지 못하는 사람이 없게 되었다. 또 유문(遺文)과 신집(新集)을 다 얻지 못할 것을 염려하시어, 사신이 파견될 때 중국에서 널리 구하게 하고, 문신을 파견하시어 나라 안에서 널리 구입하니, 이에 서적[書典]이 날마다 많아지고 달마다 불어났다. 장서각(藏書閣)을 세우고 목록을 적어서 간직하니, 동우(棟宇)에 차고 넘쳐서 동국(東國)이 있은 이래로 문적(文籍)이 많기가 오늘날처럼 성한 때가 없었다. 이로 말미암아 진강(進講)하는 글이 의심나고 잘못된 것이 있으면 여러 서적을 두루 상고하여 모두 그 참된 것을 얻어서 바로잡았고, 예악(禮樂)·종률(鍾律)·천문(天文)·의상(儀像[象])·음양(陰陽)·역산(曆算)·의약(醫藥)·복서(卜筮)의 서적까지도 모두 수즙(修葺)하여 정리하고 인쇄하여 반행(頒行)하였다.[55]

윤회의 발언을 통해 당시 세종대의 서적 수집과 보급 정책이 어떻게 이루어졌는지 짐작할 수 있다. 국내에 서적을 널리 배포하기 위해서는 인쇄술의 발전과 지속적인 간행 사업의 추진이 필요했다. 다양한 서적을 확보하기 위해서는 중국의 서적을 수입하는 한편 국내에 흩어져 있는 서책들을 널리 수집할 필요가 있었다. 세종대에는 이러한 정책이 꾸준히 시행되었다. 그 결과 윤회의 말대로 유사 이래로 가장 많은 서책을 보유하고 있다고 자부할 수 있을 정도에 이르렀다. 세종조의 서적을 정리하는 작업을 담당했던 양성지(梁誠之)는 내장(內藏)하고 있는 서책이 '만권서(萬卷書)'라고 표현했다.[56] 물론 이것은 정확한 책의 수량을 의미한 것은 아니고, 세종조에 수집된 서적의 수량만을 의미하는 것도 아니며 고려 숙종(肅宗) 이래로 전해져 내려오는 모든 전적을 아우르는 것이었지만, 이를 통해서도 세종대 서적 수집 정책의 효과를 어느 정도 짐작할 수 있다.

고제古制 연구와 유서類書의 활용

세종대에는 국가의 예악문물과 제도를 정비하는 과정에서 먼저 '고제(古制)'를 연구하였다. 그것은 조선왕조에 적합한 유교적 이상 국가의 모델을 찾아가는 작업이었다. 세종대의 대표적 학술 연구 기관이라 할 수 있는 집현전(集賢殿)의 가장 중요한 기능이 '고제' 연구에 있었음에 주목할 필요가 있다. 세종이 "집현전을 설치하고 문학지사(文學之士)들을 모아서 날마다 경연(經筵)을 열고 도의(道義)를 강론했으며, 무릇 여러 시조(施措: 일을 시행하고 조치를 취함)는 모두 고제를 참고하게 한 다음에 그것을 행했다"[57]라는 신료들의 회고를 통해서도 이러한 사실을 짐작할 수 있다. '고제'란 유교에서 이상적이고 보편적이라고 간주하는 제도를 뜻한다. 세종대의 대표적 고제 연구 기관으로는 예조(禮曹)와 의례상정소(儀禮詳定所) 그리고 집현전을 들 수 있다. 예조와 의례상정소는 세종대 이전부터 고제 연구를 해왔으며 집현전은 세종대에 들어 고제 연구 기관으로 자리 잡았다. 세종 17년(1435) 의례상정소의 혁파는 고제 연구 과정에서 하나의 중요한 전환점이었다고 여겨진다. 의례상정소는 "지난날 태종께서 법을 만들고 제도를 정할[立法定制] 때에 당시의 사정에 따라 특별히 설치한 관청이므로, 일을 마쳤으면 마땅히 혁파해야 될 것이니 오래 둘 수는 없다"[58]라는 허조의 발언에서 알 수 있듯이 태종대 이래로 진행되어온 각종 법과 제도에 대한 연구가 일단락되었음을 뜻한다.

고제에 대한 연구는 유교의 이상적이고 보편적인 문물제도(文物制度)를 찾아가는 작업이었는데, 이 과정에서 중국의 영토 바깥에 위치한 제후국으로서 조선의 위상이 항상 주요 변수로 작용하였다. 제후의 분의(分義)에 합당한 문물제도를 마련해야만 했기 때문이다. 그러나 해외의 제후국인 조선에 해당하는 분명한 전례가 없는 경우가 많았기에 논란의 소지가 있었다. 우리는 그 대표적 사례를 제천례(祭天禮=祀天禮)의 시행을 둘러싼 논의를 통해 확인할 수 있다. 원구제(圓丘祭)는 천자가 하늘에 제사하는 예이기 때문에 조선 초부터 혁파해야 한다는 요청이 있었다. "천자는 천지에 제사하고, 제후는 산천에 제사한다[天子祭天地, 諸侯祭山川]"는 원칙에 따른 주장이었다.[59] 그러나 이러한 원칙이 관철되기까지는 적잖은 시간이 걸렸다. 제천례의 시행을 주장하는 논자들이 있었기 때문이다.

변계량(卞季良)은 태종조부터 사천례(祀天禮)를 시행해야 한다고 주장했던 대표적 인물이다. 그는 자신의 주장에 대한 논거로 두 가지를 제시했다. 먼저 사천례의 역사적 당위성을 거론하였다. 동방의 시조는 단군(檀君)인데 하늘에서 내려왔으니 중국의 천자가 분봉(分封)한 나라가 아니고, 하늘에 제사하는 예[祀天之禮]가 언제부터 시행되었는지는 알 수 없지만 지금까지 천 년 이상 지속되어왔다는 역사적 사실을 거론했던 것이다. 다음으로 변계량은 명(明)과의 사대(事大) 관계에서도 사천례가 문제되지 않는다고 주장하였다. 명 태조가 '의종본속(儀從本俗)', '법수구장(法守舊章)'을 허락한 것은 조선이 해외(海外)의 나라로 하늘로부터 명(命)을 받았다고 여겼기 때문이니, '법수구장'의 차원에서 하늘에 제사 지내는 예를 폐지할 수 없다

는 것이었다.[60]

물론 이와 같은 변계량의 주장에 대해 그것이 '분수를 범하고 예를 잃은 것[犯分失禮]'으로 이치에 어긋난다고 생각하는 사람들이 있었지만[61] 변계량의 주장은 세종조에도 지속되었다. 전조(前朝) 2,000년 동안 계속해서 사천례를 거행하여왔으니 이제 와서 폐지할 수 없고, 우리는 지방 수천 리의 제후국으로서 옛날의 백 리 제후국에 비할 바가 아니며, 예에 따르면 제후가 하늘에 제사할 수 없지만 극심한 한재를 만난 경우에는 무방하다는 논리였다.[62] 세종 20년(1438)의 다음과 같은 박연(朴堧)의 언급은 제천례에 대한 논란이 정리되면서 국가 의례가 정비되어가는 과정을 잘 보여준다.

> 우리나라에서는 일찍이 하늘에 제사하는 예(禮)가 있어서 원단(圓壇)의 의식을 세우고 여러 해 동안 제사를 거행하다가, 제후국의 법도에 어긋난다는 까닭으로 그만두고 시행하지 아니한 지 이미 여러 해가 되었습니다. 오직 이 풍운뇌우(風雲雷雨)의 단(壇)만은 성상(聖上)께서 천신(天神)을 공경하여 제사하는 곳이니, 더욱 급급하게 개정하고 시일이 지나가기를 기다리지 말 것이옵니다.[63]

국가 의례의 정비 과정에서 제후국의 분의를 고려해서 제천례는 폐지하고 하늘에 대한 제사는 풍운뇌우단(風雲雷雨壇)으로 제한하게 되었음을 알 수 있다.

그럼에도 불구하고 한재가 심할 경우에는 하늘에 제사를 지내 비가 오기를 기원해야 한다는 건의들이 계속되었다. 세종 25년(1443), 26년(1444), 27년(1445)의 제천 논의가 모두 7월에 있었던 사실이 주목된다.[64] 추수기로 접어드는 길목에서 극심한 한재를 만났기 때문이다. 세종 25년까지만 해도 세종은 예조의 건의를 받아들여 원구제를 제외한 하늘 제사를 지냈던 것으로 보인다. 그만큼 비를 기원하는 하늘 제사는 기우제의 마지막 수단으로 간주되었던 것이다. 제후의 분의에 어긋난다는 사실을 알면서도 신료들이 요청하고 세종이 그것을 수용했던 이유는 그만큼 간절한 상황이 있었기 때문이다. 아울러 '제천기우(祭天祈雨)'는 사전(祀典)에 등재된 하늘 제사와는 다르다는 것, 백성들을 위한 기우[爲民祈雨]는 참례(僭禮)가 아니라는 논리가 뒷받침되었다.[65] 그러나 세종 26년이 되면 예조의 건의에도 불구하고 세종은 '제천기우'를 참례로 규정하면서 거행하지 않겠다는 뜻을 분명히 하였다.[66] 세종 31년 황희의 제천 건의에 대해서 세종이 다음과 같은 이유를 들어 거부했던 것은 제천에 대한 오래된 논의가 종결 단계에 이르렀음을 보여주는 실례로 주목된다.

> 비록 원단(圓壇)에 제사를 드린다 하더라도 비가 꼭 온다고 기약할 수 없다. 만약 (제사를) 거행하면서 비가 오기를 기필(期必)한다면 참례(僭禮)의 잘못을 어찌 헤아릴 수 있겠는가. 만약 (제사를 거행했는데) 비가 오지 않는다면 다만 참례라는 이름만 얻게 되니 일에는 무익(無益)한 것이다.[67]

이상의 내용을 통해 수십 년에 걸친 논의 끝에 하나의 예제가 정비되어가는 모습을 확인할 수 있다. 이처럼 세종대에는 치밀한 고제 연구를 통해 제후국의 분의에 맞는 문물제도의 정비가 이루어졌던 것이다.

세종대 예조와 상정소, 집현전 등을 통해 이루어진 고제 연구의 내용은 기존 연구를 통해 상세히 밝혀졌으며, 연구 과정에서 활용된 참고 서적에 대해서도 대체적인 검토가 이루어졌다.[68] 여기에서는 특히 중국의 역대 유서(類書)들이 세종대의 고제 연구에 어떻게 활용되었는지 살펴보고자 한다.

세종대 고제 연구에 활용된 대표적 유서로는『통전(通典=杜氏通典)』,『문헌통고(文獻通考)』,『산당고색(山堂考索)』,『책부원귀(冊府元龜)』,『태평광기(太平廣

記)』,『옥해(玉海)』,『사림광기(事林廣記)』등을 들 수 있다.『통전』(200권)은 당(唐)의 두우(杜佑, 735~812)가 편찬한 책으로, 유지기(劉知幾, 661~721)의 아들 유질(劉秩)이 편찬한『정전(政典)』(35권)을 기초로 삼아 경전과 사서에 수록된 내용과 역대 주요 인물들의 논의를 널리 채집하고,『대당개원례(大唐開元禮)』를 참고하여 편찬하였다. 식화(食貨)·선거(選擧)·직관(職官)·예(禮)·악(樂)·병(兵)·형(刑)·주군(州郡)·변방(邊防)의 각 부문으로 나누어, 상고(上古)시대로부터 중당(中唐)에 이르는 경제·정치·사회·문화 분야의 전장제도(典章制度)의 연혁을 정리한 것이다. 이 책은 남송대 정초(鄭樵, 1104~1162)의『통지(通志)』, 원(元)대 마단림(馬端臨, 1254?~1323)의『문헌통고』에 큰 영향을 끼친 책이다.[69] 고려 공민왕 때『통전』이 해인사(海印寺)의 사고(史庫)에 수장되어 있었던 것으로 보아 그 이전에 전래되었음을 알 수 있다.[70]

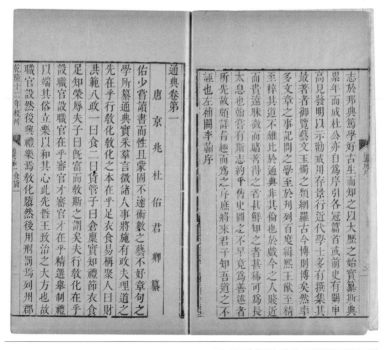

〈그림 70〉『통전』(출처: 규장각한국학연구원)

『태평광기』(500권)는 송 태종 태평흥국(太平興國) 2년(977)에 이방(李昉, 925~996) 등이 황제의 명에 따라 편찬한 대형 유서로, 한(漢)대에서 송나라 초기에 이르는 야사소설(野史小說)들을 수집한 것이다. 인용 서목이 475종에 이를 정도로 방대한 저술이며, 전체를 92개의 항목으로 대분류하고 이를 다시 150여 개의 세목(細目)으로 분류하고 있다. 『태평광기』에 인용된 책 가운데는 현재 산일되거나 완전하지 못한 것들이 많기 때문에 『태평광기』는 산일된 내용을 수집하거나 고서(古書)를 교감하는 데 매우 중요한 자료적 가치를 지니고 있다.[71] 『태평광기』는 이미 고려 시기의 경기체가(景幾體歌)인 『한림별곡(翰林別曲)』에 인용되어 있을 정도로[72] 고려 학계에 널리 유통되고 있었다.

『책부원귀』(1,000권)는 송 진종(眞宗) 경덕(景德) 2년(1005)부터 대중상부(大中祥符) 6년(1013)에 이르기까지 왕흠약(王欽若, 962~1025) 등이 황제의 명을 받들어 편찬한 대형 유서로 『태평어람(太平御覽)』(983년), 『문원영화』(982년), 『태평광기』와 함께 송대의 4대 유서로 꼽힌다. 이는 통치자에게 통치의 경험과 교훈을 제공하기 위한 목적에서 펴낸 것으로, 모두 31부(部) 1,104문(門)으로 구성되어 있다.[73] 『책부원귀』는 고려 선종(宣宗) 9년(1092) 무렵에 황종각(黃宗慤, ?~1096)이 송에 사신으로 갔을 때 구입해 온 것으로 알려져 있다.[74] 의종(毅宗) 5년(1151)에는 『책부원귀』의 교정 사업을 진행하기도 했다.[75] 조선 초에 『책부원귀』는 충주사고에 보관되어 있었다.[76]

『옥해』(204권)는 왕응린(王應麟, 1222~1296)이 혼자의 힘으로 완성한 것으로 송대를 대표하는 대형 유서 가운데 하나로 꼽힌다. 전체는 21부로 구성되어 있는데, 천문(天文)·율력(律曆)·지리(地理)·제학(帝學)·성문(聖文)·예문(藝文)·조령(詔令)·예의(禮儀)·거복(車服)·기용(器用)·교사(郊祀)·음악(音樂)·학교(學校)·선거(選擧)·관제(官制)·병제(兵制)·조공(朝貢)·궁실(宮室)·식화(食貨)·병첩(兵捷)·상서(祥瑞)가 그것이다.[77] 공민왕 13년(1364)에 명

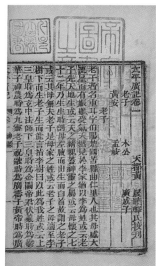

〈그림 71〉『태평광기』
(출처: 규장각한국학연구원)

〈그림 72〉『책부원귀』
(출처: 규장각한국학연구원)

〈그림 73〉『옥해』
(출처: 규장각한국학연구원)

주(明州)의 사도(司徒)인 방국진(方國珍, 1319~1374)이 보내온 물건 가운데 『옥해』와 『통지』 등의 서적이 포함되어 있었다.[78]

『산당고색』은 '군서고색(羣書考索)', '산당선생군서고색(山堂先生羣書考索)'이라고도 불리는 것으로, 남송(南宋)의 장여우(章如愚)가 편찬한 거질의 유서였다.[79] 태종 3년(1403)에 명의 사신이 하사품으로 가져왔는데,[80] 그 이후에 각종 제도를 정비할 때 참고 문헌으로 활용되었다. 세종대에는 제례(祭禮)의 절차나 조정의 관복(冠服) 제도를 조사하고, 산관(散官)과 직사(職事)의 제수(除授)에 관한 문제 등을 논의할 때 『산당고색』을 참조하였음을 확인할 수 있다.[81]

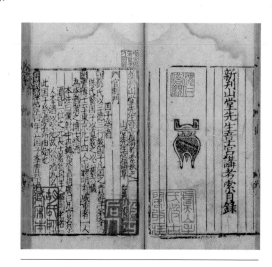

〈그림 74〉『신간산당선생장궁강고색(新刊山堂先生章宮講考索)』
(출처: 臺灣 國立故宮博物院)

『사림광기』는『세시광기(歲時廣記)』의 저자인 송의 진원정(陳元靚)이 편찬한 책으로 알려져 있다.[82] 황우직(黃虞稷, 1629~1691)의『천경당서목(千頃堂書目)』에는 10권(또는 12권)짜리『사림광기』와 함께 40권짜리『찬도증주군서류요사림광기(纂圖增注羣書類要事林廣記)』라는 책이 송대의 유서 가운데 하나로 수록되어 있는데,[83] 이는『신편찬도증류군서류요사림광기(新編纂圖增類羣書類要事林廣記)』를 가리키는 것으로 보인다.[84] 현존하는『사림광기』가 바로 이것인데, 전집(前集) 13권, 후집(後集) 13권, 속집(續集) 8권, 별집(別集) 8권으로 모두 42권이며, 천문(天文)으로부터 주국(酒麴)에 이르기까지 도합 43류(類)로 구성되어 있다.[85]『사림광기』는 태종 원년(1401)에 이서(李舒, 1332~1410) 등이 명에서 하사품으로 받아왔다.[86] '찬도(纂圖)'라는 제목에서 알 수 있듯이『사림광기』에는 다양한 그림이 수록되어 있어서 독자의 이해를 돕고 있다. 예컨대 후집의 '기용류(器用類)'에서는 다양한 예기(禮器)의 그림과 설명을 찾아볼 수 있는데, 그 내용이『세종실록(世宗實錄)』「오례(五禮)」의 「제기도설(祭器圖說)」에 인용되어 있음을 확인할 수 있다.[87] 이처럼『사림광기』는 조선 초기 예기의 제작 과정에서 자주 인용되었던 책이다.[88]

『문헌통고』(348권)는 원의 마단림이 편찬한 책으로 역대의 전장제도(典章制度)를 정리한 것이다.『통서』, 『통지』와 함께 '삼통(三通)'의 하나로 꼽힌다.『문헌통고』는 모두 24개의

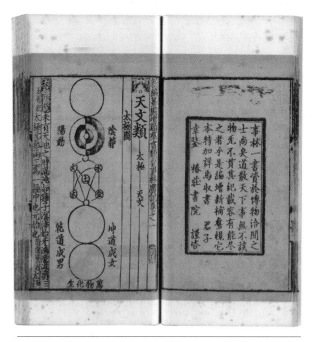

〈그림 75〉『신편찬도증류군서류요사림광기(新編纂圖增類羣書類要事林廣記)』
(출처: 臺灣 國立古宮博物院)

부문[考]으로 구성되어 있다. 전부(田賦), 전폐(錢幣), 호구(戶口), 직역(職役), 정각(征榷), 시적(市糴), 토공(土貢), 국용(國用), 선거(選擧), 학교(學校), 직관(職官), 교사(郊祀), 종묘(宗廟), 왕례(王禮), 악(樂), 병(兵), 형(刑), 경적(經籍), 제계(帝系), 봉건(封建), 상위(象緯), 물이(物異), 여지(輿地), 사예고(四裔考)가 그것이다. 『문헌통고』는 태종 2년(1402)에 성절사 조온(趙溫, 1347~1417)이 명에서 받아 온 것으로 보인다.[89]

〈그림 76〉 『문헌통고(文獻通考)』 (출처: 규장각한국학연구원)

　세종대 고제 연구의 과정에서 이 상과 같은 유서들이 두루 참조되었는데 실록에서 활용 빈도를 확인해보면 마단림의 『문헌통고』와 두우의 『통전』이 단연 두각을 나타내고 있음을 알 수 있다. 조선의 관인들에게 『문헌통고』는 천자(天子)와 경대부(卿大夫)의 예제를 정리한 책으로 인식되었다. 태종 11년(1411) 종묘의 제도는 마땅히 명에 '시왕지제(時王之制)'를 주청(奏請)해서 결정해야 한다는 태종의 입장에 대해 신료들의 의견은 분분하였다. 당시 예조판서 설미수(偰眉壽, 1359~1415)는 『문헌통고』에는 천자와 경대부의 예만 있으니, 만일 명에서 경대부의 예를 반강(頒降)한다면 어떻게 할 것이냐고 걱정하였다. 제후국인 조선의 위상에 맞지 않는 경대부의 예를 반강할 경우 이를 그대로 따를 수 없다는 것이었다. 설미수는 당시 조선의 제의(祭儀)는 제후국의 예제를 따르지 않은 것이 매우 많은데, 만일 명에서 너무 간략한 예제를 반강하면 어찌할 것인지도 걱정했다. 이에 대해 태종은 현재 사용하고 있는 제의도 증감(增減)한 것이 있으니, 만일 명에서 간략한 예제를 반강하면 다시

가감(加減)하는 권도를 발휘하면 된다고 보았다. 그러나 설미수는 명 고황제의 칙서에 '의종본속, 법수구장'이라는 대목이 있음을 지적하면서 명에 주청하지 않는 것이 좋겠다는 의견을 고수했다.[90]

이상과 같은 유서들과 함께 자주 인용되는 서적으로는 『성리대전』, 『명신언행록(名臣言行錄)』, 『필담(筆談=夢溪筆談)』, 『의례경전통해(儀禮經傳通解)』와 『의례경전통해속(儀禮經傳通解續)』(黃榦) 등이 있다. 국가 의례의 정비와 관련해서는 주희(朱熹, 1130~1200)의 저술인 『의례경전통해』가 주목된다. 『의례경전통해』는 『의례(儀禮)』, 『예기(禮記)』, 『주례』의 삼례(三禮)를 기본으로 삼아 여러 경전과 역사서, 기타 서적에 나오는 예문(禮文)을 모아 편찬한 일종의 예서(禮書)이다. 이는 주희가 51세 때인 1180년에 시작하여 완성하지 못하고 죽자 제자인 황간(黃榦, 1152~1221)과 양복(楊復) 등이 완성한 것이다. 『의례경전통해』는 주희의 예학 사상을 가늠할 수 있는 서적으로 평가되고 있다. 형식적인 측면에서 본다면 『의례경전통해』는 『의례』를 중심으로 편목별로 장구(章句)를 나누고, 여기에 『예기』와 그 밖의 여러 예설을 부기한 것이며, 내용적인 측면에서 볼 때 『의례경전통해』는 가례(家禮)에서 왕조례(王朝禮)까지, 인간이 태어나서 죽기까지의 통과의례를 분류·정리하여 일관된 체계를 구축하였다[家禮·鄕禮·學禮·邦國禮·王朝禮·喪禮·祭禮].[91] 따라서 유교적 왕조국가의 예제를 제정해야 하는 시대적 과제를 안고 있던 세종대의 위정자들에게 『의례경전통해』는 반드시 참고해야 할 서적 가운데 히니였다.

세종 19년(1437) 의정부와 예조에서 계조모(繼祖母)의 복제에 대해 의논한 내용을 보면 『의례경전통해』에 대한 당시 사람들의 인식을 알 수 있다. 그에 따르면 『의례』는 주공(周公)의 저작으로 간주되었으며, 주자가 "상례는 마땅히 『의례』를 따르는 것이 옳다"고 하면서 문인인 황간으로 하여금 『의례경전통해속』를 수찬(修撰)하게 하였으니 고금의 상제가 모두 갖추어져 실려 있다고 했던 것이다.[92] 이처럼 『의례경전통해』와 『의례경전통해속』
은 조선왕조의 예제를 정비하는 데 중요한 참고 서적이었다. 실제로 '오례
(五禮)'의 정리 과정에서 이 책들은 수시로 인용되었고, 음악의 정비에서도
중요한 역할을 담당하였다.

세종대 과학 지식의 재구성은 관련 서적의 축적 위에서 이루어졌다. 이
를 위해 국내외의 각종 문헌들에 대한 수집과 수입이 추진되었고, 그 결과
유교 경전, 중국과 우리나라의 역사서, 유서류를 비롯한 다양한 참고 서적
을 집적할 수 있었다. 이렇게 집적된 서적을 통해서 과학기술 관련 정보를
수집하고, 많은 시간과 노력을 들여 그 내용을 섭렵한 후 그것을 조선의
풍토에 맞게 조정하는 방식으로 과학 지식의 재구성이 이루어졌다. 그리
고 그 결과물은 서적의 형태로 편찬·간행되었다.

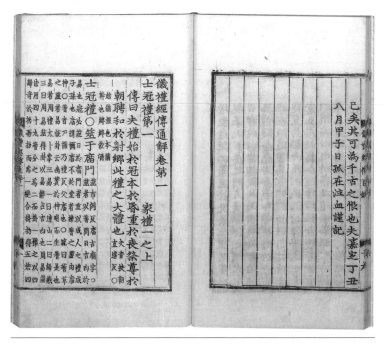

〈그림 77〉 『의례경전통해』 (출처: 규장각한국학연구원)

과학 지식의 재구성과 서적 편찬

세종대에는 천문역산학, 지도·지리학, 의약학, 농학, 인쇄술, 군사기술 등 거의 모든 과학기술 분야에서 활발한 사업이 추진되었고 가시적 성과물을 도출하였다. 각종 사업의 최종적 성과물은 서적의 형태로 편찬·간행되었다. 요컨대 과학기술 분야 사업의 최종 목표는 해당 분야와 관련된 내실 있는 교범(敎範)을 산출하는 것이었다고 해도 과언이 아니다. 이를 위해서는 사전 연구가 필요했다. 지금까지 축적된 과학기술 분야의 모든 지식을 수집하고 검토하는 작업이 요청되었던 것이다.

앞서 살펴보았듯이 세종대에는 과학기술 관련 서적을 수집하기 위한 노력이 꾸준히 경주되었다. 국내에 흩어져 있는 서적들을 수집하고, 중국의 서적을 수입하기 위해 노력했다. 이전의 서적들뿐만 아니라 당대에 출간된 최신의 서적도 수입하여 탐구하고자 했다. 계획이 불발에 그쳤지만 『영락대전』을 수입하기 위한 시도도 그 일환이었다. 수집된 서적들은 집현전을 비롯한 학술 연구 기관에서 집중적으로 검토되었고, 그 내용은 경연을 비롯한 군신 간의 담론의 장에서 토의되었다. 경우에 따라서 필요하다면 '실험'도 행해졌다. 총통(銃筒)의 성능을 개선하기 위한 실험이 대표적이다.

과학기술 관련 지식의 수집·검토와 함께 중요한 것은 각 분야별 전문가를 육성하고 활용하는 것이었다. 세종대 집현전의 교육 방식은 일견 '선택과 집중'의 방식을 취했다. 세종은 한 사람이 모든 분야를 정밀하게 알 수 없다는 전제하에 분야별 전문가를 육성하기 위해 노력했다. 각 분야의 전문가로 인정받는 사람의 경우에는 이런저런 결함에도 불구하고 자신의 곁에 두고 오랫동안 활용했다. 그렇게 해서 천문역산학 분야의 이순지(李純之)·김담(金淡), 지리학 분야의 정척(鄭陟)·양성지, 의학 분야의 유효통(兪孝通)·노중례(盧重禮) 등이 길러질 수 있었다.

1. 『농사직설』

조선왕조의 기간산업은 농업이었고, 농업생산력의 발전은 국왕을 비롯한 위정자들은 물론 일반 농민들에게도 초미의 관심사였다. 농업 생산의 증진은 국가의 재정을 보장하는 중요한 수단이었을 뿐만 아니라 농민들의 생활을 안정화하는 방법이었기 때문이다. 농민들로 하여금 농업 생산을 체계적으로 수행할 수 있도록 하기 위해서는 조선의 자연환경을 반영한 모범적인 농서(農書)가 필요했다. 이와 같은 농서를 만들기 위한 노력은 조선 초부터 시도되었으나 그 가시적 성과가 드러나기 시작하는 때는 세종조였다.

농업 생산을 증진하기 위해 농서가 요구되는 조선 초의 상황에서 위정자들이 쉽게 생각할 수 있었던 방안은 중국의 농서를 이용하는 것이었다. 실제로 조선 초에는 『농상집요(農桑輯要)』, 『사시찬요(四時纂要)』, 왕정(王禎)

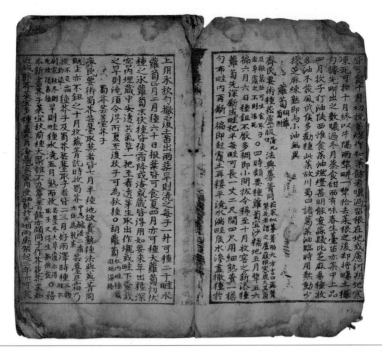

〈그림 78〉『원조정본농상집요(元朝正本農桑輯要)』(서울특별시 유형문화재 제183호, 서울역사박물관 소장).

의 『농서(農書)』 등이 적극 활용되었다. 태종대 이루어졌던 중국 농서의 번역 사업은 그 일환이었다. 태종 14년(1414) 12월에 『농상집요』를 이두[俚語]로 번역하여 간행하게 하였다. 『농상집요』가 백성들에게 유익한 책인데 그 문장이 예스러워 사람들이 쉽게 이해할 수 없으니 촌구석의 백성들도 알 수 있도록 우리말로 번역하자는 것이었다. 당시 이 사업을 담당했던 사람은 이행(李行, 1352~1432)과 곽존중(郭存中, ?~1428)이었다.[93]

태종 14년의 『농상집요』 번역 사업이 구체적으로 어떻게 진행되었는지는 확언할 수 없으나[94] 정초가 지은 『농사직설』의 서문과 세종 26년(1444)의 「권농교서(勸農敎書)」(이른바 '農事敎書')에서는 그 내용을 다음과 같이 간단히 언급하였다.

태종공정대왕(太宗恭定大王)께서 일찍이 유신(儒臣)에게 명하여 옛 농서[古農書]에서 요긴하게 쓰이는 말[切用之語]을 골라내고, 향언(鄕言)으로 주석을 붙여서 간행·반포함으로써 백성들에게 근본[농사]에 힘쓸 것을 가르치셨다.[95]

태종께서 왕업을 계승하시어 씨 뿌리고 수확하는 일에 더욱 힘쓰셨다. 특히 어리석은 백성들이 심고 가꾸는 마땅함에 어두운 것을 염려하셔서 유신에게 명하여 방언(方言)으로 농서(農書)를 번역하게 하여 중앙과 지방에 널리 반포하여 후세에 전하였다.[96]

위의 인용문을 통해 확인할 수 있는 사실은 태종 14년의 사업이 '옛 농서'인 『농상집요』에서 조선의 농업에 긴요한 내용을 추려내고, 그 가운데 어려운 표현을 알기 쉬운 한문이나 이두로 표기한 다음 주석을 붙여서 간행했다는 것이다. 세종 26(1444)년의 「권농교서」에서 "방언(方言)으로 농서(農書)를 번역하게" 하였다는 것으로 보아 『농상집요』를 번역한 책의 제목이 '농서'였을 가능성이 높다. 그것은 중종 12년(1517)에 태종조와 세종조의 농서를 언급하면서 "『농서』에 이르러 곡식을 심고 가꾸는 마땅함[樹藝之宜]을 자세히 설명하였고, 『농사직설』에서는 풍토의 증험[風土之驗]을 갖추어 살폈다"[97]라고 한 사실에서도 확인할 수 있다.

그런데 태종대에 『농서』가 편찬된 것은 분명하지만 그것이 간행·반포되었는지는 사료상의 한계로 확인할 수 없다.[98] 『농서』가 사료에 다시 등장하는 것은 세종대에 들어서이다. 세종 10년(1428) 윤4월 11일의 기사에 따르면 세종이 평안도와 함길도의 농사가 소홀한 것을 염려하여 승정원에 명해서 평안·함길도의 사람을 만나면 반드시 농작의 상황을 묻게 하였고, 아울러 『농서』를 알려주도록 했다는 것이다.[99] 그런데 곧이어 윤4월 13일에 세종은 경상도관찰사(慶尙道觀察使)에게 『농서』 1천 부를 인쇄하여 올리라는 명령을 내렸다. 이 명령 역시 함길·평안도의 농업 상황과 관련이 있었다. 세종은 함길도와 평안도의 토질[地品]이 좋은데도 무지한 백성들이 구습(舊習)에 빠져 농사를 잘못 짓고 있으며 지력(地力)을 효율적으로 이용하지 못하고 있다고 판단하였다. 이에 두 지역에서 사용할 수 있는 농법을 채록해서 전파하고자 하였다. 새로운 농서의 편찬을 기획했던 것이다. 이를 위해서 먼저 경상도 내의 경종(耕種: 논밭을 갈고 곡식을 심는 일. 耕田과 種植)·운확(耘穫: 김매고 수확하는 일)의 방법과 오곡(五穀)에 알맞은 흙의 성질[土性] 및 잡곡을 섞어서 심는[交種] 방법 등을 노농(老農)들에게 물어서 그 요점을 뽑아 책으로 만들어 바치게 하였다. 이는 『농사직설』을 편찬하기 위한 전 단계 작업이라고 할 수 있다. 세종은 이와 함께 태종조에 편찬한 『농서』 1천 부를 인쇄하여 진상하도록 명령하였다.[100] 새로운 농서가 편찬되기 이전에 일단 태종조에 정리된 농법이라도 전국적으로 전파해야 할 필요가 있다고 판단했기 때문으로 보인다. 이듬해인 세종 11년(1429) 2월에 의정부(議政府)와 육조(六曹)의 당상관에게 『농서』를 하사했다는 기록으로 보아 이때쯤 『농서』의 반포가 이루어졌던 것으로 판단된다.[101]

세종 10년(1428) 7월에는 경상도관찰사에게 내렸던 명령을 충청도와 전라도의 관찰사에게도 하달하였다.[102] 이는 당시 조선 농업의 선진 지역이라고 할 수 있는 경상도·충청도·전라도의 농법을 현지 조사를 통해 수집하기 위한 조치였고, 그 목적은 선진 지역의 농업기술을 후진 지역인 평안도·함길도에 확대 보급하기 위함이었다. 이와 같은 과정을 통해 수집된 경상·충청·전라도의 농업 관행은 중앙으로 보고되었고, 정부에서는 이를 종합적으로 검토하여 체계를 갖춘 농서로서 편찬하는 작업을 진행하였다. 그 결과물이 바로 『농사직설』이었다.

세종 11년(1429) 5월에 『농사직설』이 편찬되었을 때 정초는 그 서문에서 편찬 과정을 다음과 같이 설명하였다.

　우리 주상 전하께서는 왕위를 이어받아 치세를 이루고자 하여[繼明圖治] 더욱 민사(民事)에 마음을 두셨다. 오방(五方)의 풍토(風土)가 같지 아니하여 곡식을 심고 가꾸는 법[樹藝之法]이 각각 그 마땅함이 있어, 옛 책[古書]과 모두 같을 수는 없다고 하여, 이에 여러 도의 감사(監司)에게 명하여 주현(州縣)의 노농(老農)들을 방문하여, 그 땅에서 이미 시험하여 입증된 것[因地已試之驗]을 갖추어 보고하게 하였다. 또 신(臣) 정초에게 명하시어 편차(編次)를 배열하게 하였다[詮次]. 신은 종부시소윤(宗簿寺少尹) 변효문(卞孝文)과 함께 훑어보고 참고하여[披閱參考] 그 중복된 것을 제거하고 그 절요(切要)한 것만 취해서 편찬하여 한 편(編)을 완성하고, 그 제목을 『농사직설』이라고 하였다.[103]

위의 인용문에서 볼 수 있듯이 정초는 『농사직설』의 편찬 배경으로 '오방 풍토부동(五方風土不同)'의 문제를 제기하였다. 이 문제는 고려후기 이래 농업정책의 연장선에서 이해할 수 있다. 고려 말 이래로 중국의 『농상집요』의 농업기술을 그대로 수용하여 당대의 농업 문제를 해결하고자 하는 흐름이 있었고, 이와는 달리 조선의 풍토를 고려해서 이에 맞는 농업기술을 개발함으로써 농업생산력을 증진해야 한다는 견해가 있었다. 『농사직설』은 후자의 노선에 따라 출현한 것이었다.

　이른바 '풍토부동'의 문제는 이미 태종 때부터 거론되기 시작하였다. 태종 14년(1414) 의정부에서는 권농의 방법을 제안했는데 그 핵심은 다음과 같다.

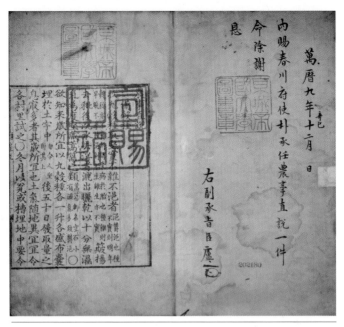

<그림 79> 『농사직설』 (출처: 규장각한국학연구원)

여러 도(道)의 주현(州縣)이 풍토가 같지 않아서[風土不同] 심는 곡식도
본래 마땅함이 다르고, 갈고 심는 절후(節侯)도 또한 빠르고 늦음이 있
습니다. 원컨대 토성에 맞는 곡식[宜土之穀]과 파종(播種)하는 절후[播種
之節]를 갖추어 써서 포고(布告)함으로써 수령들로 하여금 권과(勸課)하
는 방도를 알게 하고, 때에 따라 알려주면 백성들이 농시(農時)를 잃지
않을 것입니다.[104]

각 지방마다 토성(土性)에 합당한 작물과 경종(耕種)의 절후를 기록한 농서
를 마련하여 이를 널리 배포함으로써 수령들에게는 권농의 방법을 알게
하고, 농민들에게는 농시를 때에 맞추어 알려주게 하자는[授之以時] 제안이
었다. 이는 『농사직설』의 '풍토부동론'과 직결되는 논리였다는 점에서 주
목된다.

『농사직설』의 기본 사상 역시 '풍토부동'의 논리로 정리할 수 있다. 조선의 풍토와 기후 조건이 중국과 다르기 때문에 고서(古書), 즉『농상집요』로 대표되는 중국의 예전 농서들은 참고가 될 수는 있을지언정 조선의 현실에 그대로 적용될 수 없다는 것이었다. 이에 세종은 각 도의 감사들에게 명해 각 지방의 농업기술을 조사하도록 지시했다. 그 방법은 각 군현 내의 노농(老農)들을 방문해서 그들의 경험을 수집·정리하는 방식이었다. 이와 같은 현지 조사를 통해 수집된 내용을 바탕으로 정초와 변효문이 기존 농서와의 대조 과정을 거쳐 중복된 것을 삭제하고 긴요한 것만을 간추려 정리한 것이 바로『농사직설』이었다. 세종 19년(1437)에 각 도의 감사에게 전지한 내용을 보면 "을유년(1429)에 여러 책을 수집하여 (그 가운데서 긴요한 내용을) 간추려서『농사직설』을 만들어 각 도에 반포하여 어리석은 백성들도 명백하고 쉽게 알 수 있도록 하였다"[105]라는 구절이 나온다. 이는『농사직설』이 경상·충청·전라도에서 보고한 내용만을 간추려서 편찬된 것이 아니라는 뜻이다.『농상집요』를 비롯한 중국의 농서와 태종조의『농서』와 같이 조선에서 제작된 농서들이 참조되었음을 알 수 있다.

세종 12년(1430) 각 도의 감사와 주(州)·군(郡)·부(府)·현(縣), 그리고 서울 안의 시직(時職)과 산직(散職) 2품 이상의 관원에게『농사직설』을 반사(頒賜)하였다.[106] 이는 삼남 지역의 선진 농법을 전국적으로 확산하기 위한 조치였다. 세종 14년(1432) 평안도 경력(經歷) 박효가 사조(辭朝: 관직에 임명된 관원이 부임하기 전에 임금에게 하직하는 것)할 때 세종이 그에게 예전에 평안도에서는 '수전(水田)의 이익'을 알지 못했는데, 지난해[往歲] 농서를 반사한 이후로 '수전의 방법'을 알게 되었다고 하였다.[107] 이때 언급된 '농서'는 수도(水稻) 재배법을 상세히 다룬『농사직설』을 뜻하는 것이었다. 아마도『농사직설』을 반사하면서 세종은 관찰사를 비롯한 지방의 수령들에게『농사직설』의 경종법을 백성들에게 가르치도록 지시했던 것으로 보인다.

그러나 농법의 교습은 단기간 내에 일방적으로 이루어질 수 있는 성질의 것이 아니었다. 각 지역마다 구래의 농업 관행이 있었기 때문이다. 세종도 이러한 사실을 잘 알고 있었다. 때문에 그는 농서를 따르지 않는 자가 있더라도 처벌하지 말고 점진적으로 교육하라고 강조하였던 것이다.[108] 이후 『농사직설』은 세종 26년(1444)의 「권농교서」와 함께 지방의 수령들이 농사를 권장하고 날마다 고찰할 때 참고해야 하는 필수적인 책으로 간주되었다.[109]

『농상집요』의 수입과 활용, 번역 작업, 그리고 『농사직설』의 편찬으로 이어지는 일련의 과정은 세종대 과학 지식의 재구성이 어떤 방식으로 이루어졌는지 볼 수 있는 구체적 사례로 주목된다. 조선의 위정자들은 중국 농서의 수용 과정에서 그것이 조선의 자연환경과 조화되지 않는 부분이 있다는 사실을 발견하였다. 이를 해결하기 위해서는 조선의 농업 관행과 효과가 입증된 농법을 널리 조사하고, 그것을 기존 농서의 체재(體裁)에 따라 정리하는 작업이 필요했다. 그 결과물로서 편찬된 『농사직설』의 체재는 기존의 중국 농서를 원용한 것이었지만 그 내용은 조선 고유의 농법이었다. 이는 세종대 선진 문물의 수용 과정이 어떠했는지를 보여주는 좋은 예이다.

2. 의서: 『향약집성방』·『태산요록』·『의방유취』

1) 향약집성방

고려후기 이래로 중국 의서의 처방에 등장하는 각종 약재를 국내산으로 대체하기 위한 노력이 지속적으로 이루어졌다. 값비싼 중국 약재를 저렴한 국내산 약재로 대체함으로써 의료비를 절감하고 백성들에게 폭넓은 의료 혜택을 줄 수 있다는 경제적 이점이 있었기 때문이다. 이러한 현실적 이유에도 불구하고 그것이 가능하기 위해서는 선결 조건이 있었다. 중국의 약재인 당약(唐藥)에 대응하는 국내산 약재인 향약(鄕藥)을 확인하는 작업이 필요했고, 향약의 약효가 당약의 그것에 뒤지지 않는다는 확신을 대중들에게 심어줄 필요가 있었다. 전자의 조건을 충족하기 위해서는 먼저 국내에 분포하는 식물성·동물성·광물성 약재에 대한 광범한 조사와 정보의 축적이 필요했고, 그 각각의 약효를 당약과 비교·검증하는 절차가 수반되어야 했다. 후자의 조건을 충족하기 위해서는 당약이 향약보다 우수하다는 오래된 편견을 불식시킬 수 있는 새로운 논리의 개발이 필요했다. 물론 이는 단순한 논리의 개발만으로 이루어질 수 있는 문제는 아니었다. 향약을 이용한 처방의 실효성을 입증할 수 있는 근거가 마련되어야만 했다. 그것이 바로 향약을 이용한 다양한 경험방(經驗方)을 수집·정리해서 종합적 의서를 편찬하는 작업이었다.

아마도 이와 같은 작업들은 고려후기 이래로 꾸준히 진행되어온 것으로 보인다. 그것은 몇몇 기록을 통해 전해지고 있는 다양한 향약 관련 의서를 통해 확인할 수 있다. 향약 의서의 편찬은 향약을 이용한 다양한 처방의 '집성' 과정이었고, 이는 향약 본초(本草)에 대한 경험적 지식의 축적을 전제로 수행되는 작업이었다. 고려후기 이래로 세종대 『향약집성방』에 이르기까지 편찬된 고려와 조선의 의서를 정리하면 다음의 〈표5-1〉과 같다.

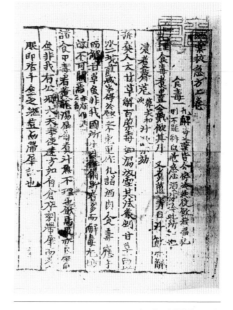

〈그림 80〉 『향약구급방』

번호	서명	편저자	편간 시기	전거
1	濟衆立效方	金永錫		金居實,「金永錫墓誌銘」
2	新集御醫撮要方	崔宗峻	高宗 13년(1226)	李奎報,「新集御醫撮要方序」(1226)
3	鄕藥古方			『鄕藥集成方』의 인용서
4	鄕藥救急方		高宗 30년(1243)~32년(1245)?	尹祥,「義興開刊鄕藥救急方跋」(1417)
5	鄕藥惠民經驗方	惠民局	恭愍王 20년(1371)?	『鄕藥集成方』의 인용서
6	三和子鄕藥方	三和子	고려 말	權近,「鄕藥濟生集成方序」
7	備預百要方		고려 후기	『醫方類聚』 引用諸書
8	鄕藥簡易方	權仲和 · 徐贊	고려 말	權近,「鄕藥濟生集成方序」權採,「鄕藥集成方序」
9	東人經驗方		여말선초?	『鄕藥集成方』의 인용서
10	本朝經驗方		조선 초?	『鄕藥集成方』의 인용서
11	鄕藥濟生集成方	趙浚 · 金士衡 · 金希善 · 權仲和	太祖 7년(1398)定宗 원년(1399)	權近,「鄕藥濟生集成方序」權近,「鄕藥濟生集成方跋」
12	鄕藥採取月令	俞孝通 · 盧重禮 · 朴允德	世宗 10년(1428)世宗 13년(1431)	尹淮,「鄕藥採取月令跋」
13	鄕藥集成方	俞孝通 · 盧重禮 · 朴允德	世宗 15년(1433)	權採,「鄕藥集成方序」

〈표 5-1〉『향약집성방』에 이르기까지 편찬된 고려와 조선의 의서[110]

권근(權近)의 『향약제생집성방(鄕藥濟生集成方)』 서문과 권채(權採)의 『향약집성방』 서문은 향약 의서의 출현 배경과 역사적 계승 과정, 향약 의서의 편찬 목적과 편찬 방식 등에 대해서 많은 정보를 제공하고 있다. 먼저 권근의 서문에서 중요한 내용을 간추려 보면 다음과 같다.

당(唐)나라 이후부터는 그 방문(方文)이 대대로 증가하였는데, 방문이 많아질수록 그 기술은 더욱 저하되었으니, 대개 옛날에 의술이 뛰어난 의원은 단지 한 가지 약으로 한 가지 병을 다스렸는데, 후세의 의원은 여러 가지 약을 써서 요행히 효력이 있기를 바라기 때문이다.…… 그렇다면 여러 가지 약을 섞어서 한 가지 병을 고치는 것이 한 가지 약을 알맞게 쓰는 것만 같지 못하다. 다만 병을 제대로 알고 약을 쓰는 데 정밀하기가 어려울 따름이다. 우리 동방은 중국과 멀리 떨어져서 사람들이 이 땅에서 생산되지 않는 약물(藥物)을 구하기 어려움을 진실로 걱정하였다. 그래서인지 우리나라 풍속이 왕왕 한 가지 약초로 한 가지 병을 치료하는 데 효험을 크게 보았다. 일찍이 『삼화자향약방(三和子鄕藥方)』이 있었는데, 자못 간요(簡要)해서 논하는 사람들이 오히려 그 소략함이 결점이라고 하였다. 지난번에 판문하(判門下) 권중화(權仲和)가 서찬(徐贊)이라는 사람에게 명해 더 수집하게 해서 『간이방(簡易方)』을 만들었으나, 그 책이 세상에 널리 퍼지지 못했다.[111]

권근은 옛날에 의술이 뛰어난 의원[上醫]은 다만 한 가지 약으로 한 가지 병을 고쳤다고 하면서, 여러 가지 약을 모아 한 가지 병을 고치는 것이 한 가지 약을 알맞게 쓰는 것만 못하다고 지적하였다. 이는 단방(單方)의 효율성을 언급한 것인데, 약재가 부족하고 그것마저 구하기 쉽지 않은 민간의 의료 상황에서는 단방이 효과적이었기 때문이다. 문제는 지병(知病)과 용약(用藥)의 어려움이었다. 병의 증상을 정확히 파악해서 한 가지 약을 제대로 쓰기가 어렵다는 것이다.

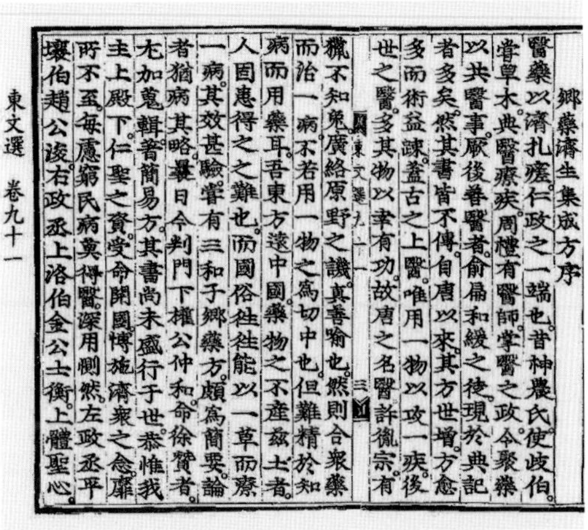
鄕藥濟生集成方序
醫藥以濟扎瘥仁政之一端也昔神農氏使岐伯
嘗草木典醫療疾周禮有醫師掌醫之政令聚藥
以共醫事厥後醫者俞扁和緩之徒現於典記
者多矣然其書皆不傳自唐以來其方世增方愈
多而術益疎蓋古之上醫唯用一物以攻一疾後
世之醫多其物以幸有功故唐之名醫許胤宗有
東文選九十一 三
譏不知兎廣絡原野之譏眞善喩也然則合衆藥
而治一病不若用一物之爲切中也但難精於知
病而用藥耳吾東方遠中國藥物之不產於土者
人固患得之之難也而國俗往往能以一草而療
一病其效甚驗嘗有三和子鄕藥方頗爲簡要論
者猶病其略曩日今判門下權公仲和命徐贊者
尤加蒐輯著簡易方其書尙未盛行于世恭惟我
主上殿下仁聖之資受命開國博施濟衆之念靡
所不至每慮窮民病莫得醫深用惻然左政丞平
壤伯趙公浚右政丞上洛伯金公士衡上體聖心
東文選 卷九十一

〈그림 81〉 권근의 향약제생집성방 서문: 『동문선(東文選)』 권91, 「향약제생집성방서(鄕藥濟生集成方序)」

당시에는 이미 여러 가지 중국 의서들이 수입되어 의료 현장에서 활용되고 있었다. 그런데 그 처방이 여러 가지 당약을 섞어 쓰는 것이라면 민간에서는 이용하기 어려웠다. 국내에서 생산되지 않는 당약을 구하기 어려웠기 때문이다. 이러한 상황 속에서 고려인들은 나름의 효율적 방식을 개발했다. 그것은 국내에서 산출되는 본초를 이용해서 질병을 고치는 방법이었다. 권근은 이러한 상황을 "한 가지 약초로 한 가지 병을 고치는 데 그 효험이 컸다"라고 표현했던 것이다. 국내산 약재를 이용한 단방의 효과를 지적한 것이었다.

이와 같은 목적에서 제작된 향약 의서가 『삼화자향약방(三和子鄕藥方)』과 『향약간이방(鄕藥簡易方)』이었다. 그러나 두 의서는 모두 문제점을 안고 있었다. 『삼화자향약방』은 내용이 간략했기 때문에 폭넓은 질병 치료에 활용하기에 어려운 점이 있었고, 이 문제를 해결하기 위해 여러 처방을 수집해서 보충한 『향약간이방』도 대중적 보급에 실패했다. 아마도 복잡한 처방을 증보하였기 때문에 단방을 선호하는 대중들의 호응을 받지 못한 것으로 보인다.[112]

이러한 기존 의서의 문제를 해결하기 위해 제작된 것이 태조 7년(1398)에 완성된 『향약제생집성방』이었다. 이를 주도한 사람은 좌정승 조준(趙浚)과 우정승 김사형(金士衡)이었다. 이들은 서울에 제생원을 설치하고 노비를 지급하여 향약을 채취해서 약을 조제하여 널리 배포함으로써 백성들에게 편의를 제공할 것을 건의하였다. 이들의 건의가 받아들여지자 그와 관련된 실무를 김희선(金希善)이 관장하였다. 또 각 도에 의학원(醫學院)을 설치하고 교수를 파견하여 약을 베풀기를 서울과 같이 하여 백성들에게 혜택이 가도록 하였다. 그리고 그 연장선에서 약방(藥方)이 미비한 것을 염려하여 『향약제생집성방』을 편찬하였다. 편찬의 책임은 조준·김사형과 함께 권중화(權仲和, 1322~1408)가 맡은 것으로 되어 있으나 실제로는 『향약간이방』을 편찬한 경험이 있었던 권중화가 핵심적 역할을 담당했을 것으로 보인다. 편찬의 실무는 관약국(官藥局)의 관리들이 맡았다. 이들은 조준·김사형·권중화의 특명을 받아 기존의 약방을 다시 고찰하고 우리나라 사람

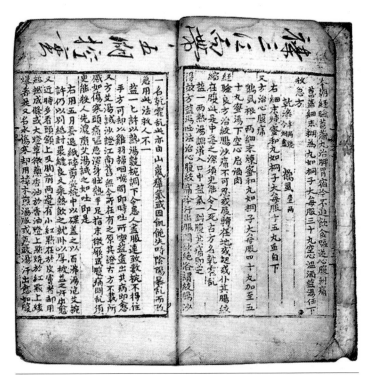

<그림 82> 『향약제생집성방』 (보물 제1235호, 한독의약박물관 소장)

들의 경험방을 채집하였다. 그것을 부문을 나누어 분류하고 편집한 것[分
門類編]이 『향약제생집성방』이었다. 김희선이 강원도관찰사(江原道觀察使)로
재직하고 있을 때 장인들을 모아서 『향약제생집성방』을 목판으로 간행하
였다.[113] 이와 같은 일련의 상황을 권채는 『향약집성방』의 서문에서 다음
과 같이 간략하게 서술하였다.

예전에 판문하(判門下) 권중화가 일찍이 채집(採輯)을 더하여 『향약간이
방』을 지었는데, 그 뒤에 또 평양백(平壤伯) 조준 등과 더불어 관약국(官
藥局)에 명하여 다시 여러 약방(藥方)을 상고하고, 또 동인(東人)의 경험
을 취하여 분류 편찬하고 목판으로 간행하니, 이로부터 약을 구하기 쉽

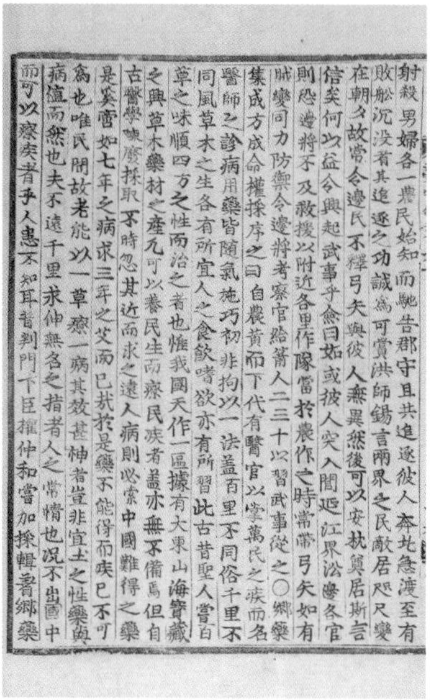

〈그림 83〉 권채의 『향약집성방』
서문: 『세종실록』 권60

고 병을 치료하기 쉬워졌으므로 사람들이 모두 편하게 여겼다.[114]

그렇다면 이와 같은 과정을 거쳐 편찬된 『향약제생집성방』은 어떠한 사상적 기초 위에서 출현했던 것일까? 그 실마리는 다음과 같은 권근의 언급을 통해서 찾을 수 있다.

모두 구하기 쉬운 약물(藥物)이요, 이미 경험한 의술(醫術)이다. 참으로 이것에 정통하다면 한 가지 병에 한 가지 약물만 쓰면 되니, 어찌 이 땅에서 나지 않아 구하기 어려운 것을 기다릴 필요가 있겠는가. 또 오방(五方)은 모두 각각의 성질이 있어 천 리(千里)를 넘어서면 풍속이 같지 않다. 평상시에 먹고 마시고 좋아하고 즐기는 것[飮食嗜慾]이 시고 짜고 차갑고 따뜻한[酸鹹寒暖] 차이가 있음이 마땅하니, 병에 대한 약도 또한 당연히 다른 약제(藥劑)를 써야 하며, 반드시 중국[의 그것]에 구차히 합치해야 하는 것은 아니다. 하물며 먼 지역의 약물을 구하려다가 얻지 못하면 병만 더욱 깊어지고, 혹은 많은 값을 주고 그것을 구하더라도 오래되어 썩고 좀이 들어 손상되면 그 기운이 다 빠져나가버리니, 토산 약물이 기운이 완전해서 귀한 것만 같지 못하다. 그러므로 향약(鄕藥)을 써서 병을 다스린다면 반드시 힘은 적게 들고 효험은 빠를 것이다.[115]

권근은 『향약제생집성방』에 수록된 약재가 구하기 쉬운 향약이고, 처방 또한 이미 그 효험이 입증된 경험방이기 때문에[116] 이를 참조하면 한 가지 약으로 한 가지 병을 다스릴 수 있게 될 것이라고 자신했다.[117] 그는 단방의 경제적 효용성에서 한 걸음 더 나아가 향약을 써야만 하는 당위성에 대해 언급하였다. 그것이 바로 '풍속부동(風俗不同)'의 논리였다. 지역에 따라 풍속이 다르고 음식기욕(飲食嗜慾)에도 차이가 있으니 약재의 사용도 응당 달라져야 한다는 것이었다. 중국 의서에 나와 있는 처방을 그대로 따를 필요가 없다는 주장은 획기적이다. 당약의 문제점은 두 가지 측면에서 언급되었다. 하나는 구하기 어렵다는 것이고, 다른 하나는 수입 과정에서 유통기간이 길어지기 때문에 약효가 떨어질 수 있다는 문제였다. 반면에 향약을 사용하게 되면 약재를 구하기 위한 노력 등 의료비가 적게 들고 약효가 빠르게 나타난다는 이점이 있다고 주장하였다. 권근이 제시한 '풍속부동'의 논리는 『향약집성방』으로 계승되었다.

유명한 의사가 병을 진찰하고 약을 쓰는 것은 모두 기(氣)에 따라 뛰어난 솜씨를 펼치는 것이지[隨氣施巧] 처음부터 한 가지 방법에 구애되는 것은 아니다. 대개 백 리를 넘어서면 속(俗: 習俗)이 같지 않고, 천 리를 넘어서면 풍(風: 風尙)이 같지 않으며, 초목의 생장도 각각 마땅한 바가 있고, 사람의 음식기욕(飲食嗜欲)도 또한 익숙한[習] 바가 있다. 그러므로 옛 성인(聖人)이 백초(百草)의 맛을 보고 사방(四方)의 성질에 따라 병을 다스린 것이다. 우리나라는 하늘이 한 구역을 만들어 대동(大東)을 차지하고 있어, 산과 바다에 간직되어 있는 자원이 풍부하고 초목과 약재가 산출되니 무릇 민생을 기르고 병을 치료할 만한 것이 구비되지 않은 것이 없다. 다만 옛날부터 의학(醫學)을 멀리하고 버려두어[疏廢] 약을 제때에 맞춰 채취하지 못하고, 가까운 것을 소홀히 하고 먼 것을 구하여 사람이 병들면 반드시 중국의 얻기 어려운 약을 구하니, 이는 어찌 7년의 병에 3년 묵은 쑥을 구하는 것과 같을 뿐이겠는가. 이에 약을 구할 수 없으니 병은 이미 어떻게 할 수 없게 된다. 민간의 늙은이[故老]

가 능히 한 가지 약초로 한 가지 병을 치료하여 그 효험이 매우 신통한 것은, 그 땅의 성질에 마땅하여 약과 병이 서로 맞아서 그런 것이 아니겠는가. 천 리를 멀다 하지 아니하고 무명지를 펴고자 하는 것이 인지상정(人之常情)인데, 하물며 나라 안에서 나가지 아니하고 병을 치료할 수 있는 것임에랴. 사람들이 알지 못하는 것이 걱정일 따름이다.[118]

『향약집성방』의 서문에서 권채는 명의들이 진찰하고 약을 쓰는 것은 모두 "기(氣)에 따라 뛰어난 솜씨를 펼치는 것"이라고 단언했다. 초목의 생장과 사람의 습속도 풍기(風氣)·풍속(風俗)에 따라 차이가 있기 때문에 질병의 치료에서도 그와 같은 '기'의 차이에 주목해야 한다는 뜻이었다. 그는 옛날의 성인들도 "사방의 성질에 따라 병을 다스렸다"고 보았다. 그렇다면 중국의 동쪽에 위치한 조선의 의학 역시 이러한 점에 주목해야만 했다.

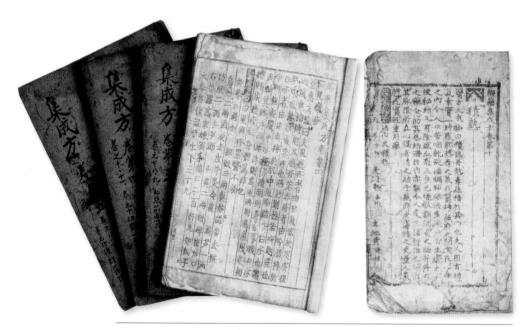

〈그림 84〉 『향약집성방』 (출처: 허준박물관)

권채는 조선의 지리적 이점을 강조했다. 그가 보기에 조선에는 약재로 사용할 수 있는 천연자원이 풍부했다. 이는 수사적이거나 관념적인 언급이 아니었다. 『향약집성방』이 편찬되고 있던 시기에 『신찬팔도지리지(新撰八道地理志)』의 편찬 사업이 진행되고 있었다. 앞에서 보았듯이 『신찬팔도지리지』의 편찬 사업은 세종 6년(1424)에 착수되어 『향약집성방』이 편찬되기 1년 반 전인 세종 14년(1432) 1월에 완성되어 국왕에게 진상되었다. 따라서 이 책을 통해 조선의 각 지역에서 산출되는 약재에 관한 정보도 일목요연하게 정리할 수 있었을 것이다. 조선의 물자와 약재에 대한 권채의 언급은 이와 관련된 것으로 이해할 수 있다.

향약에 대한 정보의 정리 과정에서 출현한 책이 세종 13년(1431)에 간행된 『향약채취월령(鄕藥採取月令)』이다. 이 책의 편찬에는 『향약집성방』의 편찬 실무자들이 그대로 참여하고 있다. 따라서 『향약채취월령』과 『향약집성방』의 편찬은 연속선에 위치하고 있는 것으로 이해할 수 있다. 『향약채취월령』은 토산 약재 수백여 종을 두루 고찰해서 맨 앞에 향명(鄕名)을, 그 다음에 약재의 맛과 성질을 기록하고, 채취하는 시기의 빠르고 늦음[春秋採取之早晚], 햇볕에 쬐어서 말리는 것의 좋고 나쁨[陰陽乾暴之善惡]을 본초(本草)와 관련된 여러 책에서 빠짐없이 추출하여 작성한 것이었다.[119] 이러한 일련의 작업을 목도했던 권채는 향약의 효용성에 대한 인식을 확고히 하게 되었고, 당약을 선호하는 세태를 비판하였던 것이다. 나아가 그는 민간의 단방이 효험을 발휘하는 것은 '의토(宜土)'에 그 이유가 있다고 보았다. 토성에 적합한 약재가 이 땅의 질병을 치료하는 데 효과적이라고 보았던 것이다.

그런데 이러한 문제를 해결하기 위한 의서로 이미 『향약제생집성방』이 있었다. 『향약집성방』의 편찬은 『향약제생집성방』이 지니고 있는 문제점에서 비롯되었다고 할 수 있다. 권채는 그것을 다음과 같이 서술했다.

그러나 중국에서 나온 방서(方書)가 아직 적고, 약명(藥名)이 중국과 다른 것이 많기 때문에 의술을 업으로 하는 자가 미비하다는 탄식을 면치 못하였다. 우리 주상 전하께서 특히 이에 유의하여 의관(醫官)을 뽑아서 매번 사신을 따라 북경에 가서 방서를 널리 구하도록 명하고, 또 (황제에게) 아뢰어[申奏] 태의원(太醫院)에 나아가서 약명의 오류를 조사해서 바로잡도록 하였다[考正]. 선덕(宣德) 신해년(1431, 세종 13―인용자 주) 가을에 집현전 직제학 유효통(兪孝通), 전의(典醫) 노중례(盧重禮), 부정(副正) 박윤덕(朴允德) 등에게 명하여 다시 향약방(鄕藥方)을 취해서 편집하고, 여러 책을 모아 빠짐없이 찾아서 조사하여, 종류를 나누고 더 첨가하게 하였는데, 한 해를 지나서 완성하였다.[120]

권채가 지적한『향약제생집성방』의 문제점은 크게 두 가지였다. 하나는『향약제생집성방』에 수록된 중국의 의방(醫方)이 적었다는 것이다.『향약제생집성방』에는『성제총록』,『세의득효방(世醫得效方)』,『천금요방(千金要方)』등 송·원 당대의 주요 의서들이 두루 인용되고 있었다.[121] 그럼에도 불구하고『향약집성방』의 편찬 단계에서는 더 많은 중국 의서를 참조하여 병증에 따른 처방을 종합적으로 정리해야 할 필요성이 커졌던 것이다. 또 하나의 문제점은『향약제생집성방』의 약명이 중국 의서와 다른 것이 많았다는 것이다. 이와 같은 문제를 해결하기 위해 세종은 두 가지 방안을 마련하였다. 하나는 명에 사신을 파견할 때 의관을 대동하게 하여 중국의 의서[方書]를 구해 오도록 하는 것이었고, 다른 하나는 의관을 태의원에 보내 약명의 오류를 바로잡도록 하는 것이었다. 세종조에 중국으로부터 어떤 의서가 도입되었는지는 분명히 확인할 수 없으나 약재와 서책의 무역이 꾸준히 추진되었다는 사실만은 주목할 필요가 있다.[122] 약명을 바로잡기 위한 노력은 세종 초년부터 시도되었다. 당시 이 일을 맡은 사람은 노중례였다. 그는 세종 5년(1423)과 12년(1430)에 명에 가서 태의원의 의사들과 함께 조선에서 생산되는 약재와 중국산 약재의 약명(藥名)과 약성(藥性)을 비교하는 작업을 수행하였다.[123]

이와 같은 준비 과정을 거쳐 세종 13년(1431) 가을부터 유효통·노중례·박윤덕(朴允德) 등을 중심으로『향약집성방』의 편찬 작업이 시작되었다.『향약집성방』에는 두 계통의 의학 전통이 수렴되어 있다. 하나는 제목에서 볼 수 있듯이 고려후기 이래 향약 의서의 전통이고, 다른 하나는 중국 의서의 전통이다.『향약집성방』의 편찬에는 200여 종에 달하는 중국 의서들이 참조되었고, 편찬 체제 역시『성혜방(聖惠方)』이나『성제총록』과 같은 중국 의서의 편제를 따랐다. 여기에는 중국의 선진 의학을 수용하려는 편찬자의 의도가 반영되어 있다.[124]

최근의 연구 성과에 따라『향약집성방』의 구성상 특징을 정리하면 다음과 같다.[125] 먼저『향약집성방』에 중국 의학이 수용되고 있는 양상은 의학 이론의 차원에서 확인할 수 있다.『향약집성방』의 의학 이론은 각 병증의 첫머리에 실린 병론(病論)에서 찾아볼 수 있다. 병론에서는 병인, 증후의 선악(善惡), 진단법, 치료 시의 주의 사항 등을 자세히 다루고 있는데,『향약집성방』의 959개 병증의 병론 출전을 찾아보면『태평성혜방(太平聖惠方)』607조,『부인대전양방(婦人大全良方)』149조,『성제총록』99조,『의방집성(醫方集成=醫方大成)』13조 등의 순서라고 한다.[126]『의방집성』을 제외한 나머지 3종은 모두 송(宋)대의 의서이다. 중국 의료의 핵심 치료 원칙인 변증논치(辨證論治)가『향약집성방』에서 점차 자리를 잡아가고 있었음을 확인할 수 있다.

『향약집성방』의 생리론(生理論)과 병리론(病理論)은 육음론(六淫論)으로 대표되는 삼인설(三因說), 12경락론(經絡論), 운기론(運氣論)으로 이루어져 있으며, 이를 기반으로 진단과 치료에서는 이른바 '변증논치'가 활용되었다. 경락론이나 변증논치는 중국 고대 의학 이래 꾸준히 발전해왔지만, 삼인설이나 운기론은 송대 의학의 특징으로 꼽히고 있다. 여기에서 『향약집성방』의 주된 인용 서적이 송대의 의서였다는 사실을 상기할 필요가 있다. 반면에 『향약집성방』에서 금원사대가(金元四大家)는 소개되는 정도에 불과했고, 장기(張機=張仲景)의 상한론(傷寒論)은 송 의학자들의 견해를 통해 수용되었다. 『향약집성방』의 의학 이론 나아가 조선 초기 의학의 수준은 중국 의학 가운데 주로 송 의학을 소화하는 단계였다고 평가할 수 있다. 『향약집성방』의 병론은 중국 의서에 절대적으로 의지하고 있다. 조선 의학자들이 할 수 있는 일은 중국 의학 가운데 송의 의학을 선택하고 송의 의서 가운데 적합한 내용을 취사선택하는 것이었다. 조선 의학 이론이 체계화되지 않은 상태에서는 어쩔 수 없는 일이었다.

약방(鄕方)과 중국 처방의 배치 방식에서 『향약집성방』은 크게 두 가지 원칙에 따랐다. 동일 병증 내에서는 중국 처방을 먼저 배치하고 향방을 나중에 배정한다는 원칙과 동일 치료법일 경우에는 중국 처방을 먼저 제시하고 향방으로 보완한다는 원칙이었다. 그런데 『향약집성방』에서는 중국 처방이든지 향방이든지 공통적인 수록 조건이 있었다. 처방 약재가 조선에서 산출되는 향재(鄕材)여야 한다는 것이었다. 향약재를 이용하여 질병을 치료할 수 있는 처방을 집대성한 것이 바로 『향약집성방』이었던 것이다.

『향약집성방』에서는 고려와 조선의 합리적인 경험방을 수록하거나 조선 상황에 맞춰 중국 처방을 의도적으로 변형했다. 대부분의 경우에 향방들은 중국 처방의 하부에 배치됨으로써 중국 의술과의 고저를 반영했지만, 향방이 주된 처방으로 우선시되기도 하였다. 그런데 『향약집성방』의 처방에서 정작 중요한 것은 효과가 인정된 향방들이 자연스레 중국 처방들과 혼합된다는 점이었다. 병증은 중국 의서의 질병 체계에 속해 있는데, 그 치료법으로는 고려와 조선의 경험방들이 추가된 것이다. 『향약집성방』

은 550개나 되는 향방을 집대성했으므로 그 내용이 중국 의서와 동일할 수가 없었다. 다시 말해 다양한 향방들은 동아시아에서 질병 치료법의 일부를 이루면서 동아시아 의료를 풍부하게 만들고 있었던 것이다. 이는 치료술 부문에서 보이는 조선 의료의 동아시아화였다고 평가할 수 있다.

이상에서 살펴본 것처럼 『향약집성방』은 단순히 종래의 향약 의서를 집성한 것이 아니었다. 만약 『향약집성방』을 기획하고 편찬한 사람들이 향약을 이용한 경험방의 수집에만 목적을 두었다면 현존하는 『향약집성방』과 같은 구성과 형식을 갖추지는 않았을 것이다. 그랬다면 당시 황자후(黃子厚)가 편찬 작업이 마무리되고 있던 『향약집성방』의 체재를 비판하면서 그 대안으로 제시했던 방식의 의서만으로도 충분하였을 것이다.[127] 그러나 고려후기 이래의 의학의 발전 과정을 거쳐 세종대에 이르게 되면 향약에 대한 사회적 수요가 있었고(민간 의료의 확대), 향약에 대한 인식의 전환이 이루어졌으며('풍속부동[風俗不同]'과 '의토성[宜土性]'에 대한 인식), 그를 뒷받침할 수 있는 기술적 여건(향약재의 채취, 조제, 포제법 등)이 마련되어 있었다. 이와 같은 상황을 배경으로 『향약집성방』의 기획·편찬자들은 자국의 의학을 동아시아 보편 의학의 수준으로 발전시키는 방안을 염두에 두었던 것이다. '중국 의학의 조선적 수용'을 통해 조선 의학이 동아시아 보편 의학으로 발돋움할 수 있는 길이 마련되고 있었다. 조선 의료의 동아시아화, 세계화 전략이 『향약집성방』의 편찬 과정에 녹아 있었던 것이다. 『의방유취』의 편찬으로 가는 길은 이미 그 안에 준비되어 있었다.

2) 태산요록

『향약집성방』은 종합 의서로서의 체계를 갖추었으나 문제점도 안고 있었

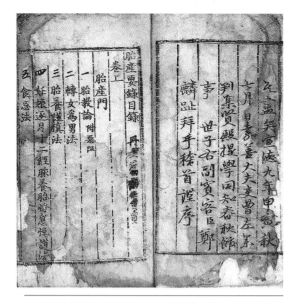

<그림 85> 『태산요록』 (보물 제1179호, 가천박물관 소장)

다. 앞서 거론한 황자후의 비판은 그 문제점을 확인할 수 있는 단서이다. 그 가운데 주목되는 것은 대인·소아·노허(老虛)한 병자, 다시 말해 노소강약(老少强弱)에 대한 복약(服藥)의 많고 적음을 분별하지 않았다는 대목이다. 이는 사람의 종류와 건강 상태에 따라 약방의 구성과 약의 다과가 적절하지 못했다는 비판이었다. 이는 후대의 『동의보감(東醫寶鑑)』에서 사람을 장부, 소아, 산부인의 세 가지 형태로 구분한 것과 비교된다. 실제로 『향약집성방』에서 주로 다루고 있는 것은 성인 남성의 질환에 해당하는 것이고 산부인에 대한 것은 상대적으로 소략하다고 한다. 이것이 바로 『향약집성방』이 편찬된 이듬해 『태산요록(胎産要錄)』이 편찬되는 배경이었다.

세종 16년(1434)에 판전의감사(判典醫監事) 노중례에게 명해 『태산요록』을 편찬하게 하고, 주자소로 하여금 인쇄하여 반포케 했다. 『태산요록』의 상권에는 태아(胎兒)를 교양(敎養)하는 방법을, 하권에는 영아(嬰兒)를 양육하고 보호하는 방법을 수록하였다.[128] 영아 사망률이 높았던 당시에 태교의 중요성을 강조하고 산후 육아법을 상세히 제시하고 있는 『태산요록』은 그 나름의 가치를 지니고 있다. 이 책의 출판 배경에는 『향약집성방』에 부족한 산부인과 부문을 보충하기 위한 목적도 깔려 있었다.[129]

3) 의방유취

세종 27년(1445) 10월 『의방유취』가 완성되었다. 책의 편찬 작업은 크게 세 단계에 걸쳐 이루어졌다. 첫 번째 단계가 집현전 부교리(副校理) 김예몽(金禮蒙, 1406~1469), 저작랑(著作郞) 유성원(柳誠源, ?~1456), 사직(司直) 민보화(閔普和) 등에게 여러 의서의 처방을 수집하여 종류별로 나누어 취합해서 하나의 책을 만드는 과정이었다[裒集諸方, 分門類聚, 合爲一書]. 두 번째 단계는 집현전 직제학(直提學) 김문(金汶, ?~1448)·신석조(辛碩祖), 부교리 이예(李芮, 1419~1480), 승문원(承文院) 교리(校理) 김수온(金守溫, 1410~1481)으로 하여금 의관(醫官)인 전순의(全循義)·최윤(崔閏)·김유지(金有智) 등을 모아서 그것을 편집하는 작업이었다. 그리고 끝으로 안평대군(安平大君) 용(瑢)과 도승지(都承旨) 이사철(李思哲, 1405~1456), 우부승지(右副承旨) 이사순(李師純, ?~1455), 첨지중추원사(僉知中樞院事) 노중례 등으로 하여금 감수하게 하는 작업이었다. 이러한 작업 과정은 3년에 걸쳐 이루어졌으며 완성된 『의방유취』는 모두 365권이었다.[130]

이후 『의방유취』는 성종 8년(1477)에 30질이 간행될 때까지[131] 30년간 단속적인 교정 과정을 거쳤다. 특히 세조 5년(1459)부터 10년(1464) 사이에 집중적인 교정 사업이 전개되었음을 알 수 있다.[132] 간행 사업은 아마도 성종 6년(1475)부터 8년 사이에 진행된 것으로 보인다. 초간본 『의방유취』는 266권 264책으로 분량이 대폭 축소되었음을 알 수 있다. 현재 국내에는 성종 때 간행된 초간본 『의방유취』의 일부가 전해 내려오고 있으며,[133] 그 전체 모습을 확인할 수 있는 자료는 일본의 학훈당(學訓堂)에서 1861년에 목활자로 축판중간(縮版重刊)한 『의방유취』이다.[134] 이는 왜란 때 가토 기요마사(加籐淸正)가 약탈해 간 성종대 간행본 가운데 하나를[135] 기타무라 나오히로(喜多村直寬, 1804~1786)가 축쇄판으로 다시 간행한 것으로 모두 226권 88책이다.

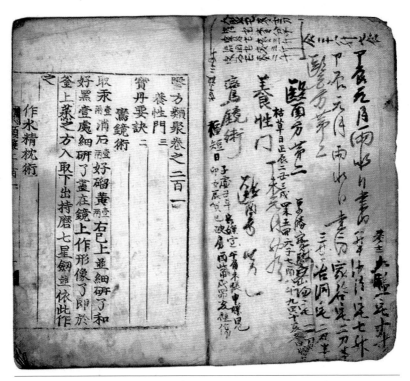

〈그림 86〉 『의방유취』 (보물 제1234호, 한독의약박물관 소장)

　세종대에 제작된 서적 가운데는 '분문유취(分門類聚)'의 과정을 거쳐 편찬된 것들이 있었다는 점이 주목된다. 『제가역상집』, 『의방유취』 등이 그 대표적 서적이었는데, 이들은 주제별로 항목을 분류하고, 각각의 분류에 해당하는 내용을 고금의 여러 가지 책에서 추출하여 항목별로 취합하는 일련의 과정을 거쳤던 것이다. 분류의 항목이 많아질수록 작업의 양도 방대해질 수밖에 없었다. 『의방유취』는 전체를 91개의 부문[門]으로 구성하였는데, 분류의 방식은 병증(病症)을 중심으로 한 것과 신체 부위를 중심으로 한 것이 혼합되어 있다. 각각의 부문에는 그에 해당하는 병론(病論)을 제시하고 그에 대한 처방을 인용된 방서(方書)의 연대순에 따라 나열하였다. 『의방유취』에는 고금의 의서 153종이 인용 문헌으로 제시되어 있는

데[引用諸書], 이들 가운데는 본문의 내용을 교정하는 데 참조되었던 것도 있지만 대다수가 '분문유취'의 대상이었던 것으로 보인다.

당시까지 축적된 모든 의방을 수집하여 주제에 따라 분류하고, 같은 병증에 대한 처방과 치료법을 각종 의서에서 취합하여 시간 순서에 따라 배열한 『의방유취』는 그야말로 '의서(醫書)의 대전(大全)'이었다.[136] 이제 『의방유취』의 편찬을 계기로 조선의 의학계는 동아시아 전통 의학의 전모를 일목요연하게 파악할 수 있게 되었다. 각 병증을 분야별로 정리해서 통일적으로 파악할 수 있었을 뿐만 아니라 시간의 흐름에 따른 처방의 차이도 구분할 수 있게 되었기 때문이다.

『의방유취』는 중요한 사료적 가치를 지닌 문헌이기도 하다. 먼저 『의방유취』에 인용된 의서 가운데는 이미 중국에서 사라진 것들이 적지 않았다. 따라서 『의방유취』는 망실된 중국의 고대 의서를 복원하는 데 활용할 수 있는 중요한 사료이다. 실제로 일본에서는 에도시대에 다키 겐케이(多紀元堅)가 『의방유취』를 활용해서 30여 종에 이르는 일서(佚書)를 복원하기도 하였다.[137]

다음으로 풍부한 의방을 수록하고 있는 『의방유취』는 그 이후에 편찬되는 다양한 의서의 주요한 참고 문헌으로 활용되었다. 역대의 모든 의학 지식을 종합하려고 했던 『의방유취』는 분량이 너무 많아 출판하기도 어려웠고[138] 실제 의료 행위에 활용하기에도 난점을 지니고 있었다. 따라서 번잡한 것을 제거해서 간략하게 만드는, 이른바 '산번취간(刪繁就簡)'의 필요성이 끊임없이 제기되었다. 성종대 『의문정요(醫門精要)』의 출현은 그 대표적 사례였다.[139] 이처럼 『의방유취』를 활용한 다양한 의서가 조선전기에 꾸준히 편찬되었던 것이다.

3. 천문역법서: 『칠정산』·『제가역상집』

1) 칠정산(七政算)

세종 24년(1442) 『칠정산』이 편찬되었다. 『세종실록』의 끝부분(권156~권163)에 수록되어 있는 『칠정산』의 첫머리에는 다음과 같은 설명이 나온다.

> 고려 때 최성지(崔誠之)가 충선왕(忠宣王)을 따라 원나라에 갔다가 수시력법(授時曆法)을 얻어 가지고 본국에 돌아오니 비로소 이를 준용(遵用)하게 되었다. 그러나 술자(術者)가 그 역(曆)을 만드는 법은 터득하였으나, 일월교식(日月交食)·오성분도(五星分度) 등의 계산 방법은 알지 못하였다. 세종은 정흠지(鄭欽之)·정초(鄭招)·정인지(鄭麟趾) 등에게 명해 추산(推算)하고 상세히 연구하여 그 오묘함을 터득하게 하였고, 자세히 구명되지 않은 것은 임금께서 직접 판단하여[睿斷] 비로소 환하게 밝혀지게 되었다. 또 『태음통궤(太陰通軌)』·『태양통궤(太陽通軌)』를 중국으로부터 얻었는데 그 법이 이것과 약간의 차이가 있었으므로 이를 바로잡아서 『내편(內篇)』을 만들었다. 또 『회회력법(回回曆法)』을 얻어서 이순지(李純之)·김담(金淡)에게 명해 이를 대조·검토하여[考校] 중국 역관(曆官)에게 오류가 있음을 알게 되어, 이를 다시 윤색하고 바로잡아 『외편(外篇)』을 만들었다. 이에 역법은 유한(遺恨)이 없다고 일컬을 만큼 되었다.[140]

이 간단한 언급 속에는 고려후기 이래의 역법 교정 사업을 계승하여 십수 년 동안의 각고의 노력을 통해 『칠정산』이라는 본국력(本國曆)을 완성해낸 세종대 관인(官人)들의 자부심이 녹아 있다. 그들은 수시력을 비롯한 중국의 역대 역법을 연구하고, 당시 중국에서 사용하고 있는 역법의 문제점을 검토했으며, 중국에서 번역한 이슬람 역법인 회회력의 오류를 교정하였다. 요컨대 『칠정산내편』은 수시력을 바탕으로, 『칠정산외편』은 회회력을 바탕으로 해서 한양을 기준으로 삼아 새롭게 편찬한 역법이었다.

『칠정산』의 편찬은 세종 연간의 역법 교정 사업의 결과물이었다. 따라서 『칠정산』에는 선명력(宣明曆)과 수시력(授時曆)을 비롯한 중국의 역법 서적에 대한 이론적 탐구의 성과가 녹아 있었다. 그렇다면 세종대 역법연구의 대상 서적들은 무엇이었을까? 역법 교정 사업이 시작된 초기인 세종 5년(1423)에 세종은 문신들에게 당(唐)의 선명력과 원(元)의 수시력 등의 차이점을 교정하게 하였다.[141] 그 이유는 당시까지도 고려 말과 마찬가지로 역일의 추정에서는 수시력을, 일월교식(日月交食)·오성분도(五星分度) 등의 계산에서는 선명력을 사

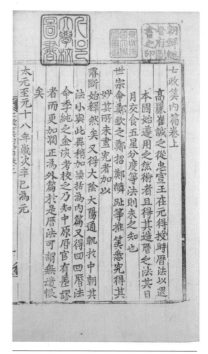

<그림 87> 『칠정산내편』 (출처: 규장각한국학연구원)

용하고 있었기 때문이다.[142] 따라서 역법 교정 사업을 시작했을 때 당연히 선명력과 수시력의 다른 점들을 교정할 필요가 있었던 것이다. 이때 그 대상이 되었던 역서들이 『선명력』, 『수시력』, 『(수시력)보교회』, 『(수시력)보중성』, 『(수시)역요』 등이었다.

역법 교정 사업을 주도한 인물 가운데 한 사람인 정초는 황명력(皇明曆), 즉 명에서 사용하고 있는 대통력(大統曆)과 일행(一行, 683?~727)이 제작한 대연력(大衍曆), 그리고 선명력 등을 참고하여 연구하면 역법을 바르게 할 수 있다고 언급한 바 있다.[143] 대통력은 수시력과 역법의 체계가 동일한 것이었고, 『당서(唐書)』 「역지(曆志)」에 수록된 선명력의 기삭(氣朔)·발렴(發斂)·일전(日躔)·월리(月離) 등이 대연력의 옛 방법을 따르고 있었으니,[144] 정초의 언급은 수시력과 선명력을 참고해서 역법을 교정해야 한다는 뜻이었다.

이순지는 『제가역상집』에서 세종대 역법 분야의 주요 성과로 『대명력(大明曆)』·『수시력』, 『통궤(通軌)』·『통경(通徑)』 등 중국의 역대 역법서를 교정한 사실을 꼽았다. 또 『사여전도통궤(四餘纏度通軌)』의 발문에 따르면 『수시력경(授時曆經)』, 『역일통궤(曆日通軌)』, 『태양통궤(太陽通軌)』, 『태음통궤(太陰通軌)』, 『교식통궤(交食通軌)』, 『오성통궤(五星通軌)』, 『사여(전도)통궤(四餘通軌)』, 『회회력경(回回曆經)』, 『서역역서(西域曆書)』, 『일월식가령(日月食假令)』, 『월오성능범(月五星凌犯)』, 『태양통경(太陽通徑)』, 『대명력(大明曆=重修大明曆)』, 『경오원력(庚午元曆)』, 『수시력의(授時曆議)』 등의 책을 모두 교정하였다고 한다.[145] 그렇다면 『칠정산』을 편찬하기 위한 과정에서 검토했던 역법서는 크게 선명력, 대명력, 경오원력, 수시력, 대통력, 회회력과 관련되어 있는 것으로 구분할 수 있을 것이다.

앞에서 살펴본 『칠정산』의 서문에서 "『회회력법』을 얻어서 이순지·김담에게 명해 이를 대조·검토하여 중국 역관(曆官)에게 오류가 있음을 알게 되어, 이를 다시 윤색하고 바로잡아 『외편』을 만들었다"고 하였다. 같은 내용이 『사여전도통궤』의 발문에서는 "『회회력경(回回曆經)』, 『통경(通徑)』, 『가령(假令)』 등의 책에서 그 방법을 추구(推究)하고 약간 빼고 더하여 빠진 부분을 보충해서 마침내 온전한 책[全書]을 만들었으니 명명하기를 『칠정산외편』이라고 하였다"[146]라고 기술되어 있다. 『칠정산』의 서문에서 얻었다고 한 『회회력법』은 『사여전도통궤』의 발문에 언급된 『회회력경』을 가리킨다. 이는 서역 출신인 마사역흑(馬沙亦黑) 등이 홍무 18년(1385)년에 진상한 서역력(西域曆)을 명의 흠천감에서 번역해서 중국식 계산법[漢算]으로 만든 것인데 그 원본은 남아 있지 않고, 현재 『사고전서(四庫全書)』에 수록되어 있는 패림(貝琳)의 『칠정추보(七政推步)』(1477)를 통해 그 원형을 유추해 볼 수 있을 뿐이다.[147]

『회회력법』은 『칠정산』의 서문에 언급된 바와 같이 명의 역관들이 편찬하는 과정에서 오류가 있었다. 이순지와 김담은『회회력법』에 누락된 산식을 보충하고 천문상수를 수정하여 오류를 바로잡았다.[148] 이 과정에서 그들은 다른 역서를 참조하였는데, 그것이 바로『사여전도통궤』의 발문에 언급된『서역역서』,『일월식가령』,『월오성능범』,『태양통경』 등이다.『일월식가령』은『칠정산외편정묘년일식가령(七政算外篇丁卯年日食假令)』과『칠정산외편정묘년월식가령(七政算外篇丁卯年月食假令)』을,『월오성능범』은『선덕십년월오성능범(宣德十年月五星凌犯)』을,『태양통경』은 원통(元統)의『위도태양통경(緯度太陽通徑)』을 가리키는 것으로 보인다.[149]『칠정산』은 이와 같은 다양한 역법서에 대한 방대한 연구의 결과물이었다고 볼 수 있다.

구분	서명	간행연도	편저자	책권 수	비고
宣明曆	宣明曆經			1책	曝曬形止案
	宣明曆步交會			1책	曝曬形止案
	宣明曆要			1책	曝曬形止案
重修大明曆	重修大明曆		(金)趙知徽 등 重修 李純之·金淡 교정	2책(卷 上·下) 1책(卷 上·下)	奎中 2121 奎 12441 奎 12442
	重修大明曆丁卯年 日食月食假令			2권 2책	奎 4049, 4050, 4051, 4052 奎 5044, 6523
庚午元曆	庚午元曆		(元)耶律楚材 李純之·金淡 교정	1책(71張: 卷 上·下)	奎貴 12443
授時曆	授時曆經			1책	曝曬形止案
	授時曆議			1책	曝曬形止案
	授時曆立成		(元)王恂 등	1책(102張) 卷上: 授時曆立成 授時曆日出入晨昏 半晝分	奎貴 893
	授時曆捷法立成		(高麗)姜保	1책(46張)	奎貴 892
大統曆通軌	大統曆日通軌		李純之·金淡 교정	1책(38張)	奎貴 12437
	太陽通軌			1책(19張)	奎貴 12435
	太陰通軌			1책(77張)	奎貴 12436
	交食通軌			1책(38張)	奎貴 12438

大統曆通軌	五星通軌			1책(27張)	奎貴 12439
	四餘纏度通軌	1444		1책(21張)	奎貴 12434
	五星通軌用數目錄			1책	曝曬形止案
回回曆	回回曆法				
	緯度太陽通徑		(明)元統	1책(34張)	奎中 1953
	宣德十年月五星凌犯	1435(?)	李純之·金淡 교정	1책(31張)	奎貴 12440
	回回曆各年交食			1책	曝曬形止案
	回回曆經度立成			3책	曝曬形止案
	回回曆緯度立成			2책	曝曬形止案
	回回曆書			1책	曝曬形止案
七政算內篇	七政算內篇	1444	李純之·金淡	3책	奎 48 奎 49, 2227, 2229 奎貴 894 奎 2228, 2410
七政算內篇	七政算內篇丁卯年交食假令	1447(?)		1책(30張)	奎 3188
七政算外篇	七政算外篇	1444		5책 1책(零本)	奎貴 81 奎180
七政算外篇	七政算外篇丁卯年日食假令	1447(?)		2권 1책 卷1: 七政算外篇丁卯年日食假令 卷下: 七政算外篇丁卯年月食假令	奎 179 奎 3185
	大統曆註			12권 4책 12권 3책	奎 2426, 2538 奎 2798

〈표 5-2〉 『칠정산』 편찬 과정의 참고 문헌

* 위의 표에서 '포쇄형지안(曝曬形止案)'이라는 것은 『萬曆十六年戊子九月初一日全羅道全州史庫曝曬形止案』을 뜻하는 것으로, 여기에 등록된 서적들은 옛 전주사고(全州史庫)에 수장되어 있던 것이다. 이와 유사한 것으로는 『萬曆十九年全州史庫曝曬形止案』[奎 10002, 10004]이 있다.[150]

이상과 같은 과정을 통해 편찬된 『칠정산』은 한국의 천문역법사에서 보기 드문 성과였다. "이에 역법은 유한이 없다고 일컬을 만큼 되었다"라는 자신감은 결코 과장된 표현이 아니었다. 그것은 『칠정산』이 완성된 이후 서운관(書雲觀)의 추산법이 달라졌다는 점에서도 확인할 수 있다. 세종 25년(1443) 서운관에서 다음과 같은 보고를 올렸다.

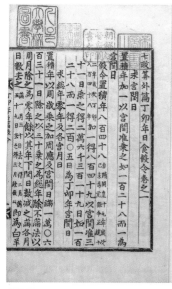

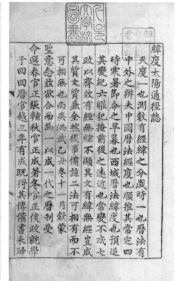

〈그림 88〉 『칠정산외편정묘년일식가령』
(출처: 규장각한국학연구원)

〈그림 89〉 『선덕십년월오성능범』
(출처: 규장각한국학연구원)

〈그림 90〉 『위도태양통경』
(출처: 규장각한국학연구원)

지금부터 일월식(日月食)은 (『칠정산』) 내편법(內篇法)과 외편법(外篇法), 『수시력』의 원사법(元史法)과 입성법(立成法), 『대명력(大明曆)』으로 추산(推算)하는데, 내편법에 식분(食分)이 있으면 내편법으로 서울과 지방의 관청[京外官]에 알려주고, 그 나머지 역법은 왕에게 바로 알리며[直啓], 만약 내편법에 식분이 없는데 다른 역법 가운데 비록 한 역법에라도 식분이 있으면, 지방의 관청[外官]은 제외하고 서울의 여러 관청[京中各衙門]에만 알려주게 한다. 수시력과 회회력법은 이미 내편과 외편에 갖추어 있으니 다시 추산할 필요가 없고, 선명력(宣明曆)은 책에 빠진 부분이 있고[編帙脫漏] 계산법[術]도 역시 오류가 있으며, 경오원력(庚午元曆)은 '이차(里差)의 방법[里差之法]'을 실로 사실에 의거하여 헤아리기[憑考] 어려우니, 예전의 네 가지 역법은 취재할 때에 사용하지 말고, 칠정산내외편과 대명력으로써 취재하게 하소서. 또 전에 올린 바의 칠정력(七政曆)은 계산법[術法]이 미진하여 중국에서 추산한 것과 일치하지 않기 때문에 근자에 그만두었으니[停寢], 청컨대 지금 편찬한 내편법으로 추산하여 이전처럼 책을 만들어 진상하게 하소서.[151]

이에 따르면 당시에 일월식을 비롯한 중요한 천체 현상에 대한 추산을 『칠정산내편』과 『칠정산외편』, 『수시력』, 『대명력』 등으로 하고 있는데, 그 기준은 『칠정산내편』에 의한 계산이었다. 『칠정산내편』에 따른 계산치를 기준으로 삼아 나머지 역법의 계산치를 비교·검토하였던 것이다. 『칠정산』의 편찬 이후 서운관 관원에 대한 취재 방법도 변화되었음을 알 수 있다. 이전에는 『수시력』, 『회회력』, 『선명력』, 『경오원력』 등으로 취재했는데 이제는 『칠정산내외편』과 『대명력』으로 취재하게 되었던 것이다. 일월오성(日月五星: 七政)에 대한 계산 역시 『칠정산내편』으로 하게 되었다.

2) 제가역상집

세종 27년(1445) 3월 이순지가 『제가역상집』(4권)의 편찬을 완료하였다. 천문역산학 정비 사업이 완료된 후 이순지가 편찬한 『제가역상집』은 "천문(天文)·역법(曆法)·의상(儀象)·구루(晷漏)에 관한 글이 여러 전기(傳記)에 섞여 나온 것"들을 종합·정리한 책이었다.[152] 여기서 말하는 '전기'란 과연 어떤 것들일까? 『제가역상집』에는 많은 서명과 인명이 인용되어 있다. 그러나 자세히 살펴보면 대부분의 경우는 1차적인 직접 인용이 아니라 2차적인 간접 인용이라는 것을 알 수 있다. 이순지는 1차 인용의 서목(書目)을 한 칸 올려 서술함으로써 구별하였다. 따라서 이것을 정리하면 『제가역상집』의 참고 문헌을 확인할 수 있으며, 동시에 조선 초기의 학자들이 어떤 책을 통해 천문역산학과 관련된 학설을 수용하고 있었는가 하는 문제에 대해서도 해답을 얻을 수 있다. 『제가역상집』에 1차 사료로 인용된 서적들은 다음과 같다.

①수서(隋書) / ②상서통고(尙書通考) / ③산당고색(山堂考索) / ④성리대전(性理大全) / ⑤필담(筆談) / ⑥옥해(玉海) / ⑦문수(文粹) / ⑧후한서(後漢書) / ⑨명신사략(名臣事略) / ⑩금사(金史) / ⑪원사(元史) / ⑫당서(唐書)

<그림 91〉 『제가역상집』
(출처: 규장각한국학연구원)

이 가운데 『산당고색』과 『옥해』에 대해서는 이미 앞의 2절 "고제 연구와 유서의 활용"에서 살펴본 바 있으므로 여기에서는 그 이외의 서적에 대해서 논하기로 한다. 『수서』, 『후한서』, 『금사』, 『원사』, 『당서(=新唐書)』 등은 기전체 형태로 작성된 중국의 역대 정사(正史)이다. 『수서』는 당(唐)의 위징(魏徵, 580~643) 등이 편찬한 것인데,[153] 『제가역상집』에서 인용한 부분은 모두 「천문지(天文志)」이다. 『수서』「천문지」는 이순풍(李淳風, 602~670)에 의해 편찬되었다. 이 밖에도 『후한서』의 「율력지(律曆志)」, 『금사』「역지(曆志)」, 『원사』「천문지」, 『신당서』「천문지」의 내용을 인용하였다.

『상서통고』는 원(元)의 황진성(黃鎭成, 1288~1362)이 편찬한 것으로, 『상서(尙書)』에 대한 역대의 주석을 참고하여 사대(四代: 虞·夏·商·周)의 명물(名物)과 전장(典章)을 고증하고, 사이사이에 자신의 논단을 붙인 것이다. 모두 10권이다.[154]

『성리대전』은 명(明)대에 호광(胡廣, 1370~1418) 등에 의해 편찬된 것이지만, 그 내용은 송대 성리학자들의 주요 논설을 정리한 것이었다. 『제가역상집』에서는 주로 『성리대전』 권26의 '천지(天地)'와 '천도(天度)', 권27의 '천문(天文)' 부분의 내용을 인용하였다.

『필담』은 심괄(沈括, 1031~1095)의 『몽계필담(夢溪筆談)』을 말하는 것이다. 심괄은 북송대의 주요한 정치가·사상가이면서 과학기술 분야에 대해서도 다재다능한 면모를 보여주었던 학자이다. 『몽계필담』은 심괄의 대표적 저서로 '필담(筆談)'의 형식으로 역대의 전장문물(典章文物)로부터 민간에 떠도는 이야기[閭巷之言]에 이르기까지 광범한 내용을 자세하게 기록하였다. 모두 26권으로 고사(故事), 변증(辨證), 악률(樂律), 상수(象數), 인사(人事), 관정(官政), 권지(權智), 예문(藝文), 서화(書畫), 기예(技藝), 기용(器用), 신기(神奇), 이사(異事), 유오(謬誤), 기학(譏謔), 잡지(雜志), 약의(藥議) 등의 17개 부문으로 구성되어 있다. 『제가역상집』에서는 인용한 것은 '상수' 부분만이다. 일찍이 중국과학사 연구의 선구자인 니덤(Joseph Needham, 1900~1995)은 이 책을 '중국과학사의 랜드마크'라고 평가한 바 있다.[155]

『문수』라는 제목의 대표적인 책은 『당문수(唐文粹)』(100권)이다. 이는 송(宋)의 요현(姚鉉, 968~1020)이 오대(五代)의 문폐(文弊: 문장의 폐단)를 시정한다는 뜻으로 각종 문장을 16종류로 분류해서 편찬한 것이었다.[156] 그런데 『제가역상집』에서 인용한 『문수』의 내용은 명(明)대 학자 송렴(宋濂, 1310~1381)이 쓴 「초객대(楚客對)」이다. 따라서 이것을 『당문수』로 보기는 어렵다. 현재 「초객대」가 수록된 문헌으로는 송렴의 『문헌집(文憲集)』, 정민정(程敏政, 1445~1499)이 편찬한 『명문형(明文衡)』, 그리고 당순지(唐順之, 1507~1560)가 편찬한 『패편(稗編)』 등이 확인된다.[157]

『명신사략(名臣事略)』은 원의 소천작(蘇天爵, 1294~1352)이 편찬한 『원명신사략(元名臣史略)』으로 모두 15권이다. 이 책은 원대 명신 46인의 사실을 기록한 것으로, 여러 사람들의 문집에 수록된 묘도문자(墓道文字: 墓碑·墓誌·行狀·家傳) 가운데 믿을 만한 것을 추려서 엮었고, 그 뒤에 주를 달아 일일이 출전을 기재하였다. 대체로 주희의 『명신언행록』을 본뜬 것으로 평가된다.[158] 『제가역상집』에서 인용한 것은 권9의 「대사곽공(太史郭公)」 부분으로 곽수경(郭守敬)의 전기이다.

요컨대 『제가역상집』은 이전의 천문역산학을 종합·정리한 송·원대의 논의를 바탕으로 편집된 것이라 할 수 있다. 기존 연구에서 세종대 과학기술의 모델이 송·원대 과학기술에 있다고 했는데, 『제가역상집』의 인용 서목을 통해서도 그 일부를 확인할 수 있다. 세부적 인용 부분은 아래의 〈표〉와 같다.

권차		인용 서목	인용 부분	비고
卷1	天文	隋書	卷19, 志14, 天文上, 天體	
		尙書通考	卷1, 經星列宿名數圖 卷1, 十二次舍圖 卷1, 二十八舍辰次分野之圖 卷1, 曆象日月星辰敬授人時 卷3, 在璿璣玉衡以齊七政	
		山堂考索	別集, 卷16, 曆門, 古今曆, 曆家算數之法 別集, 卷17, 曆門, 渾天儀, 天體圓象之制 別集, 卷17, 曆門, 渾象疏, 堯典月令昏星遲速 別集, 卷17, 曆門, 渾象疏, 總論七政之運行 前集, 卷56, 曆數門, 天文器類, 渾天 前集, 卷57, 律曆門, 天文類, 十二辰十二上 前集, 卷58, 天文門, 天文類 前集, 卷58, 天文門, 中星	
		性理大全	卷26, 理氣 1, 天地 卷26, 理氣 1, 天度曆法附 卷27, 理氣 2, 天文, 日月 卷27, 理氣 2, 天文, 星辰	
		筆談 (夢溪筆談)	卷7, 象數 1, "事以辰名者爲多……" 卷7, 象數 1, "洪範五行數……" 卷7, 象數 1, "世之談數者……" 卷7, 象數 1, "予編校昭文書時……" 卷7, 象數 1, "又問予以日月之形……" 卷7, 象數 1, "又問日月之行……" 卷7, 象數 1, "齊向子信候天文……" 卷8, 象數 2, "二十八宿, 爲其有二十八星當度……" 卷8, 象數 2, "予嘗考古今曆法……" 卷7, 象數 1, "唐書云……天文家有渾儀……"	
		玉海	卷3, 天文, 天文書 下, 唐古曆星度 三代考正星次五星常數 卷3, 天文, 天文書 下, 宋朝天文院 卷4, 天文, 儀象, 唐盧肇渾天法 渾天賦 論 卷4, 天文, 儀象, 元豐渾天法要 卷4, 天文, 儀象, 總叙渾天 卷4, 天文, 儀象, 靈憲圖 璿璣	

卷1	天文	文粹	楚客對	宋濂, 『文憲集』 卷28, 「楚客對」; 程敏政, 『明文衡』 卷24, 「楚客對」; 唐順之, 『稗編』 卷49, 諸家七天文, 「論月五星」
		後漢書	卷13, 律曆志 第3, 律曆下曆法	
卷2	曆法	山堂考索	前集, 卷54, 曆數門, 曆類 前集, 卷54, 曆數門, 曆類, 總論 前集, 卷54, 曆數門, 曆類, 辨歲差 前集, 卷54, 曆數門, 曆類, 疑難 前集, 卷55, 曆數門, 閏餘類 前集, 卷55, 曆數門, 閏餘類, 閏月斗指兩辰間說 別集, 卷16, 曆門, 古今曆, 天度歲日之差 別集, 卷16, 曆門, 古今曆, 曆法不容不變 別集, 卷16, 曆門, 古今曆, 大衍演天地之數 續集, 卷22, 曆門, 曆, 歷代曆 續集, 卷22, 曆門, 曆, 十一月甲子朔旦冬至周復不同 續集, 卷22, 曆門, 曆, 日度歲差 續集, 卷22, 曆門, 曆, 大餘小餘 續集, 卷22, 曆門, 曆, 日蝕議 續集, 卷22, 曆門, 曆, 月道 續集, 卷23, 曆門, 曆, 大衍曆 續集, 卷23, 曆門, 曆, 日躔 續集, 卷23, 曆門, 曆, 總論諸曆 續集, 卷23, 曆門, 曆, 曆法先論太虛 續集, 卷23, 曆門, 曆, 曆之差因日食 前集, 卷58, 天文門, 天文類, 曆	
		玉海	卷10, 律曆, 曆法下, 唐戊寅元曆諸儒議曆麟德甲子元曆, 藝文志戊寅曆一卷 卷10, 律曆, 曆法下, 唐九執曆	
		筆談 (夢溪筆談)	卷7, 象數 1, "唐書云, 洛下閎造曆……" 卷8, 象數 2, "曆法, 天有黃赤二道……"	
		性理大全	卷26, 理氣 1, 天度曆法附	
		名臣事略	卷9, 太史郭公	
卷3	儀象	隋書	卷19, 志14, 天文上, 渾天儀 卷19, 志14, 天文上, 渾天象	
		玉海	卷4, 天文, 儀象, 漢陽嘉候風地動儀 卷4, 天文, 儀象, 唐開元黃道游儀銘 卷4, 天文, 儀象, 太平興國文明殿渾儀 卷4, 天文, 儀象, 至道司天臺銅渾儀 卷4, 天文, 儀象, 熙寧渾儀議 卷4, 天文, 儀象, 渾天賦	
		尚書通考	卷3, 在璿璣玉衡以齊七政, 渾儀圖	
		山堂考索	別集, 卷17, 曆門, 渾天儀 別集, 卷17, 曆門, 渾天儀, 渾象疏, 總論渾天之制	

卷	분류	출처	인용 항목	
卷3	儀象	金史	卷22, 志 第3, 曆下, 渾象	
		元史	卷48, 天文志 第1, 天文 1, 簡儀 卷48, 天文志 第1, 天文 1, 仰儀 卷48, 天文志 第1, 天文 1, 大明殿燈漏 卷48, 天文志 第1, 天文 1, 正方案 卷48, 天文志 第1, 天文 1, 圭表 卷48, 天文志 第1, 天文 1, 景符 卷48, 天文志 第1, 天文 1, 闚几 卷48, 天文志 第1, 天文 1, 西域儀象	
卷4	晷漏	尚書通考	卷10, 日月之行則有冬有夏[日月冬夏] 卷10, 王來紹上帝自服于土中[召誥土中]	
		筆談 (夢溪筆談)	卷7, 象數 1, "古今言刻漏者數十家……"	
卷4	晷漏	隋書	卷19, 志 第14, 天文上, 地中 卷19, 志 第14, 天文上, 晷景 卷19, 志 第14, 天文上, 漏刻	
		玉海	卷3, 天文, 天文書下, 皇祐岳臺晷景新書浚儀太岳臺 卷5, 天文, 圭景, 周土圭·八尺表·識景規 卷5, 天文, 圭景, 唐中晷法·覆矩圖 卷5, 天文, 圭景, 熙寧景表議	
		新唐書	卷31, 志 第21, 天文 1, "吳中常侍王蕃……"	
		山堂考索	別集, 卷16, 曆門, 古今曆 別集, 卷16, 曆門, 土圭 別集, 卷16, 曆門, 漏刻 前集, 卷56, 曆數門, 天文器類 前集, 卷58, 天文門, 天文類, 刻漏	

〈표 5-3〉 『제가역상집』의 권별 인용 항목

『제가역상집』은 세종 초년부터 20여 년에 걸쳐 진행된 천문역산학 분야의 장기 프로젝트를 총결산한 책으로서 역사적 의미가 있다. 이순지는 『제가역상집』 발문에서 "전하께서 하늘을 공경하고 삼가 백성들의 일에 힘쓰는 정사[敬天勤民之政]가 극치에 이르지 않은 것이 없음을 볼 수 있을 것"이라고 그 편찬 의의를 설명한 바 있다. 세종대 천문역산학 정비 사업과 유교 정치사상의 상호연관성을 여실히 보여주는 대목이다.

고려 말의 사회 모순을 수습하는 과정에서 등장한 조선왕조의 역사적 성격은 한국 중세사회의 재편, 집권체제의 재편이라는 관점에서 이해할 필요가 있다. 집권체제가 국가 유지의 기초가 되는 토지와 인민에 대한 일원적·직접적·통일적인 지배를 추구하는 정치제도—전제군주제·과거제·관료제·향촌자치제 등—와 이 원리에 의해서 규정되는 사회·경제·사상·문화 일반까지 포괄하는 확대된 개념이라고 할 때, 조선왕조에서 시행했던 온갖 정책은 이러한 집권체제의 운영 방향과 맥락이 닿아 있었을 것이다. 세종대의 과학기술 정책도 예외가 아니었다.

조선 초기 국가 운영의 최우선 과제는 집권체제의 안정이었다. 이를 위해서는 안팎으로부터의 정치적·군사적 위협을 극복하고, 국가의 물적 기반이 되는 토지와 인민에 대한 지배력을 강화함과 아울러 민심을 수습하고 민생을 안정시킬 수 있는 제반 조치가 시급히 마련되어야 했다. 조선 초기의 과학기술 정책은 이 같은 국정 운영의 목표와 보조를 같이하면서 관련 분야의 과학기술을 중심으로 전개되었다.

세종은 자신의 치세를 조상들이 이룩한 사업을 잘 지켜나가야 하는 '수성(守成)'의 시기로 보았다. 그가 보기에 태조가 '개국(開國)'의 군주'라면 태종은 '수성의 군주'였다. 세종 자신은 태조와 태종을 계승한 '수성의 군주'임을 자처했다. 그는 '수성의 군주'로서 자신의 역할을 선대에서 정한 법과 제도의 미비점을 보완하여 '일대지치(一代之治: 한 시대의 다스림)'를 완성하는 것이라고 보았다. 그것은 집권체제의 재편과 유교적 예악문물(禮樂文物)의 정비를 통해 명실상부한 유교 국가를 완성하는 일이었다. 이처럼 세종은 태조와 태종을 이어 조선왕조를 반석 위에 올려놓아야 한다는 역사적 책무 의식을 지니고 있었으며, 자신의 책무를 다하기 위해 혼신의 노력을 경주했고, 그 결과 찬란한 예악문물을 꽃피울 수 있었다.

그러나 조선 초기 보편적 유교 국가의 건설을 향한 사업이 순조롭게 진행되었던 것은 아니다. 거기에는 근본적 장애물이 가로놓여 있었다. 보편적 '중화(中華)'로서의 중국과는 다른 역사적 전통, 지리와 기후 조건의 상이함, 언어와 습속의 차이 등이 그것이었다. 국가의 통치체제와 문화를 유교화하는 방법과 노선을 둘러싸고 관인(官人)·유자(儒者) 사이에 의견 대립도 있었다. 예컨대 '선왕지제(先王之制)'와 '시왕지제(時王之制)'를 둘러싼 논쟁, 제천례(祭天禮)의 설행 여부를 둘러싼 논란 등이 그것이었다. 이는 유교적 보편성을 원리 원칙대로 추구할 것인가, 아니면 조선의 역사·문화·언어·지리·풍습 등을 고려하면서 유교 문명의 보편성을 확보할 것인가, 다시 말해 유교적 보편성과 조선적 개별성의 조화를 어떻게 모색할 것인가의 문제이기도 했다.

조선 초기 국왕과 관료들 가운데는 조선과 같은 해외의 나라는 중국 내부의 제후국과는 사체(事體)가 같지 않고, 조선이 비록 지성으로 사대(事大)하고 있지만 방역(邦域)이 구별되어 있고, 우리 나름의 '성교(聲敎)'를 베풀고 있기 때문에 모든 것을 중국과 똑같이 할 수 없다고 생각한 이들이 있었다. 그리고 그 바탕에는 '해외번국(海外藩國)'으로서 스스로 성교를 베풀고 있는 조선은 중국 내의 지방과는 다르다는 인식이 깔려 있었다. 이는 '해외번국'의 수장인 조선 국왕의 정체성과도 관련된 문제였다.

그렇다면 이와 같은 조선의 정체성은 유교적 보편성과 양립 불가능한 것일까? 아니면 양자 사이에는 융화의 가능성이 있는 것일까? 융화될 수 있다면 그 구체적 방안은 무엇일까? 세종대 각종 문물제도의 정비는 유교적 보편성과 조선적 개별성의 조화라는 관점에서 해석할 수도 있다. 훈민정음(訓民正音)의 창제, 『칠정산(七政算)』의 편찬, 향약의 개발, 『농사직설(農事直說)』의 편찬 등으로 대표되는 세종대 과학기술의 눈부신 성과도 이러한 관점에서 재조명할 수 있다. 『농사직설』에 깔려 있는 기본 사상은 '풍토부동(風土不同)'의 논리였고, 『향약집성방(鄕藥集成方)』에서는 향약 개발의 당위성을 '풍속부동(風俗不同)'에 따른 '의토(宜土)'의 논리로 설명했으며, 정인지(鄭麟趾)는 훈민정음 창제의 당위성을 '풍토부동'·'성기부동(聲氣不同)'의 논리에서 찾고 있었다. 그것은 중국과의 지세(地勢) 차이에 따른 풍기·풍토·풍속·성기의 차이를 염두에 두면서 유교적 보편성을 달성하기 위한 노력의 일환이었던 것이다.

과학기술 분야에서 일정한 성과를 거두기 위해서는 거기에 필요한 제반 조건들이 갖추어져야만 한다. 과학기술 분야의 인재 양성을 위한 과학기술 교육의 확충, 과학기술 인력의 확보, 선진 과학기술의 도입과 개량, 과학기술 담당 기관의 확충 등이 그것이다. 그 가운데 가장 중요한 것은 조직과 인력이라 할 수 있다. 다시 말해 과학기술 분야의 발전을 추동할 수 있는 연구와 정책 추진에 필요한 조직이 갖추어져 있는가, 과학기술 분야에서 활동할 수 있는 전문적 인력이 확보되어 있는가 하는 문제가 과학기술 정책의 성패를 가늠하는 중요한 요인인 것이다. 따라서 과학기술 정책의 순조로운 집행을 위해서는 정부 내의 과학기술 관련 조직을 정비하는 한편, 과학기술 분야의 전문적 지식을 갖춘 관료·학자들을 체계적으로 육성하고, 해당 분야의 관서에서 실무를 담당할 수 있는 기술 인력을 확충해야 했다.

세종대 과학기술 정책은 국왕인 세종의 지휘하에 대신과 집현전(集賢

殿) 관리들의 집단적 연구를 통해 그 방향이 수립되었고, 실무의 집행은 해당 관서를 중심으로 진행되었다. 정책 방향의 수립을 위해서는 '예악문물'·'전장문물(典章文物)'로 표현되는 유교 국가의 제도와 문화에 대한 이론적 탐구, 다시 말해 '고제(古制)'에 대한 연구가 필요했는데, 이는 예조(禮曹)와 의례상정소(儀禮詳定所), 집현전 등의 기관에서 담당했다. 과학기술 관련 실무 집행 기구로는 천문역산학 분야의 서운관(書雲觀), 산학 분야의 산법교정소(算法校正所)·역산소(曆算所), 의학 분야의 전의감(典醫監)·혜민국(惠民局)·제생원(濟生院), 금속활자의 주조와 서적의 간행을 주관하는 교서관(校書館)·주자소(鑄字所), 제지 사업을 담당하는 조지소(造紙所), 화약을 비롯한 각종 화약무기의 제조를 담당했던 군기감(軍器監)·사포국(司礮局), 그리고 병선(兵船)의 제작을 전담했던 사수색(司水色) 등이 대표적이었다.

조선왕조의 사회신분제는 법제적으로는 양천제(良賤制)를 표방했지만 실제로는 양반, 중인, 양민(良民), 천인(賤人)으로 구분된다. 이 가운데 양반과 중인이 지배 신분에 해당한다. 과학기술 인력이라는 측면에서 볼 때 조선왕조의 과학기술 정책의 입안과 집행은 바로 이들에 의해 이루어졌다고 볼 수 있다. 양반 신분에 해당하는 관료들이 주로 정책을 입안하거나 정책 집행 과정에서 감독하는 위치에 있었다면 중인들은 해당 분야의 전문적 지식을 갖추고 행정 실무를 담당하였다. 중인 가운데 이른바 '기술관'으로 주목되는 이들은 역학(譯學), 의학(醫學), 음양학(陰陽學), 율학(律學) 등에 종사하는 부류들이다. 이들은 각종 기술직을 전담하면서 이를 대대로 세습하였다.

국왕을 비롯한 조선왕조 위정자들의 입장에서 볼 때 국가에 꼭 필요한 과학기술 분야를 중인들에게 전적으로 맡길 수는 없었다. 과학기술 분야의 전문적인 지식을 갖춘 양반 관료들이 필요했던 것이다. 그러한 정책적 요구가 조선 초기 이래로 양반 자제들 가운데 적정한 인원을 선발하여 과학기술 분야의 실용적 지식을 교육하는 제도로 나타나게 되었다. 그것이 바로 육학(六學), 십학(十學), 칠학(七學) 등이었다. 세종대에도 습독관(習讀官)·강이관(講肄官) 제도를 활용해서 해당 분야의 전문 인력을 양성하기 위해 노력했다.

세종대의 과학기술 정책을 주도했던 과학기술 인력으로는 최고 통치자로서 정책을 이끌어 간 세종, 학술적 능력을 바탕으로 과학기술의 이론적 문제를 연구하여 이를 종합·정리했던 관료들, 개별 분야에서 실무를 담당했던 중인 기술관, 그리고 기술자 집단인 '공장(工匠)' 계층을 들 수 있다. 과학기술 정책의 효율적 추진을 위해서는 과학기술 분야에 전문적 지식을 갖춘 관료와 기술관을 육성하는 한편 공장 계층을 효율적으로 관리·운용할 필요가 있었다.

세종은 태종을 계승한 수성 군주로서 명실상부한 유교 국가의 건설을 희망했고, 최고 통치자로서 과학기술 정책을 선도했다. 그는 정책의 추진 방향을 제시하고, 신료들과 함께 과학기술 분야에 대한 이론적 탐색을 꾸준히 진행하는 한편, 실무 능력을 갖춘 전문가를 양성하기 위한 기구를 설립하고, 그들의 교육을 위해 많은 국내외 서적을 수집하였으며, 그를 보급하기 위해 활발한 출판 사업을 전개하였다. 세종은 각종 사업을 원활하게 진행하기 위해 때로는 자신의 소신을 고집스럽게 밀어붙이는 과단성을 보이기도 했다. 이처럼 세종은 조선왕조의 법과 제도, 예악문물을 정비함으로써 명실상부한 유교 국가를 건설했고, 그 일환으로 조선왕조 과학기술의 표준을 수립했다. 그 성과를 인정받아 세종은 당대에 이미 '동방(東方)의 요순(堯舜)'으로 추앙되었던 것이다.

세종대 과학기술 인력의 중심에는 세종의 지시에 따라 각종 과학기술 분야에서 괄목할 만한 성과를 이룩하는 데 주요 역할을 담당했던 관료 학자들이 있었다. 천문역산학 분야의 정흠지(鄭欽之)·정초(鄭招)·김빈(金鑌)·

정인지·이순지(李純之)·김담(金淡), 지도·지리학 분야의 정척(鄭陟)·변계량 (卞季良)·맹사성(孟思誠)·권진(權軫)·윤회(尹淮)·신장(申檣), 의약학 분야의 황자후(黃子厚)·노중례(盧重禮), 출판·인쇄술 분야의 이천(李蕆), 건축학 분야의 박자청(朴子靑) 등이 그들이다. 이들은 세종대 이전부터 조선왕조의 문물제도를 정비하는 사업에 투신했던 인물들이거나 세종대에 들어와서 세종의 발탁에 의해 해당 분야의 전문가로 육성된 인물들이다.

세종대를 대표하는 기술자로는 장영실(蔣英實)을 들 수 있다. 그는 뛰어난 재능과 세종의 전폭적 지지를 바탕으로 세종대의 여러 기계 제작 사업에서 훌륭한 성과를 이룩했다. 장영실과 함께 기술자로서의 재능을 발휘한 인물이 이천이다. 그는 금속주조술에 대단한 소양을 지니고 있었던 인물로 보이며, 금속활자 주조 사업과 화포 개량 사업에 빠짐없이 참여하였다. 이 외에도 태종대 이후 토목건축 기술자로 이름을 떨친 박자청, 의학 분야에서 단연 돋보이는 역할을 했던 노중례 등이 기술 관료로서 주목되는 인물들이다.

조선 초기 국정 운영의 최우선 과제는 집권체제의 안정화였다. 조선왕조 개창(開創)의 정치사상적 정당성을 확보하고 대내외적 위협으로부터 왕권의 정통성을 공고히 하는 것, 왕조 교체기에 흐트러진 민심을 바로잡고 민생을 안정화하는 일 등이 그것이었다. 세종대를 포함하여 조선 초기에 추진된 과학기술 정책은 이러한 국정 목표와 밀접한 관련을 지니고 있었다. 세종대에는 먼저 집권체제의 안정이라는 국정 목표를 달성하기 위해 필요한 과학기술 분야에 정책적 관심을 쏟았다. 예컨대 여진족이나 왜구 등 외적의 침입을 막기 위해 필수적인 화약무기를 개량·발전시켰고, 토지와 호구를 비롯한 국토의 지리적 정보를 파악하기 위한 수단으로서의 지도를 작성하고 지리지를 편찬했다. 농업생산력을 증진하기 위해 농업기술을 개량하고 각종 농서를 편찬·보급했으며, 노동력의 안정적 유지와 질병 치료를 위해 의학을 체계적으로 정비하였다. 이처럼 세종대 국가적 관심을 경주했던 과학기술 분야는 집권체제의 안정이라는 국정 목표의 달성을 위해 필수적인 것이었다.

　세종대 과학기술의 발전을 입체적으로 이해하기 위해서 '집권체제의 안정화'와 함께 고려해야 할 요소가 '국정교학으로서의 유교·주자학'의 문제였다. 국가의 통치 이념과 과학기술의 상호관련성에 주목해야 한다는 것이다. 유교 국가로서 조선왕조 건국의 정당성은 천명(天命)사상에 입각해 입증되어야 했고, 군주의 권력도 유교적 이념에 따라 그 정통성이 부여되어야 했다. 세종대 과학기술 분야의 발전은 유교·주자학의 정치사상과 관련해서 설명될 수도 있다. 천문역산학의 정비는 조선왕조 개창의 정당성을 대내외에 표방하기 위한 목적에서 이루어졌다. 지도와 지리지의 편찬은 실용적 목적을 지닌 것이기도 했지만, 국가 운영의 가장 중요한 요소인 토지와 인민에 대한 왕권의 일원적 지배를 상징적으로 보여주는 사업이기도 했다. 아악(雅樂)의 정비와 도량형(度量衡)의 통일은 유교적 예악(禮樂)사상의 구체적 실천이었고, 농학과 의약학의 발전은 유교적 인정(仁政)을 구현하기 위한 핵심 수단으로 중요시되었다.

　이상에서 살펴본 바와 같은 시대적 환경 속에서 '집권체제의 재편'과 '유교적 예악문물의 정비'를 달성하기 위한 국정 운영의 일환으로서 추진된 과학기술 정책의 결과 세종대에는 과학기술의 거의 모든 영역에서 괄목할 만한 성과를 이루어냈다. 이와 같은 세종대 과학기술의 성취는 두 계통의 지식을 통합하는 과정을 통해 이루어졌다. 하나는 고려후기 이래로 축적되어온 과학기술 지식이었고, 다른 하나는 중국을 통해 유입된 과학기술 지식이었다. 따라서 세종대 과학기술 정책을 추진할 때는 그동안 축적된 해당 분야의 관련 지식을 계통적으로 정리하고 문제점을 도출하는 한편 중국의 선진 과학기술 지식을 수용해서 기존의 문제점을 보완하고 발전 방향을 모색하는 일련의 과정을 거치게 되었다. 두 계통의 과학기술을 효율적으로 통합하기 위해서는 지식과 정보의 체계적 집적이 필요했는데, 그것은 지식과 정보를 담고 있는 관련 서적의 수집과 탐구를 통해 이루어질 수 있었다. 국내외 서적의 수집과 수입, 그리고 그에 대한 지속적 탐구를 통한 과학 지식의 체계화 과정이 필수적으로 요구되었던 것이다.

이와 같은 과정을 통해 새롭게 정리되는 과학기술 분야의 지식은 서적의 편찬으로 체계화되었다. 그것은 단순히 국내외 지식을 집성하는 수준에 머물지 않았다. 유교적 이상 세계와 그것을 구현해야 하는 조선의 현실 사이에는 적잖은 괴리가 있었고, 중국의 과학기술을 조선에 그대로 적용하기에는 여러 가지 문제가 있었기 때문에 그것을 조정하는 과정이 필요했다. 조선의 풍토성과 효율적 이용 방안을 고려한 새로운 체계화, 이른바 '과학 지식의 재구성'이 이루어졌던 것이다. 세종대 과학기술 분야의 대표적 성과라 할 수 있는 『농사직설』, 『향약집성방』과 『의방유취(醫方類聚)』, 『칠정산』과 『제가역상집(諸家曆象集)』 등은 그와 같은 재구성의 과정을 여실히 보여주는 문헌들이었다.

이상에서 살펴본 바와 같이 세종대에는 전근대 과학기술의 거의 모든 분야에서 주목할 만한 성과가 산출되었다. 천문역산학, 지리학, 의약학, 출판·인쇄술, 화약·화기 제조술, 농학, 음운학(音韻學) 등의 분야에서 고려왕조 이래의 전통 과학기술을 계승·발전시키는 한편, 송(宋)·원(元)대 이래 중국의 선진적 과학기술을 수용·소화하여 양자의 조화를 도모하였다. 세종대의 과학기술적 성과는 조선왕조가 유교 국가의 체제를 확립해가는 도정(道程)에서 매우 중요한 역할을 담당하였을 뿐만 아니라 이후 조선왕조 전 기간에 걸쳐 국가적 표준으로 간주되었다. 세종대는 조선왕조 과학기술의 범형(範型)이 만들어진 시기이며, 세종대 과학기술의 역사적 중요성은 바로 그런 관점에서 조명할 필요가 있다.

왕력	서기	간지	주요 사건	전거
세종 1	1419	기해		
세종 2	1420	경자	11월, 李蕆에게 동활자(庚子字) 주조를 명	
세종 3	1421	신축	3월, 李蕆, 南汲에 의해 활판인쇄기 개량	
세종 4	1422	임인	10월, 동활자(경자자) 改鑄字樣印書	卞季良 발문
세종 5	1423	계묘		
세종 6	1424	갑진		
세종 7	1425	을사		
세종 8	1426	병오		
세종 9	1427	정미		
세종 10	1428	무신	『鄕藥採取月令』 편찬 작업 시작?	『鄕藥採取月令』
세종 11	1429	기유	5월, 『農事直說』 편찬, 이듬해 2월 頒賜	
세종 12	1430	경술		
세종 13	1431	신해	秋, 『鄕藥集成方』 편찬 작업 시작 『鄕藥採取月令』 완성	『鄕藥採取月令』
세종 14	1432	임자	1월, 孟思誠 · 權軫 · 尹淮 · 申檣 등이 『新撰八道地理志』 진상 7월, 鄭麟趾에게 儀表[觀天之器] 창제를 명	
세종 15	1433	계축	6월, 鄭招 · 朴堧 · 金鑌 등이 渾天儀 진상 6월, 『鄕藥集成方』 편찬(간행?) 8월, 鄭招 · 李蕆 · 鄭麟趾 · 金鑌 등이 혼천의 진상 新法天文圖 석각(?) 鄭麟趾 등에게 『七政算內外篇』 편찬을 명(?)	『增補文獻備考』 『增補文獻備考』
세종 16	1434	갑인	3월, 『胎産要錄』 편찬을 명 6월, 自擊漏 완성 7월, 동활자(甲寅字) 20여 만자 주조 秋, 李蕆 · 鄭招 · 鄭麟趾 등에게 小簡儀 제작을 명 10월, 仰釜日晷 제작, 설치	「小簡儀銘幷序」
세종 17	1435	을묘		
세종 18	1436	병진	2월, 鄭陟에게 咸吉 · 平安 · 黃海道의 山川形勢를 그려오도록 명	
세종 19	1437	정사	4월, 日星定時儀를 비롯한 각종 천문의기 완성	
세종 20	1438	무오	1월, 欽敬閣漏 완성 11월, 『新註無寃錄』 완성	『新註無寃錄』
세종 21	1439	기미	2월, 「檢屍帳式」 간행	

세종 22	1440	경신	春, 강원도 원주에서 『新註無寃錄』 간행	
세종 23	1441	신유	8월, 測雨器 발명, 수표 설치	
세종 24	1442	임술	5월, 測雨器 개량 『七政算內篇』, 『七政算外篇』 편찬	『四餘纏度通軌』
세종 25	1443	계해	訓民正音 창제	
세종 26	1444	갑자	7월, 『七政算內篇』, 『七政算外篇』 간행 7월, 『四餘纏度通軌』 간행	『四餘纏度通軌』 『四餘纏度通軌』
세종 27	1445	을축	3월, 『諸家曆象集』 편찬 8월, 火砲制度 更新(分遣監鍊官, 火砲一依新定制度改鑄) 10월, 『醫方類聚』 1차 완성	
세종 28	1446	병인	訓民正音 완성, 반포 → 吏科와 吏典 取才시에 訓民正音을 試取	
세종 29	1447	정묘	9월, 『東國正韻』 완성, 간행	
세종 30	1448	무진	9월, 『銃筒謄錄』 頒賜	
세종 31	1449	기사		
세종 32	1450	경오		

머리말

1. 세종대의 과학기술에 대한 기존 연구로는 홍이섭, 『세종대왕』, 세종대왕기념사업회, 1971; 朴興秀, "世宗朝의 科學思想—特히 科學政策과 그 成果를 中心하여—", 『世宗朝文化研究(I)』, 韓國精神文化研究院, 1982; 朴星來, "世宗代의 天文學 발달", 『世宗朝文化研究(II)』, 韓國精神文化研究院, 1984; 김용운, "한국인의 자연관과 세종 과학", 『세종학연구』 2, 1987; 김용운, "조선전기의 과학문화", 『傳統과 思想(III)』, 韓國精神文化研究院, 1988; 全相運, "朝鮮前期의 科學과 技術—15세기 科學技術史 研究 再論—", 『한국과학사학회지』 제14권 제2호, 1992; 전상운, "조선초기 과학기술 서적에 관한 기초 연구", 『국사관논총』 72, 1996; 박성래, 『세종시대의 과학기술 그 현대적 의미』, 한국과학재단, 1997; 『세종문화사대계2(과학)』, 세종대왕기념사업회, 2000; 박성래, "세종대의 과학기술", 『세종시대의 문화』, 태학사, 2001; 문중양, "세종대 과학기술의 자주성에 대한 검토", 『세종의 국가경영』, 지식산업사, 2006 등을 참조.

2. 文重亮, "세종대 과학기술의 '자주성' 다시 보기", 『歷史學報』 189, 歷史學會, 2006.

3. 정다함, "麗末鮮初의 동아시아 질서와 朝鮮에서의 漢語, 漢吏文, 訓民正音", 『韓國史學報』 36, 高麗史學會, 2009; 정다함, "조선전기의 정치적·종교적 질병관, 醫·藥의 개념·범주, 그리고 치유방식", 『韓國史研究』 146, 韓國史研究會, 2009; 정다함, "'한국사' 상의 조선시대상—조선전기를 중심으로", 『사이間SAI』 8, 국제한국문학문화학회, 2010.

1장 세종시대 과학기술의 토대

1. 김용섭, 『동아시아 역사 속의 한국문명의 전환—충격, 대응, 통합의 문명으로』, 지식산업사, 2008, 150-77쪽.

2. 『世宗實錄』卷31, 世宗 8년 3월 16일(庚戌), 28ㄴ(3책, 14쪽-영인본 『朝鮮王朝實錄』, 國史編纂委員會의 책수와 쪽수. 이하 같음).

3. 『世宗實錄』卷56, 世宗 14년 6월 14일(辛丑), 35ㄴ(3책, 397쪽).

4. 『世宗實錄』卷62, 世宗 15년 11월 19일(戊戌), 17ㄱ(3책, 527쪽).

5. 『世宗實錄』卷31, 世宗 8년 3월 16일(庚戌), 28ㄴ(3책, 14쪽).

6. 『世宗實錄』卷5, 世宗 원년 9월 19일(辛酉), 17ㄱ(2책, 337쪽).

7. 『世宗實錄』卷120, 世宗 30년 4월 25일(庚辰), 10ㄴ(5책, 62쪽).

8. 『世宗實錄』卷105, 世宗 26년 윤7월 25일(壬寅), 25ㄱ(4책, 579쪽). 이 教書는 河緯地가 지은 것이다[『東文選』卷24, 「勸農教書(河緯地)」, 29ㄱ-32ㄴ(1책, 418-19쪽—影印標點 『東文選』, 民族文化推進會, 1999의 책수와 쪽수. 이하 같음); 『丹溪遺稿』, 文, 「勸農教書見東文選」, 7ㄱ-10ㄱ(8책, 542-43쪽)].

9. 『世宗實錄』卷105, 世宗 26년 윤7월 25일(壬寅), 25ㄱ(4책, 579쪽).

10. 『世宗實錄』卷105, 世宗 26년 윤7월 25일(壬寅), 25ㄴ(4책, 579쪽).

11. 『世宗實錄』卷105, 世宗 26년 윤7월 25일(壬寅), 25ㄴ(4책, 579쪽).

12. 『世宗實錄』卷56, 世宗 14년 4월 29일(丁巳), 15ㄱ-ㄴ(3책, 387쪽).

13. 『世宗實錄』卷8, 世宗 2년 4월 25일(癸亥), 7ㄴ-8ㄱ(2책, 381쪽).

14. 『世宗實錄』卷8, 世宗 2년 5월 16일(癸未), 12ㄴ(2책, 383쪽).

15. 『世宗實錄』卷8, 世宗 2년 7월 15일(辛巳), 22ㄱ(2책, 388쪽).

16. 『世宗實錄』卷50, 世宗 12년 윤12월 9일(乙巳), 39ㄱ(3책, 282쪽).

17. 『書經』, 夏書, 五子之歌.

18. 『世宗實錄』卷44, 世宗 11년 5월 16일(辛酉), 16ㄴ(3책, 181쪽).

19. 『世宗實錄』卷26, 世宗 26년 7월 25일(壬寅), 25ㄱ(4책, 579쪽).

20. 『世宗實錄』卷28, 世宗 7년 6월 16일(甲寅), 24ㄱ(2책, 673쪽).

21. 『世宗實錄』卷28, 世宗 7년 6월 17일(乙卯), 25ㄱ(2책, 674쪽).

22. 『世宗實錄』卷78, 世宗 19년 8월 7일(甲子), 25ㄴ(4책, 98쪽).

23. 『世宗實錄』卷103, 世宗 26년 2월 20일(庚子), 19ㄴ-20ㄱ(4책, 543쪽).

24. 『世宗實錄』卷103, 世宗 26년 2월 20일(庚子), 21ㄱ(4책, 543쪽).

25. 『世宗實錄』卷38, 世宗 9년 12월 20일(癸酉), 18ㄱ(3책, 105쪽); 『世宗實錄』卷76, 世宗 19년 1월 22일(壬子), 8ㄴ(4책, 50쪽).

26. 崔承熙, "世宗朝 政治支配層의 對民意識과 政治", 『朝鮮初期 政治史研究』, 지식산업사, 2002, 235-68쪽 참조.

27. 『世宗實錄』卷1, 世宗 즉위년 10월 19일(乙未), 31ㄴ(2책, 274쪽); 『世宗實錄』卷74, 世宗 18년 8월 17일(庚辰), 13ㄱ(4책, 27쪽); 『世宗實錄』卷115, 世宗 29년 1월 21일(甲申), 4ㄱ(5책, 2쪽).

28. 『世宗實錄』卷3, 世宗 원년 1월 11일(丙辰), 4ㄱ(2책, 297쪽). 이에 대한 분석으로는 權延雄, "世宗朝의 經筵과 儒學", 『世宗朝文化研究(I)』, 博英社, 1982, 82-85쪽 참조. 조선 초기 '時王之制'를 둘러싼 논의를 중화 보편에 부합하는 제도를 수립하고자 했던 당시의 지적·사회적 환경을 중심으로 분석한 글로는 최종석, "조선초기 '時王之制' 논의 구조의 특징과 중화 보편의 추구", 『朝鮮時代史學報』52, 朝鮮時代史學會, 2010 참조.

29. 이는 『書經』, 夏書, 禹貢에 등장하는 용어이다. 蔡沈은 '聲敎'의 의미를 '風聲敎化'로 해석했는데["聲, 謂風聲, 敎, 謂敎化."], 帝王의 德으로 백성들을 敎化한다는 뜻이다.

30. 『太宗實錄』卷34, 太宗 17년 12월 4일(乙酉), 34ㄴ(2책, 194쪽). 명 태조의 조서 원문은 『高麗史』에서 확인할 수 있다[『高麗史』卷136, 列傳 49, 辛禑 4, 15ㄱ-16ㄱ(下, 938쪽―영인본 『高麗史』, 亞細亞文化社, 1983(再版)의 책수와 쪽수. 이하 같음)]. 같은 내용은 태조 5년(1396) 計稟使 鄭摠 일행이 받아온 예부의 자문에도 보인다[『太祖實錄』卷9, 太祖 5년 3월 29일(丙戌), 4ㄴ(1책, 90쪽)].

31. 『世祖實錄』卷1, 世祖 원년 7월 5일(戊寅), 31ㄱ(7책, 70쪽).

32. 『世祖實錄』卷3, 世祖 2년 3월 28일(丁酉), 25ㄱ(7책, 122쪽).

33. 『睿宗實錄』卷6, 睿宗 원년 6월 29일(辛巳), 23ㄱ(8책, 394쪽).

34. 『成宗實錄』卷134, 成宗 12년 10월 17일(戊午), 12ㄴ(10책, 265쪽).

35. 『世宗實錄』卷1, 世宗 즉위년 8월 14일(辛卯), 6ㄴ(2책, 261쪽).

36. 『世宗實錄』卷33, 世宗 8년 9월 29일(己未), 19ㄴ(3책, 44쪽).

37. 『世宗實錄』卷112, 世宗 28년 6월 7일(癸卯), 30ㄴ(4책, 678쪽).

38. 『明宗實錄』卷23, 明宗 12년 10월 13일(壬辰), 52ㄱ(20책, 445쪽).

39. 『宣祖實錄』卷201, 宣祖 39년 7월 1일(戊辰), 2ㄱ(25책, 227쪽).

40. 『太祖實錄』卷1, 太祖 원년 8월 11일(庚申), 51ㄴ(1책, 26쪽).

41. 金泰永, "朝鮮 初期 祀典의 成立에 對하여―國家意識의 變遷을 中心으로―", 『歷史學報』58, 歷史學會, 1973 참조. 조선시대의 단군 인식에 대한 대해서는 李炫熙, "朝鮮朝에 있어서의 檀君의 認識", 『石堂論叢』16, 東亞大學校 石堂學術院, 1990; 金成煥, "朝鮮初期 檀君認識", 『明知史論』4, 明知史學會, 1992; 도현철, "조선초기 단군 인식과 『삼국유사』 간행", 『東方學志』162, 延世大學校 國學研究院, 2013 등을 참조.

42. 『太宗實錄』卷21, 太宗 11년 4월 27일(丁巳), 17ㄴ(1책, 580쪽).

43. 『太宗實錄』卷23, 太宗 12년 6월 6일(己未), 38ㄴ(1책, 638쪽).

44. 『太宗實錄』卷26, 太宗 13년 11월 4일(庚辰), 36ㄱ-ㄴ(1책, 693쪽).

45. 『世宗實錄』卷29, 世宗 7년 9월 25일(辛酉), 29ㄱ-30ㄱ(2책, 693쪽).

46. 『世宗實錄』卷37, 世宗 9년 8월 21일(丙子), 15ㄱ-ㄴ(3책, 88쪽).

47. 『世宗實錄』卷37, 世宗 9년 9월 4일(己丑), 20ㄴ(3책, 90쪽).

48. 『世宗實錄』卷154, 地理志, 平安道, 平壤府, 3ㄴ(5책, 683쪽). 柳寬(1346~1433)이나 그의 조카인 柳思訥(1375~1440) 같은 사람은 단군이 도읍했던 곳이 황해도 문화현 구월산이라고 주장하면서 평양의 기자묘에 단군을 합사하는 것이나 평양에 단군 묘를 세우는 것이 부당하다며 재고할 것을 요청하기도 했다[『世宗實錄』卷40, 世宗 10년 6월 14일(乙未), 24ㄱ-ㄴ(3책, 134쪽); 『世宗實錄』卷75, 世宗 18년 12월 26일(丁亥), 25ㄴ(4책, 45쪽)].

49. 『世宗實錄』卷49, 世宗 12년 8월 6일(甲戌), 12ㄱ-13ㄱ(3책, 249-50쪽).

50. 『世宗實錄』卷51, 世宗 13년 3월 6일(庚午), 24ㄴ(3책, 298쪽).

51. 『世宗實錄』卷57, 世宗 14년 8월 4일(庚寅), 17ㄴ(3책, 408쪽).

52. 『世宗實錄』卷76, 世宗 19년 3월 13일(癸卯), 26ㄱ(4책, 59쪽).

53. 『世宗實錄』卷128, 五禮, 吉禮序例, 辨祀, 中祀, 1ㄴ(5책, 176쪽).

54. 『太宗實錄』卷15, 太宗 8년 5월 9일(丁巳), 23ㄴ(1책, 438쪽); 『太宗實錄』卷17, 太宗 9년 3월 19일(壬戌), 15ㄴ(1책, 477쪽); 『太宗實錄』卷20, 太宗 10년 9월 28일(壬辰), 18ㄱ-ㄴ(1책, 565쪽); 『太宗實錄』卷27, 太宗 14년 1월 4일(己卯), 1ㄴ(2책, 1쪽); 『世宗實錄』卷68, 世宗 17년 5월 20일(辛卯), 15ㄴ(3책, 628쪽).

55. 都賢喆, 『高麗末 士大夫의 政治思想研究』, 一潮閣, 1999 참조.

56. 李景植, "朝鮮 建國의 性格問題", 『중세사회의 변화와 조선 건국』, 혜안, 2005 참조.

57. 『太祖實錄』卷5 太祖 3년 4월 19일(戊子), 19ㄱ(1책, 62쪽).

58. 『禮記集說大全』卷5, 王制 第5, 30ㄴ(157쪽─영인본 『禮記』, 保景文化社, 1995(5版)의 쪽수). "國無九年之蓄曰不足, 無六年之蓄曰急, 無三年之蓄曰國非其國也."

59. 『孫子』, 作戰 第2, 2ㄴ. "其用戰也, 勝久則鈍兵挫銳, 攻城則力屈, 久暴師則國用不足."

60. 『太宗實錄』卷3, 太宗 2년 4월 22일(甲戌), 23ㄴ(1책, 232쪽).

61. 『太宗實錄』卷3, 太宗 2년 4월 22일(甲戌), 23ㄱ-24ㄱ(1책, 232-33쪽).

62. 『論語集註』, 子路 第13, 9章.

63. 『中宗實錄』卷27, 中宗 12년 2월 26일(壬申), 40ㄱ(15책, 260쪽).

64. 『文宗實錄』卷1, 文宗 원년 5월 1일(甲辰), 38ㄴ(6책, 233쪽).

65. 구만옥, "朝鮮前期의 算學 정책과 교육",『人文學硏究』11, 경희대학교 인문학연구원, 2007, 84-89쪽.

66. 丁若鏞(1762~1836)은 戶籍 작성의 전 단계 작업으로 家座冊을 작성하여야 하고, 그를 위해서는 먼저 지도를 제작하여 해당 지역 民戶의 상황을 정확하게 파악해야 한다고 역설하였다[『與猶堂全書』5集 第21卷, 政法集 2, 牧民心書 卷6, 戶典第六條, 戶籍, 3ㄱ-ㄴ(285책, 425쪽)].

67. 李燦, "韓國地理學史",『韓國文化史大系 Ⅲ(科學·技術史)』, 高麗大學校 民族文化硏究所, 1968; 全相運, 앞의 책, 1983(重版), 第5章 "地理學과 地圖" 참조.

68. 『新增東國輿地勝覽』,「東國輿地勝覽序」, 1ㄱ(10쪽—영인본『新增東國輿地勝覽』, 書景文化社, 1994의 쪽수. 이하 같음).

69. 『新增東國輿地勝覽』,「進東國輿地勝覽箋」, 2ㄱ-ㄴ(7쪽).

70. 『成宗實錄』卷138, 成宗 13년 2월 13일(壬子), 10ㄱ(10책, 298쪽).

71. 『新增東國輿地勝覽』,「新增東國輿地勝覽序」, 2ㄱ(4쪽).

72. 『周禮』天官冢宰 第1. "惟王建國, 辨方正位, 體國經野, 設官分職, 以爲民極."

73. 『新增東國輿地勝覽』,「東國輿地勝覽序」, 5ㄴ(12쪽).

74. 『太宗實錄』卷31, 太宗 16년 5월 13일(甲辰), 35ㄴ(2책, 114쪽).

75. 일찍이 鄭道傳(1342~1398)은 國家에서 '惠民典藥局'을 설치하여 저렴한 비용으로 藥物을 제공함으로써 貧民들에게 自活의 방도를 마련해줄 수 있는 방안을 구상하였다[『三峯集』卷7, 朝鮮經國典上, 賦典, 惠民典藥局, 24ㄱ-ㄴ(5책, 425쪽)].

76. 李泰鎭, "高麗後期의 인구증가 要因 生成과 鄕藥醫術 발달",『韓國史論』19, 서울大學校 國史學科, 1988; 李泰鎭, "14~16세기 韓國의 인구증가와 新儒學의 영향",『震檀學報』76, 震檀學會, 1993.

77. 『世宗實錄』卷48, 世宗 12년 6월 20일(己丑), 30ㄴ-31ㄱ(3책, 242쪽);『世宗實錄』卷62, 世宗 15년 11월 12일(辛卯), 16ㄱ(3책, 526쪽);『世宗實錄』卷68, 世宗 17년 5월 21일(壬辰), 18ㄱ(3책, 630쪽);『世宗實錄』卷93, 世宗 23년 6월 3일(戊辰), 1ㄱ(4책, 345쪽);『世宗實錄』卷107, 世宗 27년 3월 30일(癸卯), 19ㄴ(4책, 611쪽);『世祖實錄』卷34, 世祖 10년 8월 1일(壬午), 4ㄴ(7책, 642쪽).

78. 麗末鮮初 화약무기의 발달 과정에 대해서는 許善道,『朝鮮時代 火藥兵器史硏究』, 一潮閣, 1994의 第1章 참조.

79. 『世宗實錄』卷109, 世宗 27년 8월 21일(壬戌), 22ㄱ-ㄴ(4책, 633쪽).

80. 『世宗實錄』卷121, 世宗 30년 9월 13일(丙申), 44ㄴ-45ㄱ(5책, 99쪽).

81. 全相運, 『韓國科學技術史』, 正音社, 1983(重版), 216쪽.

82. 河宇鳳, "世宗代의 儒教倫理 普及에 대하여─≪孝行錄≫과 ≪三綱行實圖≫를 중심으로─", 『全北史學』 7, 全北大學校 史學會, 1983; 金勳埴, "16세기 ≪二倫行實圖≫ 보급의 社會史的 考察", 『歷史學報』 107, 歷史學會, 1985; 金恒洙, "≪三綱行實圖≫ 편찬의 추이", 『震壇學報』 85, 震檀學會, 1998; 金勳埴, "≪三綱行實圖≫ 보급의 社會史的 고찰", 『震壇學報』 85, 震檀學會, 1998.

83. 『陽村集』 卷22, 「天文圖詩[誌]」, 1ㄴ(7책, 220쪽─影印標點 『韓國文集叢刊』, 民族文化推進會의 책수와 쪽수. 이하 같음).

84. 『陽村集』 卷22, 「天文圖詩[誌]」, 1ㄴ(7책, 220쪽).

85. 『書經』, 虞書, 堯典. "乃命羲和, 欽若昊天, 曆象日月星辰, 敬授人時."

86. 『世宗實錄』 卷12, 世宗 3년 6월 10일(辛丑), 9ㄴ(2책, 435쪽).

87. 『世宗實錄』 卷77, 世宗 19년 4월 15일(甲戌), 8ㄱ(4책, 66쪽).

88. 『世宗實錄』 卷65, 世宗 16년 7월 1일(丙子), 2ㄴ(3책, 577쪽).

89. 『世宗實錄』 卷107, 世宗 27년 3월 30일(癸卯), 21ㄴ(4책, 612쪽).

90. 『世宗實錄』 卷58, 世宗 14년 11월 1일(丙辰), 11ㄱ(3책, 424쪽); 『世宗實錄』 卷61, 世宗 15년 7월 21일(壬申), 14ㄱ(3책, 494쪽).

91. 『世宗實錄』 卷58, 世宗 14년 10월 30일(乙卯), 10ㄴ(3책, 424쪽).

92. 『世宗實錄』 卷59, 世宗 15년 2월 2일(丙戌), 13ㄴ(3책, 441쪽).

93. 『世宗實錄』 卷77, 世宗 19년 4월 15일(甲戌), 10ㄴ-11ㄱ(4책, 67-68쪽).

94. 『世宗實錄』 卷107, 世宗 27년 3월 30일(癸卯), 22ㄱ(4책, 612쪽).

95. 『太祖實錄』 卷15, 太祖 7년 9월 12일(甲申), 3ㄴ(1책, 137쪽).

96. 『世宗實錄』 卷37, 世宗 9년 8월 29일(甲申), 18ㄱ(3책, 89쪽).

97. 『世宗實錄』 卷38, 世宗 9년 12월 20일(癸酉), 18ㄱ(3책, 105쪽); 『世宗實錄』 卷76, 世宗 19년 1월 22일(壬子), 8ㄴ(4책, 50쪽).

98. 『世宗實錄』 卷30, 世宗 7년 12월 10일(乙亥), 22ㄴ(2책, 705쪽).

99. 『世宗實錄』 卷30, 世宗 7년 12월 16일(辛巳), 26ㄱ(2책, 707쪽); 『世宗實錄』 卷31, 世宗 8년 1월 21일(丙辰), 7ㄱ(3책, 4쪽); 『世宗實錄』 卷31, 世宗 8년 1월 25일(庚申), 9ㄴ(3책, 5쪽); 『世宗實錄』 卷31, 世宗 8년 3월 7일(辛丑), 25ㄴ(3책, 13쪽) 등등 참조.

100. 『世宗實錄』 卷35, 世宗 9년 2월 25일(癸未), 19ㄴ(3책, 63쪽); 『世宗實錄』 卷35, 世宗 9년 2월 30일(戊子), 20ㄱ(3책, 64쪽) 등등 참조.

101. 『世宗實錄』卷33, 世宗 8년 8월 27일(戊子), 13ㄴ(3책, 41쪽).

102. 『世宗實錄』卷147, 龍飛御天歌, 13ㄱ(5책, 612쪽).

103. 『世宗實錄』卷35, 世宗 9년 3월 16일(甲辰), 22ㄱ(3책, 65쪽).

104. 朴時亨, "李朝田稅制度의 成立過程", 『震檀學報』14, 震檀學會, 1941; 金泰永, "朝鮮前期 貢法의 성립과 그 전개", 『朝鮮前期土地制度史研究』, 知識産業社, 1983; 金容燮, "結負制의 展開過程", 『韓國中世農業史研究─土地制度와 農業開發政策─』, 지식산업사, 2000.

105. 『書經』, 周書, 泰誓 中. "天視自我民視, 天聽自我民聽."

106. 『世宗實錄』卷80, 世宗 20년 1월 7일(壬辰), 4ㄴ(4책, 123쪽).

107. 『世宗實錄』卷3, 世宗 원년 2월 12일(丁亥), 13ㄱ(2책, 302쪽).

108. 『世宗實錄』卷21, 世宗 5년 7월 13일(辛卯), 4ㄱ-ㄴ(2책, 549쪽).

109. 『世宗實錄』卷78, 世宗 19년 7월 23일(辛亥), 15ㄱ(4책, 93쪽).

110. 이와 관련해서 세조 12년(1466) '諸書類聚'의 제작이 주목된다. 이 작업에 참어한 사람은 申叔舟, 崔恒, 徐居正, 姜希孟, 任元濬, 成任, 梁誠之, 李芮, 李坡, 金石梯 등이었고, '諸書類聚'는 易, 天文, 地理, 醫, 卜筮, 詩文, 書法, 律呂, 農桑, 畜牧, 譯語, 算法 등 12門으로 분류되었다[『世祖實錄』卷40, 世祖 12년 10월 2일(庚子), 1ㄱ-ㄴ(8책, 42쪽); 『世祖實錄』卷40, 世祖 12년 10월 24일(壬戌), 7ㄱ(8책, 45쪽); 『國朝寶鑑』卷13, 世祖朝 4, 丙戌, 10ㄴ(上, 192쪽─영인본 『國朝寶鑑』, 세종대왕 기념사업회, 1976의 책수와 쪽수)].

111. 『世祖實錄』卷10, 世祖 3년 12월 24일(甲寅), 29ㄱ(7책, 247쪽).

112. 『東文選』卷94, 「交食推步法假令序」(李純之), 24ㄱ-ㄴ(3책, 144쪽).

113. 『御製常訓』3ㄱ-ㄴ.

114. 『御製常訓』4ㄱ-5ㄴ.

115. 『御製自省編』內篇, 4ㄱ(319쪽).

116. 『御製續常訓』, 3ㄴ(258쪽).

117. 『世宗實錄』卷105, 世宗 26년 윤7월 25일(壬寅), 25ㄱ(4책, 579쪽).

118. 『世宗實錄』卷78, 世宗 19년 7월 23일(辛亥), 15ㄱ(4책, 93쪽).

119. 『農事直說』의 편찬 과정과 농업기술상의 특징에 대해서는 金容燮, 『朝鮮後期農學史研究』, 一潮閣, 1988, 30-81쪽; 김용섭, "세종조의 농업기술", 『세종문화사대계 2(과학편)』, 세종대왕기념사업회, 2000, 363-97쪽 참조.

120. 『世宗實錄』卷44, 世宗 11년 5월 16일(辛酉), 16ㄴ(3책, 181쪽).

121. 『太宗實錄』卷27, 太宗 14년 2월 1일(乙巳), 8ㄱ(2책, 4쪽).

122. 『世宗實錄』卷105, 世宗 26년 윤7월 25일(壬寅), 25ㄱ-26ㄴ(4책, 579쪽) 참조.

123. 『中宗實錄』卷27, 中宗 12년 2월 26일(壬申), 40ㄴ(15책, 260쪽).

124. 『世宗實錄』卷60, 世宗 15년 6월 11일(壬辰), 40ㄱ(3책, 483쪽).

125. 『世宗實錄』卷60, 世宗 15년 6월 11일(壬辰), 39ㄴ(3책, 482쪽).

126. 『世宗實錄』卷60, 世宗 15년 6월 11일(壬辰), 40ㄱ(3책, 483쪽).

127. 李泰鎭, "『鄉藥集成方』 편찬의 정치사상적 배경과 의의", 『의술과 인구 그리고 농업 기술—조선 유교국가의 경제발전 모델—』, 태학사, 2002, 141-45쪽 참조.

128. 『陽村集』卷17, 「鄉藥濟生集成方序」, 15ㄱ-ㄴ(7책, 183쪽).

129. 고려 말, 조선 초 鄉藥論의 대두와 관련 醫書의 편찬에 대해서는 金澔, "『鄉藥集成方』에서 『東醫寶鑑』으로", 『韓國史 市民講座』 16, 1995, 65-76쪽 참조.

130. 『訓民正音解例』(영인본 『訓民正音』, 大提閣, 1973 참조; 강신항 역주, 『訓民正音』, 新丘文化社, 1974, 61쪽—訓民正音 解例本의 원문 쪽수); 『世宗實錄』卷113, 世宗 28년 9월 29일(甲午), 37ㄱ(4책, 702쪽).

131. 『訓民正音解例』(62쪽); 『世宗實錄』卷113, 世宗 28년 9월 29일(甲午), 37ㄱ(4책, 702쪽).

132. 『訓民正音解例』(66쪽); 『世宗實錄』卷113, 世宗 28년 9월 29일(甲午), 37ㄱ(4책, 702쪽).

133. 『世宗實錄』卷99, 世宗 25년 1월 14일(庚午), 6ㄱ(4책, 457쪽).

134. 『中宗實錄』卷84, 中宗 32년 4월 10일(戊午), 50ㄴ(18책, 60쪽); 『中宗實錄』卷84, 中宗 32년 4월 11일(己未), 53ㄴ-54ㄱ(18책, 62쪽); 『中宗實錄』卷84, 中宗 32년 4월 16일(甲子), 56ㄴ-57ㄱ(18책, 63-64쪽).

135. 『中宗實錄』卷89, 中宗 34년 3월 27일(乙未), 69ㄴ(18책, 261쪽).

136. 『中宗實錄』卷36, 中宗 36년 8월 27일(庚辰), 5ㄱ-6ㄱ(18책, 494쪽).

137. 조선 초 祭天禮의 置廢를 둘러싼 논란은 그 대표적 사례라 할 수 있다. 이에 대해서는 다음의 논저를 참조. 金泰永, "朝鮮 初期 祀典의 成立에 對하여—國家意識의 變遷을 中心으로—", 『歷史學報』 58, 歷史學會, 1973; 韓㳓劤, "朝鮮王朝初期에 있어서의 儒敎理念의 實踐과 信仰·宗敎—祀祭問題를 中心으로—", 『韓國史論』 3, 서울大學校 國史學科, 1978(『朝鮮時代思想史研究論攷』, 一潮閣, 1996에 재수록); 山內弘一, "李朝初期に於ける對明自尊の意識", 『朝鮮學報』 92, 朝鮮學會, 1979; 韓永愚, 『朝鮮前期社會思想研究』, 知識産業社, 1983, 32-37쪽; 韓亨周, "朝鮮 世祖代

의 祭天禮에 대한 研究—太·世宗代 祭天禮와의 비교·검토를 중심으로—", 『震檀學報』 81, 震檀學會, 1996; 李碩圭, "朝鮮初期 祭天禮와 赦宥制—民心安定策과 관련하여—", 『史學研究』 54, 韓國史學會, 1997. 조선초기 '관학파' 유학자들의 '민족주의적 경향'에 대해서는 김홍경, 『조선초기 관학파의 유학사상』, 한길사, 1996, 259-69쪽 참조.

2장 세종시대 과학기술 정책

1. 『書雲觀志』 卷1, 官職, 1ㄱ(13쪽). 書雲觀(觀象監)에 대한 연구로는 趙承龜, "朝鮮初期 書雲觀의 機能과 變遷", 연세대학교 대학원 국학전공, 1998; 허윤섭, "조선후기 觀象監 天文學 부문의 조직과 업무: 18세기 후반 이후를 중심으로", 서울대학교 대학원 석사학위논문, 2000을 참조.

2. 『太祖實錄』 卷1, 太祖 원년 7월 28일(丁未), 48ㄱ(1책, 24쪽).

3. 『太宗實錄』 卷9, 太宗 5년 3월 1일(丙申), 6ㄱ(1책, 320쪽); 『書雲觀志』 卷1, 官職, 1ㄴ(14쪽).

4. 『太宗實錄』 卷28, 太宗 14년 7월 10일(辛巳), 3ㄴ(2책, 26쪽).

5. 『太宗實錄』 卷31, 太宗 16년 4월 28일(庚寅), 31ㄱ(2책, 112쪽).

6. 『太宗實錄』 卷30, 太宗 15년 12월 19일(壬午), 44ㄱ(2책, 95쪽).

7. 『世宗實錄』 卷59, 世宗 15년 2월 2일(丙戌), 13ㄴ(3책, 441쪽).

8. 『成宗實錄』 卷61, 成宗 6년 11월 24일(己巳), 9ㄱ(9책, 288쪽).

9. 『世宗實錄』 卷7, 世宗 2년 3월 13일(辛巳), 29ㄴ(2책, 375쪽).

10. 상참(常參)에 참여할 수 없는 참외관(參外官=參下官: 정7품 이하)으로서 녹봉을 받는 관리.

11. 『世宗實錄』 卷29, 世宗 7년 8월 30일(丙申), 25ㄱ(2책, 691쪽).

12. 조선의 관직에는 실직(實職)과 산직(散職)이 있고, 실직에는 녹관(祿官)과 무록관(無祿官)이 있었는데, 녹관은 정직(正職)과 체아직(遞兒職)으로 구분된다. 체아직은 정해진 녹봉이 없이 계절마다 근무 성적을 평가하여 녹봉을 지급하는 관직이다. 대개는 거관(去官) 이후에 옮겨 갈 자리가 없는 경우에 체아직에 임명하였다. 체아직에 지급되는 녹봉을 체아록(遞兒祿)이라고 한다.

13. 『世宗實錄』 卷30, 世宗 7년 11월 29일(甲子), 18ㄴ(2책, 703쪽).

14. 『經國大典』卷1, 吏典, 京官職, 正三品衙門, 觀象監, 25ㄴ(78쪽─奎章閣資料叢書 法典篇『經國大典』, 서울大學校奎章閣, 1997의 쪽수. 이하 같음).

15. 『世宗實錄』卷52, 世宗 13년 6월 28일(庚申), 43ㄴ(3책, 328쪽).

16. 『世宗實錄』卷75, 世宗 18년 10월 7일(己巳), 3ㄴ(4책, 34쪽).

17. 『世宗實錄』卷126, 世宗 31년 11월 22일(戊戌), 5ㄴ(5책, 151쪽).

18. '述者'의 용례에 대해서는『太宗實錄』卷14, 太宗 7년 10월 1일(辛巳), 31ㄱ(1책, 417쪽);『太宗實錄』卷25, 太宗 13년 1월 1일(辛巳), 1ㄱ(1책, 659쪽);『世宗實錄』卷30, 世宗 7년 11월 29일(甲子), 18ㄴ(2책, 703쪽);『成宗實錄』卷10, 成宗 2년 6월 30일(辛未), 48ㄱ(8책, 586쪽) 등을 참조. 이는 조선후기에 修述官으로 정비되었다[『書雲觀志』卷1, 官職, 5ㄱ(21쪽─영인본『書雲觀志·國朝曆象考』, 誠信女子大學校 出版部, 1982의 쪽수)].

19. 『世宗實錄』卷12, 世宗 3년 6월 10일(辛丑), 9ㄴ(2책, 435쪽).

20. 『世宗實錄』卷14, 世宗 3년 12월 9일(戊戌), 12ㄴ(2책, 466쪽).

21. 『世宗實錄』卷58, 世宗 14년 12월 22일(丁未), 32ㄴ(3책, 434쪽).

22. 『世宗實錄』卷11, 世宗 3년 3월 15일(丁丑), 14ㄴ(2책, 426쪽).

23. 『世宗實錄』卷35, 世宗 9년 3월 3일(辛卯), 20ㄴ(3책, 64쪽).

24. 『世宗實錄』卷66, 世宗 16년 12월 5일(戊申), 23ㄴ(3책, 603쪽).

25. 『世宗實錄』卷100, 世宗 25년 5월 8일(壬戌), 17ㄱ(4책, 476쪽).

26. 『太宗實錄』卷35, 太宗 18년 2월 11일(壬辰), 14ㄱ(2책, 205쪽).

27. 『世宗實錄』卷83, 世宗 20년 10월 22일(癸酉), 7ㄴ(4책, 169쪽).

28. 『世祖實錄』卷32, 世祖 10년 3월 11일(甲子), 28ㄴ(7책, 613쪽).

29. 『太宗實錄』卷23, 太宗 12년 6월 22일(乙亥), 43ㄴ(1책, 640쪽);『世宗實錄』卷112, 世宗 28년 6월 18일(甲寅), 38ㄱ(4책, 682쪽).

30. 『太祖實錄』卷11, 太祖 6년 1월 24일(丁丑), 2ㄱ(1책, 100쪽).

31. 『陽村集』卷12, 「義興三軍府舍人所廳壁記」, 13ㄱ(7책, 138쪽).

32. 『太祖實錄』卷4, 太祖 2년 10월 27일(己亥), 12ㄱ(1책, 51쪽).

33. 『太宗實錄』卷12, 太宗 6년 11월 15일(辛未), 34ㄴ(1책, 379쪽).

34. 『太祖實錄』卷1, 太祖 원년 7월 28일(丁未), 49ㄱ(1책, 25쪽).

35. 『太宗實錄』卷30, 太宗 15년 10월 16일(庚辰), 27ㄴ(2책, 87쪽).

36. 『世宗實錄』卷20, 世宗 5년 4월 21일(辛未), 10ㄱ(2책, 538쪽).

37. 『世祖實錄』卷30, 世祖 9년 3월 2일(辛卯), 15ㄴ-16ㄱ(7책, 568-69쪽).

38. 『世祖實錄』卷12, 世祖 4년 5월 11일(丁酉), 17ㄴ(7책, 269쪽).

39. 『世祖實錄』卷21, 世祖 6년 7월 28일(壬寅), 7ㄱ-ㄴ(7책, 409쪽).

40. 『世祖實錄』卷34, 世祖 10년 10월 28일(戊申), 36ㄴ-37ㄱ(7책, 658쪽).

41. 『成宗實錄』卷148, 成宗 13년 11월 10일(甲辰), 5ㄴ(10책, 406쪽).

42. 『世宗實錄』卷22, 世宗 5년 11월 15일(壬辰), 13ㄱ-ㄴ(2책, 564쪽).

43. 『世宗實錄』卷51, 世宗 13년 3월 2일(丙寅), 22ㄴ(3책, 297쪽).

44. 『世宗實錄』卷51, 世宗 13년 3월 12일(丙子), 28ㄴ(3책, 300쪽).

45. 『世祖實錄』卷36, 世祖 11년 6월 11일(丁亥), 14ㄱ(7책, 690쪽).

46. 『世祖實錄』卷30, 世祖 9년 3월 2일(辛卯), 16ㄱ(7책, 569쪽).

47. 『世祖實錄』卷20, 世祖 6년 6월 16일(辛酉), 39ㄱ~ㄴ(7책, 402쪽).

48. 『世宗實錄』卷119, 世宗 30년 1월 23일(庚戌), 5ㄴ~6ㄱ(5책, 50쪽).

49. 『世祖實錄』卷20, 世祖 6년 6월 16일(辛酉), 39ㄱ~40ㄱ(7책, 402~403쪽).

50. 주 37) 참조.

51. 주 37) 참조.

52. 『太宗實錄』卷33, 太宗 17년 1월 20일(丁未), 5ㄱ(2책, 145쪽).

53. 『世宗實錄』卷39, 世宗 10년 3월 23일(乙巳), 32ㄱ(3책, 122쪽) ; 『文宗實錄』卷5, 文宗 원년 1월 26일(丙寅), 59ㄱ(6책, 352쪽).

54. 『世宗實錄』卷61, 世宗 15년 8월 25일(乙巳), 29ㄱ(3책, 501쪽).

55. 『世宗實錄』卷102, 世宗 25년 11월 17일(戊辰), 25ㄴ(4책, 524쪽).

56. 『世祖實錄』卷7, 世祖 3년 5월 24일(丙戌), 39ㄱ-ㄴ(7책, 199쪽).

57. 『世祖實錄』卷38, 世祖 12년 1월 15일(戊午), 6ㄴ(8책, 3쪽).

58. 『成宗實錄』卷33, 成宗 4년 8월 16일(乙亥), 14ㄴ(9책, 54쪽).

59. 『經國大典』卷1, 吏典, 京官職, 六曹, 11ㄴ-12ㄱ(50-51쪽).

60. 『經國大典』卷3, 禮典, 生徒, 18ㄴ(248쪽).

61. 홍성사·홍영희, "朝鮮의 算學訓導와 算學教授", 『한국수학사학회지』 제19권 제3호, 한국수학사학회, 2006 참조.

62. 조선 초기 의료제도의 정비에 관한 기존 연구로는 金斗鍾, "近世 朝鮮의 醫療 制度의 變革과 醫療 保護 事業의 追憶", 『鄕土서울』 8, 서울 特別市市史編纂委員會, 1960; 孫弘烈, "朝鮮時代의 醫療制度(Ⅰ)―鮮初 醫療機構의 設置를 中心으로―", 『歷史教育』 30·31, 歷史教育研究會, 1982를 참조.

63. 『太祖實錄』卷1, 太祖 원년 7월 28일(丁未), 48ㄱ(1책, 24쪽).

64. 『經國大典』卷1, 吏典, 京官職, 正三品衙門, 典醫監, 25ㄱ(77쪽).

65. 『太祖實錄』卷1, 太祖 원년 7월 28일(丁未), 49ㄱ(1책, 25쪽).

66. 『太祖實錄』卷7, 太祖 4년 2월 13일(丁丑), 4ㄱ(1책, 75쪽).

67. 『世祖實錄』卷38, 世祖 12년 1월 15일(戊午), 6ㄱ(8책, 3쪽).

68. 『太祖實錄』卷12, 太祖 6년 8월 23일(壬寅), 4ㄴ(1책, 109쪽).

69. 『陽村集』卷22,「鄕藥濟生集成方跋」, 6ㄴ(7책, 222쪽).

70. 『陽村集』卷17,「鄕藥濟生集成方序」, 14ㄴ(7책, 182쪽).

71. 『世祖實錄』卷20, 世祖 6년 5월 22일(丁酉), 27ㄴ(7책, 396쪽).

72. 『世宗實錄』卷28, 世宗 7년 5월 3일(壬申), 12ㄴ-13ㄱ(2책, 667-68쪽).

73. 『世宗實錄』卷48, 世宗 12년 6월 19일(戊子), 30ㄱ(3책, 242쪽).

74. 『世宗實錄』卷50, 世宗 12년 12월 15일(辛巳), 31ㄱ-ㄴ(3책, 278쪽).

75. 『世宗實錄』卷55, 世宗 14년 1월 4일(甲子), 2ㄱ(3책, 366쪽).

76. 『世宗實錄』卷65, 世宗 16년 7월 25일(庚子), 10ㄴ(3책, 581쪽).

77. 『世宗實錄』卷90, 世宗 22년 7월 28일(戊辰), 18ㄴ-19ㄱ(4책, 307쪽).

78. 『世宗實錄』卷111, 世宗 28년 1월 29일(丁酉), 10ㄴ-11ㄱ(4책, 653쪽).

79. 『世宗實錄』卷80, 世宗 20년 3월 16일(庚子), 30ㄱ(4책, 136쪽).

80. 『世宗實錄』卷90, 世宗 22년 8월 21일(庚寅), 31ㄴ(4책, 313쪽).

81. 『世宗實錄』卷60, 世宗 15년 6월 1일(壬午), 36ㄴ(3책, 481쪽).

82. 『世宗實錄』卷60, 世宗 15년 6월 11일(壬辰), 40ㄱ(3책, 483쪽).

83. 『世宗實錄』卷95, 世宗 24년 2월 15일(丙午), 20ㄱ(4책, 399쪽).

84. 『世宗實錄』卷47, 世宗 12년 3월 18일(戊午), 28ㄴ(3책, 225쪽).

85. 『世宗實錄』卷20, 世宗 5년 4월 6일(丙辰), 3ㄴ(2책, 534쪽).

86. 『世宗實錄』卷23, 世宗 6년 3월 11일(丁亥), 29ㄴ-30ㄱ(2책, 585-586쪽).

87. 生藥의 판매를 담당했던 관서이다. 본전은 그대로 두고 利息을 취해서 북경에 가는 醫員에게 여러 가지 약을 무역해 오게 하고 숫자를 헤아려 판매함으로써 백성의 편의를 도모하였다[『世祖實錄』卷13, 世祖 4년 6월 18일(甲戌), 3ㄴ(7책, 273쪽)].

88. 『世宗實錄』卷45, 世宗 11년 9월 4일(丁未), 18ㄴ(3책, 196쪽).

89. 『世宗實錄』卷46, 世宗 11년 11월 17일(己未), 11ㄴ(3책, 206쪽).

90. 『世宗實錄』卷49, 世宗 12년 8월 10일(戊寅), 14ㄱ(3책, 250쪽).

91. 『世宗實錄』卷77, 世宗 19년 5월 27일(丙辰), 30ㄱ(4책, 77쪽).

92. 『世宗實錄』卷56, 世宗 14년 5월 18일(乙亥), 26ㄱ-ㄴ(3책, 393쪽).

93. 『世宗實錄』卷58, 世宗 14년 10월 20일(乙巳), 6ㄴ(3책, 421쪽).

94. 『世宗實錄』卷61, 世宗 15년 8월 26일(丙午), 29ㄴ(3책, 501쪽).

95. 『世宗實錄』卷61, 世宗 15년 윤8월 25일(乙亥), 47ㄴ(3책, 510쪽).

96. 『太祖實錄』卷12, 太祖 6년 8월 23일(壬寅), 4ㄴ(1책, 109쪽).

97. 『世宗實錄』卷56, 世宗 14년 6월 29일(丙辰), 39ㄴ-40ㄱ(3책, 399-400쪽).

98. 『世宗實錄』卷85, 世宗 21년 4월 29일(丙午), 22ㄱ(4책, 209쪽).

99. 『高麗史』卷77, 志 31, 百官 2, 諸司都監各色, 書籍店, 25ㄱ(中, 692쪽); 『高麗史節要』卷35, 恭讓王 2, 47ㄱ(820쪽―영인본 『高麗史節要』 明文堂, 1991(重版)의 쪽수).

100. 『高麗史』卷77, 志 31, 百官 2, 諸司都監各色, 書籍店, 25ㄱ(中, 692쪽).

101. 秘書省은 충선왕 때 典校署로 강등되어 藝文館에 소속되었는데[『高麗史』卷76, 志 30, 百官 1, 典校寺, 32ㄴ(中, 671쪽)], 書籍店도 충선왕 대에 翰林院(=藝文館)에 병합되었다[『高麗史』卷77, 志 31, 百官 2, 諸司都監各色, 書籍店, 25ㄱ(中, 692쪽)]. 이를 근거로 서적점이 비서성의 分司였다고 추측하는 견해도 있다[韓東明, 『韓國中世印刷文化의 制度史的 研究―11~15世紀 校書館制度를 中心으로―』, 慶熙大學校 大學院 史學科 博士學位論文, 1986, 16-21쪽].

102. 『西河集』卷6, 「後序」(崔瑀) 29ㄱ(1책, 277쪽).

103. 『太祖實錄』卷1, 太祖 원년 7월 28일(丁未), 49ㄱ(1책, 25쪽).

104. 『大明律直解』卷30, 「識」(金祗), 3ㄴ(634쪽―奎章閣資料叢書 法典篇 『大明律直解』, 서울大學校奎章閣, 2001의 쪽수).

105. 『三峯集』卷1, 「置書籍鋪詩幷序」, 18ㄱ-ㄴ(5책, 296쪽).

106. 『高麗史』卷11, 世家 11, 肅宗 1, 6년 3월 11일(壬申), 26ㄴ(上, 232쪽).

107. 『三峯集』卷1, 「置書籍鋪詩幷序」, 18ㄴ(5책, 296쪽).

108. 『增補文獻備考』의 찬자는 태종 3년(1403)에야 비로소 주자소(鑄字所)가 설치되었다는 점을 들어 書籍鋪의 설치에 대해 부정적인 견해를 제시하였으나[『增補文獻備考』卷242, 藝文考 1, 歷代書籍, 7ㄴ(下, 840쪽)], 일부 학자들은 서적포를 서적원으로 이해하기도 한다[리철화, 『조선출판문화사(고대~중세)』, 사회과학출판사, 1995, 197-98쪽].

109. 韓東明, 앞의 논문, 1986, 42-43쪽; 강명관, 『책벌레들, 조선을 만들다』, 푸른역사, 2007, 24-39쪽; 도현철, "정도전의 문치 사회론의 성격", 『다산과 현대』 6, 연세대학교 강진다산실학연구원, 2014, 263-65쪽.

110. 『三灘集』卷10, 「典校署板堂記」(11책, 472쪽); 『新增東國輿地勝覽』卷2, 京都下, 文

職公署, 校書館, 22ㄴ-23ㄱ(53~54쪽)의 李承召의 記文 참조.

111. 『太祖實錄』卷1, 太祖 원년 7월 28일(丁未), 47ㄴ(1책, 24쪽).

112. 『太宗實錄』卷2, 태종 원년 7월 13일(庚子), 2ㄱ(1책, 208쪽).

113. 『東國輿地備攷』, 卷1, 京都, 文職公署, 校書館, 45쪽(서울史料叢書『東國輿地備攷』, 서울特別市史編纂委員會, 1956의 쪽수. 이하 같음). 『增補文獻備考』에서는 태조 원년에 書籍監을 설치했다고 하였는데, 그 직제가 서적원의 그것과 일치한다[『增補文獻備考』卷220, 職官考 7, 舘閣, 校書館, 31ㄴ(下, 569쪽)].

114. 『世宗實錄』卷88, 世宗 22년 2월 12일(乙酉), 17ㄱ(4책, 269쪽). 태종 원년의 교서관 직제에 따르면 종6품 이상의 참상관은 2명(校理·副校理)이었는데, 여기에서는 1명이라고 했다. 그 사이에 어떤 변동이 있었는지는 알 수 없다.

115. 『世宗實錄』卷89, 世宗 22년 5월 12일(癸丑), 16ㄴ-17ㄱ(4책, 286-87쪽); 『世宗實錄』卷111, 世宗 28년 3월 8일(乙亥), 19ㄴ(4책, 657쪽).

116. 『經國大典』卷1, 吏典, 雜職, 校書館, 38ㄴ-39ㄱ(104-105쪽); 『經國大典』卷1, 吏典, 京衙前, 校書館, 62ㄱ(151쪽); 『經國大典』卷6, 工典, 工匠, 京工匠, 校書館, 10ㄱ-ㄴ(557-58쪽).

117. 『世宗實錄』卷57, 世宗 14년 8월 16일(壬寅), 20ㄱ(3책, 410쪽).

118. 『新增東國輿地勝覽』卷2, 京都下, 文職公署, 校書館, 22ㄱ(53쪽).

119. 『三灘集』卷10, 「典校署板堂記」(11책, 472쪽); 『新增東國輿地勝覽』卷2, 京都下, 文職公署, 校書館, 22ㄴ-23ㄱ(53-54쪽).

120. 『薰陶坊鑄字洞志』, 「薰陶坊鑄字洞序」(朴承宗); 『薰陶坊鑄字洞志』, 公館. 일찍이 김원룡은 이와는 다르게 『宮闕志』와 『京城府史』의 기록을 근거로 교서관은 본래 경복궁 사옹원 남쪽에 있었고, 주자소는 남부 훈도방에 있었는데 세종 17년(1435)에 주자소를 궐내로 옮기면서 주자소의 옛 건물을 外館으로 칭하게 되었다고 보았다(金元龍, "李氏朝鮮 鑄字 印刷 小史─鑄字所를 中心으로─", 『鄕土서울』 3, 서울特別市史編纂委員會, 1958, 125-26쪽).

121. 『三灘集』卷10, 「典校署板堂記」(11책, 472쪽); 『新增東國輿地勝覽』卷2, 京都下, 文職公署, 校書館, 22ㄴ(53쪽).

122. 『世宗實錄』卷69, 世宗 17년 9월 12일(庚辰), 24ㄴ(3책, 651쪽).

123. 『世宗實錄』卷70, 世宗 17년 10월 19일(丁巳), 3ㄱ-ㄴ(3책, 656쪽).

124. 韓東明, 앞의 논문, 1986, 147-85쪽; 金聖洙, "조선시대 국가 중앙인쇄기관의 조직·기능 및 업무활동에 관한 연구", 『書誌學硏究』 42, 韓國書誌學會, 2009, 178-90쪽.

125. 『太宗實錄』卷24, 太宗 12년 11월 28일(己酉), 26ㄴ(1책, 655쪽).

126. 『太宗實錄』卷30, 太宗 15년 7월 25일(庚申), 8ㄴ(2책, 77쪽).

127. 『世宗實錄』卷148, 地理志, 京都, 漢城府, 2ㄴ(5책, 613쪽).

128. 『世宗實錄』卷51, 世宗 13년 1월 20일(乙酉), 9ㄱ(3책, 291쪽).

129. 『世宗實錄』卷51, 世宗 13년 3월 8일(壬申), 25ㄴ(3책, 299쪽).

130. 『世宗實錄』卷52, 世宗 13년 4월 1일(乙未), 1ㄱ(3책, 307쪽).

131. 『世宗實錄』卷100, 世宗 25년 6월 21일(甲辰), 35ㄱ(4책, 485쪽).

132. 『世宗實錄』卷25, 世宗 6년 8월 2일(甲辰), 13ㄴ(2책, 616쪽).

133. 『世宗實錄』卷26, 世宗 6년 11월 24일(乙未), 26ㄴ(2책, 638쪽).

134. 『世宗實錄』卷49, 世宗 12년 9월 11일(己酉), 32ㄴ-33ㄱ(3책, 259-60쪽).

135. 『世宗實錄』卷65, 世宗 16년 7월 16일(辛卯), 8ㄱ(3책, 580쪽).

136. 『世宗實錄』卷65, 世宗 16년 7월 17일(壬辰), 8ㄱ(3책, 580쪽).

137. 『世宗實錄』卷42, 世宗 10년 12월 9일(丙戌), 21ㄱ(3책, 157쪽).

138. 『世宗實錄』卷49, 世宗 12년 8월 29일(丁酉), 28ㄴ(3책, 257쪽).

139. 『世宗實錄』卷65, 世宗 16년 8월 3일(丁未), 17ㄱ(3책, 585쪽).

140. 『世宗實錄』卷84, 世宗 21년 1월 13일(壬辰), 4ㄴ(4책, 181쪽).

141. 『世宗實錄』卷118, 世宗 29년 10월 20일(戊寅), 2ㄴ(5책, 41쪽).

142. 『慵齋叢話』卷10(I, 656쪽-국역『대동야승』, 민족문화추진회, 1985(중판)의 책수
와 原文 쪽수. 이하 같음). 藁精紙는 귀리나 보릿짚으로 만든 황색 종이, 柳葉紙·柳
木紙는 버드나무의 줄기나 잎으로 만든 종이, 薏苡紙는 율무를 원료로 만든 종이,
麻骨紙는 닥을 절약하기 위해 껍질 벗긴 삼대[麻骨]를 섞어서 만든 종이, 純倭紙는
조선 고유의 종이가 아니라 일본에서 배워온 제지술로 만든 종이를 뜻한다. 세종 9
년(1427)에는 內庫에 보관되어 있던 倭紙로 『綱目通鑑(=資治通鑑綱目)』을 인쇄한
바 있고, 세종 10년(1428)에는 倭紙의 제조법을 배워오라고 명을 내리기도 했다[
『世宗實錄』卷38, 世宗 9년 11월 3일(丁亥), 9ㄱ(3책, 100쪽) ;『世宗實錄』卷41, 世
宗 10년 7월 1일(辛亥), 1ㄱ(3책, 136쪽)].

143. 『世宗實錄』卷103, 世宗 26년 3월 20일(庚午), 30ㄱ(4책, 548쪽) ;『世宗實錄』卷
104, 世宗 26년 6월 21일(己亥), 34ㄴ~35ㄱ(4책, 565~566쪽).

144. 『世宗實錄』卷118, 世宗 29년 11월 16일(乙巳), 8ㄴ~9ㄱ(5책, 44쪽).

145. 李成茂, 「朝鮮初期의 技術官과 그 地位-中人層의 成立問題를 中心으로-」, 『惠庵
柳洪烈博士 華甲紀念論叢』, 探求堂, 1971.

146. 『高麗史』卷77, 志 31, 百官 2, 諸司都監各色, 十學, 29ㄱ-ㄴ(中, 694쪽―영인본『高麗史』, 亞細亞文化社, 1983(再版)의 책수와 쪽수);『高麗史節要』卷34, 恭讓王 1, 4ㄱ(764쪽―영인본『高麗史節要』, 明文堂, 1991(重版)의 쪽수).

147. 『太祖實錄』卷14, 太祖 7년 8월 26일(己巳), 26ㄱ-ㄴ(1책, 134쪽).

148. 『陶隱集』卷4, 「診脉圖誌」, 18ㄱ(6책, 593쪽).

149. 『陶隱集』卷4, 「診脉圖誌」, 18ㄴ(6책, 593쪽).

150. 『太祖實錄』卷4, 太祖 2년 10월 27일(己亥), 12ㄱ(1책, 51쪽).

151. 『太祖實錄』卷11, 太祖 6년 1월 24일(丁丑), 2ㄱ(1책, 100쪽).

152. 『陽村集』卷12, 「義興三軍府舍人所廳壁記」, 12ㄴ-13ㄱ(7책, 137-38쪽).

153. 『陽村集』卷12, 「義興三軍府舍人所廳壁記」, 13ㄱ(7책, 138쪽).

154. 『太宗實錄』卷12, 太宗 6년 11월 15일(辛未), 34ㄴ(1책, 379쪽).

155. 『太宗實錄』卷14, 太宗 7년 11월 25일(乙亥), 44ㄱ(1책, 424쪽).

156. 『太宗實錄』卷14, 太宗 7년 11월 25일(乙亥), 44ㄴ(1책, 424쪽).

157. 『太宗實錄』卷22, 太宗 11년 11월 1일(戊午), 34ㄴ-35ㄱ(1책, 607-608쪽).

158. 『太宗實錄』卷24, 太宗 12년 10월 17일(己巳), 20ㄴ(1책, 652쪽).

159. 『太宗實錄』卷24, 太宗 12년 11월 15일(丙申), 24ㄱ(1책, 654쪽).

160. 『太宗實錄』卷31, 太宗 16년 3월 29일(辛酉), 25ㄴ(2책, 109쪽).

161. 『世宗實錄』卷2, 世宗 즉위년 12월 17일(壬辰), 32ㄴ(2책, 291쪽).

162. 『世宗實錄』卷19, 世宗 5년 3월 24일(乙巳), 27ㄴ-28ㄴ(2책, 532쪽).

163. 『世宗實錄』卷18, 世宗 4년 11월 14일(丁卯), 14ㄱ-ㄴ(2책, 511쪽).

164. 『世宗實錄』卷48, 世宗 12년 4월 3일(壬申), 1ㄱ(3책, 227쪽).

165. 『世宗實錄』卷47, 世宗 12년 3월 18일(戊午), 28ㄱ-ㄴ(3책, 225쪽).

166. 『世宗實錄』卷48, 世宗 12년 6월 19일(戊子), 30ㄴ(3책, 242쪽);『世宗實錄』卷57, 世宗 14년 9월 5일(庚申), 31ㄱ(3책, 415쪽).

167. 『世祖實錄』卷34, 世祖 10년 8월 6일(丁亥), 9ㄱ(7책, 644쪽).

168. 『世祖實錄』卷34, 世祖 10년 8월 25일(丙午), 16ㄱ(7책, 648쪽);『世祖實錄』卷34, 世祖 10년 8월 26일(丁未), 17ㄱ(7책, 648쪽);『世祖實錄』卷35, 世祖 11년 3월 25일(庚申[壬申]), 23ㄴ(7책, 677쪽).

169. 『成宗實錄』卷174, 成宗 16년 1월 8일(辛卯), 9ㄴ(10책, 665쪽).

170. 『世宗實錄』卷58, 世宗 14년 11월 1일(丙辰), 11ㄱ(3책, 424쪽).

171. 조선전기 工匠 계층에 대한 기존의 연구로는 다음을 참조. 姜萬吉, “朝鮮前期 工匠

考", 『史學研究』 12, 한국사학회, 1961; 劉教聖, "韓國商工業史", 『韓國文化史大系
Ⅱ(政治·經濟史)』, 高麗大學校 民族文化研究所, 1965; 劉承源, "조선초기 京工匠의
官職─雜織의 受職을 중심으로", 『金哲埈博士華甲紀念史學論叢』, 金哲埈博士華甲
紀念史學論叢 刊行準備委員會, 1983; 이혜옥, "조선전기 수공업체제의 정비", 『역사
와 현실』 제33호, 한국역사연구회, 1999; 이병희, "조선전기 도자기 수공업의 편제와
운영", 『역사와 현실』 제33호, 한국역사연구회, 1999; 한정수, "조선전기 제지 수공업
의 생산체제", 『역사와 현실』 제33호, 한국역사연구회, 1999; 金一煥, 『朝鮮初期 軍
器監의 武器製造 研究』, 仁荷大學校 大學院 史學科 博士學位論文, 2000.

172. 『成宗實錄』 卷95, 成宗 9년 8월 4일(癸巳), 4ㄱ(9책, 637쪽).

173. 『中宗實錄』 卷77, 中宗 29년 윤2월 24일(辛酉), 5ㄱ(17책, 503쪽).

174. 『中庸章句』, 20章.

175. 『三峯集』 卷8, 朝鮮經國典下, 工典, 金玉石木攻皮塼埴等工, 19ㄱ(5책, 444쪽).

176. 『三峯集』 卷8, 朝鮮經國典下, 工典, 摠序, 19ㄱ(5책, 442쪽).

177. 『三峯集』 卷8, 朝鮮經國典下, 工典, 摠序, 18ㄱ(5책, 441쪽).

178. 『成宗實錄』 卷273, 成宗 24년 1월 6일(壬申), 3ㄴ(12책, 266쪽).

179. 『燕山君日記』 卷48, 燕山君 9년 2월 19일(丙辰), 19ㄴ(13책, 544쪽).

180. 『經國大典』 卷6, 工典, 京工匠, 4ㄴ-14ㄱ(546-65쪽).

181. 『經國大典』 卷6, 工典, 京工匠, 14ㄴ-38ㄱ(566-613쪽).

182. 『東國輿地備攷』 卷2, 漢城府, 工匠, 69쪽.

183. 『中宗實錄』 卷101, 中宗 38년 9월 23일(甲子), 28ㄴ(19책, 14쪽).

184. 『大典後續錄』 卷6, 工典, 工匠, 1ㄴ-2ㄱ(238-39쪽─奎章閣資料叢書 法典篇 『大典
續錄·大典後續錄·經國大典註解』, 서울大學校奎章閣, 1997의 쪽수).

185. 『太祖實錄』 卷1, 太祖 원년 7월 28일(丁未), 48ㄱ(1책, 24쪽). 軍器監은 세조 12년
(1466)에 軍器寺로 개칭되었다[『世祖實錄』 卷38, 世祖 12년 1월 15일(戊午), 5ㄴ(8
책, 3쪽)].

186. 『太宗實錄』 卷13, 太宗 7년 1월 19일(甲戌), 5ㄱ(1책, 384쪽).

187. 『世宗實錄』 卷14, 世宗 3년 12월 10일(己亥), 13ㄱ(2책, 467쪽).

188. 『太祖實錄』 卷1, 太祖 원년 7월 28일(丁未), 47ㄴ(1책, 24쪽).

189. 『經國大典』 卷1, 吏典, 京官職, 正三品衙門, 尙衣院, 24ㄱ(75쪽).

190. 『世宗實錄』 卷27, 世宗 7년 1월 19일(庚寅), 11ㄱ(2책, 649쪽).

191. 『經國大典』 卷1, 吏典, 京官職, 正三品衙門, 尙衣院, 21ㄱ(69쪽).

192. 『世宗實錄』卷84, 世宗 21년 1월 22일(辛丑), 10ㄴ(4책, 184쪽).

193. 『中宗實錄』卷81, 中宗 31년 1월 25일(辛巳), 12ㄴ(17책, 634쪽).

194. 『大學章句』10章. "生財有大道, 生之者衆, 食之者寡, 爲之者疾, 用之者舒, 則財恒足矣."

195. 『周易』, 節卦, 象傳. "天地節而四時成, 節以制度, 不傷財, 不害民."

196. 『論語集註』, 學而, 5章. "子曰, 道千乘之國, 敬事而信, 節用而愛人, 使民以時."

197. 『世宗實錄』卷85, 世宗 21년 4월 19일(丙申), 15ㄱ(4책, 206쪽).

198. 『中宗實錄』卷84, 中宗 32년 4월 25일(癸酉), 69ㄱ(18책, 70쪽).

199. 홍희유, 『조선 중세 수공업사 연구』, 지양사, 1989, 183-90쪽.

200. 이른바 '장세제'의 실시 과정에 대해서는 홍희유, 위의 책, 1989, 175-83쪽 참조.

201. 『三峯集』卷13, 朝鮮經國典上, 賦典, 工商稅, 19ㄴ-20ㄱ(5책, 423쪽).

202. 『太宗實錄』卷29, 太宗 15년 4월 2일(己巳), 16ㄴ(2책, 56쪽).

203. 『世宗實錄』卷29, 世宗 7년 8월 20일(丙戌), 21ㄱ(2책, 689쪽).

204. 『經國大典』卷2, 戶典, 雜稅, 17ㄱ(205쪽).

205. 『迂書』卷10, 論工匠(Ⅱ, 76쪽—국역 『우서』, 민족문화추진회, 1982의 책수와 原文 쪽수).

206. 『中宗實錄』卷60, 中宗 23년 1월 10일(癸未), 10ㄴ(16책, 614쪽).

207. 『中宗實錄』卷88, 中宗 33년 8월 23일(癸亥), 16ㄱ(18책, 202쪽).

208. 『成宗實錄』卷75, 成宗 8년 1월 29일(戊辰), 29ㄱ(9책, 418쪽).

209. 工匠들에게 上林園 관직을 제수한 사례로는 『世宗實錄』卷105, 世宗 26년 윤7월 5일(壬午), 15ㄴ(4책, 574쪽); 『世宗實錄』卷109, 世宗 27년 7월 18일(庚寅), 9ㄴ(4책, 627쪽); 『世宗實錄』卷110, 世宗 27년 11월 9일(庚辰), 10ㄴ(4책, 644쪽) 등을 참조.

210. 『世宗實錄』卷50, 世宗 12년 12월 1일(丁卯), 25ㄴ(3책, 275쪽).

211. 『世宗實錄』卷109, 世宗 27년 7월 13일(乙酉), 6ㄱ-ㄴ(4책, 625쪽).

212. 『世宗實錄』卷64, 世宗 16년 6월 11일(丙辰), 38ㄱ(3책, 571쪽).

213. 『成宗實錄』卷273, 成宗 24년 1월 3일(己巳), 1ㄴ-2ㄱ(12책, 265쪽).

214. 『慵齋叢話』卷7(Ⅰ, 628쪽).

1. 『太祖實錄』卷1, 太祖 원년 8월 2일(辛亥), 50ㄴ(1책, 25쪽).

2. 『經國大典』卷3, 禮典, 諸科, 5ㄱ-8ㄴ(221-28쪽).

3. 조선 전기 기술관의 사회적 신분 및 기술교육 과정에 대해서는 다음의 논고를 참조.
   李成茂, "朝鮮初期의 技術官과 그 地位—中人層의 成立問題를 中心으로—", 『惠庵
   柳洪烈博士華甲紀念論叢』, 探求堂, 1971; 申解淳, "中間階層", 『한국사』10(兩班官僚
   國家의 社會構造), 國史編纂委員會, 1974; 손홍렬, "조선전기 의관의 임용과 그 사회
   적 지위", 『史叢』30, 1980; 朴星來, "朝鮮儒教社會의 中人技術教育", 『大東文化研究』
   17, 成均館大學校 大東文化研究院, 1983; 韓永愚, "조선초기 사회계층 연구에 대한 재
   론", 『韓國史論』12, 서울大學校 國史學科, 1985; 韓永愚, "朝鮮時代 中人의 身分·階
   級的 性格", 『韓國文化』9, 서울大學校 韓國文化研究所, 1988; 申解淳, "중인", 『한국
   사』25(조선 초기의 사회와 신분구조), 국사편찬위원회, 1994; 金斗憲, 『技術職 中人
   身分 研究』, 全北大學校 大學院 史學科 博士學位論文, 2000; 이남희, "朝鮮前期 技術
   官의 身分的 性格에 대하여", 『高麗 朝鮮前期 中人研究』, 新書苑, 2001.

4. 『世宗實錄』卷51, 世宗 13년 3월 5일(己巳), 23ㄴ(3책, 298쪽).

5. 『世宗實錄』卷92, 世宗 23년 4월 4일(庚午), 21ㄱ(4책, 339쪽).

6. 『世宗實錄』卷49, 世宗 12년 9월 27일(乙丑), 37ㄱ(3책, 262쪽).

7. 『燃藜室記述』卷3, 世宗朝故事本末, 纂述制作(Ⅰ, 665쪽).

8. 『世宗實錄』卷77, 世宗 19년 4월 15일(甲戌), 9ㄴ(4책, 67쪽).

9. 『世宗實錄』卷7, 世宗 2년 3월 16일(甲申), 30ㄱ(2책, 376쪽).

10. 『世宗實錄』卷68, 世宗 17년 6월 8일(戊申), 24ㄴ(3책, 633쪽).

11. 『世宗實錄』卷83, 世宗 20년 11월 23일(癸卯), 18ㄴ(4책, 174쪽).

12. 『世宗實錄』卷7, 世宗 2년 3월 13일(辛巳), 29ㄴ(2책, 375쪽).

13. 『世宗實錄』卷7, 世宗 2년 3월 16일(甲申), 30ㄱ(2책, 376쪽).

14. 『筆苑雜記』卷1(Ⅰ, 671쪽—국역 『대동야승』, 민족문화추진회, 1985(중판)의 책수와
    原文 쪽수. 이하 같음).

15. 『世宗實錄』卷34, 世宗 8년 12월 11일(庚午), 16ㄴ(3책, 52쪽). 이른바 '賜暇讀書' 제
    도의 시행은 본래 卞季良의 건의에 따른 것이었다[『世宗實錄』卷48, 世宗 12년 5월
    18일(丁巳), 21ㄱ(3책, 237쪽)].

16. 조용한 山寺에서 독서하게 한 것은 金赭의 건의에 따른 것이었다[『世宗實錄』卷39,

世宗 10년 3월 28일(庚戌), 33ㄱ(3책, 122쪽)].

17. 『筆苑雜記』卷1(Ⅰ, 672쪽).

18. 『世宗實錄』卷63, 世宗 16년 3월 20일(丁酉), 31ㄱ(3책, 550쪽).

19. 『世宗實錄』卷68, 世宗 17년 6월 8일(戊申), 25ㄱ(3책, 633쪽).

20. 『世宗實錄』卷68, 世宗 17년 6월 8일(戊申), 25ㄱ(3책, 633쪽).

21. 『世宗實錄』卷80, 世宗 20년 3월 19일(癸卯), 31ㄴ(4책, 137쪽). "予於經史, 靡不歷覽."

22. 『列聖誌狀通紀』卷5, 世宗莊憲英文睿武仁聖明孝大王, 「英陵神道碑銘幷序○文宗
元年辛未七月」, 11ㄱ-ㄴ. 이것은 물론 『中庸』의 구절[『中庸章句』31章. "唯天下至聖,
爲能聰明睿知, 足以有臨也. 寬裕溫柔, 足以有容也, 發强剛毅, 足以有執也, 齊莊中
正, 足以有敬也, 文理密察, 足以有別也."]을 차용한 것이다.

23. 『世宗實錄』卷105, 世宗 26년 윤7월 23日(庚子), 23ㄴ(4책, 578쪽).

24. 『世宗實錄』卷43, 世宗 11년 2월 16일(壬辰), 19ㄱ(3책, 168쪽).

25. 『世宗實錄』卷43, 世宗 11년 2월 16일(壬辰), 19ㄱ(3책, 168쪽).

26. 『世宗實錄』卷45, 世宗 11년 9월 6일(己酉), 18ㄴ(3책, 196쪽).

27. 이한수, 『세종시대 '家'와 '國家'』, 한국학술정보, 2006 참조.

28. 『世宗實錄』卷127, 世宗 32년 2월 17일(壬辰), 36ㄴ(5책, 172쪽).

29. 『列聖誌狀通紀』卷5, 世宗莊憲英文睿武仁聖明孝大王, 「英陵神道碑銘幷序○文宗
元年辛未七月」, 19ㄴ.

30. 『世宗實錄』卷127, 世宗 32년 2월 17일(壬辰), 36ㄴ(5책, 172쪽).

31. 『世祖實錄』卷1, 世祖 원년 7월 5일(戊寅), 29ㄱ-ㄴ(7책, 69쪽).

32. 『成宗實錄』卷118, 成宗 11년 6월 16일(乙丑), 13ㄴ(10책, 141쪽).

33. 이것은 范祖禹(1041~1098)가 宋 哲宗 元祐 초년에 경연에서 진상한 『帝學』에 나오
는 말이다[『帝學』卷6, 仁宗體天法道極功全德神文聖武濬哲明孝皇帝下. "臣祖禹曰
…… 欲法天者, 惟法文王而已. 法文王, 則可以至天德矣. 臣願陛下欲法堯舜, 惟法仁
宗而已. 法仁宗, 則可以至天德矣."]. 당시 범조우가 한 말은 堯舜을 본받기 위해서는
仁宗을 본받으라고 한 것인데, 이것이 후에 祖宗을 본받으라는 말로 확대 해석되었
다[「名器乙酉別試殿」, 『南坡集』卷11, 殿策, 31ㄴ(106책, 262쪽―影印標點 『韓國文
集叢刊』, 民族文化推進會, 1993의 책수와 쪽수). "臣聞宋臣范祖禹告于哲宗曰, 陛下
欲法堯舜, 當法祖宗."].

34. 『中宗實錄』卷55, 中宗 20년 11월 18일(癸酉), 58ㄴ(16책, 470쪽); 『明宗實錄』卷7, 明
宗 3년 3월 14일(己丑), 40ㄱ(19책, 575쪽); 『明宗實錄』卷27, 明宗 16년 4월 19일(戊

申), 21ㄱ(20책, 586쪽).

35. 『中宗實錄』卷3, 中宗 2년 8월 23일(甲午), 53ㄱ(14책, 172쪽).

36. 『孝宗實錄』卷3, 孝宗 원년 2월 7일(庚寅), 7ㄴ(35책, 412쪽).

37. 『芝峯類說』卷3, 君道部, 政治, 6ㄴ-7ㄱ(45~46쪽—영인본『芝峰類說』, 景仁文化社, 1970의 쪽수).

38. 『英祖實錄』卷15, 英祖 4년 2월 13일(甲午), 18ㄱ(42책, 9쪽); 『祖鑑』下, 37ㄱ.

39. 『祖鑑』上, 制作.

40. 金容燮, "우리 나라 近代歷史學의 發達 1", 『文學과 知性』 4, 1971; 尹海東, "문일평", 『한국의 역사가와 역사학』 하, 창작과비평사, 1994.

41. 洪以燮, 『朝鮮科學史』, 正音社, 1946, 第4篇, 第1章 "李朝 封建社會의 科學과 技術에 制約을 준 社會性" 참조.

42. 洪以燮, 위의 책, 第4篇, 第4章 "李朝社會의 科學普及 政策" 참조.

43. 전상운, "총론", 『세종문화사대계2(과학)』, 세종대왕기념사업회, 2000; 전상운, "15세기 과학사의 중심—세종 임금", 『한국 과학기술 인물 12인』, 해나무, 2005 참조.

44. 박성래, 『세종시대의 과학기술 그 현대적 의미』, 한국과학재단, 1997, 193-203쪽 참조.

45. 『四餘纏度通軌』, 跋, 1ㄱ-ㄴ.

46. 정흠지가 예문관 직제학에 임명된 시점은 명확하지 않지만 세종 4년(1422)에는 직제학으로 근무 중이었고, 세종 5년(1423) 5월에 司憲府 執義에 제수되었다[『世宗實錄』卷20, 世宗 5년 5월 27일(丙午), 19ㄱ(2책, 542쪽). "鄭欽之司憲執義."].

47. 『世宗實錄』卷18, 世宗 4년 윤12월 16일(己巳), 26ㄴ(2책, 517쪽).

48. 『世宗實錄』卷19, 世宗 5년 2월 10일(辛酉), 13ㄴ(2책, 525쪽).

49. 『世宗實錄』卷23, 世宗 6년 3월 25일(辛丑), 38ㄱ(2책, 590쪽).

50. 『世宗實錄』卷61, 世宗 15년 7월 4일(乙卯), 1ㄴ-5ㄱ(3책, 487-89쪽).

51. 『世宗實錄』卷85, 世宗 21년 6월 16일(壬辰), 41ㄴ(4책, 219쪽).

52. 『世宗實錄』卷86, 世宗 21년 8월 26일(壬寅), 22ㄱ(4책, 233쪽).

53. 『世宗實錄』卷64, 世宗 16년 6월 2일(丁未), 34ㄱ(3책, 569쪽).

54. 『世宗實錄』卷53, 世宗 13년 7월 11일(癸酉), 3ㄱ(3책, 330쪽).

55. 『世宗實錄』卷49, 世宗 12년 8월 3일(辛未), 10ㄴ(3책, 248쪽).

56. 『世宗實錄』卷50, 世宗 12년 12월 11일(丁丑), 29ㄴ-30ㄱ(3책, 277쪽).

57. 『世宗實錄』卷22, 世宗 5년 12월 11일(戊午), 20ㄱ(2책, 567쪽); 『世宗實錄』卷22, 世

宗 5년 12월 21일(戊辰), 23ㄱ(2책, 569쪽).

58. 『世宗實錄』 卷30, 世宗 7년 12월 4일(己巳), 19ㄴ(2책, 703쪽).

59. 『世宗實錄』 卷35, 世宗 9년 3월 20일(戊申), 22ㄴ(3책, 65쪽); 『世宗實錄』 卷37, 世宗 9
년 7월 4일(庚寅), 1ㄱ(3책, 81쪽).

60. 『世宗實錄』 卷38, 世宗 9년 12월 21일(甲戌), 18ㄴ(3책, 105쪽).

61. 『世宗實錄』 卷62, 世宗 15년 10월 24일(癸酉), 8ㄱ-ㄴ(3책, 522쪽).

62. 『世宗實錄』 卷53, 世宗 13년 7월 2일(甲子), 1ㄱ(3책, 329쪽).

63. 정초가 예문관 대제학에 임명된 기사는 이후로도 세종 14년(1432) 3월과 7월[『世宗
實錄』 卷55, 世宗 14년 3월 4일(癸亥), 17ㄱ(3책, 374쪽); 『世宗實錄』 卷57, 世宗 14년
7월 2일(戊午), 1ㄱ(3책, 400쪽)], 세종 15년(1433) 6월[『世宗實錄』 卷60, 世宗 15년 6
월 27일(戊申), 46ㄱ(3책, 486쪽)], 그리고 세종 16년(1434) 4월[『世宗實錄』 卷64, 世
宗 16년 4월 2일(己酉), 1ㄱ(3책, 553쪽)]에도 확인할 수 있다. 그러나 정초가 예문관
대제학에 임명된 이후 그가 사망할 때까지 이 직책을 맡은 다른 사람은 확인할 수
없다.

64. 鄭麟趾는 이해 3월 18일에 예문관 제학에 제수되었다[『世宗實錄』 卷55, 世宗 14년 3
월 18일(丁丑), 25ㄱ(3책, 378쪽)].

65. 『世宗實錄』 卷77, 世宗 19년 4월 15일(甲戌), 9ㄴ(4책, 67쪽).

66. 『世宗實錄』 卷61, 世宗 15년 7월 21일(壬申), 14ㄱ(3책, 494쪽).

67. 『世宗實錄』 卷61, 世宗 15년 8월 11일(辛卯), 24ㄱ(3책, 499쪽).

68. 『世宗實錄』 卷61, 世宗 15년 8월 11일(辛卯), 24ㄱ(3책, 499쪽).

69. 『世宗實錄』 卷61, 世宗 15년 윤8월 26일(丙子), 47ㄴ(3책, 510쪽).

70. 『世宗實錄』 卷65, 世宗 16년 7월 1일(丙子), 1ㄱ-ㄴ(3책, 577쪽)

71. 『世宗實錄』 卷65, 世宗 16년 7월 26일(辛丑), 12ㄴ(3책, 582쪽).

72. 『世宗實錄』 卷68, 世宗 17년 6월 8일(戊申), 24ㄱ(3책, 633쪽).

73. 『世宗實錄』 卷69, 世宗 17년 9월 8일(丙子), 22ㄴ(3책, 650쪽).

74. 『世宗實錄』 卷75, 世宗 18년 12월 26일(丁亥), 25ㄴ-26ㄱ(4책, 45쪽).

75. 『世宗實錄』 卷80, 世宗 20년 3월 4일(戊子), 26ㄴ(4책, 134쪽).

76. 『世宗實錄』 卷77, 世宗 19년 4월 15일(甲戌), 9ㄱ(4책, 67쪽). 『東文選』에는 序는 없고
銘만 수록되어 있다[『東文選』 卷50, 「小簡儀銘」, 6ㄱ-7ㄴ(2책, 186-87쪽)].

77. 『世宗實錄』 卷77, 世宗 19년 4월 15일(甲戌), 9ㄱ(4책, 67쪽).

78. 『世宗實錄』 卷64, 世宗 16년 6월 2일(丁未), 34ㄱ(3책, 569쪽).

79. 『世宗實錄』卷91, 世宗 22년 11월 11일(庚戌), 10ㄱ(4책, 324쪽).

80. 『世宗實錄』卷39, 世宗 10년 3월 2일(甲申), 25ㄱ(3책, 118쪽).

81. 『世宗實錄』卷53, 世宗 13년 9월 30일(辛卯), 32ㄱ-ㄴ(3책, 344쪽).

82. 『世宗實錄』卷54, 世宗 13년 10월 27일(戊午), 12ㄴ(3책, 350쪽).

83. 『世宗實錄』卷63, 世宗 16년 2월 6일(甲寅), 17ㄱ(3책, 543쪽).

84. 『世宗實錄』卷65, 世宗 16년 7월 2일(丁丑), 3ㄴ-4ㄱ(3책, 578쪽).

85. 『世宗實錄』卷66, 世宗 16년 10월 2일(乙巳), 1ㄱ(3책, 592쪽);『東文選』卷50,「仰釜日晷銘」, 8ㄴ-9ㄱ(2책, 187-88쪽).

86. 『世宗實錄』卷77, 世宗 19년 4월 15일(甲戌), 7ㄱ-11ㄱ(4책, 66-68쪽).

87. 『東文選』卷50,「日星定時儀銘幷序」, 9ㄱ-12ㄴ(2책, 188-89쪽);『東文選』卷94,「小日星定時儀後序」, 9ㄱ-ㄴ(3책, 137쪽);『東文選』卷82,「簡儀臺記」, 5ㄱ-9ㄱ(2책, 615-17쪽).

88. 『世宗實錄』卷80, 世宗 20년 1월 7일(壬辰), 5ㄱ-6ㄱ(4책, 123-24쪽);『東文選』卷82,「欽敬閣記」, 3ㄱ-5ㄱ(2책, 614-15쪽).

89. 『世宗實錄』卷65, 世宗 16년 7월 1일(丙子), 1ㄱ-2ㄴ(3책, 577쪽);『東文選』卷82,「報漏閣記」, 9ㄱ-12ㄴ(2책, 617-18쪽).

90. 『燃藜室記述』卷3, 世宗朝故事本末, 世宗朝名臣, 金墩(Ⅰ, 696쪽).

91. 『世宗實錄』卷81, 世宗 20년 6월 4일(丙辰), 19ㄱ-ㄴ(4책, 148쪽).

92. 『世宗實錄』卷89, 世宗 22년 6월 22일(壬辰), 34ㄴ(4책, 295쪽).

93. 『世宗實錄』卷89, 世宗 22년 6월 23일(癸巳), 35ㄱ(4책, 296쪽).

94. 『世宗實錄』卷90, 世宗 22년 9월 16일(乙卯), 39ㄱ(4책, 317쪽);『燃藜室記述』卷3, 世宗朝故事本末, 世宗朝名臣, 金墩(Ⅰ, 696쪽).

95. 『世祖實錄』卷2, 世祖 원년 10월 11일(癸丑), 28ㄴ-29ㄱ(7책, 89쪽).

96. 『國朝文科榜目』卷1, 太宗朝, 辛卯(十一年)榜, 同進士二十三人, 120쪽(영인본『國朝文科榜目』, 太學社, 1988의 쪽수. 이하 같음).

97. 『太宗實錄』卷32, 太宗 16년 8월 17일(丙子), 12ㄱ(2책, 131쪽);『國朝文科榜目』卷1, 太宗朝, 同年[丙申]重試榜, 128쪽.

98. 『世宗實錄』卷30, 世宗 7년 11월 29일(甲子), 18ㄴ-19ㄱ(2책, 703쪽).

99. 『世宗實錄』卷51, 世宗 13년 3월 12일(丙子), 28ㄴ(3책, 300쪽).

100. 『世宗實錄』卷61, 世宗 15년 8월 11일(辛卯), 24ㄱ(3책, 499쪽). 같은 해 6월 9일에 정초, 박연과 함께 새로 만든 혼천의를 진상한 金鑌은 金墩의 오기가 아닌가 한다[

『世宗實錄』卷60, 世宗 15년 6월 9일(庚寅), 38ㄴ(3책, 482쪽)].

101. 『世宗實錄』卷65, 世宗 16년 7월 1일(丙子), 2ㄴ-3ㄴ(3책, 577-78쪽);『東文選』卷50, 「報漏閣銘幷序」, 7ㄱ-8ㄴ(2책, 187쪽).

102. 『世宗實錄』卷65, 世宗 16년 7월 2일(丁丑), 3ㄴ-4ㄱ(3책, 578쪽).

103. 『世宗實錄』卷65, 世宗 16년 8월 11일(乙卯), 19ㄴ(3책, 586쪽).

104. 『世宗實錄』卷77, 世宗 19년 4월 15일(甲戌), 8ㄴ(4책, 66쪽).

105. 『世宗實錄』卷92, 世宗 23년 5월 12일(丁未), 27ㄱ(4책, 342쪽).

106. 『世宗實錄』卷118, 世宗 29년 10월 9일(丁卯), 1ㄴ(5책, 40쪽);『世宗實錄』卷119, 世宗 30년 2월 19일(乙亥), 8ㄱ(5책, 51쪽);『世宗實錄』卷119, 世宗 30년 3월 3일(戊子), 9ㄴ(5책, 52쪽).

107. 『文宗實錄』卷6, 文宗 원년 2월 6일(乙亥), 4ㄴ(6책, 355쪽);『文宗實錄』卷7, 文宗 원년 5월 17일(甲寅), 36ㄱ(6책, 388쪽).

108. 『文宗實錄』卷8, 文宗 원년 6월 26일(癸巳), 25ㄴ(6책, 406쪽).

109. 『文宗實錄』卷9, 文宗 원년 8월 30일(乙未), 21ㄱ-22ㄱ(6책, 427쪽);『文宗實錄』卷12, 文宗 2년 2월 20일(甲申), 17ㄴ-18ㄱ(6책, 467-68쪽).

110. 『文宗實錄』卷12, 文宗 2년 2월 22일(丙戌), 18ㄴ(6책, 468쪽);『端宗實錄』卷10, 端宗 2년 3월 30일(辛巳), 46ㄱ-ㄴ(6책, 679쪽).

111. 『新唐書』「曆志」에 수록된 '開元大衍曆'의 목차는 다음과 같다. ①步中朔術, ②發斂術, ③步日躔術, ④步月離術, ⑤步軌漏術, ⑥步交會術, ⑦步五星術『新唐書』卷28上, 志 第18上, 曆4上~『新唐書』卷28下, 志 第18下, 曆4下, 637-91쪽(點校本『新唐書』, 中華書局, 2003의 쪽수. 이하 같음)].

112. '長慶宣明曆'은『新唐書』卷30上, 志 第20上, 曆6上, 745-69쪽에 수록되어 있다.

113. 『文宗實錄』卷8, 文宗 원년 6월 15일(壬午), 13ㄴ(6책, 400쪽).

114. 『文宗實錄』卷8, 文宗 원년 6월 15일(壬午), 13ㄴ-14ㄱ(6책, 400-401쪽).

115. 『文宗實錄』卷8, 文宗 원년 6월 15일(壬午), 14ㄱ(6책, 401쪽).

116. 『高麗史』卷50, 志 第4, 曆1, 宣明曆上, 2ㄱ-62ㄱ(中, 81-111쪽);『高麗史』卷51, 志 第5, 曆2, 授時曆經上, 1ㄱ-65ㄱ(中, 112-44쪽);『高麗史』卷52, 志 第6, 曆3, 授時曆經下, 1ㄱ-75ㄴ(中, 145-82쪽).

117. 『退溪集』卷47, 「僉知中樞府事洪君墓誌銘幷序」, 4ㄱ(30책, 521쪽);『恥齋遺稿』卷1, 「府君僉知中樞府事行狀」, 33ㄴ-34ㄱ(36책, 32쪽).

118. 『世宗實錄』卷19, 世宗 5년 3월 23일(甲辰), 27ㄴ(2책, 532쪽).

119. 『燃藜室記述』別集, 卷10, 官職典故, 起復(X, 762쪽)

120. 『世宗實錄』卷50, 世宗 12년 10월 23일(庚寅), 10ㄱ(3책, 267쪽).

121. 『世宗實錄』卷53, 世宗 13년 7월 11일(癸酉), 3ㄱ(3책, 330쪽)

122. 『世宗實錄』卷77, 世宗 19년 4월 15일(甲戌), 9ㄴ(4책, 67쪽).

123. 『世宗實錄』卷61, 世宗 15년 8월 11일(辛卯), 24ㄱ(3책, 499쪽).

124. 『世宗實錄』卷127, 世宗 32년 윤1월 1일(丙午), 16ㄴ-17ㄴ(5책, 162쪽).

125. 『世宗實錄』卷127, 世宗 32년 윤1월 7일(壬子), 25ㄴ(5책, 167쪽).

126. 『周髀算經』卷上, 69ㄱ(38쪽―영인본 『四部叢刊正編』, 法仁文化社, 1989의 쪽수).

127. 『筆苑雜記』卷1(I, 680쪽).

128. 『文宗實錄』卷8, 文宗 원년 6월 15일(壬午), 14ㄱ(6책, 401쪽).

129. 『世宗實錄』卷156, 1ㄱ(6책, 1쪽).

130. 『世祖實錄』卷36, 世祖 11년 6월 11일(丁亥), 14ㄱ(7책, 690쪽);『國朝文科榜目』卷2, 世宗朝, 丁未(九年)親試榜, 146쪽.

131. 『世宗實錄』卷77, 世宗 19년 4월 20일(己卯), 12ㄱ(4책, 68쪽).

132. 실제로 이순지는 세종 17년(1435) 6월에 경회루에서 벌어진 잔치에 簡儀臺 郎廳의 자격으로 참여하였다. 당시 잔치에 참여한 사람들 가운데 簡儀臺와 관련된 인물로는 簡儀臺提調인 李蕆과 郎廳인 徐仁道·金鑌·趙完璧·申熙 등을 들 수 있다[『世宗實錄』卷68, 世宗 17년 6월 8일(戊申), 24ㄱ(3책, 633쪽)].

133. 『世宗實錄』卷75, 世宗 18년 12월 26일(丁亥), 25ㄴ-26ㄱ(4책, 45쪽).

134. 이와 관련해서 두 가지 자료가 주목된다. 하나는 세종 13년(1431) 集賢殿 校理 金鑌과 漢城府 參軍 禹孝剛에게 산법을 익히도록 지시한 것이고[『世宗實錄』卷51, 世宗 13년 3월 12일(丙子), 28ㄴ(3책, 300쪽)], 다른 하나는 세종이 算法校正所를 설치해서 문신 3~4인과 算學人들로 하여금 算法을 익힌 뒤에 曆法을 추보하게 하였다는 사실이다[『世祖實錄』卷20, 世祖 6년 6월 16일(辛酉), 39ㄱ-ㄴ(7책, 402쪽)]. 산법교정소의 설치 시점은 분명하지 않은데 세종 19년(1437)에 설치된 曆算所보다[『世祖實錄』卷30, 世祖 9년 3월 2일(辛卯), 16ㄱ(7책, 569쪽)] 앞서는 것으로 보인다. 따라서 이순지는 세종 13년 이후 산법교정소에서 산법을 익힌 것이 아닐까 한다.

135. 『世祖實錄』卷36, 世祖 11년 6월 11일(丁亥), 14ㄱ(7책, 690쪽).

136. 『世宗實錄』卷106, 世宗 26년 12월 23일(戊辰), 36ㄴ(4책, 611쪽).

137. 『世宗實錄』卷65, 世宗 16년 7월 2일(丁丑), 3ㄴ-4ㄱ(3책, 578쪽).

138. 『世宗實錄』卷77, 世宗 19년 4월 15일(甲戌), 7ㄱ(4책, 66쪽).

139. 『世宗實錄』卷77, 世宗 19년 4월 20일(己卯), 12ㄱ-13ㄴ(4책, 68-69쪽); 『世宗實錄』 卷77, 世宗 19년 4월 26일(乙酉), 14ㄱ(4책, 69쪽).

140. 『世宗實錄』卷93, 世宗 23년 8월 13일(丁丑), 21ㄴ(4책, 355쪽).

141. 『世宗實錄』卷94, 世宗 23년 윤11월 20일(癸未), 31ㄱ-ㄴ(4책, 379쪽); 『世宗實錄』 卷94, 世宗 23년 12월 15일(丁未), 44ㄴ(4책, 386쪽).

142. 전용훈, "전방위적인 업적을 남긴 천문역산학자―이순지", 『한국 과학기술 인물 12 인』, 해나무, 2005, 237-40쪽 참조.

143. 『世宗實錄』卷102, 世宗 25년 10월 25일(丙午), 15ㄱ(4책, 519쪽).

144. 『世宗實錄』卷106, 世宗 26년 12월 23일(戊辰), 36ㄱ-ㄴ(4책, 611쪽).

145. 『世宗實錄』卷102, 世宗 25년 10월 25일(丙午), 15ㄱ(4책, 519쪽); 『世宗實錄』卷102, 世宗 25년 11월 14일(乙丑), 24ㄴ(4책, 524쪽).

146. 『世宗實錄』卷102, 世宗 25년 11월 17일(戊辰), 25ㄴ(4책, 524쪽).

147. 『世宗實錄』卷105, 世宗 26년 8월 12일(戊午), 29ㄱ-ㄴ(4책, 581쪽).

148. 『世宗實錄』卷107, 世宗 27년 3월 30일(癸卯), 21ㄴ-22ㄱ(4책, 612쪽).

149. 『世宗實錄』卷126, 世宗 31년 12월 22일(戊辰), 10ㄴ(5책, 153쪽).

150. 『撫松軒集』卷5, 附錄, 「年譜」, 2ㄴ-3ㄱ(續1책, 180-81쪽).

151. 『世宗實錄』卷75, 世宗 18년 12월 26일(丁亥), 25ㄴ-26ㄱ(4책, 45쪽); 『撫松軒集』卷 5, 附錄, 「年譜」, 5ㄱ(續1책, 182쪽).

152. 『撫松軒集』卷5, 附錄, 「年譜」, 5ㄱ(續1책, 182쪽).

153. 『撫松軒集』卷5, 附錄, 「年譜」, 11ㄴ(續1책, 185쪽).

154. 『世宗實錄』卷125, 世宗 31년 7월 14일(壬辰), 4ㄴ(5책, 138쪽).

155. 『世宗實錄』卷125, 世宗 31년 7월 14일(壬辰), 5ㄱ(5책, 139쪽).

156. 『世宗實錄』卷125, 世宗 31년 7월 18일(丙申), 5ㄴ(5책, 139쪽); 『撫松軒集』卷1, 「辭 起復疏」五疏七月十六日, 20ㄱ-ㄴ(續1책, 127쪽); 『燃藜室記述』卷3, 世宗朝故事本 末, 世宗朝名臣, 金淡(I, 695쪽).

157. 『撫松軒集』卷5, 附錄, 「年譜」, 27ㄱ(續1책, 193쪽).

158. 兪景老, "朝鮮時代의 中國曆法 導入에 관하여", 『한국과학사학회지』제4권 제1호, 韓國科學史學會, 1982, 99쪽; 李勉雨, "李純之·金淡 撰 大統曆日通軌 等 6篇의 通 軌本에 대한 硏究", 『한국과학사학회지』제10권 제1호, 韓國科學史學會, 1988 참조.

159. 『世宗實錄』卷71, 世宗 18년 2월 29일(乙丑), 9ㄱ(3책, 667쪽).

160. 『端宗實錄』卷11, 端宗 2년 4월 17일(戊戌), 3ㄱ(6책, 680쪽).

161. 『文宗實錄』卷7, 文宗 원년 5월 29일(丙寅), 47ㄱ(6책, 394쪽).

162. 『文宗實錄』卷8, 文宗 원년 7월 20일(丙辰), 37ㄱ(6책, 412쪽).

163. 『世祖實錄』卷31, 世祖 9년 11월 12일(丙寅), 25ㄴ(7책, 593쪽).

164. 『成宗實錄』卷58, 成宗 6년 8월 2일(戊寅), 1ㄴ(9책, 248쪽). 정척은 議政府 舍人으로 재직할 때 갑인자의 주조 사업에 참여하게 되는데[『世宗實錄』卷65, 世宗 16년 7월 2일(丁丑), 3ㄴ-4ㄱ(3책, 578쪽)] 교서관에서의 근무 경험이 일부 반영되지 않았을까 한다.

165. 『世宗實錄』卷29, 世宗 7년 9월 25일(辛酉), 29ㄱ-ㄴ(2책, 693쪽).

166. 『世宗實錄』卷48, 世宗 12년 4월 9일(戊寅), 3ㄴ(3책, 228쪽). 이에 따라 8월 6일 예조에서 대안을 마련해서 보고하였다[『世宗實錄 卷49, 世宗 12년 8월 6일(甲戌), 12ㄱ-14ㄱ(3책, 249-50쪽)].

167. 『世宗實錄』卷88, 世宗 22년 1월 8일(辛亥), 1ㄴ(4책, 261쪽).

168. 『世宗實錄』卷90, 世宗 22년 7월 14일(甲寅), 10ㄱ(4책, 303쪽).

169. 『世宗實錄』卷100, 世宗 25년 6월 25일(戊申), 38ㄴ(4책, 487쪽).

170. 『世宗實錄』卷101, 世宗 25년 7월 24일(丁丑), 18ㄱ(4책, 497쪽).

171. 『世宗實錄』卷105, 世宗 26년 7월 17일(甲子), 9ㄱ(4책, 571쪽).

172. 『世宗實錄』卷106, 世宗 26년 10월 11일(丙辰), 12ㄱ(4책, 589쪽).

173. 『世宗實錄』卷128, 五禮, 1ㄱ(5책, 176쪽). 실록 국역본에서는 '辛未告訖'을 '辛未告訖'로 보아서 "신미년(1451)에 완성되었다"라고 해석했는데 오역이라고 판단된다.

174. 『筆苑雜記』卷1(Ⅰ, 671쪽); 『燃藜室記述』卷3, 世宗祖故事本末, 纂述制作(Ⅰ, 665쪽).

175. 『慵齋叢話』卷9(Ⅰ, 651쪽).

176. 문중양, "조선시대 최고의 기계기술자 장영실", 『한국 과학기술 인물 12인』, 해나무, 2005 참조.

177. 『世宗實錄』世宗 15년 9월 16일(乙未), 55ㄴ(3책, 514쪽).

178. 『燃藜室記述』別集, 卷15, 天文典故, 儀象(Ⅺ, 583쪽).

179. 『世宗實錄』卷65, 世宗 16년 7월 1일(丙子), 1ㄱ-3ㄴ(3책, 577-78쪽).

180. 『世宗實錄』卷80, 世宗 20년 1월 7日(壬辰), 5ㄱ(4책, 123쪽).

181. 『世宗實錄』世宗 16년 7월 2일(丁丑), 3ㄴ-4ㄱ(3책, 578쪽).

182. 『世宗實錄』卷55, 世宗 14년 1월 4일(甲子), 1ㄴ(3책, 366쪽); 『世宗實錄』卷82, 世宗 20년 9월 15일(丙申), 23ㄱ(4책, 163쪽).

183. 『五洲衍文長箋散稿』卷38, 「錢幣辨證說」(下, 169쪽—영인본 『五洲衍文長箋散稿』, 明文堂, 1982의 책수와 쪽수).

184. 『世宗實錄』卷13, 世宗 3년 8월 18일(戊申), 4ㄴ(2책, 446쪽).

185. 『世宗實錄』卷16, 世宗 4년 6월 20일(乙巳), 17ㄱ(2책, 486쪽).

186. 『世宗實錄』卷17, 世宗 4년 9월 6일(庚申), 18ㄴ(2책, 497쪽).

187. 『世宗實錄』卷61, 世宗 15년 8월 11일(辛卯), 24ㄱ(3책, 499쪽).

188. 『世宗實錄』卷68, 世宗 17년 6월 8일(戊申), 24ㄱ-ㄴ(3책, 633쪽).

189. 『世宗實錄』卷106, 世宗 26년 11월 1일(丙子), 18ㄴ(4책, 592쪽).

190. 『太宗實錄』卷13, 太宗 7년 2월 14일(己亥), 9ㄴ(1책, 386쪽); 『太宗實錄』卷20, 太宗 10년 9월 29일(癸巳), 19ㄴ(1책, 565쪽); 『太宗實錄』卷23, 太宗 12년 6월 1일(甲寅), 36ㄱ-ㄴ(1책, 637쪽). 박자청에 대한 간단한 소개로는 박성래, "조선의 새 수도 서울 건설에 앞장선 박자청", 『인물과학사①한국의 과학자들』, 책과함께, 2011, 271-77쪽 참조.

191. 『太宗實錄』卷14, 太宗 7년 10월 8일(戊子), 32ㄴ(1책, 418쪽); 『世宗實錄』卷1, 世宗 즉위년 9월 17일(甲子), 21ㄴ(2책, 269쪽).

192. 『世宗實錄』卷3, 世宗 원년 4월 17일(辛卯), 34ㄴ(2책, 312쪽).

193. 『世宗實錄』卷9, 世宗 2년 9월 16일(辛巳), 23ㄴ-24ㄱ(2책, 402쪽).

194. 『世宗實錄』卷12, 世宗 3년 7월 2일(壬戌), 19ㄴ-20ㄱ(2책, 440쪽).

195. 『世宗實錄』卷12, 世宗 3년 7월 17일(丁丑), 25ㄱ(2책, 443쪽).

196. 『世宗實錄』卷13, 世宗 3년 10월 13일(壬寅), 25ㄱ(2책, 457쪽).

197. 『世宗實錄』卷14, 世宗 3년 12월 7일(丙申), 11ㄴ-12ㄱ(2책, 466쪽).

198. 『世宗實錄』卷15, 世宗 4년 1월 14일(壬申), 3ㄱ(2책, 471쪽).

199. 『世宗實錄』卷16, 世宗 4년 5월 10일(丙寅), 7ㄴ-8ㄱ(2책, 481쪽).

200. 『世宗實錄』卷19, 世宗 5년 1월 25일(丁未), 9ㄱ(2책, 523쪽).

201. 『世宗實錄』卷22, 世宗 5년 11월 9일(丙戌), 12ㄱ(2책, 563쪽).

202. 『文宗實錄』卷12, 文宗 2년 3월 11일(甲辰), 29ㄴ(6책, 473쪽).

203. 『世宗實錄』卷89, 世宗 22년 6월 25일(乙未), 35ㄴ(4책, 296쪽).

204. 『世宗實錄』卷19, 世宗 5년 3월 17일(戊戌), 26ㄱ(2책, 531쪽).

205. 『世宗實錄』卷19, 世宗 5년 3월 22일(癸卯), 27ㄱ(2책, 532쪽).

206. 당시 節日使는 判漢城府事 徐選이었고 세종 11년(1429) 11월 12일에 출발해서 이듬해 4월 26일에 돌아왔다[『世宗實錄』卷46, 世宗 11년 11월 12일(甲寅), 8ㄴ(3책,

204쪽); 『世宗實錄』卷48, 世宗 12년 4월 26일(乙未), 13ㄴ(3책, 233쪽)].

207. 『世宗實錄』卷48, 世宗 12년 4월 21일(庚寅), 10ㄴ(3책, 232쪽).

208. 『鄕藥採取月令』, 「跋文(尹淮)」. 尹淮가 발문을 작성한 시점은 '宣德六年辛亥(1431) 十二月'이지만, 『향약채취월령』의 본문 끄트머리에 "宣德三年(1428)閏四月 日, 崇政大夫卞季良敬拔[跋]"이라는 문구가 있는 것으로 보아 편찬 시점은 세종 10년 (1428), 간행 시점은 세종 13년(1431)으로 추정된다.

209. 『世宗實錄』卷60, 世宗 15년 6월 11일(壬辰), 39ㄴ-40ㄱ(3책, 482-83쪽).

210. 『世宗實錄』卷63, 世宗 16년 3월 5일(壬午), 24ㄴ(3책, 546쪽).

211. 『世宗實錄』卷110, 世宗 27년 10월 27일(戊辰), 8ㄱ-ㄴ(4책, 643쪽).

212. 『世宗實錄』卷62, 世宗 15년 11월 3일(壬午), 13ㄴ(3책, 525쪽).

213. 『世宗實錄』卷108, 世宗 27년 4월 25일(戊辰), 10ㄱ(4책, 617쪽).

214. 『世宗實錄』卷112, 世宗 28년 4월 1일(戊戌), 1ㄱ(4책, 663쪽); 『世宗實錄』卷112, 世宗 28년 4월 12일(己酉), 4ㄴ(4책, 665쪽).

215. 『世宗實錄』卷115, 世宗 29년 1월 3일(丙寅), 1ㄱ(5책, 1쪽).

216. 『世宗實錄』卷118, 世宗 29년 11월 23일(壬子), 11ㄱ(5책, 45쪽).

217. 『世宗實錄』卷126, 世宗 31년 12월 23일(己巳), 10ㄴ~11ㄱ(5책, 153~154쪽); 『世宗實錄』卷127, 世宗 32년 1월 14일(庚寅), 3ㄴ(5책, 156쪽).

218. 『增補文獻備考』와 『國朝曆象考』에서는 윤사웅·최천구·이무림 등을 '曆官'이라고 했고, 『海東繹史』에서는 '監候官'이라고 하였다. 『增補文獻備考』卷2, 象緯考 2, 北極高度, 10ㄴ~11ㄱ(上, 34~35쪽); 『國朝曆象考』卷1, 北極高度, 5ㄴ(364쪽); 『海東繹史』卷17, 星曆志, 測候(上, 258쪽).

219. 『燃藜室記述』別集, 卷15, 天文典故, 瞻星(XI, 582쪽).

220. 『燃藜室記述』別集, 卷15, 天文典故, 瞻星(XI, 582쪽).

221. 『燃藜室記述』別集, 卷15, 天文典故, 瞻星(XI, 582쪽).

222. 『燃藜室記述』別集, 卷15, 天文典故, 瞻星(XI, 582~583쪽).

223. 『燃藜室記述』別集, 卷15, 天文典故, 瞻星(XI, 583쪽).

224. 『增補文獻備考』卷2, 象緯考 2, 北極高度, 10ㄴ-11ㄱ(上, 34~35쪽); 『國朝曆象考』卷1, 北極高度, 5ㄴ(364쪽); 『海東繹史』卷17, 星曆志, 測候(上, 258쪽).

225. 『世宗實錄』卷49, 世宗 12년 7월 22일(庚申), 5ㄴ(3책, 246쪽).

226. 『世宗實錄』卷89, 世宗 22년 6월 21일(辛卯), 34ㄴ(4책, 295쪽).

227. 『世宗實錄』卷92, 世宗 23년 1월 9일(丁未), 8ㄱ(4책, 332쪽). 세종은 이들과 함께 金

鈞·鄭孝康·楊弘遂를 溫水에, 鄭自英을 平山에 보내 온천욕이 眼疾 치료에 도움이 되는지 시험하였다[『世宗實錄』 卷92, 世宗 23년 1월 19일(丁巳), 10ㄱ(4책, 333쪽)].

228. 『世宗實錄』 卷100, 世宗 25년 6월 22일(乙巳), 38ㄱ(4책, 487쪽).

229. 『世宗實錄』 卷106, 世宗 26년 12월 11일(丙辰), 28ㄴ(4책, 597쪽).

230. 『世宗實錄』 卷120, 世宗 30년 4월 19일(甲戌), 7ㄱ(5책, 61쪽).

231. 『世祖實錄』 卷2, 世祖 원년 12월 27일(戊辰), 54ㄴ(7책, 102쪽).

4장 세종시대 과학기술의 성취

1. 『世宗實錄』 卷65, 世宗 16년 7월 1일(丙子), 2ㄴ(3책, 577쪽).

2. 『世宗實錄』 卷77, 世宗 19년 4월 15일(甲戌), 7ㄱ-11ㄴ(4책, 66-68쪽). 簡儀臺에 대한 선구적인 연구로는 全相運, "書雲觀과 簡儀臺", 『鄕土서울』 20, 1964(전상운, 『한국과학사의 새로운 이해』, 연세대학교 출판부, 1998, 571-92쪽 재수록) 참조.

3. 『世宗實錄』 卷77, 世宗 19년 4월 15일(甲戌), 10ㄴ(4책, 67쪽).

4. 『世宗實錄』 卷77, 世宗 19년 4월 15일(甲戌), 8ㄱ(4책, 66쪽).

5. 『世宗實錄』 卷77, 世宗 19년 4월 15일(甲戌), 11ㄱ(4책, 68쪽).

6. 『世宗實錄』 卷77, 世宗 19년 4월 15일(甲戌), 11ㄱ(4책, 66쪽).

7. 원의 곽수경이 만든 천문의기 가운데 하나이다. 『元史』 卷48, 志 1, 天文 1, 正方案, 995-96쪽(點校本 『元史』, 中華書局, 1995의 쪽수).

8. 『世宗實錄』 卷77, 世宗 19년 4월 15일(甲戌), 9ㄴ(4책, 67쪽).

9. 徐仁道가 工匠을 거느리고 簡儀臺 圭表石을 다듬었다는 기록[『世宗實錄』 卷65, 世宗 16년 7월 26일(辛丑), 12ㄴ(3책, 582쪽)]과 簡儀臺提調 李蕆, 郞廳 徐仁道 등의 이름이 보이는 것을 통해 짐작할 수 있다[『世宗實錄』 卷68, 世宗 17년 6월 8일(戊申), 24ㄱ(3책, 633쪽)].

10. 『世宗實錄』 卷61, 世宗 15년 7월 21일(壬申), 14ㄱ(3책, 494쪽). "予命製簡儀, 於慶會樓北垣墻之內, 築臺設簡儀, 欲構屋于司僕門內, 使書雲觀入直看候, 如何"라는 기록이 간의대에 대한 최초의 언급이 아닌가 한다.

11. 『世宗實錄』 卷61, 世宗 15년 8월 11일(辛卯), 24ㄱ(3책, 499쪽).

12. 『世宗實錄』 卷75, 世宗 18년 12월 26일(丁亥), 25ㄴ(4책, 45쪽).

13. 『世宗實錄』 卷80, 世宗 20년 3월 4일(戊子), 26ㄴ(4책, 134쪽).

14. 『世宗實錄』卷98, 世宗 24년 12월 26일(壬子), 28ㄱ(4책, 453쪽).

15. 『世宗實錄』卷99, 世宗 25년 1월 14일(庚午), 6ㄱ(4책, 457쪽);『世宗實錄』卷99, 世宗 25년 1월 22일(戊寅), 8ㄴ-9ㄱ(4책, 458쪽);『世宗實錄』卷99, 世宗 25년 1월 23일(己卯), 9ㄱ-ㄴ(4책, 458쪽);『世宗實錄』卷99, 世宗 25년 2월 15일(辛丑), 17ㄱ-ㄴ(4책, 462쪽).

16. 『世宗實錄』卷99, 世宗 25년 2월 4일(庚寅), 12ㄱ(4책, 460쪽).

17. 『世宗實錄』卷101, 世宗 25년 7월 8일(辛酉), 6ㄱ(4책, 491쪽).

18. 『中宗實錄』卷20, 中宗 9년 5월 20일(壬午), 29ㄱ(15책, 15쪽).

19. 『明宗實錄』卷3, 明宗 원년 6월 24일(己酉), 99ㄱ-ㄴ(19책, 428쪽).

20. 『宣祖實錄』卷14, 宣祖 13년 5월 25일(癸巳), 4ㄴ(21책, 361쪽).

21. 太祖 연간에 '六學'을 설치하여 양반 자제들을 교육시킨 것은 유교적 교양 교육의 연장선에서 국가의 관료 자원을 확보하기 위한 노력의 일환이었다고 여겨진다. 『太祖實錄』卷4, 太祖 2년 10월 27일(己亥), 12ㄱ(1책, 51쪽);『太祖實錄』卷11, 太祖 6년 1월 24일(丁丑), 2ㄱ(1책, 100쪽).

22. 『世宗實錄』卷22, 世宗 5년 11월 15일(壬辰), 13ㄴ(2책, 564쪽).

23. 『世宗實錄』卷41, 世宗 10년 8월 18일(丁酉), 10ㄱ(3책, 141쪽);『世宗實錄』卷41, 世宗 10년 9월 17일(丙寅), 18ㄱ(3책, 145쪽);『世宗實錄』卷41, 世宗 10년 9월 24일(癸酉), 18ㄴ-19ㄱ(3책, 145쪽).

24. 『世宗實錄』卷102, 世宗 25년 11월 17일(戊辰), 25ㄴ(4책, 524쪽).

25. 『世宗實錄』卷50, 世宗 12년 10월 23일(庚寅), 10ㄱ(3책, 267쪽).

26. 『世宗實錄』卷51, 世宗 13년 3월 12일(丙子), 28ㄴ(3책, 300쪽).

27. 『世宗實錄』卷102, 世宗 25년 11월 17일(戊辰), 25ㄴ(4책, 524쪽).

28. 『世宗實錄』卷47, 世宗 12년 3월 18일(戊午), 28ㄴ(3책, 225쪽).

29. 『經國大典』卷3, 禮典, 取才, 38ㄱ(287쪽).

30. 『世祖實錄』卷30, 世祖 9년 3월 2일(辛卯), 16ㄱ(7책, 569쪽).

31. 『世祖實錄』卷20, 世祖 6년 6월 16일(辛酉), 39ㄱ-40ㄱ(7책, 402-403쪽).

32. 『陽村集』卷22, 「天文圖詩[誌]」, 1ㄴ(7책, 220쪽).

33. 『世宗實錄』卷65, 世宗 16년 7월 1일(丙子), 2ㄴ(3책, 577쪽).

34. 『世宗實錄』卷107, 世宗 27년 3월 30일(癸卯), 21ㄴ(4책, 612쪽);『諸家曆象集』卷4(381쪽). 다음과 같은 세종의 언급 역시 이러한 사정을 보여 준다.『世宗實錄』卷58, 世宗 14년 10월 30일(乙卯), 10ㄴ(3책, 423쪽). "曆筭之法, 自古帝王莫不重之.";

『世宗實錄』卷58, 世宗 14년 11월 1일(丙辰), 11ㄱ(3책, 424쪽). "曆象日月, 古今帝王之所重."

35. 『成宗實錄』卷235, 成宗 20년 12월 6일(己丑), 5ㄴ(11책, 550쪽).

36. 『世宗實錄』卷77, 世宗 19년 4월 15일(甲戌), 8ㄱ(4책, 66쪽).

37. 『高麗史』卷7, 世家 7, 文宗 1, 22ㄱ(上, 151쪽); 李龍範, "麗代의 偽曆에 對하여", 『震檀學報』29・30, 震檀學會, 1966(李龍範, 『韓國科學思想史研究』, 東國大學校出版部, 1993에 재수록).

38. 19세기 초 朴宗薰(1773~1841)의 다음과 같은 평가는 이와 같은 관점에 서 있는 것이다. 『書雲觀志』序, 「書雲觀志序」, 2ㄴ(6쪽). "……而十精・見行・遁甲・太一諸曆, 皆麗人所自製也. 今其法有傳之者否, 有能刱意立術如金成澤・韓爲行諸人者否."

39. 『高麗史』卷50, 志 4, 曆 1, 1ㄱ-ㄴ(中, 81쪽). "高麗不別治曆, 承用唐宣明曆. 自長慶壬寅, 下距太祖開國, 殆逾百年, 其術已差. 前此唐已改曆矣, 自是曆凡二十二改, 而高麗猶馴用之." 이와 같은 평가가 정당한 것은 아니다. 중국의 잦은 개력이 반드시 역법의 발전을 의미하는 것도 아니고, 고려왕조가 선명력을 그대로 사용한 것이 천문역산학의 미발달을 뜻하지도 않기 때문이다. 무엇보다 이러한 평가는 역사적 사실과 일치하지 않는다.

40. 『高麗史』卷50, 志 4, 曆 1, 1ㄴ(中, 81쪽); 『增補文獻備考』卷1, 象緯考 1, 曆象沿革, 2ㄴ-3ㄱ(上, 17-18쪽―영인본 『增補文獻備考』, 明文堂, 1985(三版)의 책수와 쪽수. 이하 같음).

41. 『太宗實錄』卷19, 太宗 10년 4월 6일(壬寅), 32ㄴ-33ㄱ(1책, 539쪽).

42. 『太宗實錄』卷25, 太宗 13년 1월 1일(辛巳), 1ㄱ(1책, 659쪽).

43. 『世宗實錄』卷51, 世宗 13년 3월 2일(丙寅), 22ㄴ(3책, 297쪽). 세종 26년(1444) 간행된 『四餘纏度通軌』(奎12434)에는 역법 교정 절차가 다르게 설명되어 있다. 이에 따르면 세종 원년(1419) 曆法 釐正의 문제를 獻議한 사람은 領書雲觀事 柳廷顯이었고, 이 건의에 따라 세종이 藝文館 直提學 鄭欽之 등에게 授時曆을 연구하게 하여 그 방법을 조금 터득하였고, 이에 다시 藝文館 大提學 鄭招 등에게 명하여 더욱 강구하게 함으로써 그 방법을 완전히 터득하게 되었다고 한다(『四餘纏度通軌』, 跋, 1ㄱ-ㄴ).

44. 『世宗實錄』卷19, 世宗 5년 2월 10일(辛酉), 13ㄴ(2책, 525쪽).

45. 『世宗實錄』卷49, 世宗 12년 8월 3일(辛未), 10ㄴ(3책, 248쪽).

46. 庾順道는 陰陽術數와 醫術에 능한 자로 알려져 있었고[『世宗實錄』卷27, 世宗 7년 3월 29일(己亥), 36ㄴ(2책, 661쪽)], '渴烏激水法'을 응용한 수리 기구의 제작을 건의

하기도 하였다[『世宗實錄』卷52, 世宗 13년 5월 29일(壬辰), 27ㄱ(3책, 320쪽)].

47. 『世宗實錄』卷50, 世宗 12년 12월 11일(丁丑), 29ㄴ-30ㄱ(3책, 277쪽).

48. 『世宗實錄』卷51, 世宗 13년 3월 2일(丙寅), 22ㄴ(3책, 297쪽). 그러나 이때 金汗 등이 명에 가서 산법을 익힌 것 같지는 않다. 天文은 私習이 금지되어 있었기에 배우기 쉽지 않았기 때문이다[『世宗實錄』卷56, 世宗 14년 5월 14일(辛未), 24ㄴ(3책, 392쪽)].

49. 『世宗實錄』卷53, 世宗 13년 7월 11일(癸酉), 3ㄱ(3책, 330쪽).

50. 『世宗實錄』卷58, 世宗 14년 10월 30일(乙卯), 10ㄴ(3책, 423쪽).

51. 『世宗實錄』卷58, 世宗 14년 11월 1일(丙辰), 11ㄱ(3책, 424쪽).

52. 『世宗實錄』卷59, 世宗 15년 1월 28일(壬午), 12ㄴ-13ㄱ(3책, 441쪽).

53. 『世宗實錄』卷77, 世宗 19년, 4월 20일(己卯), 12ㄱ-13ㄴ(4책, 68-69쪽).

54. 『世宗實錄』卷124, 世宗 31년 5월 23일(壬寅), 11ㄱ-ㄴ(5책, 130쪽); 『世宗實錄』卷125, 世宗 31년 7월 14일(壬辰), 4ㄴ-5ㄱ(5책, 139쪽); 『文宗實錄』卷2, 文宗 원년 6월 29일(辛丑), 18ㄱ(6책, 247쪽).

55. 『世宗實錄』卷51, 世宗 13년 3월 2일(丙寅), 22ㄴ(3책, 297쪽).

56. 『世宗實錄』卷88, 世宗 22년 3월 3일(乙巳), 24ㄴ(4책, 272쪽).

57. 『世宗實錄』卷125, 世宗 31년 7월 14일(壬辰), 5ㄱ(5책, 139쪽); 『世宗實錄』卷125, 世宗 31년 7월 18일(丙申), 5ㄴ(5책, 139쪽).

58. 『世宗實錄』卷107, 世宗 27년 3월 30일(癸卯), 22ㄱ(4책, 612쪽).

59. 『四餘纏度通軌』跋, 1ㄴ-2ㄱ.

60. 『四餘纏度通軌』跋, 1ㄴ.

61. 『明史』卷31, 志 第7, 曆 1, 曆法沿革, 517쪽(點校本 『明史』, 中華書局, 1995의 쪽수); 전용훈, "전방위적인 업적을 남긴 천문역산학자 이순지", 『한국과학기술인물12인』, 해나무, 2005, 137-40쪽 참조.

62. 『世宗實錄』卷158, 1ㄱ(6책, 1쪽). 黃胤錫은 '太陰太陽通軌'를 明의 元統이 편찬한 『大統曆通軌』라고 하였다[『頤齋遺藁』卷13, 「書七政算內篇後」, 10ㄱ(246책, 285쪽 ―影印標點 『韓國文集叢刊』, 民族文化推進會의 책수와 쪽수. 이하 文集의 경우도 같음)]

63. 『增補文獻備考』卷1, 象緯考 1, 曆象沿革, 本朝, 4ㄱ(上, 18쪽).

64. 『칠정산내편』은 曆日, 太陽, 太陰, 中星, 交食(日食·月食), 五星, 四餘星의 7장으로 구성되어 있다. 이에 대한 연구로는 李勉雨, "李純之·金淡 撰 大統曆日通軌 等 6篇의 通軌本에 대한 研究", 『한국과학사학회지』제10권 제1호, 한국과학사학회, 1988;

이은희『칠정산내편의 연구』, 한국학술정보, 2007을 참조.

65. 『增補文獻備考』卷1, 象緯考 1, 曆象沿革, 本朝, 4ㄱ(上, 18쪽—영인본『增補文獻備考』, 明文堂, 1985(三版)의 책수와 쪽수. 이하 같음). 이 기록이 어디에 근거한 것인지는 불분명하다. 실제로 정인지가 예문관제학에 임명된 것은 세종 14년(1432)이었다[『世宗實錄』卷55, 世宗 14년 3월 18일(丁丑), 25ㄱ(3책, 378쪽)]. 그 아래 대목에서는 "我朝가 개국해서도 역법은 그대로 授時曆을 썼는데, 임금이 交食과 五星만이 立成이 없다고 하여 鄭麟趾·鄭招·鄭欽之 등에게 명해 추보하게 하고, 明의 『大統通軌』를 취해서 오류를 조금 고쳐서 합하여 『內篇』을 만들게 하였고, 또 回回曆法을 얻어서 李純之·金淡 등에게 명해 考校해서 『外篇』을 만들게 하였다"고 기술하였다[『增補文獻備考』卷1, 象緯考 1, 曆象沿革, 本朝, 4ㄱ(上, 18쪽)]. 아마도 이것은『세종실록』에 수록된『七政算』의 내용을 토대로 일부 부연한 것으로 보이는데[『世宗實錄』卷158, 1ㄱ(6책, 1쪽)], 정확한 서술은 아니라고 판단된다.『세종실록』의 내용은 鄭欽之·鄭招·鄭麟趾 등에게 역법을 推算하게 한 사실과『칠정산내편』·『칠정산외편』의 편찬을 단계를 달리해서 기술하고 있다고 보이기 때문이다.

66. 『칠정산내편』과『칠정산외편』의 편찬이 시작된 것은 세종 24년(1442)이었다[『四餘纏度通軌』, 跋, 1ㄴ-2ㄱ]. 그 간행 시기를 세종 26년(1444)이라고 추정하는 것은『四餘纏度通軌』의 跋文이 작성된 시점이 이때이기 때문이다[『四餘纏度通軌』, 跋, 2ㄴ. "正統九年七月日跋."].

67. 『世宗實錄』卷101, 世宗 25년 7월 6일(己未), 4ㄱ(4책, 490쪽).

68. 『世宗實錄』卷107, 世宗 27년 3월 30일(癸卯), 21ㄴ(4책, 612쪽).

69. 『世宗實錄』卷77, 世宗 19년 4월 15일(甲戌), 9ㄴ(4책, 67쪽);『東文選』卷82,「簡儀臺記」, 5ㄱ-ㄴ(2책, 615쪽).

70. 세종 19년(1437) 4월 15일의 실록 기사에는 金墩의「日星定時儀銘幷序」, 鄭招의「小簡儀銘幷序」, 金墩의「小日星定時儀後序」와「簡儀臺記」등이 차례대로 수록되어 있다. 이것이 모두 세종 19년에 작성된 것이라고 보기는 어렵다. 김돈의「간의대기」에는 세종 20년(1437)에 완성된 흠경각에 대한 언급도 나오기 때문이다. 어쨌든 김돈이「간의대기」에서 "이미 수시력을 교정하고 또 하늘을 관측하는 기구를 제작하였으니"라고 하였듯이[『世宗實錄』卷77, 世宗 19년 4월 15일(甲戌), 11ㄱ(4책, 68쪽)] 이때를 전후하여 여러 천문의기의 제작이 완료되었을 것으로 보인다.

71. 『世宗實錄』卷60, 世宗 15년 6월 9일(庚寅), 38ㄴ(3책, 482쪽).

72. 『世宗實錄』卷61, 世宗 15년 8월 11일(辛卯), 24ㄱ(3책, 499쪽).

73. 『世宗實錄』卷65, 世宗 16년 7월 1일(丙子), 1ㄱ-3ㄴ(3책, 577-78쪽);『增補文獻備考』卷2, 象緯考 2, 儀象 1, 31ㄱ(上, 45쪽).

74. 『世宗實錄』卷66, 世宗 16년 10월 2일(乙巳), 1ㄱ(3책, 592쪽).

75. 『世宗實錄』卷77, 世宗 19년 4월 15일(甲戌), 7ㄱ(4책, 66쪽).

76. 『世宗實錄』卷77, 世宗 19년 6월 18일(丙子), 38ㄱ(4책, 81쪽).

77. 『世宗實錄』卷80, 世宗 20년 1월 7일(壬辰), 5ㄱ(4책, 123쪽).

78. 『世宗實錄』卷77, 世宗 19년 4월 15일(甲戌), 10ㄴ(4책, 67쪽);『東文選』卷82, 「簡儀臺記」, 8ㄴ(2책, 616쪽). 15개의 의기는 ①簡儀(大簡儀), ②正方案, ③圭表, ④渾儀, ⑤渾象, ⑥報漏閣, ⑦欽敬閣, ⑧小簡儀, ⑨仰釜日晷, ⑩日星定時儀, ⑪小日星定時儀, ⑫懸珠日晷, ⑬行漏, ⑭天平日晷, ⑮定南日晷이다.

79. 『增補文獻備考』에서 "7년이 지나 戊午年(1438, 세종 20)에 공사가 완성되었다[越七年戊午功告成]"라고 표현한 것은 이러한 사정을 표현한 것이다.『증보문헌비고』의 편자는 7년에 걸친 사업의 성과물로 ①大小簡儀, ②渾儀·渾象, ③懸珠·天平·定南·仰釜日晷, ④日星定時儀, ⑤自擊漏를 꼽았다[『增補文獻備考』卷2, 象緯考 2, 儀象 1, 23ㄱ(上, 41쪽)].

80. 『世宗實錄』卷107, 世宗 27년 3월 30일(癸卯), 22ㄱ(4책, 612쪽).

81. 『增補文獻備考』卷2, 象緯考 2, 儀象1, 31ㄴ(上, 45쪽).

82. 이는 金墩이 「簡儀臺記」에서 "宣德七年壬子(세종 14년, 1432)秋七月"라고 한 것과 1년의 차이가 난다[『世宗實錄』卷77, 世宗 19년 4월 15일(甲戌), 9ㄴ(4책, 67쪽).;『東文選』卷82, 「簡儀臺記」, 5ㄱ(2책, 615쪽)].

83. 『成宗實錄』卷138, 成宗 13년 2월 13일(壬子), 10ㄴ(10책, 298쪽).

84. 方東仁·車勇杰, "4군 6진의 개척",『한국사』22(조선 왕조의 성립과 대외관계), 국사편찬위원회, 1995; 오종록, "세종 시대 북방 영토 개척",『세종문화사대계』3(정치·경제·군사·외교·역사), 세종대왕기념사업회, 2001 참조.

85. 『世宗實錄』卷64, 世宗 16년 4월 9일(丙辰), 4ㄴ(3책, 554쪽).

86. 『世宗實錄』卷64, 世宗 16년 5월 24일(庚子), 30ㄱ(3책, 567쪽).

87. 『文宗實錄』卷5, 文宗 즉위년 12월 28일(戊戌), 22ㄴ(6책, 333쪽).

88. 『世宗實錄』卷71, 世宗 18년 2월 29일(乙丑), 9ㄱ(3책, 667쪽).

89. 『文宗實錄』卷7, 文宗 원년 5월 29일(丙寅), 47ㄱ(6책, 394쪽).

90. 『增補文獻備考』卷2, 象緯考 2, 北極高度, 10ㄴ~11ㄱ(上, 34~35쪽) ;『國朝曆象考』卷1, 北極高度, 5ㄴ(364쪽) ;『海東繹史』卷17, 星曆志, 測候(上, 258쪽－朝鮮光文會

本『海東繹史』, 景仁文化社, 1974의 책수와 쪽수. 이하 같음).

91. 『世宗實錄』卷92, 世宗 23년 3월 17일(甲寅), 18ㄴ(4책, 337쪽).

92. 『文宗實錄』卷4, 文宗 즉위년 10월 23일(癸巳), 31ㄴ(6책, 308쪽).

93. 『世宗實錄』卷108, 世宗 27년 4월 4일(丁未), 1ㄴ(4책, 613쪽).

94. 『世宗實錄』卷77, 世宗 19년 4월 15일(甲戌), 9ㄱ(4책, 67쪽). 성종 21년(1490) 彗星의 출현을 계기로 성종이 소간의의 사용법을 하문하자 金應箕·趙之瑞·李宗敏 등이 자세히 書啓했는데, 그것을 통해서도 규형의 사용법을 확인할 수 있다[『成宗實錄』 卷248, 成宗 21년 12월 5일(壬子), 4ㄱ-ㄴ(11책, 671쪽)].

95. 『世宗實錄』卷77, 世宗 19년 4월 15일(甲戌), 10ㄴ(4책, 67쪽).

96. 『世祖實錄』卷41, 世祖 13년 2월 15일(辛亥), 12ㄴ(8책, 61쪽).

97. 『世祖實錄』卷41, 世祖 13년 3월 14일(己卯), 20ㄴ-21ㄱ(8책, 65쪽);『世祖實錄』卷41, 世祖 13년 3월 15일(庚辰), 21ㄱ(8책, 65쪽);『林下筆記』卷13, 文獻指掌編, 儀器(3책, 31쪽—국역『임하필기』, 민족문화추진회, 1999의 책수와 原文 쪽수).

98. 『大東野乘』卷6, 靑坡劇談(Ⅱ, 536쪽—국역『대동야승』, 민족문화추진회, 1973의 책수와 原文 쪽수. 이하 같음);『燃藜室記述』의 내용 역시 이에 근거한 것이다[『燃藜室記述』別集, 卷16, 地理典故, 摠地理(ⅩⅠ, 641-42쪽)].

99. 指南針盤은 輪圖, 子午盤이라고도 불렸는데, 磁針이 물에 뜨지 않도록 만든 것을 '乾靈龜', 물에 뜨는 것을 '水靈龜'라고 불렀다. 거북이로 이름을 지은 이유는 동서남 북의 방위를 판별하는 것이 거북점을 치는 것처럼 신령스럽다는 의미에서였다. 古法 에서는 전적으로 '수영귀'를 사용하였으나 후대로 내려오면서 간편함을 추구하여 물 을 버리고 '건영귀'를 사용하게 되었다고 한다[『五洲衍文長箋散稿』卷56, 「乾水兩靈 龜辨證說」(下, 809-10쪽)]. 李瀷은 당시의 지남침은 나무곽[木套] 안에 뾰족한 기둥 을 세우고, 지남침의 허리를 오목하게 만들어 기둥의 끝에 걸어놓고, 유리로 막아서 기울어지지 않게 한 다음 나무곽의 옆에 干支와 사방의 卦名을 새겼는데 이를 '건 령귀'라고 부른다고 하였다[『星湖僿說』卷5, 萬物門, 乾靈龜, 26ㄱ(Ⅱ, 54쪽);『星湖僿 說類選』卷5下, 人事篇 8, 器用門, 435쪽(영인본『星湖僿說類選』, 明文堂, 1982의 쪽 수)]. 따라서 여기서 말하는 '泛靈龜'란 '수영귀'를 가리키는 것으로 보인다.

100. 『世祖實錄』卷41, 世祖 13년 3월 18일(癸未), 22ㄱ(8책, 66쪽).

101. 『大東野乘』卷6, 靑坡劇談(Ⅱ, 536쪽). "世祖製[制]印地儀, 歌以紀之. 其法, 鑄銅爲 器, 列二十四位, 虛其中立銅柱, 橫貫孔銅衡於其上, 而低昂以窺之, 謂之窺衡. 方其 印地也, 泛靈龜正四方, 欲知午初一刻, 某標遠近, 先於卯初一刻, 〈或〉酉初一刻, 立

標以窺之. 更於卯酉立標處, 依前法正四方, 以正午初一刻之標, 爲某位某刻. 然後
自明堂, 以繩量前卯初一刻標一千一百尺, 則三之, 午正一刻標, 爲三千三百矣. 以正
二十四位, 橫斜曲直, 皆以是正之, 而無不然者. 上嘗召臣及臣金紐臣希孟等[上嘗召
李陸金紐姜希孟等], 講論此法, 俾於後苑試之, 無不脗合. 卽命量英陵四山, 其後又
命印京城形勢, 率用此法. 然京城閭閻櫛比, 無量可施, 則不得已參用臣等[陸等]愚
見, 一城之內, 凡有標之地, 皆用是以正之. 以至遠近高低大小平險, 亦謄寫於紙地,
而列二十四位於其中, 乃於地上, 量最近一處, 而縮之爲小尺, 不復量地, 而仍以此
尺, 量地上畫處, 則當不煩步量, 而山河天地城廓[郭]室廬, 擧不逃於本處, 而遠近
高低, 自然無絲髮之差[爽差], (有同印字之分明. 圖成上之, 留中不下, 窺衡今在觀
象監).":『燃藜室記述』別集, 卷16, 地理典故, 摠地理(XI, 641-42쪽). 여기서 [ ] 안
에 표시한 것은『대동야승』과 다른『연려실기술』의 표현이고, ( ) 안의 것은『연려실
기술』에는 없는 내용이다. 그러나 조선고서간행회본『연려실기술』에는 ( ) 안의 내
용이 수록되어 있으며,〈 〉안의 글자는 빠져 있다.

102. 『成宗實錄』卷77, 成宗 8년 윤2월 18일(丙辰), 14ㄴ(9책, 431쪽).

103. 『宣祖實錄』卷15, 宣祖 14년 2월 26일(庚申), 7ㄱ(21책, 373쪽).

104. 『五洲衍文長箋散稿』卷13,「量田辨證說」(上, 431-32쪽).

105. 『世宗實錄』卷26, 世宗 6년 11월 15일(丙戌), 25ㄱ(2책, 637쪽).

106. 『世宗實錄』卷26, 世宗 6년 11월 15일(丙戌), 25ㄱ(2책, 637쪽).

107. 『世宗實錄』卷48, 世宗 12년 4월 24일(癸巳), 12ㄴ(3책, 233쪽).

108. 『世宗實錄』卷55, 世宗 14년 1월 19일(己卯), 7ㄴ(3책, 369쪽).

109. 『敬齋集』卷2,「慶尙道地理志序地理志二卷在慶州府, 壬辰之亂, 府史崔洛保全, 仍
納巡營」, 3ㄱ-5ㄱ(8책, 445-46쪽).

110. 이상의 내용은 李燦, "韓國地理學史",『韓國文化史大系 Ⅲ(科學·技術史)』, 高麗
大學校 民族文化研究所, 1970(再版), 694-97쪽; 全相運,『韓國科學技術史』, 正音
社, 1983(重版), 314-15쪽; 이찬, "세종 시대의 지리학",『세종문화사대계』2(과학), 세
종대왕기념사업회, 2000, 514-18쪽 등을 참조.

111. 『世宗實錄』「地理志」序, 1ㄱ(5책, 613쪽).

112. 『世宗實錄』卷14, 世宗 3년 12월 18일(丁未), 16ㄱ-ㄴ(2책, 468쪽).

113. 『世宗實錄』卷14, 世宗 3년 12월 21일(庚戌), 16ㄴ(2책, 468쪽).

114. 『世宗實錄』卷15, 世宗 4년 1월 15일(癸酉), 3ㄱ(2책, 471쪽). 坦宣은 飢民들을 구료
하는 데 능력을 발휘하기도 했다『世宗實錄』卷17, 世宗 4년 9월 10일(甲子), 24ㄱ(2

책, 500쪽)].

115. 『世宗實錄』卷15, 世宗 4년 2월 23일(庚戌), 10ㄴ(2책, 475쪽).

116. 『世宗實錄』卷15, 世宗 4년 2월 23일(庚戌), 10ㄴ(2책, 475쪽).

117. 『世宗實錄』卷15, 世宗 4년 2월 26일(癸丑), 11ㄱ(2책, 475쪽).

118. 『世宗實錄』卷15, 世宗 4년 2월 26일(癸丑), 11ㄱ-ㄴ(2책, 475쪽).

119. 『世宗實錄』卷15, 世宗 4년 2월 26일(癸丑), 11ㄴ(2책, 475쪽).

120. 『世宗實錄』卷15, 世宗 4년 2월 27일(甲寅), 11ㄴ(2책, 475쪽).

121. 『世宗實錄』卷15, 世宗 4년 3월 5일(壬戌), 13ㄱ(2책, 476쪽).

122. 『世宗實錄』卷16, 世宗 4년 6월 11일(丙申), 16ㄴ(2책, 485쪽).

123. 『世宗實錄』卷16, 世宗 4년 5월 10일(丙寅), 7ㄱ(2책, 481쪽).

124. 『世宗實錄』卷16, 世宗 4년 7월 10일(乙丑), 19ㄴ(2책, 487쪽).

125. 『世宗實錄』卷16, 世宗 4년 7월 17일(壬申), 21ㄱ(2책, 488쪽).

126. 『世宗實錄』卷16, 世宗 4년 7월 17일(壬申), 21ㄱ(2책, 488쪽).

127. 『增補文獻備考』卷11, 象緯考 11, [補]物異, 旱蝗附豐歉, 6ㄱ(上, 148쪽─영인본『增補文獻備考』, 明文堂, 1985(3版)의 책수와 쪽수);『世宗實錄』卷76, 世宗 19년 2월 9일(己巳), 12ㄴ-13ㄱ(4책, 52-53쪽).

128. 『世宗實錄』卷75, 世宗 18년 11월 20일(辛亥), 18ㄴ(4책, 41쪽).

129. 『世宗實錄』卷76, 世宗 19년 1월 2일(壬辰), 1ㄱ-ㄴ(4책, 47쪽). 判中樞院事 安純의 上言 참조.

130. 『世宗實錄』卷76, 世宗 19년 1월 6일(丙申), 4ㄴ(4책, 48쪽).

131. 『世宗實錄』卷76, 世宗 19년 1월 1일(辛卯), 1ㄱ(4책, 47쪽).

132. 『世宗實錄』卷76, 世宗 19년 1월 2일(壬辰), 1ㄱ-2ㄱ(4책, 47쪽);『世宗實錄』卷76, 世宗 19년 1월 3일(癸巳), 2ㄴ(4책, 47쪽);『世宗實錄』卷76, 世宗 19년 1월 7일(丁酉), 5ㄱ(4책, 49쪽);『世宗實錄』卷76, 世宗 19년 1월 11일(辛丑), 6ㄱ-ㄴ(4책, 49쪽);『世宗實錄』卷76, 世宗 19년 1월 13일(癸卯), 7ㄱ-ㄴ(4책, 50쪽);『世宗實錄』卷76, 世宗 19년 2월 6일(丙寅), 11ㄴ(4책, 52쪽);『世宗實錄』卷76, 世宗 19년 2월 9일(己巳), 12ㄱ(4책, 52쪽). 賑濟場의 설치와 운영에 대해서는 李相協, "朝鮮前期 漢城府의 賑濟場에 대한 考察",『鄕土서울』54, 서울特別市史編纂委員會, 1994를 참조.

133. 『世宗實錄』卷76, 世宗 19년 2월 4일(甲子), 11ㄱ-ㄴ(4책, 52쪽).

134. 『世宗實錄』卷76, 世宗 19년 2월 16일(丙子), 18ㄴ(4책, 55쪽).

135. 『世宗實錄』卷76, 世宗 19년 3월 8일(戊戌), 22ㄱ(4책, 57쪽).

136. 『世宗實錄』卷76, 世宗 19년 2월 23일(癸未), 19ㄱ-ㄴ(4책, 56쪽).

137. 『世宗實錄』卷103, 世宗 26년 3월 16일(丙寅), 29ㄱ-ㄴ(4책, 547쪽).

138. 언제부터 이런 방식으로 운영했는지는 확실하지 않다. 세종 17년(1435)에 漢城府에서는 普濟院과 弘濟院에 飢民들을 나누어 수용하자고 건의했지만 세종은 『六典』에 근거해서 東西活人院 근처에 별도의 장소를 설치하도록 하였다[『世宗實錄』卷69, 世宗 17년 8월 2일(辛丑), 12ㄴ(3책, 645쪽)].

139. 『世宗實錄』卷105, 世宗 26년 윤7월 10일(丁亥), 17ㄱ(4책, 575쪽).

140. 『世宗實錄』卷107, 世宗 27년 1월 21일(乙未), 6ㄴ(4책, 604쪽).

141. 『世宗實錄』卷107, 世宗 27년 1월 30일(甲辰), 8ㄱ(4책, 605쪽).

142. 『世宗實錄』卷62, 世宗 15년 10월 12일(辛酉), 3ㄱ(3책, 520쪽).

143. 『世宗實錄』卷103, 世宗 26년 1월 14일(甲子), 6ㄴ-7ㄱ(4책, 536쪽).

144. 『世宗實錄』卷116, 世宗 29년 6월 24일(乙酉), 27ㄴ-28ㄱ(5책, 28쪽).

145. 『世宗實錄』卷51, 世宗 13년 3월 19일(癸未), 35ㄴ(3책, 304쪽).

146. 『世宗實錄』卷79, 世宗 19년 11월 9일(乙未), 11ㄴ(4책, 114쪽).

147. 『世宗實錄』卷8, 世宗 2년 6월 6일(癸卯), 14ㄴ(2책, 384쪽); 『世宗實錄』卷8, 世宗 2년 6월 10일(丁未), 15ㄱ(2책, 385쪽); 『世宗實錄』卷8, 世宗 2년 6월 11일(戊申), 15ㄱ(2책, 385쪽); 『世宗實錄』卷8, 世宗 2년 6월 12일(己酉), 15ㄱ(2책, 385쪽).

148. 『世宗實錄』卷13, 世宗 3년 8월 2일(壬辰), 1ㄴ(2책, 445쪽).

149. 『世宗實錄』卷16, 世宗 4년 5월 4일(庚申), 5ㄱ(2책, 480쪽).

150. 『世宗實錄』卷16, 世宗 4년 5월 6일(壬戌), 5ㄱ(2책, 480쪽).

151. 『世宗實錄』卷16, 世宗 4년 5월 8일(甲子), 5ㄱ(2책, 480쪽).

152. 『世宗實錄』卷80, 世宗 20년 3월 2일(丙戌), 25ㄱ(4책, 133쪽).

153. 『世宗實錄』卷116, 世宗 29년 5월 1일(辛卯), 12ㄱ(5책, 20쪽).

154. 『世宗實錄』卷116, 世宗 29년 5월 7일(丁酉), 13ㄴ(5책, 21쪽).

155. 『世宗實錄』卷108, 世宗 27년 4월 29일(壬申), 10ㄴ-11ㄱ(4책, 617-18쪽).

156. 『世宗實錄』卷100, 世宗 25년 6월 15일(戊戌), 31ㄱ(4책, 483쪽).

157. 『世宗實錄』卷108, 世宗 27년 4월 11일(甲寅), 7ㄴ(4책, 616쪽).

158. 『太宗實錄』卷28, 太宗 14년 9월 6일(丙子), 19ㄴ-20ㄱ(2책, 34-35쪽).

159. 『世宗實錄』卷3, 世宗 원년 2월 14일(己丑), 13ㄴ(2책, 302쪽).

160. 『太宗實錄』卷32, 太宗 16년 12월 2일(己未), 32ㄱ(2책, 141쪽).

161. 『世宗實錄』卷46, 世宗 11년 10월 3일(丙子), 1ㄱ(3책, 201쪽).

162. 『世宗實錄』卷19, 世宗 5년 1월 20일(壬寅), 6ㄴ(2책, 521쪽).

163. 『世宗實錄』卷68, 世宗 17년 4월 21일(壬戌), 7ㄴ-8ㄱ(3책, 624-25쪽).

164. 『世宗實錄』卷74, 世宗 18년 8월 5일(戊辰), 10ㄴ-11ㄱ(4책, 25-26쪽).

165. 『世宗實錄』卷76, 世宗 19년 2월 9일(己巳), 12ㄱ(4책, 52쪽).

166. 『世宗實錄』卷76, 世宗 19년 2월 16일(丙子), 18ㄴ(4책, 55쪽).

167. 『世宗實錄』卷17, 世宗 4년 8월 25일(己酉), 11ㄱ(2책, 494쪽).

168. 『世宗實錄』卷18, 世宗 4년 10월 2일(丙戌), 1ㄱ-ㄴ(2책, 505쪽).

169. 『世宗實錄』卷44, 世宗 11년 6월 27일(壬寅), 28ㄴ(3책, 187쪽).

170. 『世宗實錄』卷48, 世宗 12년 5월 19일(戊午), 21ㄴ(3책, 237쪽).

171. 『世宗實錄』卷36, 世宗 9년 4월 24일(壬午), 6ㄱ-ㄴ(3책, 69쪽).

172. 『世宗實錄』卷110, 世宗 27년 11월 6일(丁丑), 10ㄱ-ㄴ(4책, 644쪽).

173. 일본 사신들이 서울에 도착하면 東平館에 묵게 하였다[『增正交隣志』卷1, 接待日
本人舊定事例琉球等國同, 1ㄱ]. 태종 9년(1409) 閔無咎와 閔無疾의 서울 집을 헐어
서 그 재목과 기와로 東平館과 西平館을 짓게 하였다[『太宗實錄』卷17, 太宗 9년 2
월 26일(己亥), 13ㄱ(1책, 476쪽)]. 세종 5년(1423)에 일본의 國王使 일행이 서울에
도착했을 때는 동평관·서평관과 墨寺의 세 곳에 분산 수용하고, 동평관은 禮賓寺,
서평관은 仁壽府, 묵사는 仁順府에서 맡게 하였다[『世宗實錄』卷22, 世宗 5년 12월
20일(丁卯), 22ㄴ(2책, 568쪽)]. 세종 16년(1434)에 倭館의 禁防條件을 강화하는 과
정에서 許稠의 건의에 따라 동평관과 서평관을 통합하고, 그 남쪽에 두 곳을 더 지
어 客館을 네 곳으로 확장하였다[『世宗實錄』卷64, 世宗 16년 6월 24일(己巳), 43
ㄴ-44ㄱ(3책, 574쪽)]. 세종 20년(1438)에 이르러 동평관의 객관 두 곳 가운데 동쪽
에 있는 것[東平館]을 '동평관 1所', 서쪽에 있는 것[西平館]을 '동평관 2소'로 칭하
도록 규정하였다[『世宗實錄』卷80, 世宗 20년 3월 8일(壬辰), 27ㄴ(4책, 134쪽)]. 동
평관의 설치 과정에 대해서는 孫承喆, "朝鮮前期 서울의 東平館과 倭人", 『鄕土서
울』56, 서울特別市史編纂委員會, 1996 참조.

174. 『世宗實錄』卷152, 地理志, 黃海道, 平山都護府, 10ㄱ(5책, 673쪽).

175. 『世宗實錄』卷149, 地理志, 忠淸道, 淸州, 溫水縣, 10ㄱ(5책, 629쪽).

176. 『世宗實錄』卷37, 世宗 9년 8월 29일(甲申), 18ㄱ(3책, 89쪽).

177. 『世宗實錄』卷37, 世宗 9년 9월 27일(壬子), 27ㄱ(3책, 94쪽).

178. 『經國大典』卷3, 禮典, 惠恤, 44ㄴ-45ㄱ(300-301쪽).

179. 『世宗實錄』卷59, 世宗 15년 3월 25일(戊寅), 55ㄴ(3책, 462쪽).

180. 『世宗實錄』卷59, 世宗 15년 3월 28일(辛巳), 56ㄱ(3책, 463쪽).

181. 『世宗實錄』卷60, 世宗 15년 4월 20일(癸卯), 5ㄱ(3책, 465쪽).

182. 『世宗實錄』卷60, 世宗 15년 4월 23일(丙午), 5ㄱ-6ㄱ(3책, 465-66쪽).

183. 『世宗實錄』卷60, 世宗 15년 4월 5일(戊子), 3ㄴ(3책, 464쪽).

184. 『世宗實錄』卷60, 世宗 15년 4월 16일(己亥), 4ㄴ(3책, 465쪽).

185. 『世宗實錄』卷46, 世宗 11년 12월 3일(乙亥), 15ㄱ(3책, 208쪽).

186. 『世宗實錄』卷119, 世宗 30년 2월 12일(戊辰), 7ㄴ(5책, 51쪽).

187. 『世宗實錄』卷10, 世宗 2년 11월 7일(辛未), 12ㄱ(2책, 415쪽).

188. 『世宗實錄』卷10, 世宗 2년 11월 7일(辛未), 12ㄱ(2책, 415쪽).

189. 『世宗實錄』卷11, 世宗 3년 3월 18일(庚辰), 15ㄱ(2책, 426쪽).

190. 『世宗實錄』卷11, 世宗 3년 4월 8일(庚子), 19ㄱ(2책, 428쪽).

191. 『世宗實錄』卷89, 世宗 22년 6월 25일(乙未), 35ㄴ(4책, 296쪽).

192. 『世宗實錄』卷108, 世宗 27년 5월 22일(乙未), 15ㄴ(4책, 620쪽).

193. 『太祖實錄』卷3, 太祖 2년 1월 29일(乙亥), 2ㄴ(1책, 40쪽).

194. 三木榮, 『朝鮮醫學史及疾病史』, 大阪: 自家出版, 1955[堺: 自家出版, 1963], 67-68
쪽.

195. 『太祖實錄』卷12, 太祖 6년 8월 23일(壬寅), 4ㄴ(1책, 109쪽).

196. 『太宗實錄』卷13, 太宗 7년 3월 29일(癸未), 15ㄱ(1책, 389쪽).

197. 『太宗實錄』卷32, 太宗 16년 8월 10일(己巳), 11ㄴ(2책, 131쪽).

198. 『世宗實錄』卷12, 世宗 3년 6월 21일(壬子), 19ㄱ(2책, 440쪽).

199. 『世宗實錄』卷52, 世宗 13년 4월 11일(乙巳), 8ㄱ(3책, 310쪽).

200. 『世宗實錄』卷64, 世宗 16년 5월 27일(癸卯), 31ㄱ(3책, 568쪽).

201. 『世宗實錄』卷62, 世宗 15년 10월 12일(辛酉), 3ㄱ(3책, 520쪽).

202. 『世宗實錄』卷69, 世宗 17년 9월 25일(癸巳), 28ㄱ-ㄴ(3책, 653쪽).

203. 『世宗實錄』卷79, 世宗 19년 12월 15일(壬申), 19ㄱ(4책, 118쪽).

204. 『世宗實錄』卷80, 世宗 20년 2월 24일(戊寅), 23ㄴ(4책, 132쪽).

205. 『太宗實錄』卷11, 太宗 6년 3월 16일(丙午), 11ㄱ(1책, 351쪽).

206. 『太宗實錄』卷35, 太宗 18년 6월 21일(庚子), 75ㄴ(2책, 235쪽).

207. 『世宗實錄』卷18, 世宗 4년 11월 14일(丁卯), 14ㄴ(2책, 511쪽).

208. 『世宗實錄』卷19, 世宗 5년 3월 17일(戊戌), 26ㄱ(2책, 531쪽).

209. 『世宗實錄』卷22, 世宗 5년 11월 28일(乙巳), 17ㄴ(2책, 566쪽).

210. 『世宗實錄』卷22, 世宗 5년 12월 4일(辛亥), 18ㄱ(2책, 566쪽).

211. 『世宗實錄』卷22, 世宗 5년 12월 27일(甲戌), 25ㄱ(2책, 570쪽).

212. 『世宗實錄』卷81, 世宗 20년 5월 23일(丙午), 15ㄴ(4책, 146쪽).

213. 『世宗實錄』卷84, 世宗 21년 3월 9일(丁巳), 33ㄱ-ㄴ(4책, 195쪽).

214. 『經國大典』卷3, 禮典, 惠恤, 44ㄴ(300쪽).

215. 『世宗實錄』卷46, 世宗 11년 11월 17일(己未), 11ㄴ(3책, 206쪽).

216. 『世宗實錄』卷89, 世宗 22년 4월 15일(丙戌), 4ㄱ(4책, 280쪽).

217. 『世宗實錄』卷64, 世宗 16년 6월 20일(乙丑), 43ㄱ(3책, 574쪽).

218. 『世宗實錄』卷71, 世宗 18년 1월 13일(己卯), 2ㄴ(3책, 663쪽).

219. 『世宗實錄』卷10, 世宗 2년 10월 27일(壬戌), 7ㄴ(2책, 412쪽).

220. 『世宗實錄』卷74, 世宗 18년 7월 2일(乙未), 1ㄱ(4책, 21쪽).

221. 『世宗實錄』卷44, 世宗 11년 4월 18일(癸巳), 6ㄱ-ㄴ(3책, 176쪽).

222. 『經國大典』卷3, 禮典, 惠恤, 44ㄴ(300쪽).

223. 『世宗實錄』卷110, 世宗 27년 10월 20일(辛酉), 6ㄴ(4책, 642쪽).

224. 『世宗實錄』卷52, 世宗 13년 5월 11일(甲戌), 18ㄴ(3책, 315쪽).

225. 『世宗實錄』卷47, 世宗 12년 3월 18일(戊午), 28ㄴ(3책, 225쪽).

226. 『世宗實錄』卷43, 世宗 11년 1월 29일(丙子), 12ㄱ(3책, 164쪽).

227. 『世宗實錄』卷95, 世宗 24년 2월 25일(丙辰), 23ㄴ(4책, 400쪽).

228. 『世宗實錄』卷123, 世宗 31년 3월 2일(壬午), 20ㄴ(5책, 119쪽).

229. 『世宗實錄』卷4, 世宗 원년 5월 1일(乙巳), 1ㄱ(2책, 314쪽);『世宗實錄』卷23, 世宗 6년 2월 30일(丙子), 25ㄴ(2책, 583쪽).

230. 『世宗實錄』卷64, 世宗 16년 6월 5일(庚戌), 35ㄴ-36ㄱ(3책, 570쪽).

231. 『世宗實錄』卷69, 世宗 17년 9월 22일(庚寅), 28ㄱ(3책, 653쪽).

232. 『世宗實錄』卷116, 世宗 29년 5월 7일(丁酉), 13ㄴ(5책, 21쪽).

233. 『世宗實錄』卷117, 世宗 29년 7월 3일(癸巳), 1ㄴ(5책, 29쪽).

234. 『世宗實錄』卷47, 世宗 12년 3월 18일(戊午), 28ㄴ(3책, 225쪽).

235. 『經國大典』卷3, 諸科, 律科, 8ㄴ(228쪽).

236. 金澔, 「『新註無冤錄』과 조선전기의 檢屍」, 『法史學研究』29, 韓國法史學會, 2003, 198-203쪽 참조.

237. 『格齋集』卷2, 「無冤錄跋」, 38ㄱ-ㄴ(15책, 85쪽).

238. 『世宗實錄』卷84, 世宗 21년 2월 6일(乙卯), 15ㄴ(4책, 186쪽).

239. 『新註無寃錄』, 「跋文(崔萬理)」; 金澔, 앞의 논문, 2003, 221-22쪽; 김호 옮김, 『신주무원록』, 사계절, 2003, 558쪽.

240. 『世宗實錄』 卷95, 世宗 24년 2월 27일(戊午), 25ㄱ-ㄴ(4책, 401쪽).

241. 『世宗實錄』 卷112, 世宗 28년 5월 15일(壬午), 21ㄱ(4책, 673쪽).

242. 『新註無寃錄』, 「新註無寃錄序」. "恭惟我主上殿下, 以好生之德, 行不忍之政, 軫念赤子或陷于非辜……."

243. 농업기상학(agricultural meteorology)은 농학과 기상학의 경계 학문으로, 기후 조건에 적합한 농업 방식을 확립하고자 하는 데 목적이 있다. 한국과학기술사에 '농업기상학'이라는 개념을 도입한 것은 전상운이었다[Sang-woon Jeon, *Science and Technology in Korea: Traditional Instrunents and Techniques,* Cambridge: The MIT Press, 1974, pp. 107-12].

244. 한반도의 농업 환경에 대해서는 金容燮, "世宗朝의 農業技術", 『韓國中世農業史硏究』, 지식산업사, 2000, 424-30쪽 참조.

245. 『世宗實錄』 卷93, 世宗 23년 8월 18일(壬午), 22ㄱ-ㄴ(4책, 355쪽).

246. 『世宗實錄』 卷92, 世宗 23년 4월 26일(壬辰), 24ㄱ~ㄴ(4책, 340쪽).

247. 『世宗實錄』 卷92, 世宗 23년 4월 29일(乙未), 24ㄴ~25ㄱ(4책, 340~341쪽).

248. 『世宗實錄』 卷92, 世宗 23년 4월 29일(乙未), 25ㄱ(4책, 341쪽).

249. 『世宗實錄』 卷96, 世宗 24년 5월 8일(丁卯), 7ㄱ-ㄴ(4책, 409쪽).

250. 『世宗實錄』 卷93, 世宗 23년 8월 18일(壬午), 22ㄴ(4책, 355쪽).

251. 和田雄治, 『朝鮮古代觀測記錄調査報告』, 朝鮮總督府觀測所, 1917, 17-19쪽.

252. 『仁祖實錄』 卷49, 仁祖 26년 5월 14일(戊寅), 20ㄱ(35책, 325쪽); 『英祖實錄』 卷108, 英祖 43년 4월 17일(庚戌), 24ㄱ(44책, 249쪽).

253. 『新增東國輿地勝覽』 卷3, 漢城府, 橋梁, 35ㄱ(76쪽—영인본 古典刊行會 編, 『新增東國輿地勝覽』, 書景文化社, 1994의 쪽수).

254. 『正祖實錄』 卷4, 正祖 원년 7월 12일(乙亥), 4ㄱ(44책, 678쪽).

255. 『純祖實錄』 卷32, 純祖 32년 8월 13일(丁亥), 34ㄱ-ㄴ(48책, 383쪽). 濬川事目 참조; 『純祖實錄』 卷33, 純祖 33년 3월 11일(壬午), 4ㄴ(48책, 391쪽); 『純祖實錄』 卷33, 純祖 33년 4월 19일(己未), 10ㄴ-11ㄱ(48책, 394쪽).

256. 『衿陽雜錄』, 諸風辨四, 67쪽(영인본 『農書』 1, 亞細亞文化社, 1981의 쪽수. 이하 같음).

257. 『衿陽雜錄』, 諸風辨四, 69쪽.

258. 『衿陽雜錄』, 諸風辨四, 68-69쪽.

259. 『衿陽雜錄』, 農談二, 60쪽.

260. 『衿陽雜錄』, 諸風辨四, 69-70쪽.

261. 片山隆三, "衿陽雜錄の研究", 『朝鮮學報』 13, 天理: 朝鮮學會, 1958; 全相運, 『韓國科學技術史』, 正音社, 1983(重版), 142쪽.

262. 『增補文獻備考』 卷3, 象緯考 3, 儀象 2, 11ㄱ(上, 52쪽).

263. 『增補文獻備考』 卷3, 象緯考 3, 儀象 2, 11ㄱ(上, 52쪽).

264. 『世宗實錄』 卷39, 世宗 10년 3월 23일(乙巳), 32ㄱ(3책, 122쪽).

265. 『正祖實錄』 卷14, 正祖 6년 7월 27일(壬戌), 10ㄱ~ㄴ(45책, 323쪽).

266. 『韻府羣玉』 卷4, 上平聲, 十四寒與桓同用, 76ㄱ; 『山堂肆考』 卷4, 天文, 風, 相風竿, 9ㄱ.

267. 『正祖實錄』 卷32, 正祖 15년 1월 3일(戊寅), 2ㄱ(46책, 195쪽); 『正祖實錄』 卷37, 正祖 17년 1월 11일(乙巳), 3ㄴ-4ㄴ(46책, 371-72쪽).

268. 조선왕조 금속활자 인쇄술에 대한 고전적인 연구로는 金元龍, "李氏朝鮮 鑄字 印刷 小史—鑄字所를 中心으로—", 『鄕土서울』 3, 서울特別市史編纂委員會, 1958; 金元龍, "李朝後期의 鑄字印刷", 『鄕土서울』 7, 서울特別市史編纂委員會, 1959; 孫寶基, "韓國印刷技術史", 『韓國文化史大系 Ⅲ(科學 · 技術史)』, 高大民族文化研究所, 1968을 참조.

269. 『太宗實錄』 卷5, 太宗 3년 2월 13일(庚申), 7ㄱ(1책, 257쪽).

270. 『陽村集』 卷22, 「鑄字跋」, 11ㄴ(7책, 225쪽).

271. 『陽村集』 卷22, 「鑄字跋」, 12ㄴ(7책, 225쪽).

272. 『太宗實錄』 卷19, 太宗 10년 2월 7일(甲辰), 11ㄱ(1책, 528쪽).

273. 『太宗實錄』 卷24, 太宗 12년 7월 9일(壬辰), 1ㄴ(1책, 642쪽).

274. 『太宗實錄』 卷24, 太宗 12년 10월 1일(癸丑), 17ㄴ(1책, 650쪽).

275. 『太宗實錄』 卷25, 太宗 13년 2월 30일(己卯), 10ㄱ(1책, 663쪽).

276. 『太宗實錄』 卷31, 太宗 16년 3월 27일(己未), 25ㄴ(2책, 109쪽).

277. 『世宗實錄』 卷11, 世宗 3년 3월 24일(丙戌), 15ㄴ-16ㄱ(2책, 426-27쪽).

278. 『世宗實錄』 卷18, 世宗 4년 10월 29일(癸丑), 10ㄴ(2책, 509쪽).

279. 『春亭集』 卷12, 「大學衍義鑄字跋」, 28ㄴ-29ㄱ(8책, 160-61쪽); 『東文選』 卷103, 「鑄字跋」, 18ㄴ-19ㄱ(3책, 264-65쪽).

280. 『春亭集』 卷12, 「大學衍義鑄字跋」, 28ㄴ-29ㄱ(8책, 160-61쪽); 『東文選』 卷103, 「鑄

字跋」, 18ㄴ-19ㄱ(3책, 264-65쪽); 『世宗實錄』 卷18, 世宗 4년 10월 29일(癸丑), 10ㄴ
(2책, 509쪽).

281. 『世宗實錄』 卷65, 世宗 16년 7월 2일(丁丑), 3ㄴ(3책, 578쪽).

282. 甲寅字 주조 사업이 마무리되고 나서 金鑌이 발문을 작성하였다. 이 발문은 『四餘
纏度通軌』, 『高麗史節要』 등에 수록되어 있는데, 이를 통해 사업의 진행 과정에 대
한 보다 상세한 정보를 확인할 수 있다. 당시 '大字'를 만들자고 한 이유는 庚子字
의 글자체가 너무 세밀해서[纖密] 열람하기에 불편했기 때문이다[『四餘纏度通軌』
跋, 2ㄱ; 『高麗史節要』 跋(827쪽)].

283. 『四餘纏度通軌』 跋, 2ㄱ; 『高麗史節要』 跋(827쪽).

284. 『世宗實錄』 卷65, 世宗 16년 7월 2일(丁丑), 3ㄴ-4ㄱ(3책, 578쪽).

285. 정조가 동궁 시절이었던 영조 48년(1772)과 즉위한 이후인 정조 원년(1777)에 활자
를 주조할 때 모본으로 삼았던 것도 甲寅字였다. 정조는 갑인자가 '盡善盡美'하다
고 높이 평가하였고, 자신의 활자 주조 사업에 '繼述'의 뜻이 담겨 있다고 강조하였
다. 『弘齋全書』 卷163, 日得錄 3, 文學 3, 22ㄱ(267책, 198쪽); 같은 책, 23ㄴ-24ㄱ(267
책, 199쪽).

286. 손보기, "세종 시대의 인쇄 출판", 『세종문화사대계2(과학)』, 세종대왕기념사업회,
2000, 144쪽.

287. 『慵齋叢話』 卷7(Ⅰ, 628쪽).

288. 『太宗實錄』 卷1, 太宗 원년, 윤3월 1일(庚寅), 20ㄴ(1책, 199쪽). 이는 文益漸과 崔茂
宣의 후손을 등용하자는 權近의 건의에 따른 조치였다.

289. 『太宗實錄』 卷14, 太宗 7년 12월 30일(己酉), 50ㄱ(1책, 427쪽).

290. 『太宗實錄』 卷18, 太宗 9년 10월 18일(丙辰), 36ㄴ(1책, 514쪽); 『新增東國輿地勝覽』
卷2, 京都下, 軍器寺, 25ㄴ(55쪽); 『郊隱先生文集』 卷下, 「畿內軍器寺火藥庫記」, 16
ㄴ.

291. 『太宗實錄』 卷8, 太宗 4년 8월 20일(己丑), 5ㄱ-ㄴ(1책, 303쪽).

292. 『太宗實錄』 卷29, 太宗 15년 4월 4일(辛未), 16ㄴ(2책, 56쪽).

293. 『太宗實錄』 卷29, 太宗 15년 3월 15일(癸丑), 14ㄴ(2책, 55쪽); 『太宗實錄』 卷29, 太宗
15년 3월 25일(癸亥), 15ㄱ(2책, 56쪽); 『太宗實錄』 卷29, 太宗 15년 4월 1일(戊辰), 15
ㄴ-16ㄱ(2책, 56쪽).

294. 『太宗實錄』 卷30, 太宗 15년 7월 16일(辛亥), 4ㄴ-5ㄱ(2책, 75-76쪽).

295. 『新增東國輿地勝覽』 卷2, 京都下, 軍器寺, 25ㄱ(55쪽); 『郊隱先生文集』 卷下, 「畿內

軍器寺火藥庫記」, 16ㄱ.

296. 『新增東國輿地勝覽』卷2, 京都下, 軍器寺, 24ㄴ-25ㄱ(54-55쪽—영인본 『新增東國輿地勝覽』, 書景文化社, 1994의 쪽수. 이하 같음); 『郊隱先生文集』卷下, 「畿內軍器寺火藥庫記」, 15ㄴ.

297. 『世宗實錄』卷1, 世宗 즉위년 9월 19일(丙寅), 22ㄱ(2책, 269쪽). 허선도는 봄과 여름에 각각 4,000근이 소요된다고 보아 1년 소비량을 8,000근으로 해석하였다(許善道, 『朝鮮時代火藥兵器史研究』, 一潮閣, 1994, 34쪽).

298. 『世宗實錄』卷20, 世宗 5년 5월 22일(辛丑), 18ㄴ(2책, 542쪽). 이러한 조치는 큰 성과를 거두지 못했다. 그 원인은 '利重罰輕'으로 지목되었는데, 염초를 이용해 彩玉·珠玉을 구워 만들면[燔造] 이익이 큰데 그에 대한 처벌은 경미했기 때문이다[『世宗實錄』卷116, 世宗 29년 4월 8일(己亥), 2ㄱ-ㄴ(5책, 15쪽)].

299. 『世宗實錄』卷19, 世宗 5년 1월 9일(辛卯), 3ㄱ(2책, 520쪽).

300. 『世宗實錄』卷52, 世宗 13년 6월 2일(甲午), 32ㄱ(3책, 322쪽).

301. 『世宗實錄』卷68, 世宗 17년 5월 21일(壬辰), 18ㄴ-19ㄱ(3책, 630쪽).

302. 『世宗實錄』卷34, 世宗 8년 12월 13일(壬申), 16ㄴ-17ㄱ(3책, 52-53쪽).

303. 『世宗實錄』卷55, 世宗 14년 2월 13일(壬寅), 12ㄴ(3책, 371쪽).

304. 『世宗實錄』卷54, 世宗 13년 12월 24일(乙卯), 38ㄴ(3책, 363쪽).

305. 『世宗實錄』卷59, 世宗 15년 2월 29일(癸卯), 40ㄴ(3책, 455쪽).

306. 『世宗實錄』卷65, 世宗 16년 7월 2일(丁丑), 4ㄱ(3책, 578쪽).

307. 『世宗實錄』卷65, 世宗 16년 9월 8일(壬午), 28ㄱ-ㄴ(3책, 590쪽).

308. 『世宗實錄』卷65, 世宗 16년 9월 9일(癸未), 28ㄴ(3책, 590쪽).

309. 『世宗實錄』卷65, 世宗 16년 9월 11일(乙酉), 28ㄴ-29ㄱ(3책, 590-91쪽).

310. 『世宗實錄』卷68, 世宗 17년 5월 21일(壬辰), 18ㄱ(3책, 630쪽).

311. 『世宗實錄』卷68, 世宗 17년 5월 21일(壬辰), 18ㄴ(3책, 630쪽).

312. 『世宗實錄』卷115, 世宗 29년 2월 26일(戊午), 15ㄱ(5책, 8쪽).

313. 『世宗實錄』卷108, 世宗 27년 5월 9일(壬午), 13ㄴ(4책, 619쪽).

314. 『世宗實錄』卷108, 世宗 27년 5월 9일(壬午), 13ㄴ(4책, 619쪽).

315. 『世宗實錄』卷109, 世宗 27년 9월 27일(丁酉), 32ㄱ-ㄴ(4책, 638쪽).

316. 『端宗實錄』卷13, 端宗 3년 2월 27일(癸卯), 29ㄱ(7책, 15쪽).

317. 『世祖實錄』卷9, 世祖 3년 9월 24일(乙酉), 11ㄱ-ㄴ(7책, 223쪽).

318. 『世宗實錄』卷107, 世宗 27년 3월 30일(癸卯), 19ㄴ(4책, 611쪽); 『世宗實錄』卷107,

世宗 27년 3월 18일(辛卯), 18ㄱ(4책, 610쪽).

319. 『世宗實錄』卷107, 世宗 27년 3월 30일(癸卯), 19ㄴ-20ㄱ(4책, 611쪽).

320. 『世宗實錄』卷107, 世宗 27년 3월 30일(癸卯), 20ㄱ(4책, 611쪽).

321. 『世宗實錄』卷107, 世宗 27년 3월 30일(癸卯), 20ㄱ(4책, 611쪽).

322. 『世宗實錄』卷61, 世宗 15년 9월 2일(辛巳), 51ㄱ(3책, 512쪽).

323. 『世宗實錄』卷61, 世宗 15년 9월 8일(丁亥), 53ㄱ(3책, 513쪽).

324. 『世宗實錄』卷107, 世宗 27년 3월 30일(癸卯), 20ㄱ(4책, 611쪽).

325. 『世宗實錄』卷107, 世宗 27년 3월 30일(癸卯), 20ㄱ(4책, 611쪽).

326. 『世宗實錄』卷107, 世宗 27년 3월 30일(癸卯), 20ㄴ(4책, 611쪽).

327. 『世宗實錄』卷107, 世宗 27년 3월 18일(辛卯), 18ㄱ(4책, 610쪽).

328. 『世宗實錄』卷107, 世宗 27년 3월 30일(癸卯), 20ㄴ(4책, 611쪽).

329. 『世宗實錄』卷107, 世宗 27년 3월 30일(癸卯), 20ㄴ-21ㄱ(4책, 611-12쪽).

330. 『世宗實錄』卷107, 世宗 27년 3월 30일(癸卯), 21ㄱ(4책, 612쪽).

331. 『世宗實錄』卷108, 世宗 27년 6월 15일(丁巳), 18ㄴ(4책, 621쪽).

332. 『世宗實錄』卷109, 世宗 27년 8월 21일(壬戌), 22ㄱ-ㄴ(4책, 633쪽).

333. 許善道, 『朝鮮時代 火藥兵器史研究』, 一潮閣, 1994, 80쪽.

334. 『世宗實錄』卷119, 世宗 30년 2월 10일(丙寅), 7ㄴ(5책, 51쪽).

335. 『世宗實錄』卷108, 世宗 27년 4월 13일(丙辰), 8ㄱ(4책, 616쪽).

336. 『世宗實錄』卷109, 世宗 27년 7월 18일(庚寅), 9ㄱ-10ㄴ(4책, 626쪽).

337. 『世宗實錄』卷111, 世宗 28년 1월 22일(庚寅), 8ㄴ(4책, 652쪽).

338. 『世宗實錄』卷110, 世宗 27년 12월 12일(辛亥), 17ㄱ(4책, 647쪽).

339. 『世宗實錄』卷109, 世宗 27년 7월 19일(辛卯), 10ㄴ(4책, 627쪽). 이에 따르면 놋쇠로 만든 항아리[鍮壺]에 위아래로 두 개의 구멍을 뚫어 마개로 막고 물을 가득 채운 다음, 마개를 빼서 물이 위의 구멍까지 도달하는 시간을 기준으로 삼아 이 시간 동안 270步를 달리면 1走, 260보를 달리면 2주, 250보를 달리면 3주가 된다. 또 두 손에 각각 50斤의 물건을 들고 160보를 가면 1力, 130보를 가면 2력, 100보를 가면 3력이 된다. 총통위에 선발되려면 2주3력, 2력3주 이상이 되어야 한다.

340. 『世宗實錄』卷118, 世宗 29년 11월 15일(甲辰), 7ㄴ(5책, 43쪽).

341. 『世宗實錄』卷118, 世宗 29년 11월 15일(甲辰), 7ㄴ(5책, 43쪽).

342. 『世宗實錄』卷118, 世宗 29년 11월 15일(甲辰), 7ㄴ(5책, 43쪽).

343. 『世宗實錄』卷118, 世宗 29년 11월 15일(甲辰), 7ㄴ-8ㄱ(5책, 43-44쪽).

344. 世宗實錄』卷118, 世宗 29년 11월 15일(甲辰), 8ㄱ(5책, 44쪽).

345. 『世宗實錄』卷118, 世宗 29년 11월 15일(甲辰), 8ㄱ(5책, 44쪽).

346. 『世宗實錄』卷121, 世宗 30년 9월 13일(丙申), 44ㄴ-45ㄱ(5책, 99쪽).

347. 全相運,『韓國科學技術史』, 正音社, 1983(重版), 216쪽.

348. 『世宗實錄』卷122, 世宗 30년 12월 6일(戊午), 13ㄱ(5책, 107쪽).

349. 『世宗實錄』卷122, 世宗 30년 12월 6일(戊午), 13ㄱ-14ㄱ(5책, 107쪽).

350. 실록을 검색해보면 兵船, 戰船, 戰艦 등의 용어가 군사용 선박을 가리키는 범칭으로 쓰이고 있음을 알 수 있는데 그 가운데 가장 빈도가 높은 용어가 兵船이며, 그것은 세종대에 한정해서 보아도 마찬가지이다. 따라서 여기에서는 兵船이라는 용어를 사용하기로 한다.

351. 『高麗史』卷82, 志 36, 兵 2, 鎭戍, 6ㄱ(中, 796쪽);『高麗史節要』卷2, 穆宗宣讓大王, 己酉(12년), 65ㄱ(56쪽—영인본『高麗史節要』, 明文堂, 1991(重版)의 쪽수).

352. 金庠基,『高麗時代史』, 東國文化社, 1961, 244-45쪽[金庠基,『新編 高麗時代史』, 서울대학교출판부, 1985, 202-203쪽]; 全相運,『韓國科學技術史』, 正音社, 1983(重版), 229-30쪽.

353. 『高麗史』卷27, 世家 27, 元宗 3, 元宗 15년 6월 16일(辛酉), 48ㄱ-ㄴ(上, 562쪽);『高麗史』卷29, 世家 29, 忠烈王 2, 忠烈王 6년 11월 11일(己酉), 24ㄴ-25ㄱ(上, 599-600쪽).

354. 『秋澗集』卷40,「汎海小錄」, 37ㄱ.

355. 『高麗史』卷30, 世家 30, 忠烈王 3, 32ㄴ(上, 628쪽).

356. 『太祖實錄』卷4, 太祖 2년 7월 5일(戊申), 1ㄱ(1책, 46쪽).

357. 『世宗實錄』卷4, 世宗 원년 7월 28일(辛未), 29ㄴ(2책, 328쪽).

358. 『世宗實錄』卷4, 世宗 원년 7월 28일(辛未), 29ㄴ(2책, 328쪽);『世宗實錄』卷5, 世宗 원년 8월 11일(癸未), 5ㄴ(2책, 331쪽).

359. 『世宗實錄』卷10, 世宗 2년 11월 7일(辛未), 13ㄱ(2책, 415쪽).

360. 『世宗實錄』卷4, 世宗 원년 7월 28일(辛未), 29ㄴ-30ㄱ(2책, 328-29쪽).

361. 『世宗實錄』卷5, 世宗 원년 8월 11일(癸未), 5ㄱ-ㄴ(2책, 331쪽).

362. 『世宗實錄』卷19, 世宗 5년 3월 3일(甲申), 20ㄴ-21ㄱ(2책, 529-30쪽).

363. 『世宗實錄』卷24, 世宗 6년 4월 17일(壬戌), 5ㄴ(2책, 593쪽);『世宗實錄』卷24, 世宗 6년 4월 28일(癸酉), 9ㄱ-ㄴ(2책, 595쪽). 세종 12년(1430)에 兵曹參議 朴安臣이 올린 上書 가운데 갑진년(세종 6, 1424)에 특별히 윤음을 내려 선박을 제작하는 데 필

요한 목재의 벌채를 금하고 화재를 막아 잘 재배하라고 지시한 바 있었다고 한 것은 이때 병조에서 마련한 조건과 관련이 있는 듯하다[『世宗實錄』卷48, 世宗 12년 4월 14일(癸未), 5ㄴ-7ㄱ(3책, 229-30쪽)].

364. 『世宗實錄』卷33, 世宗 8년 8월 26일(丁亥), 13ㄱ(3책, 41쪽).

365. 『世宗實錄』卷121, 世宗 30년 8월 27일(庚辰), 39ㄴ-41ㄱ(5책, 96-97쪽).

366. 『太宗實錄』卷23, 太宗 12년 5월 21일(甲辰), 35ㄱ(1책, 636쪽).

367. 『太宗實錄』卷33, 太宗 17년 4월 25일(辛巳), 33ㄱ-ㄴ(2책, 159쪽).

368. 『世宗實錄』卷4, 世宗 원년 6월 27일(庚子), 19ㄱ(2책, 323쪽).

369. 『世宗實錄』卷6, 世宗 원년 12월 1일(辛未), 8ㄴ(2책, 347쪽).

370. 『世宗實錄』卷6, 世宗 원년 11월 15일(乙卯), 3ㄴ-4ㄱ(2책, 345쪽).

371. 『世宗實錄』卷8, 世宗 2년 5월 12일(己卯), 11ㄴ(2책, 383쪽).

372. 『世宗實錄』卷10, 世宗 2년 11월 17일(辛巳), 16ㄴ(2책, 417쪽).

373. 上粧(=上裝)은 船體의 윗부분으로 舷欄, 牌板, 牌欄, 女牆, 鋪板(=甲板) 등으로 구성된다. 金在瑾, 『續韓國船舶史硏究』, 서울大學校出版部, 1994, 207-208쪽.

374. 『世宗實錄』卷48, 世宗 12년 5월 19일(戊午), 22ㄱ(3책, 237쪽).

375. 『世宗實錄』卷48, 世宗 12년 5월 24일(癸亥), 23ㄱ-ㄴ(3책, 238쪽).

376. 『世宗實錄』卷52, 世宗 13년 4월 5일(己亥), 2ㄱ(3책, 307쪽).

377. 甲船 또는 甲造船은 중국 강남의 尖底船을 가리키는 것이다. 그 造船法은 배의 침수나 부식을 막기 위해 판자와 판자 사이의 연결 부분에 鐵釘을 사용해서 외판을 2중으로 붙이는 것이다. 이에 비해 한국의 재래 한선은 單板을 쓰기 때문에 單造船이라 부른다. 金在瑾, 『朝鮮王朝軍船硏究』, 一潮閣, 1980(重版), 41쪽; 金在瑾, 『우리 배의 歷史』, 서울대학교출판부, 1989, 95쪽.

378. 『世宗實錄』卷52, 世宗 13년 5월 14일(丁丑), 20ㄱ-ㄴ(3책, 316쪽).

379. 『世宗實錄』卷56, 世宗 14년 5月 16日(癸酉), 25ㄱ(3책, 392쪽).

380. 『太祖實錄』卷1, 太祖 원년 7월 28일(丁未), 48ㄱ(1책, 24쪽).

381. 『太宗實錄』卷5, 太宗 3년 6월 29일(乙亥), 32ㄱ-ㄴ(1책, 270쪽).

382. 『世宗實錄』卷58, 世宗 14년 12월 20일(乙巳), 30ㄱ-ㄴ(3책, 433쪽).

383. 『世宗實錄』卷61, 世宗 15년 7월 19일(庚午), 12ㄴ(3책, 493쪽).

384. 『世宗實錄』卷63, 世宗 16년 3월 18일(乙未), 31ㄱ(3책, 550쪽).

385. 『世宗實錄』卷72, 世宗 18년 5월 29일(甲午), 19ㄱ(3책, 679쪽).

386. 『經國大典』卷1, 吏典, 京官職, 從四品衙門, 典艦司, 30ㄴ(88쪽). 典艦司라는 명칭은

성종 원년(1470) 6월의 실록 기사에서 처음으로 확인된다[『成宗實錄』卷6, 成宗 원년 6월 18일(乙丑), 14ㄴ(8책, 511쪽)]. 세조 12년(1466) 4월의 기사에 따르면 당시 병조에는 典船司가 소속되어 있었는데, 이는 典船色(=修城典船色)을 계승한 관서였다[『世祖實錄』卷38, 世祖 12년 4월 23일(癸亥), 37ㄴ(8책, 19쪽)]. 따라서 세종 12년 4월 이전에 典船司(=典艦司)로 명칭이 변경되었을 것으로 보인다.

387. 『世宗實錄』卷65, 世宗 16년 9월 23일(丁酉), 30ㄴ-31ㄱ(3책, 591-92쪽).

388. 『世宗實錄』卷113, 世宗 28년 9월 9일(甲戌), 33ㄱ(4책, 700쪽).

389. 오봉근·손영종, 『조선수군사』, 사회과학출판사, 1991, 179-81쪽.

390. 『世宗實錄』卷4, 世宗 원년 6월 17일(庚寅), 16ㄴ(2책, 322쪽); 『世宗實錄』卷4, 世宗 원년 6월 20일(癸巳), 17ㄴ-18ㄱ(2책, 322-23쪽).

391. 『經國大典』卷4, 兵典, 諸道兵船, 51ㄱ-54ㄴ(439-47쪽). 猛船 제도의 확립 추이와 그 구조에 대해서는 金在瑾, 『朝鮮王朝軍船研究』, 一潮閣, 1980(重版), 45-60쪽 참조.

392. 『太宗實錄』卷26, 太宗 13년 11월 14일(庚寅), 40ㄴ(1책, 695쪽).

393. 『世宗實錄』卷19, 世宗 5년 1월 5일(丁亥), 2ㄱ(2책, 519쪽).

394. 『世宗實錄』卷48, 世宗 12년 5월 19일(戊午), 22ㄱ(3책, 237쪽).

395. 『世宗實錄』卷64, 世宗 16년 6월 19일(甲子), 41ㄱ-ㄴ(3책, 573쪽); 『世宗實錄』卷81, 世宗 20년 5월 23일(丙午), 15ㄴ(4책, 146쪽).

396. 『高麗史』卷113, 列傳 26, 諸臣, 崔瑩, 32ㄱ(下, 483쪽); 『高麗史節要』卷30, 辛禑 1, 丁巳(辛禑 3년) 3월, 26ㄱ(690쪽).

397. 『世宗實錄』卷49, 世宗 12년 9월 1일(己亥), 29ㄱ-ㄴ(3책, 258쪽).

398. 『世宗實錄』卷77, 世宗 19년 6월 18일(丙子), 38ㄴ(4책, 81쪽).

399. 『書經』, 虞書, 「舜典」. "協時月正日, 同律度量衡."

400. 『世宗實錄』卷10, 世宗 2년 11월 7일(辛未), 12ㄴ(2책, 415쪽).

401. 『太宗實錄』卷11, 太宗 6년 6월 5일(癸亥), 27ㄴ(1책, 359쪽). 西北面都巡問使 趙璞의 啓 참조.

402. 『太宗實錄』卷19, 太宗 10년 1월 28일(乙未), 7ㄴ(1책, 526쪽).

403. 『太宗實錄』卷1, 太宗 1년 윤3월 18일(丁未), 21ㄴ(1책, 200쪽); 『太宗實錄』卷15, 太宗 8년 6월 28일(乙巳), 34ㄴ(1책, 444쪽). 陳理는 그의 나이 22세 때인 공민왕 21년(1372)에 고려로 건너와[『高麗史』卷43, 世家 43, 恭愍王 6, 18ㄱ(上, 847쪽)] 거주하다가 태종 8년(1408)에 사망하였다.

404. 지금까지 대부분의 번역서와 연구 논문에서 세종 19년의 "乃其父判三司姜碩弟有元院使金剛所藏象牙尺所傳本也"라는 기사를 "그것은 바로 그 아버지인 判三司事 姜碩의 아우 姜有元이 院使 김강(金剛)이 소장하고 있던 象牙尺을 전한 것"이라고 해석하였다. 그러나 여기에서는 弟를 第와 같은 뜻으로 보아 '집'으로 해석하고자 한다. 한편 『高麗史』를 검색해보면 姜金剛, 또는 姜金剛吉思라는 인물이 등장한다. 강금강은 안동부 출신의 宦官으로 忠惠王 때 원에 들어가 궂은일을 도맡아 했다고 한다[『高麗史』卷57, 志 11, 地理 2, 慶尙道, 安東府, 28ㄴ(中, 283쪽)]. 그는 공민왕 4년(1355) 資政院使로서 기황후의 모친인 '榮安王大夫人'에게 잔치를 베풀기 위해 고려에 파견되었으며[『高麗史』卷38, 世家 38, 恭愍王 1, 29ㄴ(上, 768쪽)], 이듬해 奇轍 일당이 처형된 이후에 모친 李氏가 병을 얻게 되자 원의 황태자는 金剛吉思를 파견하여 이씨를 모셔가고자 하였으나, 이씨가 계속 고사하자 金剛吉思로 하여금 고려에 머물러 봉양하게 하였다[『高麗史』卷131, 列傳 44, 叛逆 5, 奇轍, 21ㄱ(下, 847쪽)].

405. 『性理大全』卷18, 家禮 1, 櫝韜藉式, 16ㄱ-ㄴ(1291~1292쪽). "蓋周尺, 當今省尺七寸五分弱, 而程氏文集與溫公書儀, 多誤註爲五寸五分弱, 而所謂省尺者, 亦莫知其爲何尺. 時舉舊嘗質之, 晦翁先生答云, 省尺乃是京尺, 溫公有圖子, 所謂三司布帛尺者是也.…… 嘉定癸酉季秋乙卯, 臨海潘時舉仲善父識." 주희는 '省尺'을 '三司布帛尺'이라고 보았다. 潘時舉의 질문과 주희의 답변은 『晦庵先生朱文公文集』卷60,「答潘子善」, 2923쪽(點校本 『朱子大全』23, 上海古籍出版社·安徽教育出版社, 2002의 쪽수) 참조.

406. 趙忠佐는 通事로서 북경과 요동을 빈번히 오간 것으로 보이는데, 세종 19년 직전에 조충좌가 북경에 갔던 것은 세종 12년(1430)의 일이었다[『世宗實錄』卷48, 世宗 12년 4월 11일(庚辰), 3ㄴ(3책, 228쪽)].

407. 『世宗實錄』卷77, 世宗 19년 4월 15일(甲戌), 11ㄱ-ㄴ(4책, 68쪽).

408. 『世宗實錄』卷49, 世宗 12년 9월 29일(丁卯), 38ㄱ(3책, 262쪽).

409. 『世宗實錄』卷50, 世宗 12년 10월 18일(乙酉), 8ㄱ-ㄴ(3책, 266쪽).

410. 『世宗實錄』卷59, 世宗 15년 1월 1일(乙卯), 1ㄱ(3책, 435쪽).

411. 『世宗實錄』卷21, 世宗 5년 7월 24일(壬寅), 6ㄴ(2책, 550쪽).

412. 『世宗實錄』卷25, 世宗 6년 8월 26일(戊辰), 19ㄴ-20ㄱ(2책, 619쪽).

413. 『世宗實錄』卷27, 世宗 7년 2월 29일(己巳), 30ㄴ(2책, 658쪽).

414. 『世宗實錄』卷30, 世宗 7년 12월 19일(甲申), 26ㄱ(2책, 707쪽).

415. 『世宗實錄』卷29, 世宗 7년 8월 26일(壬辰), 24ㄱ(2책, 690쪽).

416. 『世宗實錄』卷37, 世宗 9년 7월 27일(癸丑), 8ㄴ(3책, 84쪽).

417. 『世宗實錄』卷32, 世宗 8년 4월 25일(戊子), 10ㄱ~12ㄴ(3책, 22~23쪽).

418. 『世宗實錄』卷32, 世宗 8년 4월 25일(戊子), 12ㄴ(3책, 23쪽).

419. 律管의 길이를 산출하는 방법을 뜻한다. 黃鍾의 길이 9寸을 기준으로 하여 그 1/3
    인 3촌을 減하면 6촌인 林鍾이 되고, 다시 거기에 1/3인 2촌을 加하면 8촌인 太蔟
    가 되는데, 이러한 방법으로 12律을 만드는 방법을 일컫는다.

420. 『世宗實錄』卷36, 世宗 9년 5월 15일(壬寅), 16ㄱ(3책, 74쪽).

421. 候氣法은 1년 12달의 地氣를 이용하여 律尺을 정하는 방법이다. 땅 속에 갈대 속
    청을 태운 재를 채운 律管을 묻고 冬至로부터 차례로 그 율관의 재가 터지는 것을
    보고 節氣를 관측하였다. 따라서 후기법은 율관의 제작 방법이라기보다는 그것이
    제대로 만들어졌는지 시험하는 것이다. 즉 12율관을 그 절기에 맞는 방향에 맞추
    어 땅에 묻어 두었다가 각각의 절기에 맞게 율관에 넣어 둔 갈대의 재가 터지면 그
    것이 잘 만들어졌음을 확인하는 방법이다. 후기법의 상세한 절차는 『成宗實錄』卷
    148, 成宗 13년 11월 2일(丙申), 2ㄴ(10책, 405쪽)을 참조.

422. 『世宗實錄』卷59, 世宗 15년 1월 1일(乙卯), 1ㄱ~ㄴ(3책, 435쪽).

423. 『世宗實錄』卷59, 世宗 15년 1월 1일(乙卯), 1ㄴ(3책, 435쪽).

424. 『世宗實錄』卷59, 世宗 15년 1월 1일(乙卯), 1ㄴ-2ㄱ(3책, 435-36쪽).

425. 『世宗實錄』卷59, 世宗 15년 1월 1일(乙卯), 2ㄱ(3책, 436쪽).

426. 『世宗實錄』卷37, 世宗 9년 8월 17일(壬申), 14ㄱ(3책, 87쪽).

427. 『世宗實錄』卷37, 世宗 9년 9월 4일(己丑), 20ㄴ(3책, 90쪽).

428. 『世宗實錄』卷37, 世宗 9년 9월 4일(己丑), 20ㄴ(3책, 90쪽).

429. 『世宗實錄』卷37, 世宗 9년 9월 4일(己丑), 20ㄴ(3책, 90쪽). 세종은 박연을 '迂儒'가
    아니라 '通儒'라고 평가하기도 했다[『世宗實錄』卷39, 世宗 10년 2월 20일(壬申), 23
    ㄱ(3책, 117쪽)].

430. 『世宗實錄』卷59, 世宗 15년 1월 1일(乙卯), 2ㄱ(3책, 436쪽).

431. 『世宗實錄』卷38, 世宗 9년 12월 21일(甲戌), 18ㄴ(3책, 105쪽).

432. 『世宗實錄』卷39, 世宗 10년 1월 4일(丁亥), 1ㄴ(3책, 106쪽).

433. 『世宗實錄』卷59, 世宗 15년 1월 1일(乙卯), 2ㄱ(3책, 436쪽).

434. 『世宗實錄』卷43, 世宗 11년 2월 8일(甲申), 15ㄱ(3책, 166쪽).

435. 『太宗實錄』卷12, 太宗 6년 윤7월 13일(庚午), 10ㄱ-ㄴ(1책, 367쪽). 당시 明에서 보

내준 祭祀樂器는 編鍾 16개, 編磬 16片, 琴 4張, 瑟 2床, 笙 2攢, 簫 4管이었다.

436. 『世宗實錄』 卷43, 世宗 11년 3월 13일(己未), 23ㄱ-ㄴ(3책, 170쪽).

437. 『世宗實錄』 卷49, 世宗 12년 7월 30일(戊辰), 9ㄴ(3책, 248쪽).

438. 『世宗實錄』 卷49, 世宗 12년 8월 18일(丙戌), 22ㄴ(3책, 254쪽).

439. 『世宗實錄』 卷50, 世宗 12년 10월 2일(己巳), 1ㄴ(3책, 263쪽).

440. 『世宗實錄』 卷47, 世宗 12년 2월 19일(庚寅), 17ㄴ(3책, 220쪽).

441. 『世宗實錄』 卷136, 「雅樂譜序」, 1ㄱ(5책, 414쪽).

442. 『世宗實錄』 卷49, 世宗 12년 7월 28일(丙寅), 8ㄱ-ㄴ(3책, 247쪽).

443. 『增補文獻備考』 卷90, 樂考 1, 律呂製造, 1ㄴ-2ㄴ(中, 116쪽).

444. 조선왕조 도량형에 대한 선구적 연구를 수행했던 박흥수는 세종 7년(1425)에 황종 척이 제작되었다고 보는 반면(朴興秀, "李朝尺度에 관한 硏究", 『大東文化硏究』 4, 成均館大學校 大東文化硏究院, 1967, 202쪽), 이종봉은 세종 15년(1433)에 황종척 의 교정이 이루어졌다고 파악한다(李宗峯, "朝鮮前期 度量衡制 硏究", 『國史館論 叢』 95, 國史編纂委員會, 2001, 234쪽).

445. 『世宗實錄』 卷50, 世宗 12년 윤12월 1일(丁酉) 36ㄴ(3책, 281쪽); 『世宗實錄』 卷136, 「雅樂譜序」, 1ㄱ(5책, 414쪽).

446. 『世宗實錄』 卷49, 世宗 12년 8월 23일(辛卯), 26ㄴ(3책, 256쪽).

447. 『世宗實錄』 卷49, 世宗 12년 9월 11일(己酉), 31ㄴ-32ㄴ(3책, 259쪽).

448. 『世宗實錄』 卷50, 世宗 12년 12월 7일(癸酉), 28ㄴ(3책, 276쪽).

449. 『世宗實錄』 卷50, 世宗 12년 윤12월 1일(丁酉), 36ㄴ-37ㄴ(3책, 280-81쪽). 鄭麟趾 의 서문 참조.

450. 『世宗實錄』 卷51, 世宗 13년 1월 1일(丙寅), 1ㄱ(3책, 287쪽).

451. 예컨대 세종 13년(1431) 6월에는 南伋·朴堧·鄭穰 등이 새로 만든 會禮樂器를 진 상하였고, 예조에서 會禮宴의 인원 구성에 대해 건의하였으며, 10월에는 예조에서 會禮儀注를 보고하였다[『世宗實錄』 卷52, 世宗 13년 6월 15일(丁未), 39ㄱ(3책, 326 쪽); 『世宗實錄』 卷52, 世宗 13년 6월 29일(辛酉), 44ㄱ(3책, 328쪽); 『世宗實錄』 卷 54, 世宗 13년 10월 3일(甲午), 2ㄱ-3ㄴ(3책, 345-46쪽)]. 세종 14년(1432) 3월에는 會禮樂章에 대한 논의가 있었고, 5월에는 박연·정양 등이 회례 때 樂工人과 童男 의 冠服을 올렸으며, 9월에는 詳定所에서 회례악에서 연주될 음악에 대해 보고하 였다[『世宗實錄』 卷55, 世宗 14년 3월 16일(乙亥), 23ㄴ-24ㄱ(3책, 377쪽); 『世宗實 錄』 卷56, 世宗 14년 5월 2일(己未), 15ㄴ-16ㄱ(3책, 387-88쪽); 『世宗實錄』 卷57, 世

宗 14년 9월 19일(甲戌), 36ㄱ(3책, 418쪽)].

452. 『世宗實錄』卷59, 世宗 15년 1월 1일(乙卯), 1ㄱ(3책, 435쪽). "上御勤政殿, 設會禮宴如儀, 始用雅樂."

453. 『世宗實錄』卷52, 世宗 13년 4월 7일(辛丑), 5ㄴ(3책, 309쪽). '市准'의 방법은 물건의 시가[時直]에 따라 그 높고 낮은 것은 고르게 하여 民情을 편하게 하는 것으로 정의된다[『世宗實錄』卷110, 世宗 27년 12월 13일(壬子), 17ㄱ(4책, 647쪽). "市準之法, 因物時直, 平其高下, 以便民情."].

454. 『世宗實錄』卷113, 世宗 28년 9월 27일(壬辰), 36ㄱ(4책, 702쪽).

455. 『世宗實錄』卷114, 世宗 28년 11월 4일(戊辰), 18ㄱ(4책, 711쪽).

456. 李宗峯, 「朝鮮前期 度量衡制 硏究」, 『國史館論叢』95, 國史編纂委員會, 2001, 265-71쪽; 李宗峯, 『韓國中世度量衡制研究』, 혜안, 2001, 177-85쪽 참조.

457. 『世宗實錄』卷13, 世宗 3년 8월 18일(戊申), 4ㄴ(2책, 446쪽).

458. 『世宗實錄』卷16, 世宗 4년 6월 20일(乙巳), 17ㄱ(2책, 486쪽).

459. 『世宗實錄』卷18, 世宗 4년 12월 29일(壬子), 24ㄴ(2책, 516쪽).

460. 『世宗實錄』卷35, 世宗 9년 3월 5일(癸巳), 21ㄱ(3책, 64쪽).

461. 『世宗實錄』卷41, 世宗 10년 9월 24일(癸酉), 19ㄴ(3책, 145쪽).

5장 세종시대 과학 지식의 재구성

1. 『世宗實錄』卷11, 世宗 3년 3월 26일(戊子), 16ㄱ(2책, 427쪽).

2. 『世宗實錄』卷44, 世宗 11년 5월 29일(甲戌), 20ㄱ(3책, 183쪽).

3. 『世宗實錄』卷44, 世宗 11년 6월 27일(壬寅), 28ㄴ(3책, 187쪽).

4. 『世宗實錄』卷68, 世宗 17년 6월 8일(戊申), 24ㄴ(3책, 633쪽).

5. 이때의 『通鑑集覽』은 태종 연간에 전래된 서책으로[『太宗實錄』卷2, 太宗 원년 12월 9일(癸亥), 23ㄱ(1책, 219쪽)] 淸代에 傅恒, 尹繼善 등이 편찬한 『通鑑輯覽』과는 다른 책이다.

6. 『東文選』卷94, 「資治通鑑訓義序」(安止), 13ㄴ(3책, 139쪽).

7. 『世宗實錄』卷71, 世宗 18년 3월 12일(戊寅), 10ㄴ(3책, 667쪽).

8. 『世宗實錄』卷66, 世宗 16년 12월 11일(甲寅), 25ㄱ(3책, 604쪽).

9. 『世宗實錄』卷65, 世宗 16년 9월 22일(丙申), 30ㄴ(3책, 591쪽);『世宗實錄』卷69, 世宗

17년 7월 29일(戊戌), 10ㄱ(3책, 644쪽).

10. 『世宗實錄』 卷67, 世宗 17년 3월 5일(丁丑), 21ㄴ(3책, 617쪽).

11. 『世宗實錄』 卷67, 世宗 17년 3월 6일(戊寅), 21ㄴ(3책, 617쪽).

12. 『世宗實錄』 卷67, 世宗 17년 3월 10일(壬午), 23ㄱ(3책, 618쪽).

13. 『世宗實錄』 卷67, 世宗 17년 3월 22일(甲午), 26ㄴ(3책, 619쪽).

14. 『世宗實錄』 卷68, 世宗 17년 4월 5일(丙午), 2ㄱ(3책, 622쪽).

15. 『世宗實錄』 卷69, 世宗 17년 7월 1일(庚午), 1ㄱ(3책, 640쪽).

16. 『世宗實錄』 卷64, 世宗 16년 6월 26일(辛未), 44ㄴ(3책, 574쪽).

17. 『世宗實錄』 卷68, 世宗 17년 6월 8일(戊申), 24ㄱ-ㄴ(3책, 633쪽).

18. 『世宗實錄』 卷71, 世宗 18년 2월 27일(癸亥), 9ㄱ(3책, 667쪽).

19. 『世宗實錄』 卷100, 世宗 25년 4월 21일(丙午), 12ㄴ(4책, 474쪽).

20. 『世宗實錄』 卷108, 世宗 27년 4월 26일(己巳), 10ㄴ(4책, 617쪽).

21. 『欽定四庫全書總目』 卷103, 子部 13, 醫家類 1, 聖濟總錄纂要二十六卷. "初徽宗御製聖濟經十卷四十二章, 又詔集海內名醫, 出御府所藏禁方秘論, 纂輯成編凡二百卷." 송대에 편찬된 『聖濟總錄』은 이후 金나라 大定 연간(1161~1189)에 再刻, 元나라 大德 연간(1297~1307)에 三刻되었으며, 淸의 程林이 이를 산정하여 『聖濟總錄纂要』(26권)로 정리하였다. 조선후기 정조대에 편찬된 『內閣訪書錄』에는 '성제총록찬요'가 수록되어 있다[『內閣訪書錄』 卷2, 子集類, 聖濟總錄纂要二十六卷].

22. 『世宗實錄』 卷47, 世宗 12년 3월 18일(戊午), 28ㄴ(3책, 225쪽).

23. 『世宗實錄』 卷124, 世宗 31년 4월 19일(戊辰), 6ㄱ(5책, 127쪽).

24. 『睿宗實錄』 卷8, 睿宗 원년 10월 6일(丙辰), 4ㄴ(8책, 422쪽).

25. 『睿宗實錄』 卷8, 睿宗 원년 10월 7일(丁巳), 5ㄱ(8책, 422쪽). 「諸學取才經書諸藝數目」에 따르면 『三辰通載』는 陰陽學의 星命卜課 분야의 취재 과목이었고, 후에 『經國大典』에도 命課學의 취재 과목으로 등재되었다[『世宗實錄』 卷47, 世宗 12년 3월 18일(戊午), 28ㄴ(3책, 225쪽); 『經國大典』 卷3, 禮典, 取才, 38ㄱ(287쪽)].

26. 稽疑는 洪範九疇 가운데 하나이다[『書經』, 周書, 洪範].

27. 『世宗實錄』 卷1, 世宗 즉위년 9월 4일(辛亥), 16ㄱ(2책, 266쪽).

28. 『世宗實錄』 卷5, 世宗 원년 8월 17일(己丑), 7ㄴ(2책, 332쪽).

29. 『世宗實錄』 卷4, 世宗 원년 6월 6일(己卯), 13ㄱ(2책, 320쪽).

30. 『世宗實錄』 卷6, 世宗 원년 12월 7일(丁巳), 10ㄱ-ㄴ(2책, 348쪽).

31. 『世宗實錄』 卷34, 世宗 8년 11월 24일(癸丑), 10ㄴ(3책, 49쪽).

32. 『世宗實錄』卷62, 世宗 15년 12월 13일(壬戌), 26ㄱ(3책, 531쪽).

33. 『世宗實錄』卷69, 世宗 17년 8월 24일(癸亥), 18ㄴ-19ㄱ(3책, 648-49쪽); 『世宗實錄』卷70, 世宗 17년 12월 21일(戊午), 15ㄱ(3책, 662쪽).

34. 『世宗實錄』卷70, 世宗 17년 12월 21일(戊午), 15ㄱ(3책, 662쪽).

35. 『世宗實錄』卷37, 世宗 9년 9월 18일(癸卯), 25ㄱ(3책, 93쪽).

36. 『燃藜室記述』別集, 卷15, 天文典故, 瞻星(XI, 582-583쪽─국역『연려실기술』, 민족문화추진회, 1988(중판)의 책수와 原文 쪽수. 이하 같음).

37. 『世宗實錄』卷77, 世宗 19년 4월 15일(甲戌), 9ㄴ(4책, 67쪽).

38. 『世宗實錄』卷48, 世宗 12년 4월 23일(壬辰), 11ㄴ(3책, 232쪽).

39. 『世宗實錄』卷58, 世宗 14년 10월 4일(己丑), 1ㄱ(3책, 419쪽).

40. 『世宗實錄』卷48, 世宗 12년 4월 23일(壬辰), 12ㄱ-ㄴ(3책, 233쪽).

41. 『世宗實錄』卷56, 世宗 14년 4월 17일(乙巳), 7ㄴ~8ㄱ(3책, 383~384쪽).

42. 『世宗實錄』卷56, 世宗 14년 5월 18일(乙亥), 26ㄱ~ㄴ(3책, 393쪽).

43. 『世宗實錄』卷58, 世宗 14년 10월 4일(己丑), 1ㄱ(3책, 419쪽).

44. 『世宗實錄』卷61, 世宗 15년 윤8월 25일(乙亥), 47ㄴ(3책, 510쪽).

45. 『世宗實錄』卷69, 世宗 17년 8월 24일(癸亥), 18ㄴ~19ㄱ(3책, 648~649쪽).

46. 『世宗實錄』卷70, 世宗 17년 12월 13일(庚戌), 12ㄴ(3책, 661쪽).

47. 福建省 龍巖 사람으로 字는 啓澤이다. 저서로는『韋庵集』,『書傳補遺』,『家禮易覽』,『異端辨』등이 있었다(『福建通志』卷48, 人物 6, 龍巖州, 明, 王源, 58ㄱ-ㄴ;『福建通志』卷68, 藝文 1, 龍巖州, 60ㄴ).

48. 『千頃堂書目』卷2, 禮樂書, 孝慈錄一卷, 29ㄴ.

49. 『千頃堂書目』卷9, 儀注類, 稽古定制一卷, 44ㄱ.

50. 『世宗實錄』卷86, 世宗 21년 9월 3일(戊申), 24ㄴ(4책, 234쪽).

51. 『世宗實錄』卷88, 世宗 22년 1월 3일(丙午), 1ㄱ(4책, 261쪽).

52. 『世宗實錄』卷88, 世宗 22년 1월 8일(辛亥), 1ㄱ(4책, 261쪽); 『世宗實錄』卷88, 世宗 22년 2월 24일(丁酉), 20ㄴ(4책, 271쪽).

53. 『燃藜室記述』卷3, 世宗朝故事本末, 世宗朝名臣, 金何(I, 696쪽).

54. 『世宗實錄』卷70, 世宗 17년 10월 3일(辛丑), 1ㄱ(3책, 655쪽).

55. 『世宗實錄』卷68, 世宗 17년 6월 8일(戊申), 25ㄱ(3책, 633쪽).

56. 『世祖實錄』卷30, 世祖 9년 5월 30일(戊午), 29ㄱ-ㄴ(7책, 575쪽).

57. 『世宗實錄』卷94, 世宗 23년 윤11월 21일(甲申), 31ㄴ(4책, 379쪽).

58. 『世宗實錄』卷70, 世宗 17년 11월 19일(丙戌), 7ㄱ(3책, 658쪽).

59. 『太祖實錄』卷1, 太祖 원년 8월 11일(庚申), 51ㄴ(1책, 26쪽);『太祖實錄』卷2, 太祖 원 년 9월 21일(己亥), 5ㄱ(1책, 31쪽).

60. 『太宗實錄』卷31, 太宗 16년 6월 1일(辛酉), 45ㄱ-ㄴ(2책, 119쪽).

61. 『太宗實錄』卷31, 太宗 16년 6월 1일(辛酉), 47ㄱ(2책, 120쪽).

62. 『世宗實錄』卷4, 世宗 1년 6월 7일(庚辰), 13ㄱ-ㄴ(2책, 320쪽).

63. 『世宗實錄』卷83, 世宗 20년 12월 19일(己巳), 25ㄱ(4책, 178쪽).

64. 『世宗實錄』卷101, 世宗 25년 7월 10일(癸亥), 6ㄴ-7ㄴ(4책, 491쪽);『世宗實錄』卷 101, 世宗 25년 7월 12일(乙丑), 9ㄱ(4책, 492쪽);『世宗實錄』卷105, 世宗 26년 7월 20일(丁卯), 9ㄴ(4책, 571쪽);『世宗實錄』卷125, 世宗 31년 7월 4일(壬午), 1ㄴ-2ㄴ(5 책, 137쪽).

65. 『世宗實錄』卷101, 世宗 25년 7월 12일(乙丑), 9ㄱ(4책, 492쪽).

66. 『世宗實錄』卷105, 世宗 26년 7월 20일(丁卯), 9ㄴ(4책, 571쪽).

67. 『世宗實錄』卷125, 世宗 31년 7월 4일(壬午), 1ㄴ(5책, 137쪽).

68. 崔承熙, "集賢殿研究(上)—置廢始末과 機能分析—",『歷史學報』32, 歷史學會, 1966; 韓亨周, "朝鮮 世宗代의 古制研究에 對한 考察",『歷史學報』136, 歷史學會, 1992.

69. 王文錦,「點校前言」,『通典』, 中華書局, 1996, 1-8쪽.

70. 『高麗史』卷112, 列傳 25, 諸臣, 白文寶, 15ㄴ(下, 452쪽).

71. 朱一玄·陳桂聲·李士金 編,『文史工具書手冊』, 遼寧教育出版社, 1989, 1039-1040쪽.

72. 『高麗史』卷71, 志 25, 樂 2, 俗樂, 翰林別曲, 41ㄱ(中, 557쪽).

73. 朱一玄·陳桂聲·李士金 編, 앞의 책, 1989, 1056-1057쪽; 戚志芬,『中國的類書政書和 叢書』, 商務印書館, 1996, 58-61쪽.

74. 『增補文獻備考』卷172, 交聘考 2, 歷代朝聘 2, 13ㄴ-14ㄱ(中, 1020쪽);『增補文獻備 考』卷242, 藝文考 1, 歷代書籍, 12ㄴ-13ㄱ(下, 842-43쪽). 여기에서는 황종각을 '黃 宗懿'로 표기하고 있는데 誤字이다. 황종각이 송에 파견된 시점을 교빙고에서는 선 종 9년(1092)으로, 예문고에서는 선종 8년(1091)으로 기록하고 있는데,『高麗史』와 『高麗史節要』에는 선종 10년(1093)에 황종각이 송에 파견된 것으로 되어 있고『高 麗史』卷10, 世家 10, 宣宗, 10년 7월 17일(壬辰), 30ㄱ(上, 215쪽);『高麗史節要』卷6, 宣宗, 癸酉(十年), 17ㄱ-ㄴ(147쪽)],『宋史』에는 이와 관련된 기록이 元祐 7년(1092)조 에 들어 있다[『宋史』卷487, 列傳 246, 外國 3, 高麗, 14048쪽(點校本『宋史』, 中華書

局의 쪽수)].

75. 『高麗史』卷17, 世家 17, 毅宗 1, 34ㄱ(上, 360쪽), 5년 6월 壬申條.

76. 『太宗實錄』卷24, 太宗 12년 8월 7일(己未), 8ㄱ-ㄴ(1책, 646쪽).

77. 朱一玄·陳桂聲·李士金 編, 앞의 책, 1989, 1073쪽; 戚志芬, 앞의 책, 1996, 65-67쪽.

78. 『高麗史』卷40, 世家 40, 恭愍王 3, 13년 6월 23일(乙卯), 28ㄱ(上, 809쪽).

79. 朱一玄·陳桂聲·李士金 編, 앞의 책, 1989, 1488쪽; 戚志芬, 앞의 책, 1996, 67-69쪽.

80. 『太宗實錄』卷6, 太宗 3년 10월 27일(辛未), 23ㄱ(1책, 282쪽).

81. 『世宗實錄』卷10, 世宗 2년 12월 17일(辛亥), 19ㄱ-ㄴ(2책, 418쪽); 『世宗實錄』卷31, 世宗 8년 2월 26일(庚寅), 21ㄱ(3책, 11쪽); 『世宗實錄』卷104, 世宗 26년 6월 16일(甲午), 31ㄴ(4책, 564쪽).

82. 『本草綱目』卷1上, 引據古今經史百家書目, 38ㄱ. "陳元靚事林廣記."

83. 『千頃堂書目』卷15, 類書類, 補, 宋, 54ㄴ. "陳元靚事林廣記十卷(一作十二卷)."; 같은 책, 56ㄱ. "纂圖增注羣書類要事林廣記四十卷."

84. 『續修四庫全書』에 수록되어 있는 『新編纂圖增類群書類要事林廣記』(42권)가 그것이다[『續修四庫全書』1218(子部, 類書類), 新編纂圖增類群書類要事林廣記, 上海古籍出版社, 2002, 213-480쪽]. 현존하는 『事林廣記』의 판본으로는 元 至順 연간 建安의 椿庄書院 刻本, 元 至元 6년(1340) 建陽鄭氏 積誠堂 각본, 일본 元祿 12년 (1699)에 元 泰定 2년(1325) 각본을 翻刻한 것, 明 永樂 16년(1418) 建陽 翠巖精舍 각본, 明 成化 14년(1478) 建陽 劉廷賓 등의 각본이 있다. 이 가운데 至順 연간의 각본이 가장 完整한 것으로 평가된다. 1963년에 中華書局에서 이것을 영인 출판하였으며 원서는 臺灣에 있다(朱一玄·陳桂聲·李士金 編, 앞의 책, 1989, 1070-1071쪽; 戚志芬, 앞의 책, 1996, 73-76쪽). 현재 국내의 몇몇 도서관에 소장되어 있는 『신편찬도증류군서류요사림광기』는 元 泰定 2년(1325)판을 일본에서 元祿 12년(1699)에 翻刻한 것이다. 국립중앙도서관의 『新編羣書類要事林廣記』(10권 10책: BA古10-20-나12), 한국학중앙연구원의 『(新編群書類要)事林廣記』(15책: J3-467) 등이 그것이다.

85. 그 구체적 분류 항목은 다음과 같다. 天文, 曆候, 節序, 地輿, 郡邑, 方國, 勝蹟, 僊境, 人紀, 人事, 家禮, 儀禮, 農桑, 花果, 竹木〈이상 前集〉, 帝系, 紀年, 歷代, 聖賢, 先賢, 宮室, 學校, 文籍, 辭章, 儒敎, 幼學, 文房, 服飾, 閨妝, 器用, 音樂, 音譜, 武藝〈이상 後集〉, 道敎, 禪敎, 文藝〈이상 續集〉, 官制, 刑法, 公理, 貨寶, 筭法, 茶菓, 酒麴〈이상 別集〉.

86. 『太宗實錄』卷2, 태종 원년 12월 9일(癸亥), 23ㄱ(1책, 219쪽).

87. 『世宗實錄』卷128, 五禮, 吉禮序例, 祭器圖說, 犧尊·象尊, 8ㄱ(5책, 184쪽); 釜·鑊, 9 ㄴ(5책, 187쪽).

88. 李範稷, 『韓國中世禮思想硏究—五禮를 中心으로—』, 一潮閣, 202쪽, 302쪽 참조.

89. 『大東野乘』卷34, 歷代要覽(Ⅷ, 125쪽); 『增補文獻備考』卷242, 藝文考 1, 歷代書籍, 13 ㄴ(下, 843쪽); 『靑莊館全書』卷55, 盎葉記 2, 中國書來東國(258책, 522쪽); 『海東繹 史』卷42, 藝文志 1, 經籍 1, 摠論, 690쪽(영인본 『海東繹史』, 景仁文化社, 1974의 쪽 수). 趙溫은 태종 원년 8월 12일에 서울을 출발하여 이듬해 1월 6일에 귀국하였다[『太宗實錄』卷2, 太宗 원년 8월 12일(戊辰), 7ㄱ(1책, 211쪽); 『太宗實錄』卷3, 太宗 2 년 1월 6일(己丑), 3ㄱ(1책, 222쪽)].

90. 『太宗實錄』卷22, 太宗 11년 10월 26일(甲寅), 33ㄴ(1책, 607쪽).

91. 박미라, "『儀禮經傳通解』의 체제에 나타난 朱子의 禮學思想", 『종교와 문화』 3, 서울 대학교 종교문제연구소, 1997; 鄭景姬, "朱子禮學의 변화와 《儀禮經傳通解》", 『震檀 學報』 86, 震檀學會, 1998 참조.

92. 『世宗實錄』卷77, 世宗 19년 5월 20일(己酉), 24ㄱ-ㄴ(4책, 74쪽).

93. 『太宗實錄』卷28, 太宗 14년 12월 6일(乙亥), 44ㄱ(2책, 47쪽).

94. 선행 연구에 따르면 그 내용은 대체로 『農書輯要』를 통해서 미루어 짐작할 수 있다 고 한다(金容燮, 『(신정 증보판)朝鮮後期農學史硏究—農書와 農業 관련 文書를 통 해 본 農學思潮—』, 지식산업사, 2009, 22-48쪽 참조).

95. 『世宗實錄』卷44, 世宗 11년 5월 16일(辛酉), 16ㄴ(3책, 181쪽).

96. 『世宗實錄』卷105, 世宗 26년 윤7월 25일(壬寅), 25ㄴ(4책, 579쪽); 『東文選』卷24, 「勸農敎書」(河緯地), 30ㄱ(1책, 418쪽).

97. 『中宗實錄』卷27, 中宗 12년 2월 26일(壬申), 40ㄴ(15책, 260쪽).

98. 鄭招의 『農事直說』서문과 世宗 26년의 「勸農敎書」에서는 각각 '刊板頒行', '廣布中 外'라고 하여 태종대에 간행·반포된 것처럼 서술하고 있으나, 중종대의 金安國은 "農 書와 蠶書 같은 책은 衣食의 大政이므로 세종조에 俚語로 번역하여 팔도에 開刊하 였다"라고 하여 세종조에 들어 간행한 것으로 보았다[『中宗實錄』卷32, 中宗 13년 4 월 1일(己巳), 42ㄴ(15책, 414쪽)].

99. 『世宗實錄』卷40, 世宗 10년 윤4월 11일(壬辰), 12ㄱ(3책, 128쪽).

100. 『世宗實錄』卷40, 世宗 10년 윤4월 13일(甲午), 13ㄱ(3책, 129쪽).

101. 『世宗實錄』卷43, 世宗 11년 2월 6일(壬午), 15ㄱ(3책, 166쪽).

102. 『世宗實錄』卷41, 世宗 10년 7월 13일(癸亥), 4ㄱ(3책, 138쪽).

103. 『世宗實錄』卷44, 世宗 11년 5월 16일(辛酉), 16ㄴ(3책, 181쪽).

104. 『太宗實錄』卷27, 太宗 14년 2월 1일(乙巳), 8ㄱ(2책, 4쪽).

105. 『世宗實錄』卷78, 世宗 19년 7월 23일(辛亥), 15ㄱ(4책, 93쪽).

106. 『世宗實錄』卷47, 世宗 12년 2월 14일(乙酉), 9ㄱ-ㄴ(3책, 216쪽).

107. 『世宗實錄』卷55, 世宗 14년 1월 7일(丁卯), 3ㄱ(3책, 367쪽).

108. 『世宗實錄』卷55, 世宗 14년 3월 15일(甲戌), 23ㄱ(3책, 377쪽);『世宗實錄』卷76, 世宗 19년 2월 15일(乙亥), 18ㄱ(4책, 55쪽);『世宗實錄』卷78, 世宗 19년 7월 23일(辛亥), 15ㄱ(4책, 93쪽).

109. 『世宗實錄』卷111, 세종 28년 2월 26일(甲子), 17ㄱ-ㄴ(4책, 656쪽).

110. 이 표의 작성에는 李泰鎭, "高麗後期의 인구증가 要因 生成과 鄕藥醫術 발달",『韓國史論』19, 서울大學校 國史學科, 1988; 金澔, "『鄕藥集成方』에서 『東醫寶鑑』으로",『韓國史 市民講座』16, 1995; 金澔, "여말선초 '鄕藥論'의 형성과 『鄕藥集成方』",『震檀學報』87, 震檀學會, 1999; 李泰鎭, "『鄕藥集成方』 편찬의 政治思想的 배경과 의의",『震檀學報』87, 震檀學會, 1999 등을 참조하였다. 『향약구급방』,『삼화자향약방』,『비예백요방』의 선후 관계에 대해서는 이경록, "『향약구급방』과 『비예백요방』에 나타난 고려시대 의학지식의 흐름—치과와 안과를 중심으로—",『사림』48, 수선사학회, 2014; 이경록, "고려후기 의학지식의 계보—『비예백요방』과 『삼화자향약방』의 선후관계 재론—",『東方學志』166, 延世大學校 國學研究院, 2014를 참조.

111. 『陽村集』卷17,「鄕藥濟生集成方序」, 14ㄱ-ㄴ(7책, 182쪽);『東文選』卷91,「鄕藥濟生集成方序」, 3ㄱ-ㄴ(3책, 96쪽).

112. 金澔, "여말선초 '鄕藥論'의 형성과 『鄕藥集成方』",『震檀學報』87, 震檀學會, 1999, 137쪽.

113. 『陽村集』卷17,「鄕藥濟生集成方序」, 14ㄴ-15ㄱ(7책, 182-83쪽);『東文選』卷91,「鄕藥濟生集成方序」, 3ㄴ-4ㄱ(3책, 96쪽).

114. 『世宗實錄』卷60, 世宗 15년 6월 11일(壬辰). 39ㄴ-40ㄱ(3책, 482-83쪽).

115. 『陽村集』卷17,「鄕藥濟生集成方序」, 15ㄱ(7책, 183쪽);『東文選』卷91,「鄕藥濟生集成方序」, 4ㄱ-ㄴ(3책, 96쪽).

116. 후에 尹祥(1373~1455)이 重刊된 『鄕藥救急方』의 발문에서 "기재된 여러 藥은 모두 東人들이 쉽게 알고 쉽게 얻을 수 있는 것이고, 약을 조제해서 복용하는 방법 또한 일찍이 경험한 것이다"라고 한 것[『別洞集』卷2,「義興開刊鄕藥救急方跋」, 22ㄴ(8책, 285쪽)]은 權近의 주장의 연장선에서 이해할 수 있다.

117. 權近은 單方의 효용성에 대해 언급하고 있지만 현존하는『鄕藥濟生集成方』을 분석한 연구에 따르면『향약제생집성방』의 처방은 '複方化'의 경향성을 뚜렷이 보여주고 있었다. 이는 고려 시기의 萬物爲藥論·一病少藥論이 조선 초기에 이르러 藥材爲藥論·一病多藥論으로 변화하고 있음을 보여주는 지표로 주목된다(이경록, "조선 초기『鄕藥濟生集成方』의 간행과 향약의 발전",『東方學志』149, 延世大學校 國學研究院, 2010).

118.『世宗實錄』卷60, 世宗 15년 6월 11일(壬辰). 39ㄴ(3책, 482쪽).

119.『鄕藥採取月令』,「跋文」(尹淮). "殿下於是命集賢殿直提學臣兪孝通及典醫監正臣盧重禮·副正臣朴允德, 偏考土産藥材凡數百餘種, 首注鄕名, 次以味若性, 春秋採取之早晚, 陰陽乾暴之善惡, 悉據本草諸書, 換剔無遺, 修成鄕藥採取月令一篇."

120.『世宗實錄』卷60, 世宗 15년 6월 11일(壬辰). 40ㄱ(3책, 483쪽).

121. 이경록, 앞의 논문, 2010, 346-50쪽 참조.

122. 세종 14년(1432)에 벌어졌던 세종과 신료들 사이의 일련의 논의가 대표적이다.『世宗實錄』卷56, 世宗 14년 4월 17일(乙巳), 7ㄴ-8ㄱ(3책, 383-84쪽);『世宗實錄』卷56, 世宗 14년 5월 18일(乙亥), 26ㄱ-ㄴ(3책, 393쪽);『世宗實錄』卷58, 世宗 14년 10월 4일(己丑), 1ㄱ(3책, 419쪽). 醫書에 대한 구체적 무역 시도는 단종 3년(1455)의 기사에서 확인할 수 있다[『端宗實錄』卷14, 端宗 3년 4월 4일(己卯), 1ㄴ(7책, 29쪽)].

123.『世宗實錄』卷19, 世宗 5년 3월 22일(癸卯), 27ㄱ(2책, 532쪽);『世宗實錄』卷48, 世宗 12년 4월 21일(庚寅), 10ㄴ(3책, 232쪽).

124.『향약집성방』에 대한 기존 연구로는 三木榮,『朝鮮醫學史及疾病史』, 大阪: 自家出版, 1955(堺: 自家出版, 1963); 金斗鍾, "世宗大王의 濟生偉業과 醫藥의 自主的 發展",『서울大學校 論文集 人文社會科學篇』5집, 1957; 孫弘烈, "麗末·鮮初 醫書의 編纂과 刊行",『한국과학사학회지』11권 1호, 한국과학사학회, 1989; 金澔, "여말선초 '鄕藥論'의 형성과『鄕藥集成方』",『震檀學報』87, 震檀學會, 1999; 李泰鎭, "『鄕藥集成方』편찬의 政治思想的 배경과 의의",『震檀學報』87, 震檀學會, 1999; 金南一, "『鄕藥集成方』의 인용문헌에 대한 연구",『震檀學報』87, 震檀學會, 1999; 金重權, "『鄕藥集成方』의 引用文獻 分析",『書誌學硏究』35, 書誌學會, 2006; 姜延錫, 『鄕藥集成方』의 鄕藥醫學 硏究—鄕藥本草의 處方用法을 중심으로—, 경희대학교 대학원 한의학과 박사학위논문, 2006 등을 참조.

125. 이하의 내용은 이경록, "조선 세종대 향약 개발의 두 방향",『泰東古典硏究』26, 翰

林大學校 泰東古典研究所, 2010; 이경록, "『향약집성방』의 편찬과 중국 의료의 조선화", 『의사학』 제20권 제2호(통권 제39호), 대한의사학회, 2011; 이경록, "鄕藥에서 東醫로: 『향약집성방』의 의학이론과 고유 의술", 『歷史學報』 212, 歷史學會, 2011 등을 참조.

126. 金南一, "『鄕藥集成方』의 인용문헌에 대한 연구", 『震檀學報』 87, 震檀學會, 1999, 211쪽.

127. 『世宗實錄』卷60, 世宗 15년 6월 1일(壬午), 36ㄱ-37ㄱ(3책, 481쪽). 이에 대한 분석으로는 이민호·하정용·박상영·안상영·안상우, "黃子厚의 『鄕藥集成方』 批判과 그 含意―鮮初의 鄕藥 開發 및 對民醫療政策과 관련하여―", 『韓國韓醫學硏究院論文集』 第14卷 2號(通卷23號), 한국한의학연구원, 2008 참조.

128. 『世宗實錄』卷63, 世宗 16년 3월 5일(壬午), 24ㄴ(3책, 546쪽).

129. 金澔, "여말선초 '鄕藥論'의 형성과 『鄕藥集成方』", 『震檀學報』 87, 震檀學會, 1999, 148-49쪽.

130. 『世宗實錄』卷110, 世宗 27년 10월 27일(戊辰), 8ㄱ-ㄴ(4책, 643쪽).

131. 『成宗實錄』卷80, 成宗 8년 5월 20일(丙戌), 4ㄴ-5ㄱ(9책, 457쪽).

132. 『世祖實錄』卷17, 世祖 5년 9월 1일(庚辰), 21ㄱ-ㄴ(7책, 346쪽); 『世祖實錄』卷17, 世祖 5년 9월 4일(癸未), 22ㄱ-ㄴ(7책, 346쪽); 『世祖實錄』卷18, 世祖 5년 11월 30일(戊申), 15ㄴ(7책, 357쪽); 『世祖實錄』卷31, 世祖 9년 11월 8일(壬戌), 25ㄱ(7책, 593쪽); 『世祖實錄』卷32, 世祖 10년 1월 11일(甲子), 3ㄴ-4ㄱ(7책, 600-601쪽); 『世祖實錄』卷34, 世祖 10년 9월 8일(戊午), 24ㄱ(7책, 652쪽).

133. 한독의약박물관 소장의 『醫方類聚』卷201(보물 제1234호)이 국내에서 발견된 유일한 초간본으로 알려져 있다.

134. 연세대학교 학술정보원[고서(귀) 1640-1~88]에 소장되어 있다. 소장 경위에 대해서는 申舜植·崔桓壽, "『醫方類聚』에 대한 版本 연구", 『韓國韓醫學硏究院論文集』 第3卷 第1號(通卷 第3號), 韓國韓醫學硏究院, 1997, 9-11쪽 참조.

135. 원본은 현재 일본의 宮內廳 書陵部 圖書寮에 소장되어 있다. 현재 국립중앙도서관에는 이것을 영인한 마이크로필름 자료가 있다[M古3-1998-1-1~44].

136. 『世祖實錄』卷17, 世祖 5년 9월 4일(癸未), 22ㄴ(7책, 346쪽).

137. 金斗鍾, 『韓國醫學史 全』, 探求堂, 1966(1993), 224-25쪽; 申舜植·崔桓壽, 앞의 논문, 1997, 6-8쪽.

138. 『世祖實錄』卷12, 世祖 4년 4월 6일(癸亥), 8ㄴ(7책, 265쪽).

139. 『二樂亭集』卷8,「醫門精要跋」, 7ㄴ(17책, 75쪽).

140. 『世宗實錄』卷156, 1ㄱ(6책, 1쪽).

141. 『世宗實錄』卷19, 世宗 5년 2월 10일(辛酉), 13ㄴ(2책, 525쪽).

142. 『四餘纏度通軌』, 跋, 1ㄱ ; 『世宗實錄』卷156, 1ㄱ(6책, 1쪽).

143. 『世宗實錄』卷50, 世宗 12년 12월 11일(丁丑), 29ㄴ-30ㄱ(3책, 277쪽).

144. 『文宗實錄』卷8, 文宗 원년 6월 15일(壬午), 13ㄴ(6책, 400쪽).

145. 『四餘纏度通軌』, 跋, 2ㄱ.

146. 『四餘纏度通軌』, 跋, 2ㄱ.

147. 한영호,「조선의 回回曆法 도입과『칠정산외편』」,『民族文化』45, 한국고전번역원, 2015.

148. 明의『回回曆法』이 완비되지 못한 역법으로 평가되는 주된 이유는 중국 전통의 태양력 적년월일(積年月日)을 회회태음력 단위로 바꿀 수단을 제시하지 않았기 때문인데, 이는 서역의 역법에 오류가 있었던 것이 아니고 명의 역관들이 그것을 編譯하는 과정에서 문제가 있었기 때문이었다(한영호, 위의 논문, 2015, 154쪽).

149. 이 책들은 모두 규장각에 소장되어 있다.『七政算外篇丁卯年日食假令』과『七政算外篇丁卯年月食假令』은 2권 1책으로 표지 서명은 '七政算外篇', 권두 서명은 '七政算外篇丁卯年日食假令'(卷1)과 '七政算外篇丁卯年月食假令'(卷2), 판심제는 '丁卯年外篇假令'으로 되어 있다[奎 179].『宣德十年月五星凌犯』[奎貴 12440].『緯度太陽通徑』[奎中 1953]. 이 가운데『위도태양통경』을 제외한 나머지 책들은 '가령'이었기 때문에『칠정산외편』의 편찬 과정에서 이순지와 김담이 "그 방법을 추구"한 역서는『위도태양통경』이었을 것이다(한영호, 위의 논문, 2015, 142쪽).

150. 裵賢淑, "《七政算》內外篇의 字句同異",『書誌學研究』3, 韓國書誌學會, 1988, 169-70쪽; 전용훈, "한국 천문학사의 한국적 특질에 관한 시론: 세종 시대 역산(曆算) 연구를 중심으로",『한국과학사학회지』제38권 제1호, 2016, 14쪽.

151. 『世宗實錄』卷101, 世宗 25년 7월 6일(己未), 4ㄱ(4책, 490쪽).

152. 『世宗實錄』卷107, 世宗 27년 3월 30일(癸卯), 21ㄴ-22ㄱ(4책, 612쪽).

153. 『隋書』의 편찬 경위에 대해서는 施建中,「隋書」,『二十五史導讀辭典』, 華齡出版社, 1991, 459-511쪽 참조.

154. 『尚書通考』에 대해서는『四庫全書總目提要』第1冊, 經部, 書類 2, 尚書通考(臺灣商務印書館, 272쪽)『續修四庫全書總目提要』上冊, 經部, 書類, 尚書通考(中華書局, 1993, 217쪽)劉起釪,『尚書學史』, 中華書局, 1989, 305-306쪽 참조.

155. Joseph Needham, *Wang Ling, Science and Civilisation in China, vol. 1,* Cambridge: Cambridge University Press, 1954, p.135.

156. 『唐文粹』의 원문은 영인본 『四部叢刊正編』 93, 法仁文化社, 1989에서 확인할 수 있다.

157. 『文憲集』卷28, 「楚客對」; 『明文衡』卷24, 「楚客對」; 『稗編』卷49, 諸家七天文, 「論月五星」.

158. 『欽定四庫全書』史部 7, 傳記類 3(總錄之屬), 元名臣事畧, 提要 참조.

표 일람

도판 일람

〈참고문헌〉

1. 단행본

高麗大學校 民族文化研究所 編,『韓國文化史大系 Ⅲ(科學·技術史)』, 高麗大學校 民族
　　文化研究所, 1968[1970(再版)].

김근배 외,『한국 과학기술 인물 12인』, 해나무, 2005.

金斗鍾,『韓國醫學史 全』, 探求堂, 1966.

金斗鍾,『韓國醫學文化大年表』, 探求堂, 1966.

김용섭,『동아시아 역사 속의 한국문명의 전환―충격, 대응, 통합의 문명으로』, 지식산업
　　사, 2008.

金在瑾,『朝鮮王朝軍船研究』, 一潮閣, 1977[1980(重版)].

金在瑾,『韓國船舶史研究』, 서울大學校出版部, 1984.

金在瑾,『우리 배의 歷史』, 서울대학교출판부, 1989.

金在瑾,『續韓國船舶史研究』, 서울大學校出版部, 1994.

김호 옮김,『신주무원록』, 사계절, 2003.

김홍경,『조선초기 관학파의 유학사상』, 한길사, 1996.

리용태,『우리 나라 중세과학기술사』, 과학백과사전종합출판사, 1990.

리철화,『조선출판문화사(고대~중세)』, 사회과학출판사, 1995.

박성래,『세종시대의 과학기술, 그 현대적 의미』, 한국과학재단, 1997.

박현모 외,『세종의 서재』, 서해문집, 2016.

朴興秀博士華甲記念論文集刊行會 編,『(朴興秀博士論文集)度量衡과 國樂論叢』, 朴興
　　秀博士華甲記念論文集刊行會, 1980.

朴興秀,『韓·中度量衡制度史』, 성균관대학교 출판부, 1999.

三木榮,『朝鮮醫學史及疾病史』, 大阪: 自家出版, 1955[堺: 自家出版, 1963].

세종대왕기념사업회 편,『세종문화사대계』2(과학), 세종대왕기념사업회, 2000.

세종대왕기념사업회 편,『세종문화사대계』3(정치·경제·군사·외교·역사), 세종대왕기념

사업회, 2001.

손보기, 『세종 시대에 엮어지고 펴낸 책』, 세종대왕기념사업회, 1986.

손보기, 『세종 시대의 인쇄 출판』, 세종대왕기념사업회, 1986.

염정섭, 『조선시대 농법 발달 연구』, 태학사, 2002.

오붕근·손영종, 『조선수군사』, 사회과학출판사, 1991.

오상학, 『조선시대 세계지도와 세계인식』, 창비, 2011.

이은희 『칠정산내편의 연구』, 한국학술정보, 2007.

李宗峯, 『韓國中世度量衡制研究』, 혜안, 2001.

이태진, 『의술과 인구 그리고 농업기술—조선 유교국가의 경제발전 모델—』, 태학사,
    2002.

장국종, 『조선광업사 2』, 공업종합출판사, 1991.

全相運, 『韓國科學技術史』, 科學世界社, 1966[正音社, 1975(개정증보판); 正音社, 1983(
    重版)].

전상운, 『세종 시대의 과학』, 세종대왕기념사업회, 1986.

전상운, 『한국과학사의 새로운 이해』, 연세대학교 출판부, 1998.

정윤재 외, 『세종의 국가경영』, 지식산업사, 2006.

조선기술발전사편찬위원회, 『조선기술발전사 4(리조전기편)』, 과학백과사전종합출판사,
    1997.

蔡連錫, 『韓國初期火器研究』, 一志社, 1981.

崔承熙, 『朝鮮初期 政治史研究』, 지식산업사, 2002.

韓國精神文化研究院 編, 『世宗朝文化研究(Ⅰ)』, 博英社, 1982.

韓國精神文化研究院 歷史研究室 編, 『世宗朝文化研究(Ⅱ)』, 韓國精神文化研究院, 1984.

한국정신문화연구원 편, 『세종시대의 문화』, 태학사, 2001.

한국 천문학사 편찬위원회 편, 『(소남 유경론 선생 유고논문집)한국 천문학사 연구』, 녹
    두, 1999.

韓永愚, 『朝鮮前期社會思想研究』, 知識産業社, 1983.

許善道, 『朝鮮時代火藥兵器史研究』, 一潮閣, 1994.

洪以燮, 『朝鮮科學史』, 正音社, 1946(『洪以燮全集』 1(科學史·海洋史), 延世大學校 出版
    部, 1994).

홍희유, 『조선 중세 수공업사 연구』, 지양사, 1989.

홍희유, 『조선수공업사(2)』, 공업종합출판사, 1991.

2. 학위 논문

韓東明, 『韓國中世印刷文化의 制度史的 研究—11~15世紀 校書館制度를 中心으로—』, 慶熙大學校 大學院 史學科 博士學位論文, 1986.

3. 일반 논문

구만옥, "조선왕조 집권체제의 과학기술정책—조선전기 천문역산학의 정비 과정을 중심으로—", 『東方學志』124, 延世大學校 國學研究院, 2004.

구만옥, "朝鮮前期의 算學 정책과 교육", 『人文學研究』11, 경희대학교 인문학연구원, 2007.

구만옥, "세종, 조선 과학의 범형(範型)을 구축하다", 『한국과학사학회지』 제35권 제1호, 한국과학사학회, 2013.

金南一, "『鄕藥集成方』의 인용문헌에 대한 연구", 『震檀學報』87, 震檀學會, 1999.

金斗鍾, "近世 朝鮮의 醫療 制度의 變革과 醫療 保護 事業의 追憶", 『鄕土서울』8, 서울特別市史編纂委員會, 1960.

金聖洙, "조선시대 국가 중앙인쇄기관의 조직·기능 및 업무활동에 관한 연구", 『書誌學研究』42, 韓國書誌學會, 2009.

김성수, "조선 전기 鄕藥 정책과 『鄕藥集成方』의 편찬", 『韓國史研究』171, 韓國史研究會, 2015.

金成煥, "朝鮮初期 檀君認識", 『明知史論』4, 明知史學會, 1992.

金泳鎬, "韓國의 傳統的 科學技術思想의 변모", 『人文科學』2, 成均館大學校 人文科學研究所, 1972.

김용운, "조선전기의 과학문화", 『傳統과 思想(Ⅲ)』, 韓國精神文化研究院, 1988.

김용운, "한국인의 자연관과 세종 과학", 『세종학연구』2, 1987.

金元龍, "李氏朝鮮 鑄字 印刷 小史—鑄字所를 中心으로—", 『鄕土서울』3, 서울特別市史編纂委員會, 1958.

金元龍, "李朝後期의 鑄字印刷", 『鄕土서울』7, 서울特別市史編纂委員會, 1959.

金允植, "朝鮮 世宗朝의 書籍文化에 대한 考察", 『同大論叢』17, 同德女子大學校, 1987.

金重權, "朝鮮初 鄕藥醫書에 관한 考察", 『書誌學研究』16, 韓國書誌學會, 1998.

金重權, "『鄕藥集成方』의 引用文獻 分析", 『書誌學研究』35, 韓國書誌學會, 2006.

金泰永, "朝鮮 初期 祀典의 成立에 對하여—國家意識의 變遷을 中心으로—", 『歷史學報』 58, 歷史學會, 1973.

金恒洙, "≪三綱行實圖≫ 편찬의 추이", 『震壇學報』 85, 震檀學會, 1998.

金澔, "『鄉藥集成方』에서 『東醫寶鑑』으로", 『韓國史 市民講座』 16, 1995.

金澔, "여말선초 '鄉藥論'의 형성과 『鄉藥集成方』", 『震檀學報』 87, 震檀學會, 1999.

金澔, "『新註無冤錄』과 조선전기의 檢屍", 『法史學研究』 29, 韓國法史學會, 2003.

金勳埴, "16세기 ≪二倫行實圖≫ 보급의 社會史的 考察", 『歷史學報』 107, 歷史學會, 1985.

金勳埴, "≪三綱行實圖≫ 보급의 社會史的 고찰", 『震檀學報』 85, 震檀學會, 1998.

도현철, "조선초기 단군 인식과 『삼국유사』 간행", 『東方學志』 162, 延世大學校 國學研究院, 2013.

文重亮, "세종대 과학기술의 '자주성' 다시 보기", 『歷史學報』 189, 歷史學會, 2006.

문중양, "15세기의 '風土不同論'과 조선의 고유성", 『韓國史研究』 162, 韓國史研究會, 2013.

朴星來, "韓國의 科學傳統", 『韓國學入門』, 학술원, 1983.

朴星來, "朝鮮儒教社會의 中人技術教育", 『大東文化研究』 17, 成均館大 大東文化研究院, 1983.

朴星來, "世宗代의 天文學 발달", 『世宗朝文化研究(Ⅱ)』, 韓國精神文化研究院, 1984.

박성래, "조선 전기 과학기술의 발달", 『한국사』 8(중세사회의 발전 2), 한길사, 1994.

박성래, "세종대의 과학기술", 『세종시대의 문화』, 태학사, 2001.

朴興秀, "世宗朝의 科學思想—特히 科學政策과 그 成果를 中心으로—", 『世宗朝文化研究(Ⅰ)』, 韓國精神文化研究院, 1982.

裴賢淑, "≪七政算≫內外篇의 字句同異", 『書誌學研究』 3, 韓國書誌學會, 1988.

山内弘一, "李朝初期に於ける對明自尊の意識", 『朝鮮學報』 92, 朝鮮學會, 1979.

孫承喆, "朝鮮前期 서울의 東平館과 倭人", 『鄉土서울』 56, 서울特別市史編纂委員會, 1996.

孫弘烈, "朝鮮時代의 醫療制度(Ⅰ)—鮮初 醫療機構의 設置를 中心으로—", 『歷史教育』 30·31, 歷史教育研究會, 1982.

孫弘烈, "朝鮮時代의 醫療制度(Ⅱ)—鮮初 醫學教育을 中心으로—", 『歷史教育』 32, 歷史教育研究會, 1983.

孫弘烈, "朝鮮前期 醫官의 任用과 그 社會的 地位", 『史叢』 30, 高大史學會, 1986.

송상용, "오늘에 되새겨 보는 세종대의 과학기술", 『世宗時代 文化의 現代的 意味』, 韓國

精神文化研究院, 1998.

신양선, "15세기 조선시대의 국내 서적수입정책", 『實學思想研究』 12, 毋岳實學會, 1999.

신양선, "15세기 조선시대의 국내 서적수집정책", 『實學思想研究』 13, 毋岳實學會, 1999.

신양선, "조선초 국내의 서적보급정책", 『實學思想研究』 17·18, 毋岳實學會, 2000.

兪景老, "朝鮮時代의 中國曆法 導入에 관하여", 『한국과학사학회지』 제4권 제1호, 韓國
　　科學史學會, 1982.

이경록, "조선 세종대 향약 개발의 두 방향", 『泰東古典研究』 26, 翰林大學校 泰東古典研
　　究所, 2010.

이경록, "조선초기 『鄕藥濟生集成方』의 간행과 향약의 발전", 『東方學志』 149, 延世大學
　　校 國學研究院, 2010.

이경록, "『향약집성방』의 편찬과 중국 의료의 조선화", 『의사학』 제20권 제2호(통권 제39
　　호), 대한의사학회, 2011.

이경록, "鄕藥에서 東醫로: 『향약집성방』의 의학이론과 고유 의술", 『歷史學報』 212, 歷史
　　學會, 2011.

이경록, "조선전기 『의방유취』의 성취와 한계: '상한'에 대한 인식을 중심으로", 『한국과학
　　사학회지』 제34권 제3호, 한국과학사학회, 2012.

이남희, "朝鮮前期 技術官의 身分的 性格에 대하여", 『高麗-朝鮮前期 中人研究』, 新書
　　苑, 2001.

李勉雨, "李純之·金淡 撰 大統曆日通軌 等 6篇의 通軌本에 대한 研究", 『한국과학사학
　　회지』 제10권 제1호, 韓國科學史學會, 1988.

이민호·안상영·권오민·하정용·안상우, "世宗代의 醫官 盧重禮의 삶과 醫史學에의 貢
　　獻—鄕藥 및 産婦人科 醫學의 發展과 관련하여—", 『韓國韓醫學研究院論文集』 第
　　14卷 2號(通卷23號), 한국한의학연구원, 2008.

李相協, "朝鮮前期 漢城府의 賑濟場에 대한 考察", 『鄕土서울』 54, 서울特別市史編纂委
　　員會, 1994.

李相協, "朝鮮時代 東·西活人署에 대한 考察", 『鄕土서울』 56, 서울特別市史編纂委員會
　　, 1996.

李碩圭, "朝鮮初期 祭天禮와 赦宥制—民心安定策과 관련하여—", 『史學研究』 54, 韓國
　　史學會, 1997.

李成茂, 「朝鮮初期의 技術官과 그 地位-中人層의 成立問題를 中心으로-」, 『惠庵柳洪
　　烈博士華甲紀念論叢』, 探求堂, 1971.

李成茂, "朝鮮前期 中人層의 成立問題", 『東洋學』, 檀國大學校 東洋學研究所, 1978.

李宗峯, "朝鮮前期 度量衡制 研究", 『國史館論叢』 95, 國史編纂委員會, 2001.

李泰鎭, "高麗後期의 인구증가 要因 生成과 鄕藥醫術 발달", 『韓國史論』 19, 서울大學校 國史學科, 1988.

李泰鎭, "14~16세기 韓國의 인구증가와 新儒學의 영향", 『震檀學報』 76, 震檀學會, 1993.

李泰鎭, "『鄕藥集成方』 편찬의 政治思想的 배경과 의의", 『震檀學報』 87, 震檀學會, 1999.

李炫熙, "朝鮮朝에 있어서의 檀君의 認識", 『石堂論叢』 16, 東亞大學校 石堂學術院, 1990.

全相運, "15世紀 前半期 李朝 科學技術史 序說", 『一山金斗鍾博士 稀壽紀念論文集』, 探究堂, 1966.

全相運, "韓國 科學技術政策의 史的 考察", 『誠信女子師範大學 研究論文集』 2, 誠信人文科學研究所, 1969.

全相運, "科學과 技術의 發達", 『한국사』 11(兩班官僚社會의 文化), 국사편찬위원회, 1974.

全相運, "朝鮮前期의 科學과 技術—15세기 科學技術史 研究 再論—", 『한국과학사학회지』 제14권 제2호, 한국과학사학회, 1992.

全相運, "조선 전기의 天文學과 氣象學", 『韓國史市民講座』 제16집, 一潮閣, 1995.

전상운, "조선초기 과학기술 서적에 관한 기초 연구", 『國史館論叢』 72, 國史編纂委員會, 1996.

전상운, "천문 기상학", 『한국사』 27(조선 초기의 문화 Ⅱ), 국사편찬위원회, 1996.

전상운, "세종 시대의 천문 기상학", 『세종문화사대계』 2(과학), 세종대왕기념사업회, 2000.

전용훈, "한국 천문학사의 한국적 특질에 관한 시론: 세종 시대 역산(曆算) 연구를 중심으로", 『한국과학사학회지』 제38권 제1호, 2016.

鄭多函, "朝鮮初期 習讀官 制度의 運營과 그 實態", 『震檀學報』 96, 震檀學會, 2003.

정다함, "麗末鮮初의 동아시아 질서와 朝鮮에서의 漢語, 漢吏文, 訓民正音", 『韓國史學報』 36, 高麗史學會, 2009.

정다함, "조선전기의 정치적·종교적 질병관, 醫·藥의 개념·범주, 그리고 치유방식", 『韓國史研究』 146, 韓國史研究會, 2009.

정다함, "'한국사' 상의 조선시대상—조선전기를 중심으로", 『사이間SAI』 8, 국제한국문학문화학회, 2010.

崔承熙, "集賢殿研究(上)—置廢始末과 機能分析—", 『歷史學報』 32, 歷史學會, 1966.

崔承熙, "集賢殿研究(下)—置廢始末과 機能分析—", 『歷史學報』 33, 歷史學會, 1967.

최종석, "조선초기 '時王之制' 논의 구조의 특징과 중화 보편의 추구", 『朝鮮時代史學報』 52, 朝鮮時代史學會, 2010.

최종석, "조선초기 국가 위상과 '聲敎自由'", 『韓國史研究』 162, 韓國史研究會, 2013.

최종석, "조선 초기 제천례와 그 개설 논란에 대한 재검토—태종·세종대를 중심으로—", 『朝鮮時代史學報』 67, 朝鮮時代史學會, 2013.

최종석, "조선초기 제후국 체제 운영의 특징과 그에 대한 맥락적 이해", 『韓國思想과 文化』 70, 한국사상문화학회, 2013.

河宇鳳, "世宗代의 儒敎倫理 普及에 대하여—≪孝行錄≫과 ≪三綱行實圖≫를 중심으로—", 『全北史學』 7, 全北大學校 史學會, 1983.

韓永愚, "朝鮮時代 中人의 身分·階級的 性格", 『韓國文化』 9, 서울大學校 韓國文化研究所, 1988.

한영호·이은희, "麗末鮮初 本國曆 완성의 道程", 『東方學志』 155, 延世大學校 國學研究院, 2011.

한영호·이은희·강민정, "세종의 역법 제정과 『七政算』", 『東方學志』 168, 延世大學校 國學研究院, 2014.

한영호, "조선의 回回曆法 도입과 『칠정산외편』", 『民族文化』 45, 한국고전번역원, 2015.

韓㳫劤, "朝鮮王朝初期에 있어서의 儒敎理念의 實踐과 信仰·宗敎—祀祭問題를 中心으로—", 『韓國史論』 3, 서울大學校 國史學科, 1978(『朝鮮時代思想史研究論攷』, 一潮閣, 1996에 재수록).

韓亨周, "朝鮮 世宗代의 古制研究에 對한 考察", 『歷史學報』 136, 歷史學會, 1992.

韓亨周, "朝鮮 世祖代의 祭天禮에 대한 研究—太·世宗代 祭天禮와의 비교·검토를 중심으로—", 『震檀學報』 81, 震檀學會, 1996.

허태용, "조선 초기 對明事大論의 역사적 성격 검토", 『東洋史學研究』 135, 東洋史學會, 2016.

찾아보기

Contents in English

Science and Technology in the Age of King Sejong

Koo, Mhan-ock

Professor, Department of History

Kyung Hee University

Introduction

Chapter 1. The Basis of Science and Technology in the Age of King Sejong

1. The Historical Context of the Reign of King Sejong

2. The Reorganization of the Ruling System and the Necessity of Science and Technology

3. The Interrelation between Confucianism/Neo-Confucianism and Science and Technology: Calendrical Studies *(Lixiang)*, the Shoushi Calendar, and "Revere Heaven and Diligently Serve the People" *(Jingtian Qinmin)*

4. The Direction of the Pursuit of Science and Technology and the "Theory of the Dissimilarity of Climes and Customs"

Chapter 2. Science and Technology Policy in the Age of King Sejong

1. The Executing Agencies of Science and Technology Policy

2. The Training of Science and Technology Experts

3. The Management and Deployment of the Artisan Class

Chapter 3. Key Figures in Science and Technology in the Age of King Sejong

1. King Sejong: The Center of Science and Technology Policy

2. Academic Bureaucrats

3. Technical Bureaucrats

Chapter 4. The Accomplishments of Science and Technology in the Age of King Sejong

1. The Amendment of Astronomical Calendrical Calculations and the Compilation of the *Calculation of the Seven Luminaries (Chiljeongsan)*

2. The Production of Maps and the Compilation of Geographies

3. The Improvement of the Medical Environment and the Update of Medicine

4. The Development of "Agricultural Meteorology"